社区矫正对象个案矫正

主　编　吴艳华　李明宝

中国人民公安大学出版社
·北　京·

图书在版编目（CIP）数据

社区矫正对象个案矫正 / 吴艳华，李明宝主编 .—北京：中国人民公安大学出版社，2020.11

ISBN 978-7-5653-4121-2

Ⅰ.①社…　Ⅱ.①吴…②李…　Ⅲ.①社区-监督改造-案例-中国
Ⅳ.①D926.7

中国版本图书馆 CIP 数据核字（2020）第 222525 号

社区矫正对象个案矫正

主编　吴艳华　李明宝

出版发行：中国人民公安大学出版社
地　　址：北京市西城区木樨地南里
邮政编码：100038
经　　销：新华书店
印　　刷：北京市泰锐印刷有限责任公司

版　　次：2020 年 11 月第 1 版
印　　次：2025 年 1 月第 5 次
印　　张：15.125
开　　本：880 毫米×1230 毫米　1/32
字　　数：407 千字

书　　号：ISBN 978-7-5653-4121-2
定　　价：55.00 元

网　　址：www.cppsup.com.cn　　www.porclub.com.cn
电子邮箱：zbs@cppsup.com　　zbs@cppsu.edu.cn

营销中心电话：010-83903991
读者服务部电话（门市）：010-83903257
警官读者俱乐部电话（网购、邮购）：010-83901775
公安业务分社电话：010-83905641

本书咨询电话：（010）63485228　63453145

出版说明

2019年12月28日，第十三届全国人民代表大会常务委员会第十五次会议通过了《中华人民共和国社区矫正法》（以下简称《社区矫正法》），自2020年7月1日起施行，这是我国首次就社区矫正工作进行专门的立法。该法的颁布标志着我国社区矫正真正走向了法治化、规范化和专业化的轨道，也是贯彻落实党的十九届四中全会提出的系统治理、依法治理、综合治理、源头治理，不断完善中国特色社会主义法治体系的体现。社区矫正的目的是推进和规范社区矫正工作，保障刑事判决、刑事裁定和暂予监外执行决定的正确执行，提高教育矫正质量，促使社区矫正对象顺利融入社会，预防和减少犯罪。为实现社区矫正的目的，社区矫正需坚持监督管理与教育帮扶相结合，专门机关与社会力量相结合，采取分类管理、个别化矫正，有针对性地消除社区矫正对象可能重新犯罪的因素，帮助其成为守法公民。对社区矫正对象开展个案矫正就是根据社区矫正个别化的矫正原则，为实现社区矫正的目的而采取的一项重要的矫正手段。

社区矫正工作既是刑事执行工作，更是社会管理模式的创新，为了使社区矫正对象尽快融入社会并最终顺利回归社会，就必须根据社区矫正对象的具体情况制订有针对性的个案矫正方案，并运用社会工作方法和广泛的社会力量帮助矫正对象尽快消除犯罪心理和各种不良心理与行为，顺利融入社会。为此，《社区矫正法》明确规定，“社区矫正机构根据需要，组织具有法律、教育、心理、社会工作等专业知识或者实践经验的社会工作者开展社区矫正相关工作。”“国家鼓励、支持企业事业单位、社会组织、志愿者等社会力量依法参与社区矫正工作。”“社区矫正机构可以通过公开择优购买社区矫正社会工作服务或者其他社会服务，为社区矫正对象在教育、心理辅导、职业技能培训、社会关系改善等方面提供必要的帮扶。”

2020 年 6 月 18 日，最高人民法院、最高人民检察院、公安部、司法部又联合颁布了《中华人民共和国社区矫正法实施办法》（以下简称《社区矫正法实施办法》），也于 2020 年 7 月 1 日起施行。《社区矫正法实施办法》是为了推进和规范社区矫正工作，根据《刑法》《刑事诉讼法》《社区矫正法》等有关法律规定而制定的，是对《社区矫正法》的进一步细化。根据《社区矫正法实施办法》第 19 条之规定，矫正小组的第一项工作就是按照矫正方案，开展个案矫正工作。

社区矫正对象个案矫正，是指在社区矫正过程中，社区矫正机构以社区为依托，根据矫正对象的需求、人身危险性、心理行为特点、认知情况、犯罪原因和矫正的难易程度等，运用个案社会工作方法而采取的有针对性的一些矫正措施，对矫正对象进行矫正干预和提供服务，以达到特定矫正目的的专门矫正活动。个案矫正对提高矫正质量、降低重新犯罪率具有重要的意义。

我国自2003年开展社区矫正试点工作以来，各地社区矫正机构就在尝试探索运用个案矫正的方法对矫正对象开展有针对性的矫正工作，但因为经验和专业人员的欠缺，该项工作并没有大范围推广开来。到目前为止，还没有一本关于社区矫正对象个案矫正的专著或教材为实践提供指导。为此，我们联合了几所高职院校的专家和学者以及实务工作者，采取校行（企）合作的方式，编写了《社区矫正对象个案矫正》。我们编写本书的目的：一是深入贯彻落实《社区矫正法》和《社区矫正法实施办法》；二是总结实践经验，并将其上升为理论，再用于指导实践，不断提高社区矫正的质量和效果；三是作为社区矫正专业学生和社区矫正工作者培训的教材使用。

本书具有以下几个鲜明的特点：一是首创性，目前国内还没有针对社区矫正对象个案矫正的专门教材，本教材可以说是开创了先河；二是及时性，《社区矫正法》和《社区矫正法实施办法》刚一颁布，即组织力量编写了本教材；三是实用性，本教材是校行（企）合作开发的教材，实用性强，对基层个案矫正工作具有很强的指导作用。

本书的编写参考了很多与个案矫正有关的著作和教材，得到了很多社区矫正机构实务工作者的大力支持，在此表示感谢！

本书分为理论和实务两部分。理论部分主要阐述了个案矫正的基础理论知识、与个案工作的关系和个案矫正在我国的实践与发展现状介绍；实务部分主要是个案矫正的工作流程、个案矫正技术和个案矫正的治疗模式，可操作性、实用性较强，充分体现了高职教材教、学、做一体化的理念。

参加本书编写工作的有（以撰写单元先后为序）：

李明宝（河北司法警官职业学院教授）：第一章、第八章；

白书学（河北司法警官职业学院教师）：第二章、第九章；

黄茜（四川司法警官职业学院讲师）：第三章、第四章；

吴艳华（河北司法警官职业学院教授）：第五章、第六章、第七章。

参与本书编写的实务专家有：

邯郸市司法局副局长：张志军；

邯郸市肥乡区司法局党组书记：李彬；

邢台市司法局社区矫正处处长：姚童；

邯郸市司法局基层处处长：张坤。

由于编写时间和编写水平所限，本书疏漏乃至错误之处在所难免，敬请读者不吝指正。

编　者

2020 年 10 月

目　　录

第一章　社区矫正对象个案矫正概述

【学习目标】

知识目标：掌握社区矫正对象个案矫正的概念、特点和任务；了解个案矫正的原则、基本要求和功能；了解个案矫正工作者应具备的素养及个案矫正工作方法与其他工作方法的联系和区别。

能力目标：培养学生具备个案矫正的基本素养。

社区矫正对象在社区矫正过程中会遇到各种各样的问题，如对身份的认知问题、矫正期间的心理行为问题、认罪伏法问题；遵守法律法规及监督管理规定问题；贫困、失业、疾病、人际关系紧张、工作压力、家庭等社会适应性问题，与邻里的关系问题，与环境的互动问题，等等。当这些问题超出了他们本身的力量所能解决的限度时，就需要寻求专业人员的帮助。问题不同，产生问题的原因各不相同，解决问题的途径和方法也是多种多样的。除了运用常规的教育矫正方法之外，还需要针对每个矫正对象的具体问题采取有针对性的个别化的矫正方法，这种矫正方法就是个案矫正。通过个案矫正实现社区矫正对象顺利回归社会，重新成为一名合格的守法的社会公民的目的。

《中华人民共和国社区矫正法》（以下简称《社区矫正法》）第3条明确规定："社区矫正工作坚持监督管理与教育帮扶相结

合，专门机关与社会力量相结合，采取分类管理、个别化矫正，有针对性地消除社区矫正对象可能重新犯罪的因素，帮助其成为守法公民。”第 11 条规定：“社区矫正机构根据需要，组织具有法律、教育、心理、社会工作等专业知识或者实践经验的社会工作者开展社区矫正相关工作。”第 13 条规定：“国家鼓励、支持企事业单位、社会组织、志愿者等社会力量依法参与社区矫正工作。”第 40 条第 1 款规定：“社区矫正机构可以通过公开择优购买社区矫正社会工作服务或者其他社会服务，为社区矫正对象在教育、心理辅导、职业技能培训、社会关系改善等方面提供必要的帮扶。”这些规定为个案矫正提供了法律依据和法律保障。

第一节　社区矫正对象个案矫正的基本知识

一、社区矫正对象个案矫正的概念及特点

（一）社区矫正对象个案矫正的概念

社区矫正对象个案矫正，是指在社区矫正过程中，社区矫正机构以社区为依托，根据矫正对象的需求、人身危险性、心理行为特点、认知情况、犯罪原因和矫正的难易程度等，运用个案社会工作方法而采取一些有针对性的矫正措施，对矫正对象进行矫正干预和提供服务，以达到特定矫正目的的专门矫正活动。个案矫正对提高矫正质量、降低重新犯罪率具有重要的意义。

一方面，个案矫正工作贯穿社区矫正社会工作的始终，由于矫正对象自身在认知、情绪、行为等方面都存在或多或少的问题，因此通过个案矫正的方法对其进行个别化介入是矫正社会工作服务最重要的环节之一。另一方面，个案矫正也包含着以家庭为个案开展的矫正社会工作的介入，家庭作为矫正对象的重要生活环境，是对矫正对象影响最大的初级群体，很多矫正对象面临的问题和困境都

与其所处的家庭环境有很大的关系，开展面向家庭层面的个案矫正对矫正对象的矫正也具有重要的意义。①

在开展针对矫正对象个人的个案矫正中，要系统地运用个案社会工作的基本服务方法和服务过程。第一，正式接案，并和矫正对象正式建立合作关系。在此基础上，针对个案矫正对象进行相关资料的收集和整理，再进行预估，确定矫正对象的基本问题。第二，要和矫正对象共同制订个案矫正目标和计划。第三，运用个案社会工作服务技巧，按照前期制订的服务计划开展服务。在这个过程中，涉及很多具体的个案工作技巧，除了一些基本的个案工作技巧（如倾听、聚焦、面谈等），也有很多系统的理论和方法可以选择（如心理社会治疗模式、危机干预治疗模式、任务中心模式、行为治疗模式、人本治疗模式、理性情绪治疗模式等），具体的服务技巧需要在个案服务中根据矫正对象的具体情况而定。第四，评估。要对整个个案矫正服务进行过程评估和结果评估，评估可由矫正社会工作机构或矫正社会工作者展开，和社区矫正机构有正式合作关系的也需要由社区矫正机构或其所请的第三方评估机构进行评估。第五，结案和跟进。在评估之后，如果达到预期目标或者因为其他一些特殊原因需要结束服务时，个案矫正服务需要进入结案阶段。结案意味着一段服务的结束，要和矫正对象介绍清楚可能提供的后续服务，对矫正对象结案后的生活给予鼓励。结案后，要通过定期回访等形式对矫正对象进行后续的跟进。

在面向个案矫正对象的个案矫正服务中，要特别注意对矫正对象的认知、行为及社会交往模式方面的矫正，很多矫正对象在这些方面存在问题，他们的违法犯罪行为也往往与此有关。因此，在个案矫正中尤其要掌握一些与此相关的专业服务技术和方法。

个案矫正还包括面向家庭的个案矫正，以家庭为个案矫正的服

① 范燕宁、谢谦宇、罗玲等编著：《社区矫正社会工作》，中国人民公安大学出版社2015年版，第102页。

务对象。很多矫正对象的家庭是其自身问题的根源，家庭结构、家庭关系和家庭互动模式导致矫正对象的认知产生偏差或者情感、性格方面的一些不足，从家庭角度入手进行个案矫正能够有效地解决矫正对象所面临的问题，起到良好的矫正效果。在这个过程中，需要掌握基本的家庭治疗的方法和技巧。例如，了解基本的家庭系统结果分析法，能够利用家庭结构图对家庭结构进行分析。另外，比较专业的家庭个案矫正需要用到系统化的、相对成熟的专业家庭治疗方法，如萨提亚家庭治疗模式等。①

在个案矫正工作过程中，一定要结合矫正对象自身的具体情况，考虑社区所处的环境资源状况，选择合适的方法进行适度干预。另外，要注意与矫正对象建立起良好的专业关系，这是成功进行个案干预的重中之重。

个案社会工作方法是与团体社会工作方法、社区社会工作方法并列的社会工作三大直接服务方法之一。

（二）社区矫正对象个案矫正的特点

社区矫正对象个案矫正机构的专门性，矫正主体、对象、目的、时间的特定性，矫正关系的专业性及矫正环境的开放性、工作方法的科学性和技术性、工作过程的系统性，共同构成个案矫正工作的基本特点。

1. 个案矫正机构的专门性

根据《中华人民共和国刑事诉讼法》（以下简称《刑事诉讼法》）第 269 条的规定，对被判处管制、宣告缓刑、假释或者暂予监外执行的罪犯，依法实行社区矫正，由社区矫正机构负责执行。根据《社区矫正法》第 9 条的规定，县级以上地方人民政府根据需要设置社区矫正机构，负责社区矫正工作的具体实施。根据

① 范燕宁、谢谦宇、罗玲等编著：《社区矫正社会工作》，中国人民公安大学出版社 2015 年版，第 102—104 页。

上述法律规定，社区矫正对象个案矫正机构只能是社区矫正机构，因此，个案矫正机构具有专门性的特点，其他任何单位、社会组织和个人等社会力量都只是参与社区矫正工作。个案矫正是社区矫正工作的一项重要内容。

2. 个案矫正工作主体的特定性

根据《社区矫正法》第9条、第11条、第13条之规定，实施社区矫正对象个案矫正的主体必须是社区矫正机构工作人员，具有专业知识或者实践经验的社会工作者和志愿者等都是在社区矫正机构工作人员的指导之下，参与社区矫正工作的人员。《社区矫正法》第15条规定，社区矫正机构工作人员和其他参与社区矫正工作的人员依法开展社区矫正工作，受法律保护。由此可见，个案矫正工作的主体只能是社区矫正机构工作人员和在其指导下开展工作的社区矫正社会工作者。从实践来看，个案矫正的具体工作主要由具有专业知识或者实践经验的社区矫正社会工作者承担。

3. 个案矫正对象的特定性

根据《刑事诉讼法》和《社区矫正法》的规定，个案矫正对象只能是被判处管制、宣告缓刑、假释和暂予监外执行的罪犯，其他公民不能成为个案矫正的对象。社区矫正必须针对每一个矫正对象的犯罪原因、思想状况、社会关系，根据其犯罪类型、心理特征等具体情况，制订矫正方案，开展个案矫正工作。

4. 个案矫正目的的特定性

使矫正对象顺利融入社会，预防和减少犯罪，维护社会的稳定，并最终使社区矫正对象顺利回归社会，成为守法公民，是社区矫正的根本目的。个案矫正是为完成社区矫正这一目的而服务的。通过采取分类管理、个别化矫正的方式，有针对性地消除社区矫正对象可能重新犯罪的因素，帮助其成为守法公民，既是个案矫正服务的内容，也是个案矫正服务的目的。尽管对每个社区矫正对象采用的矫正内容和技术不同，其直接目的和任务也各不相同，但使其成为守法公民，是社区矫正机构和个案矫正的根本目的。

5. 个案矫正时间的特定性

对社区矫正对象实施个案矫正的时间是确定的，即只能在社区矫正期间实施个案矫正。如果矫正对象在矫正期间重新犯罪或因违反社区矫正制度而被撤销缓刑、撤销假释，重新收监执行，或者适用暂予监外执行情形消失而被收监执行的，即使个案矫正的任务没有完成，社区矫正期间的个案矫正工作也必须结束，因为监狱内的个案矫正和社区矫正期间的个案矫正是不完全相同的。如果社区矫正对象矫正期限届满，而矫正对象个案矫正的任务仍然没有完成，也必须终止个案矫正工作，否则就会违反法律的规定。

6. 个案矫正关系的专业性

社区矫正对象个案矫正是以矫正关系为基础进行的一项专门活动，但社区矫正对象个案矫正关系是建立在社区矫正机构执行刑罚的前提和基础之上，是以强制为前提和基础的。社区矫正社会工作者对矫正对象实施个案矫正是在依法管理的基础上实施的，个案矫正社会工作者是肩负使命、执行矫正职能的专业人员，是代表社区矫正机构而开展工作的。矫正社会工作者与矫正对象的关系是为实现矫正对象顺利融入社会、预防和减少犯罪的目标而结成的专业关系。在工作过程中，矫正社会工作者必须明确自己在矫正关系建立中的职责和角色，运用一整套社会工作的价值、知识和技术，以矫正对象为中心，为其提供专业性的服务，实现个案矫正对象由非自愿到自愿接受矫正的目标。

7. 个案矫正环境的开放性

社区矫正是将矫正对象置于社区即现实的生活场景中，允许他们与家人生活在一起，除了矫正制度限制的内容外，允许他们参与基本的社会生活，目的在于减少并缩短矫正对象与社会的隔绝，促使他们适应社会，顺利改造。[①] 矫正对象生活在一个开放的空间

---

① 田国秀：《社会工作个案方法在社区矫正中的意义与运用》，载《首都师范大学学报（社会科学版）》2004 年第 5 期。

中，所在的社区分布在各个区域，有的在闹市，有的在城镇，有的在农村，不同社区社情民意不同、经济水平各异、文化风俗有别。矫正对象的家庭也千差万别，有的家庭和睦，理解并支持社区矫正工作；有的家庭关系紧张，甚至反目成仇，抵触或者冷漠地对待社区矫正工作；还有的家庭问题复杂、充满危机，给矫正对象带来极为不利的影响。这种环境的开放性，增加了矫正工作的难度，所以，工作人员必须因地制宜，因人而异，采用个案矫正的方式，运用个案工作的方法，逐一开展工作，务求工作到人，取得实效。

8. 个案矫正工作方法的科学性和技术性

个案矫正工作是以科学的专业知识为基础，有严谨的科学方法与技术，有独特的工作形式与职业道德，有系统的专业教育和专业培训，甚至需要相当丰富的实践经验，所以个案矫正工作的方法具有鲜明的科学性和技术的可操作性。①

9. 个案矫正工作过程的系统性

个案矫正特别重视探索矫正对象的外部生活环境和内在需要之间相互作用所带来的影响。因为外部环境问题往往造成内在心理问题，而内在心理问题又会加剧外部环境问题，它们相互影响，形成复杂的社会心理问题。如果外部环境及其变化给矫正对象的生活带来了许多问题，仅凭个人的力量难以解决，那么将工作重点放在矫正对象内在心理和行为模式的改变，可能会事倍功半。因此，在个案矫正工作的过程中，运用系统论的思想，注意挖掘利用矫正对象所处环境中的一切物质和精神资源，改善其所处的社会环境，从而使个案矫正工作更具效果。当然，最根本的办法还是促使矫正对象及其家庭改变其内在的生活态度、行为模式，强化其生活适应能力，促进其健康的发展和成长。

---

① 翟进、张曙编著：《个案社会工作》，社会科学文献出版社 2001 年版，第 15 页。

二、社区矫正对象个案矫正的基本要求

个案矫正的基本要求，是个案矫正工作人员对矫正对象实施个案矫正的基本准则。主要包括自助与助人相结合、专业化和社会化相结合、信任和尊重并重、个别与综合并重。

（一）自助与助人相结合

自助与助人相结合是由社区矫正对象个案矫正的本质和功能决定的。个案矫正不是社会工作者直接代替矫正对象解决引发或可能引发犯罪的问题，而是通过和矫正对象一起寻求改善或消除问题的途径和方法，使其自主决定并按照矫正方案进行自觉行动，促进其身心健康，增强其社会适应能力，改变不良行为。

自助是个案矫正的本质特征之一。引发或可能引发矫正对象犯罪的问题，是矫正对象在生命历程和社会生活中的各种变量引起的，受个人情感和心理因素的支配，具有个性主体化的特征，因而不能由别人包办或者代替。强制矫正是必要的，但自主或自觉接受矫正，则是实现矫正对象成为守法公民这一目标的重要内在因素。同样，只有在矫正对象自主或自觉的前提下，社区矫正机构通过帮助，才能激发其内在解决问题的潜能，从根本上消除其引发或可能引发犯罪的问题。正如美国宾州大学教授奥多·雷恩克所主张的，人的行为受个人意志的影响，一个人如果有了坚强的意志，他就可以控制和组织他的行为。自助是获得矫正对象个别化矫正效果必备的条件。

助人是个案矫正的另一重要本质特征，也是个案矫正的重要功能之一。矫正对象之所以犯罪，往往是因为其在社会生活中存在着生理、生物、心理或环境等方面先天或后天的疾病、心理失调或对环境的不适等问题。因此，社区矫正机构应当通过建立专业或职业化矫正工作者队伍，建立相应的制度、物资、精神等支持系统，在矫正对象自觉自愿的前提和基础上，通过提供相应的资源、行为方

式或心理动机，强化矫正对象的社会生活适应能力，促进其再社会化。目前，社区矫正机构采取了多种社会适应性帮扶措施，帮助矫正对象解决生活上的困难、心理上的问题、发展中的困惑等等，取得了较好的法律效果和社会效果，也更激发了矫正对象自觉接受矫正的动机和积极性，这无疑有助于消除矫正对象的犯罪心理或引发犯罪的原因，预防和减少其重新犯罪的发生。①

（二）专业化和社会化相结合

个案矫正是一项专业性很强的工作。这种专业化首先是由个案矫正的科学性和技术性决定的。个案矫正是以法学、犯罪学、心理学、伦理学、社会学和社会工作方法理论等学科知识以及技术、方法为基础的一项开放性活动，这就要求社区矫正机构必须建立起一支受过良好教育和培训的专业化矫正社会工作者队伍。只有建立起一支专业化和职业化的矫正社会工作者队伍，才能在特有的职业道德的规范下，运用专业知识和技术，以矫正对象为中心，为其提供专业的矫正服务，实现矫正目标。其次是由社区矫正机构的职能所决定的。社区矫正机构是我国对矫正对象执行监督管理、教育帮扶等执法职能的专门机构。矫正社会工作者不仅是社区矫正机构的代表，更是在矫正工作中担负着特定的角色和职责的人员。这就决定了矫正社会工作者具有特定的职业性。最后是由个案矫正关系决定的。个案矫正关系是一种专业关系，是为达到使矫正对象顺利融入社会，成为守法公民这一特定目标而结成的专业关系。这种专业关系体现在关系的建立只是实现目标的手段而不是目标，一旦达到目标或者收监执行或者矫正期满解除，关系即告结束。

社区矫正机构矫正资源的有限性和法治要求下的权力边界的有限性，客观要求社区矫正对象个案矫正还必须重视社会化。要提高

① 管荣赋、徐肖东、李凤奎编著：《罪犯个案矫正实务指导》，江苏教育出版社2011年版，第5页。

矫正对象矫正的有效性，必须建立起良好的社会支持系统，为社区矫正机构的个案矫正提供必要的资源。社区矫正机构受权力边界的限制，无法直接改变个案矫正对象的外部环境，因此，需要相应的国家福利机关、社会福利机构或团体给予必要的支持。社区矫正机构不能直接在宏观方面改变社会的大环境，就必须要有国家的专门机关通过立法加以改变，为社区矫正对象创造良好的制度环境支持。在矫正对象的个案矫正中，家庭的支持也必不可少，矫正对象家庭的情感、接纳和精神支持，对其自愿和自觉接受矫正具有积极的促进意义。建立一支社区矫正志愿者队伍，为个案矫正提供必要的人员支持，是拓展矫正资源的重要途径，也是社会宽容、接纳和保护矫正对象以及社会对现行刑事法律认同的重要表征，更是反映国家政治文明尤其是刑事法律制度文明的重要参照点。①

（三）信任和尊重并重

信任是矫正对象对社区矫正社会工作者的矫正能力、矫正目的、矫正意义和矫正的社会价值有明晰的了解和认识，并对矫正效果的前景充满积极期待的一种心理。对矫正对象开展个案矫正工作之初，一方面，双方的信任关系还没有建立起来；另一方面，社区矫正机构的矫正活动，总是以矫正对象放弃为主要内容的，如放弃原有的行为习惯、价值观、认知等，所以，矫正对象并不会自愿接受矫正服务。但是自愿是建立良好矫正关系的前提和基础，因此，矫正对象的信任是建立良好的矫正关系的必要条件，也是获得有效矫正的重要策略之一。在实际工作中，常常有很多矫正社会工作者抱怨为矫正对象做了很多有利其向善的事，可他们总不领情，致使矫正效果大打折扣。如何获得矫正对象的信任呢？这就要求矫正社会工作者，在矫正关系建立前，向矫正对象客观地解释矫正的目的、效果、意义和价值，并对矫正效果充满自信；在分析沟通中，

---

① 宋行主编：《服刑人员个案矫正技术》，法律出版社 2006 年版，第 17—18 页。

保持价值中立，用相关理论客观概括矫正对象存在的引发或可能引发犯罪的犯因性问题；对了解到的矫正对象的隐私进行保密，并将此作为职业操守向矫正对象予以说明；在矫正过程中应以一个指导、帮助、督促、激励和效果的客观评价者的身份出现，而不是以裁判者的身份出现。概括地说，就是最大限度地防止矫正关系的权力游戏化，才能让矫正对象信任，从而建立起以自愿为基础的良好的矫正关系，获得有效的矫正效果。

尊重矫正对象也是建立良好矫正关系和获得有效矫正的一项重要策略之一。尊重矫正对象就是在矫正过程中尊重矫正对象的人格，保障和维护矫正对象的权利；在关系建立时要尊重矫正对象的自主决定性；在分析沟通中要注重矫正对象个人对问题的看法和感受；在矫正技术和方法的确定中，要让矫正对象参与讨论和选择；在矫正方案的制订中，不仅要让矫正对象参与，而且要让矫正对象自主决定阶段性矫正作业和阶段性矫正目标；在矫正过程中，要用激励的策略激发矫正对象的主观能动性。

尊重矫正对象，是与矫正对象的信任密切联系在一起的。没有矫正工作者对矫正对象的尊重，也就不可能有矫正对象对矫正工作者的信任。因此，在矫正对象个案矫正工作中，必须既要注重矫正对象的信任，也要重视对矫正对象的尊重。

（四）个别与综合并重

个案矫正是行刑个别化原则的具体体现，也是社区矫正法个别化矫正的具体体现。因而，在个案矫正中，必须承认矫正对象的个体差异性，即承认矫正对象成长历程、社会生活经历、行为习惯、犯罪史、价值观、个性特点和引发犯罪的犯因性问题等方面的差异性，并根据差异性选择适当的矫正技术与方法，制订有针对性的矫正方案。

每个人的行为都是在多种因素的相互作用下产生的，既有内部因素的影响，也有外部因素的影响，矫正对象的行为也不例外。所以，在注重差异性的同时也应注重综合性。这就要求，在沟通分析过程中，个案矫正工作者要全面了解矫正对象的成长历程、社会生活经历、行为习惯、犯罪史、个性特点、价值观等，从多维角度进行综合分析，认识引发或可能引发矫正对象犯罪的问题及其产生问题的各种因素；在矫正方案的制订、实施和效果评价时，必须立足人的全面发展的视野，满足矫正对象全面素质的提高和发展。这是实现矫正对象成为守法公民矫正目标的最可靠保证。

个案矫正既注重个别又注重综合，是矫正工作科学化的客观要求和外在表征。

三、社区矫正对象个案矫正的性质与任务

（一）社区矫正对象个案矫正的性质

社区矫正对象个案矫正，从性质上来说属于社会工作的范畴，是运用个案社会工作的方法来完成的。

个案社会工作方法是由专业社会工作者通过直接的、面对面的沟通方式，运用有关人和社会的专业知识和技术，对个人或家庭提供心理调适和环境改善等方面的支持和服务，它是社会工作其他方法的基础。

随着社会变迁速度的加快，矫正对象个人或其家庭在社会生活中常常会遇到很多社会适应问题，如贫困、失业、疾病、人际关系紧张、工作压力、家庭破裂、酗酒等。当这些问题超出了他们本身的力量所能解决的限度时，就需要寻求专业人员的帮助。个人或家庭面对的问题不同，产生这些问题的原因各不相同，解决问题的途径和方法也是多种多样的。有些问题并不是靠社会制度或社会政策的制订就能预防或解决的，而是需要运用各种社会工作的方法帮助个人或家庭挖掘个人发展潜能，端正社会角色认知，满足社会生活上的需求，调整社会生活环境，以增强个人或家庭的社会适应能力。

个案社会工作方法主要是以个人或家庭中的个人为工作对象，目的在于协助个人和家庭充分认识所存在的问题，自身拥有的资源和潜能，完善人格和自我，增进其适应和解决困难的能力，从而达到个人和家庭的良好状态。

矫正对象的个案矫正是以社会工作的基本理论为基础，吸取心理学技术的一种特定的以人为对象的活动。因而，矫正对象的个案矫正，与个案社会工作方法一样具有服务、救助、帮助等基本属性。

（二）社区矫正对象个案矫正的任务

矫正对象个案矫正的任务是由社区矫正机构的性质、目的和职能所决定的。主要有以下任务：

1. 消除犯因性问题

消除犯因性问题是个案矫正的根本任务。《社区矫正法》第3条明确规定，采取分类管理、个别化矫正，有针对性地消除社区矫正对象可能重新犯罪的因素，帮助其成为守法公民。据此，社区矫正机构对矫正对象通过个案矫正中的沟通分析技术、评估技术等，帮助矫正对象正确认识引发或可能引发其犯罪的问题，并通过对这些问题的矫正，促进矫正对象的生理健康、人格健全和提高适应社会生活的能力，防止矫正对象产生新的可能引发犯罪的犯因性问题，避免其再次走上犯罪的道路，实现预防和减少犯罪，维护社会和谐稳定的目的。这是个案矫正的根本任务，也是核心任务，更是社区矫正机构的基本价值。

2. 安全和秩序

社区矫正对象在矫正期间，因生活在开放的社区，所以不可避免地会遇到各种各样的生活事件或生活变量的影响，这些影响会造成矫正对象新的不良应激行为反应。这些应激反应，往往以各种不良行为方式甚至是犯罪的方式表现出来。这不仅会影响社区的安全和正常秩序，更有可能形成新的引发矫正对象犯罪的犯因性问题。

保证社区的安全和秩序，维护社会的和谐稳定是社区矫正的根本目的，也是开展社区矫正的前提和保障。因此，社区矫正机构，针对矫正对象在矫正期间出现的生理、心理和环境问题，进行必要的调适、治疗、教育等，防止矫正对象产生不良应激反应，维护社区的安全和秩序，是社区矫正机构对矫正对象进行个案矫正的一项首要任务。

3. 发展性

个案矫正是以矫正对象的再社会化为内容的。再社会化，又叫重新社会化，是指原有社会化的环境、社会规范、价值标准等发生了改变必须重新进行学习以适应社会的要求，或者原有社会化失败了而不得不进行重新社会化。所以，再社会化分为主动再社会化和强制再社会化。每一个人从自然人转化为社会人都必须经历社会化的过程。

社会化（socialization），是指个体在特定的社会文化环境中，学习和掌握知识、技能、语言、规范、价值观等社会行为方式和人格特征，适应社会并积极作用于社会、创造新文化的过程。它是人和社会相互作用的结果。通过社会化，个体学习社会中的标准、规范、价值和所期望的行为。个体的社会化是一种持续终身的经验，每个人必须经过社会化才能使外在于自己的社会行为规范、准则内化为自己的行为标准，这是社会交往的基础，并且社会化是人类特有的行为，只有在人类社会中才能实现。社会化涉及两个方面：一是社会对个体进行教化的过程；二是与其他社会成员互动，成为合格的社会成员的过程。用弗洛伊德的话说，社会化就是个人学习控制天性的冲动，就是“把野兽关到笼子里”。当一个人背离了当时的社会规范和价值标准，甚至实施了违法犯罪行为，则说明其社会化失败了，必须由特定的机构（如监狱、社区矫正机构等）对其进行强制再社会化。通过再社会化，可以学得一定的劳动技能，树立法制观念，加强社会责任感，改变过去的恶习和生活方式等，促使其由被迫接受改造向自我约束、自我教育的状态过渡。所以，这里的“再社会化”，是指“改变原已习得的价值标准和行为规范，建立新的价值标准和行为规范，确立新的生活目标的过程”①。矫正对象的个案矫正过程就是通过相应的知识和技术，完善矫正对象的人格，激发其自身潜能，改善资源利用，学习新的价值标准、行为规范，进而改变其行为方式，并确立新的生活目标，促进其发展的过程。只有通过促使其发展，才能有效地改善引发其犯罪的犯因性问题，防止产生新的能引起其犯罪的犯因性问题，达到使其成为守法公民的目的。促使矫正对象发展，可以说是矫正对象个案矫正的核心任务。

社区矫正是刑事执行工作，更是社会管理模式的一种创新，在具体工作中，既有消除矫正对象犯罪心理与行为的工作，也有帮助矫正对象解决在社会适应、家庭重建、社会支持网络重建、提高生存能力、解决就业就学等诸多方面的问题。因此，单靠传统的监督管理、教育矫正的工作方式很难真正解决矫正对象所遇到的问题，因为矫正对象在矫正过程中不仅有个人问题，还有环境问题（家庭环境和社会环境）以及个人和环境的互动问题。如果矫正对象不能有效地与环境互动并保持良性运转，就有可能再次走上违法犯罪的道路。为此，从各地社区矫正工作成功的经验来看，社区矫正机构工作人员和社会工作者都是通过多种多样的方式帮助矫正对象解决生活困难、家庭矛盾和纠纷、处理邻里关系等，从而达到让矫正对象重新融入社会的目的。

这些成功的经验告诉我们，社区矫正工作不是简单地帮助矫正对象去处理所遇到的问题，而是协助使其通过自身的努力，能够面对问题，自己处理问题，从而改变生活状态，并重新建立与家庭、社会、环境的良性关系，也就是帮助他们重新融入社会。

① 周晓虹著：《现代社会心理学》，上海人民出版社 1997 年版，第 161 页。

第二节 社区矫正对象个案矫正的原则与功能

一、社区矫正对象个案矫正原则的概念

社区矫正对象个案矫正因运用的是个案社会工作的方法，所以应遵循个案社会工作的原则。个案社会工作的原则就是与案主(矫正对象)建立专业关系时应遵循的行为准则。该原则适用于各种不同类型的个案社会工作，是矫正社会工作者为案主提供服务前就应掌握、了解的基本原则。这些原则是开展工作的行动指南。

二、社区矫正对象个案矫正的原则

(一) 人在情境中的原则

“人在情境中”是个案工作中的一个重要原则，它依据系统理论和社会心理模式、生态模式的核心思想，认为个人和他所处的环境处在多重的互动中，因此，个案工作的目的是致力于促进矫正对象的人际关系和与环境之间的互动，减少和解决个人与环境之间的失衡问题。“人在情境中”的原则提醒工作人员，在确认矫正对象问题的时候，应将问题放在一个大环境中去考虑，只有了解了矫正对象所处的环境对其生活的影响，才能够比较全面地了解个人的问题以及问题与环境之间的关系，最重要的是不要把个人的的问题仅仅归结为个人的问题。戈登·汉密尔顿认为，“人在情境中”是个案工作的核心理论，个人的问题常常因为个人的需要和环境给予的支持之间以及个人处理问题的能力和环境的要求之间不能相一致或者相配合而产生。因此，当面对矫正对象所带来的问题的时候，不单单要看个人处理问题的能力，更要进一步分析个人问题与环境的关系，个人如何去提升适应环境的能力以及如何改善环境去回应个

人的问题。[①]

个案矫正工作非常重视个案矫正对象问题发生的内在与外在原因，以及两者之间的相互关系，强调个人的认知、情绪及行为反应与外在客观因素的联系，包括家庭影响、邻里关系、社区环境、社会（政治、经济、文化、信仰、习俗）等各个方面环境的影响。因而个案矫正工作特别重视围绕矫正对象的问题探求与环境影响因素之间的关系，不仅是促进矫正对象自身的改变，同时也促成相应环境的调整与改变。[②]

（二）具体情况具体分析的原则

具体情况具体分析，即重视个案问题的特殊性，强调矫正对象的个别差异性，这是进行个案矫正工作必须遵循的重要原则。

任何事物的矛盾都有其特殊性，任何个案问题也都有其差异性。个案矫正的目的是协助矫正对象健全其人格，改善其生活，而矫正对象各自的需要与生理状况是不同的，家庭、环境和社会文化背景也有很大的差别，因此，个案矫正工作方法也必须因人因事而异，个案矫正工作强调用专业知识和技术来帮助矫正对象，并不是说有一套现成的模式，也不能照搬已有的经验，而必须从实际出发，以矫正对象的状况为依据，从而有的放矢，对症下药。

（三）矫正对象积极参与和自决的原则

参与，是指当矫正对象被自己的处境和问题所困扰时，个案矫正工作者不应取代矫正对象而为他解决问题，积极的方式应当是引导矫正对象参与对问题的剖析以至改善的全过程，而个案矫正工作者一直处于分担、支持和提示的地位。

自决，是指尊重矫正对象自我决定的权利，矫正对象只有不断地自我反省，才能够对自己面临的问题负起抉择的责任，这样才能

① 隋玉杰主编：《个案工作》，中国人民大学出版社2007年版，第32页。

② 郑宁主编：《个案工作实务》，高等教育出版社2014年版，第30页。

成长，才能管理自己。

矫正对象积极参与和自决的原则就是个案矫正工作者设法帮助矫正对象认识自己，包括个性、能力、家庭、社会环境及其本身问题，以便有效地解决问题，避免养成矫正对象的依赖心理，要培养其自信心，自尊心与自己解决问题的勇气、能力与习惯。个案矫正工作者可以帮助矫正对象分析问题，也可以告知矫正对象在何处可获得帮助，而建议是否被采纳，则应由矫正对象自己来决定。要避免给矫正对象任何不合适的承诺，导致其错误的抉择。

（四）重视专业关系的原则

个案矫正工作者与矫正对象之间要保持一种专业关系。在协助矫正对象时，不仅要在理性上客观地了解问题，避免带上不适当的道德成见与价值观，并且也应避免一味同情，受感情的支配，从而影响对矫正对象问题的了解。

对于矫正对象，个案矫正工作者，一方面，要体现出亲切、温暖和关怀的态度，以取得矫正对象的信任和合作，为开展工作奠定好基础；另一方面，要以超然的态度和冷静的理智去分析事实，寻找问题的症结，避免将自己的偏见、主观情绪强加在矫正对象身上，流露在助人过程中。工作者必须自我约束，保持客观、公正、中立的专业形象，这样个案矫正工作者才有真正协助矫正对象的可能。

（五）承认接纳的原则

承认接纳，是指个案矫正工作者把矫正对象作为一个有独立意志和权利、受到尊重的服务对象来接受，承认其独特的个性、气质、观念、态度和行为等。接纳并不等于赞同，赞同是一种价值判断，而接纳是中性的，既不表示同意，也不表示反对。

个案矫正工作者接纳的态度可以创造一种自由的气氛，使矫正对象畅所欲言，坦诚地披露个人的观点。这种气氛对个案矫正工作的进行是十分有益的。通常当矫正对象叙述他的遭遇和问题时，可能表现出压抑、愤怒、怨恨、自卑等情感，工作者的接纳态度有助于矫正对象放下思想包袱，不再掩饰自己，逐渐解除防卫心理，以有利于工作者更多更深入地了解情况，更加有针对性地进行工作。因此，个案矫正工作者应当允许矫正对象充分地表达内心的感受，包括各种不良的感受，带着耐心和同情心倾听矫正对象的叙述，不但不应阻止或干扰矫正对象叙述内心感受，而且必要时应给予鼓励。由于个案矫正工作者在倾听过程中随时表现出接纳的态度，会使矫正对象感到个人受到尊重，因而能够自我接纳，经过一番自我反省和探索之后，重新培养信心去处理问题。

个案矫正工作者运用同情的方法有助于真实和准确地了解矫正对象的感受和观点，但也要防止过度地认同和迁就矫正对象，妨碍服务工作的进行。

（六）注重沟通的原则

沟通，是指个案矫正工作者和矫正对象彼此双方交换意见。意见可以是一致的，也可以是不一致的，沟通要求双方必须了解对方的立场、观点，坦诚交换意见。沟通本身也是对矫正对象的尊重，个案矫正工作者要注重与矫正对象的双向沟通，及时了解矫正对象的想法，同时将自己的意见反馈给矫正对象。

沟通可以使双方不断协调在问题解决过程中的思想、目标、具体程序等方面的差异，提高工作效率。在沟通时，工作者要注意善用沟通的技术和方法。

（七）维护矫正对象的尊严和权益，严守专业秘密的原则

维护矫正对象的尊严和权益，严守专业秘密是建立良好工作关系的前提。在个案矫正的工作过程中，工作者应当遵守职业道德，对矫正对象一切资料予以保密。该原则内容包括：对矫正对象的所有信息及资料的保密；对个案矫正工作中的相关内容未经矫正对象

同意，不得透露或引用；在接受个案督导、案例讨论等必要的涉及矫正对象个人信息时，须事先与矫正对象说明并征得其同意。

一般而言，矫正对象想要与矫正工作者探讨问题时，无疑意味着要谈痛苦的事，如婚姻不美满的问题、与父母和子女关系不和谐的问题、工作环境不尽如人意的问题等，其中必然涉及一些个人隐私，矫正对象对此十分敏感。如果矫正对象发现矫正工作者在公开场合讨论其他矫正对象的问题或个案记录散见于办公室各处，这些会使矫正对象对个案矫正工作者与社区矫正机构的保密性感到怀疑，从而使矫正对象对问题的叙述与探讨有所保留，直至妨碍个案矫正工作的顺利进行。

尊重他人的隐私权是现代社会文明发展的普遍要求。只有严守保密的原则，才能使矫正对象与个案矫正工作者的专业关系建立在信任和谅解的基础上，矫正对象才能获得更多的安全感，在不用担心、焦虑的情况下与工作者无隐藏地探讨他的问题，增进双方的合作，使服务与矫正的效果更好。

三、社区矫正对象个案矫正的功能

（一）个案矫正工作的助人功能

社区矫正对象在矫正过程中可能会遇到各种问题并需要专业人员的帮助，此时，开展个案矫正，帮助矫正对象解决遇到的问题，顺利度过矫正期，就显得尤为重要。在矫正实践中，矫正对象涉及的问题主要有以下几类：一是陷入危机状态。危机，是指矫正对象的生活被某些事件、变故打乱，自己陷入无助状态，人的心理防线变得极为脆弱时的一种状况，如在社区矫正期间出现了失业、恋爱受挫、家庭破裂、意外伤害、亲人去世等；二是矫正对象遇到各种困难，如家庭经济困难、住房困难、身体疾病、犯罪后如何重返社会、工作压力过大造成心理失衡、人际关系紧张等，这些困难虽然尚未危及个人的生存，但却严重地影响了矫正对象正常的社会生活和工作；三是难以实现自身发展，每个人都有实现自身发展的需要，矫正对象也不例外，但由于矫正对象的服刑身份和法律地位，某些矫正对象缺乏实现自身发展的动力和信心，也有一些矫正对象难以发现和发挥自身的潜能，遇到困难后不知所措，难以克服。这些困难或问题都有可能成为引发矫正对象重新犯罪的原因。

造成这些问题的原因，一方面，由于矫正对象外在的个人生活环境发生急剧变化所带来的一系列困扰。这个外在环境，既包括宏观的社会大环境的变化，如形势政策的变化、社会转型、产业结构的升级等，也包括个人生活的小环境的变化，如家庭、人际关系、职业、生理状况、个人身份、法律地位的变化等。另一方面，由于矫正对象个人内在人格不够完善导致不适当的心理状态和机制，使行为方式、处世态度发生偏差，产生焦虑、不安、忧郁、紧张、无能感与无助感等消极情绪反应。而这两方面的相互影响，又会形成更加复杂的社会问题。

个案矫正工作的目标是协助矫正对象个人或家庭，有效地处理可能引发重新犯罪的困难和问题；预防原有困难或问题的再次发生；预防新的困难或问题的产生；增加矫正对象的社会生活适应能力；发挥矫正对象的潜在能力以增强其社会生活能力。①

个案矫正工作的功能是促进矫正对象个人或家庭：（1）改善生活环境，如通过经济补助、低保、医保等社会保障措施，改善矫正对象生存条件，解决其生活困难；通过职业介绍或提供免费的职业培训，使其获得一技之长等帮助其自身发展；通过调解和协调与家庭成员、同事的人际关系来改善其个人生活环境，从而创造一个使其得以改变的好的环境。（2）弥补矫正对象在社会化过程中的不足或失败。个案矫正工作者帮助矫正对象正确认识自我、认识他人，领悟角色规范，具备正确的行为能力，真正被社会所接纳，从而使其自身也能做到自尊、自信、自强，获得自我健康发展的动

① 廖荣利著：《个案社会工作》，台湾幼狮文化事业公司1984年版，第11页。

力。(3) 调节和治疗矫正对象由于人格不健全所导致的不适当的心理状态和机制。使矫正对象的焦虑和不安情绪得到宣泄，领悟到其自身的心理机制与行为方式以及问题的原因，从而重建人格体系，增强人格的成长和适应。这种宣泄、领悟和调节本身就有治疗的功能，这点类似于心理治疗。

总之，个案矫正工作可以改善生活环境、改变生活态度、改变行为方式、改变心理动机，强化生活适应能力，发展潜在能力。[①]

(二) 个案矫正工作具有维护社会稳定的功能

使矫正对象顺利融入社会，预防和减少犯罪，维护社会的稳定，是社区矫正的目的。为了维护社会的稳定，除了通过法律、法规、制度对矫正对象进行监督、约束、管理外，还要加强对矫正对象的教育矫正、心理矫正和个案矫正工作，帮助其解决在矫正中遇到的各种困难和问题，消除其各种不良心理和犯罪心理，使其顺利回归社会。稳定的社会秩序可以向人们提供正常的生活环境，使人们按照既定的行为规范来达到自己的目标，同时也拥有一个获取福利的制度化的渠道。

在个案矫正工作中，通过帮助矫正对象解决其个人或家庭的困难或问题，使其感受到党和政府的温暖，感受到社区矫正机构的关心和关怀，可以消除社会不安定因素，维护社会秩序；通过预防矫正对象或其家庭新问题或困难的产生，可以使其免遭痛苦，避免极端行为的产生，从而起到预防其重新走上犯罪道路的作用。个案矫正工作的目标就在于改变矫正对象或其家庭，使其更好地适应社会，预防和减少犯罪。因而，维护社会稳定也是个案矫正的功能之一。

---

① 参见廖荣利著：《个案社会工作》，台湾幼狮文化事业公司 1984 年版，第 11 页。

第三节　社区矫正对象个案矫正工作者的基本素养

个案矫正工作者既是个案矫正工作的执行者，也是个案矫正工作的构成要件。个案矫正工作者的自身素质、专业理念与能力对于个案矫正工作至关重要。

一、个案矫正工作者的专业素质

个案矫正是一项专业性很强的工作，工作人员首先应具备特有的专业素质。主要表现为：

（一）牢固的专业理念

（1）个案矫正工作者应建立正确的社会工作价值观，遵循以人为本、助人自助的价值原则；追崇热爱人类、服务人类、促进公平、维护正义和改善人与社会环境的理想境界；有助人的意愿，奉献的精神等。

（2）个案矫正工作者在工作中尊重矫正对象的人格与尊严，关心他的福祉与权益，帮助他恢复独立生活的能力与勇气，满怀信心地回到正常的社会生活中。

（3）个案矫正工作者在整个个案矫正的工作过程中，既要注意和矫正对象建立友谊和感情上的协调，取得矫正对象对工作者的信任，又要与矫正对象在感情上保持一定的距离，防止矫正对象一切依赖于矫正工作者，不动脑筋，不负责任。

个案矫正工作者的这些专业理念是保证高质量完成个案矫正工作所必须的素养。

（二）扎实的专业理论基础

个案矫正工作者应系统学习社会工作及个案工作的相关理论，

包括：

（1）对于人类社会现实及历史上发生的社会现象、发展规律、思想流派等有深刻的理解、认识和领悟。

（2）学习和掌握对社会现象调查、分析、研究的方法和能力。

（3）对社会相关的制度、政策、法律、法规等，有一个系统和全面的理解。

（4）应学习相关学科（如临床心理学、社会保障及社会政策、社会问题研究、人类行为科学）的综合专业知识。①

（三）娴熟的专业技术

个案矫正工作者应系统学习和掌握与人沟通及解决问题的知识与技巧，包括在沟通中的理解性技巧（专注、共情、尊重、真诚等）、探寻技巧（提问、澄清、概括、质询等）、影响性技巧（鼓励、建议、指导、忠告等）。②

二、个案矫正工作者的人格特质与心理素质

个案矫正工作者不仅需要具备专业素质，还需要具有健康的人格与良好的心态。在个案矫正工作中，除了专业知识与助人技巧外，工作者的内在心理与人格影响也是非常重要的因素，健康的人格特质与良好的心态是一个成功的个案矫正工作者的重要素质。

人格，是指每个人相对稳定的内在气质、性格、能力以及社会倾向性（理想、信念、态度、兴趣）等心理特征的总和，人格特质即此方面的特性和表现。作为个案矫正工作者，其健康的人格与良好的心态主要表现为：

（一）自我觉察

个案矫正工作是矫正工作者与矫正对象在认识、情感、行为的

---

① 参见郑宁主编：《个案工作实务》，高等教育出版社2014年版，第32页。

② 参见郑宁主编：《个案工作实务》，高等教育出版社2014年版，第32—33页。

交流过程中进行沟通和互动的，矫正工作者常受自身的社会阅历、人生态度、情绪感受的影响，在沟通与互动中不仅会产生价值观念、理论观点、思想态度等不同人生问题的矛盾碰撞与思想交锋，还会产生喜、怒、哀、乐等不同的情绪感受。所谓自我觉察，就是在与矫正对象的互动过程中，个案矫正工作者能时刻对自己的认识和情绪感受较为客观、清晰地了解与觉察。我国台湾地区心理辅导学者黄慧慧在阐述“有效助人者的特质”中指出：“一个能省察自己的人比不能的人更适合从事助人工作。能自我觉察的助人者较能分辨他自己的需求、感受、价值等，以区别于当事人的，也能够协助他人发展其自我觉知的能力。”作为专业的矫正工作者，其自我觉察的能力并非天生的，而是需要有一个自身反思与自我成长的过程。在专业素质的培养过程中，同样也包含着自我觉察能力的培养与提高。[①]

（二）自我成长

每个人都是在一定的家庭环境与社会环境中成长起来的，个案矫正工作者也不可避免地经历过不同的事件、困惑与挫折，也会遗留下一些问题，以及认识上的偏见。甚至还有部分人在学习和从事社会工作的过程中，面临着自身的一些尚未解决的事件、问题，这些问题如果没有得到处理和解决，会给个案矫正工作带来很大的负面影响。例如，由于对矫正对象的偏见，导致个案矫正工作中出现错误导向，或者造成工作关系的损害。另外，矫正对象的问题也可能会将工作者自身尚未解决的问题扰动起来，使得工作人员无法全身心地投入到个案矫正工作中，甚至会对身心造成伤害，丧失工作能力。这些都是社会工作专业规范中不允许出现的专业问题。因此，个案矫正工作者首先要能自我成长，能经受生活的磨练，不畏惧生活，把成长和改变当成是自然的过程，做到认识自己、把握自

① 参见郑宁主编：《个案工作实务》，高等教育出版社 2014 年版，第 33 页。

己和整合自己。一个有效能的个案矫正工作的助人者，是在不断地自我探索过程中完成自我成长的。

（三）自我接纳

许多学者认为，自我价值的肯定、自我接纳和自我认同是健康人格的表现，也是个案矫正工作者的必要品质。所谓自我接纳，是对自我的认同和接受，包括对自己的种族、肤色、出身、家庭、相貌、能力以及个人的经历与现状等各方面的认同，既包括自己的优点和长处，也包括自己的缺点和不足，并在工作中扬长避短。自我接纳是在自我成长和自我认识过程中实现的。

（四）自我统一

自我统一，也叫自我统和，是指一个人主观上的自我期望与客观实际的自我协调统一，他人（家人、朋友、同事、领导、矫正对象）对自己的期望和评价以及自己对自己的期望和评价的协调统一，个人内在的自我（思想、感受）与外在的自我（言行表现）相互一致。人们对于自我的认识与理解是多角度、多层面的。美国社会心理学家埃里克森在他的人格发展阶段理论中提出了“自我同一感”的概念，他认为一个实现了自我同一感的人至少有三方面体验：（1）他感到自己是一个独立的、独特的，有自己个性，不仅能与别人一起活动，而且也能分离成个体。（2）自我本身是统一的，其需要、动机、反应模式是可以整合一致的，而且从时间上看，自我有一种发展的连续感和相同感。（3）所设想的自我与所察觉到的其他人对自我的看法是一致的，并深信自我所努力追求的目标以及为达到这个目标所采取的手段是被社会所承认的。具体表现为坦诚、表里如一。[①]

① 郑宁主编：《个案工作实务》，高等教育出版社 2014 年版，第 34 页。

三、个案矫正工作者的能力

（一）丰富的社会阅历与应对、处理问题的能力

丰富的社会阅历与应对、处理问题的能力包括多元文化素养与能力、丰富的生活经历、对工作环境的适应与应变能力等。

1. 文化素养与能力

文化是一种社会现象，是人类发展长期创造形成的产物。文化体现着社会发展的物质和精神文明的水平，蕴含着社会意识形态以及与其相适应的社会制度和社会组织，包含着民族地域的风土人情、民风民俗，也反映着社会中人们的价值观念、生活方式。文化还表现出社会不同的阶层、群体有着不同形式和内容的文化多元性，以及由此引发的文化差异和文化冲突。文化是随着社会的发展变革，通过自身的不断扬弃而获得发展的，反映着一个国家或民族的历史。

作为一名个案矫正工作者，其应该对个案矫正对象所处的社会文化环境有很深刻的了解，其中包括所处社区中人们的价值观念、社会习俗、民族传统、地域风情、生活习惯、宗教信仰等。由于不同地域的社会条件、历史传统不同，形成了不同地域、不同社区的文化特点。一名个案矫正社会工作者必须具有良好的文化理解力，才能真正理解矫正对象所处的“情境”，从而真正把握影响个案矫正对象问题的各种社会因素。

2. 生活阅历

生活阅历，是指人们对于现实生活及所发生的人和事具有一定的经历，并通过体验和积累，对生活中的各种事物逐步形成由浅入深的观点和想法。生活阅历是个案矫正工作者不可缺少的素质之一。如果没有直接对生活的经历和体验，仅仅基于概念化的知识和理性的思考，就很难理解和把握个案矫正工作中矫正对象所叙述的事件和情绪表现。

3. 社会环境的适应与应变能力

社会环境的适应与应变能力，是指对社会生活及各种社会实践活动中所遇到的问题，有及时作出正确决策，或者有相应解决问题的意识和能力。①

（二）有影响个案矫正对象的能力

个案矫正对象，是要求某种协助的人，所以个案矫正工作者必须能够提供一些别处无法获得的协助，如经济补助、心理支持、人格改变、职业技能培训、职业介绍等，可见个案矫正工作者必须是社会和社区矫正机构认可，并拥有丰富的专业知识与经验，可以提供个案矫正对象所需要服务的专业人才。在专业关系中，矫正工作者要具有这些权威和能力，才能获得个案矫正对象的合作，影响其善用提供的服务及作必要的调适与改变。②

（三）有了解个案矫正对象内在世界的能力

个案矫正工作者要有相当的敏锐度，有了解个案矫正对象内在世界的能力，能接收个案矫正对象发出的语言和非语言信息，同时要能避免刻板化，保持对新事物的开放，才能了解个案矫正对象的需求，并提供适当的帮助。

第四节　个案矫正工作方法与其他工作方法的联系和区别

一、个案矫正与心理咨询（心理治疗）的联系和区别

心理咨询，是指由专业的心理咨询师或心理治疗师运用心理学

① 郑宁主编：《个案工作实务》，高等教育出版社 2014 年版，第 35—36 页。

② 翟进、张曙编著：《个案社会工作》，社会科学文献出版社 2001 年版，第 145 页。

的相关理论与技巧，针对矫正对象因心理问题导致的困惑及障碍，帮助其消除困惑、解除障碍、恢复心理健康的咨询或治疗过程。

（一）个案矫正工作与心理咨询工作的联系

1. 形式上相同

个案矫正所使用的个案社会工作方法与心理咨询都采用一对一会谈的方式，并且都有着相似的会谈规范和要求。

2. 过程上相似

个案矫正与心理咨询在过程环节上也很相似，都需要建立良好的工作关系，先后经过接案、收集资料、诊断、深入、结束等工作过程。

3. 指导理论与方法上相同或彼此借鉴

个案矫正工作与心理咨询在应用方法与理论上彼此相互借鉴与融合。一方面，个案矫正社会工作的很多理念与方法来源于临床心理学的理论与方法，如精神分析、行为矫正、认知疗法等，都成为个案矫正工作的重要理论模式与方法。另一方面，个案矫正工作与心理咨询都是采用一对一的个别化方式开展工作；二者都注重沟通方式与沟通手段的运用；二者都关注矫正对象的内在困惑与问题；二者也都强调与矫正对象的共情反应。

4. 工作对象上的相互交叉

在很多时候，个案矫正的工作对象也会存在着大量的心理问题与障碍，需要心理咨询的支持和帮助。同时心理咨询的工作对象，有很多同时也是个案矫正工作者所要干预的对象。

总之，个案矫正工作与心理咨询工作的联系是：理论上相互渗透，方法上相互借用，工作对象上相互重合，工作方式上相互依托，职业发展上相互依存。

（二）个案矫正工作与心理咨询工作的区别

1. 接案的方式不同

个案矫正工作接案主动；而心理咨询工作接案被动。个案矫正工作带有主动干预性（无论是对个案矫正对象还是对环境），而心理咨询工作在干预方式上是被动式的，虽然心理咨询也开展对需求者的干预与帮助，但往往是在需求者愿意接受或主动求助的基础上实施的。一般情况下，心理咨询工作需要求助者主动求助。而个案矫正工作者不仅接待主动求助者，而且会主动干预那些需要帮助但没有求助动机的矫正对象。所以个案矫正工作是主动式的干预。

2. 诊断的方式不同

个案矫正工作的诊断方式除有心理诊断外，还有社会诊断；而心理咨询工作的诊断方式只有心理诊断。在工作过程中，心理咨询更加注重求助对象的心理动因和心理上的改变（包括行为的、情绪上的、认知上的改变），而个案矫正工作不仅关注矫正对象心理上的改变，同时也关注矫正对象的社会因素和矫正对象与社会环境的相互关系，包括矫正对象的贫困、失业、家庭纠纷、婚姻矛盾等社会性问题。心理咨询着重的是心理诊断，而个案矫正工作不仅关注心理诊断，更强调社会诊断。

3. 干预的手段不同

个案矫正工作的干预手段包括争取和调动外在社会资源；而心理咨询工作的干预手段只限于心理手段。心理咨询主要针对求助对象的心理动因，调动与调节其内在力量。而个案矫正不仅关注矫正对象的内在心理，同时也会关注其问题的外在环境，并通过疏通、倡导、调节等方法，调动外在可利用的资源，帮助矫正对象解决现实中的问题。应该说，个案矫正工作相比心理咨询，更具有挑战性。

4. 社会责任与道德评价不同

个案矫正工作具有社会责任及道德责任倾向；而心理咨询工作

则无社会和道德评价。个案矫正工作具有社会责任及道德责任倾向。心理咨询工作一般不强调对错、好坏等社会或道德评价，而个案矫正工作却是以社会价值理念和道德责任为前提，主张公平、公正和关怀弱势群体，强调矫正对象对社会的责任、对家庭的责任和社会道德感。①

5. 进程与结案不同

心理咨询中，只要求助对象中断求助，就标志着咨询结束；而个案矫正工作，结案并不意味着工作的完全结束，还需要转案、跟进等后续工作的开展。

二、个案矫正工作与思想政治工作的联系和区别

思想政治工作，也叫思想政治教育工作，具有鲜明的阶级性，它是一定的阶级和政治集团，为实现一定的政治目标，有目的地对人们强化意识形态的影响，以转变人们的思想，指导人们行动的社会行为。

（一）个案矫正工作与思想政治工作的联系

思想政治教育是改造社区矫正对象必不可少的重要的教育内容和教育手段。通过思想政治教育，不断提高矫正对象认识世界和改造世界的能力，解决矫正对象的政治立场、政治观点、政治行为等问题，同时还要解决他们的世界观、人生观、价值观、道德观等问题。

思想政治教育工作者在工作中要善于发现社区矫正对象的优点与长处，在提高其思想认识的同时，还要帮助其解决切实问题。另外，思想政治工作还可以通过个别谈话、说服教育、采用疏导的方法、讨论的方法等提高矫正对象的思想认识与觉悟。由于个案矫正工作并未大面积的推广和使用，或者说并没有得到较好的发展，所

① 参见郑宁主编：《个案工作实务》，高等教育出版社 2014 年版，第 7—9 页。

以，思想政治工作也起到了一定的扶贫帮困、解决困难的作用。从这一点来说，个案矫正工作与思想政治工作有相似之处。

（二）个案矫正工作与思想政治工作的区别

个案矫正工作与传统的思想政治工作还是有很大的区别的：

1. 工作的侧重点不同

思想政治工作侧重于政治教育性，而个案矫正工作更侧重于社会服务性。思想政治教育属于社会意识形态，而个案矫正工作是社会建设与社会服务领域的一种形式与内容。

2. 工作的性质不同

政治工作具有鲜明的政治性、阶级性；而个案矫正工作则是针对个案矫正对象的具体心理问题和现实生活中的困难。

3. 价值观念不同

思想政治工作更强调政治观点和价值观念的一致性；而个案矫正工作强调以人为本，更关注个人权益。

4. 工作关系不同

思想政治工作具有广泛的社会意义，是一种“灌输式”的影响教育；而个案矫正工作是一种具体的社会服务，反映个案矫正社会工作与个案矫正对象之间的专业工作关系。

【课堂讨论 1-1】

张某，因交通肇事罪被判刑 1 年，缓刑 2 年，而成为社区矫正对象。目前其最大的困难是没有一份稳定的工作，由于其学历不高，除开车技术外没有其他特长（但驾照已被吊销），再加上家中还有老母亲需要照顾，故也不能到外地去打工挣钱。因此，只能在附近找一些工资很低的工作，无力支付孩子高中阶段的教育费用，生活十分艰难，造成其情绪低落、焦虑、自卑，也无心配合矫正工作。

请根据“人在情境中”的原则，如何帮助张某解决问题？

【课堂讨论 1-2】

根据你对“人在情境中”的原则的学习，请你分析自己生活的环境是怎样的？它们是如何影响你的？

【思考题】

1. 什么是社区矫正对象个案矫正？其特点是什么？
2. 个案矫正有哪些基本要求？
3. 个案矫正的任务是什么？
4. 个案矫正有哪些原则和功能？
5. 个案矫正工作者应具备哪些基本素养？

第二章　个案社会工作与个案矫正

【学习目标】

知识目标： 了解个案社会工作的发展历程；掌握个案社会工作的概念、构成要素以及特征、功能。

掌握个案社会工作的基本服务流程以及工作内容；熟知个案社会工作的服务领域；理解个案社会工作和个案矫正的关系。

能力目标： 能够准确地理解个案社会工作的基本服务流程，学会各种个案工作技巧的运用，具备开展个案矫正服务的能力。

个案社会工作是社会工作的工作方法之一，和小组社会工作、社区社会工作构成社会工作的三大基本方法。个案社会工作也是社会工作中发展早、最完善的工作方法，它以个人或家庭为主要的服务对象，是社会工作发展的基础。个案社会工作由慈善活动发展为专业的助人活动，要求社会工作者在社会工作专业价值理念的指引下，遵循社会工作的伦理守则，运用专业的技术和方法，运用个别化的方式对有需求的对象开展服务，解决困难，恢复功能。

个案矫正作为一种特殊的服务方法，深受个案社会工作理论、价值观、工作方法的影响，在具体的工作过程中，多采用个案社会工作的服务模式。本章主要从个案社会工作的概念、历史起源、特征、原则、功能、服务流程、服务领域、困境以及个案社会工作和个案矫正的关系几个方面来介绍。

第一节　个案社会工作概述

一、什么是个案社会工作

（一）个案社会工作的定义

关于个案社会工作的定义，从本章的学习目标中已经对其有了一个大致的了解，但是从学术角度把个案社会工作给定义出来，是一件很困难的事。因为，在社会工作专业发展的近百年历程中，个案社会工作的服务内容也在不断地发展变化，社会上的各家各派从不同的角度或侧重点对个案社会工作进行研究，形成了"百家争鸣"的局面，不同的专家和学者对个案社会工作的定义也不同，有不下几十种说法，但至今仍没有一个统一的说法，我们这里介绍几种具有代表性的定义。

1. 玛丽·里士满对个案社会工作的定义

玛丽·里士满（Marry Richmond，又译里奇蒙或芮奇芒德）是社会工作的奠基者，同时也是个案社会工作的先驱，她在 1917 年和 1922 年分别出版了《社会诊断》和《什么是社会个案工作》两本巨著，前者被认为是专业社会工作产生的标志，后者则被认为是个案社会工作的开端。《什么是社会个案工作》一书指出，应通过个案的方式帮助服务对象，她认为"个案社会工作包含着一连串的工作过程，它以个人为着手点，通过对个人以及所处社会环境作有效的调适，以促进其人格的成长。"这是个案社会工作最早的定义。

2. 鲍尔斯对个案社会工作的定义

美国社会工作学者鲍尔斯（Swithum Bowers）把个案社会工作

看成是一种艺术。他在 1949 年发表的《社会个案工作的性质和定义》中认为，个案工作是一种艺术，这种艺术以人际关系的科学知识和改进人际关系的专业技术为依据，启发和运用个人的潜能和社区的资源，促使案主与其所处的环境（部分或全部）之间有较佳的调适关系。另外，他还强调科学化的人际关系和知识及技巧是服务的基石。他的这一定义被认为最具有代表性的定义。

3. 斯莫莉对个案社会工作的定义

美国社会工作学者斯莫莉（Ruth E. Smalley）则强调个案社会工作的技术和方法的运用。她在《社会工作实务理论》一书中指出："个案社会工作是一种社会工作方法，这种方法通过一对一的专业关系，促使案主运用各种社会服务，以增进个人和一般社会的福利。"她的理念是功能派个案社会工作的定义。

4. 霍利斯对个案社会工作的定义

美国哥伦比亚大学著名教授霍利斯（Florence Hollis）从个人心理和社会角度出发，在《个案工作：一种心理与社会治疗》一书中指出，个案工作是一种心理和社会治疗技术，个人社会功能的丧失或不良是因同时受到案主本身内在心理和外在社会环境的影响，所以个案社会工作的目标是个人内在需要的满足和个人社会关系的协调。这是心理社会学派关于个案社会工作的定义。

5.《社会工作百科全书》对个案社会工作的定义

在美国社会工作者协会 1965 年出版的《社会工作百科全书》一书中指出，个案社会工作，是指个案社会工作所注重的不是社会问题本身，而是个案，尤其注重为社会问题所困或无法与社会环境或关系圆满适应的个体或家庭。个案社会工作的目的是帮助那些遭遇人与人或人与环境适应困难的个人及家庭，恢复、加强或改造其社会功能。该理念强调人与环境的互动关系。

6. 廖荣利对个案社会工作的定义

我国台湾地区学者廖荣利对斯莫莉、霍利斯等人关于个案社会工作的定义进行分析后，于 1973 年在《社会个案工作》一书中总结概括了一个定义：个案社会工作是社会工作者对待协助的个人或其家庭的一种助人方法，其目的在于协助个人或其家庭处理困难和问题，预防原有的困难和问题的再发生以及协助个人及其家庭潜能的发展，以促进个人、家庭、团体和社会的福利。

7.《中国社会工作百科全书》对个案社会工作的定义

1994 年 5 月出版的《中国社会工作百科全书》在研究总结既有定义基础上，对个案社会工作作了如下概括："个案社会工作是社会工作中的一种基本方法，单以个别方式，对感受困难、生活失调的个人或家庭（案主）提供物质帮助、精神支持等方面的服务以解决他们的问题，增强其社会适应能力。"①

8. 王思斌对个案社会工作的定义

北京大学社会学系教授王思斌在 2004 年《社会工作导论》一书中则把个案社会工作定义为：个案社会工作是专业工作者在利他主义的价值理念指导下，运用科学的专业知识和技巧，以个别化的方式为感受困难的个人及家庭提供物质和心理方面的支持，以帮助个人和家庭减少压力、解决问题、挖掘潜能，不断提高个人、家庭和社会的生活质量与福利水平的一种社会工作方法。②

从上述定义中我们不难发现，学者的研究角度不同、侧重点不同，那么最终形成的定义也不甚相同。总的来说，个案社会工作的定义应当包括以下元素：

（1）个案社会工作首先是一个助人的活动过程；

（2）个案社会工作需遵循社会工作的基本理念、价值观；

（3）个案社会工作以个人或家庭为服务对象；

（4）个案社会工作采用一对一的服务方式；

（5）个案社会工作运用专业的技术和方法开展服务；

---

① 许莉娅主编：《个案工作（第二版）》，高等教育出版社 2013 年版，第 2—3 页。

② 王思斌主编：《社会工作导论》，高等教育出版社 2004 年版，第 197 页。

（6）个案社会工作的过程是解决问题、恢复功能、激发潜力；

（7）个案社会工作的目标是通过个人和社会的良性互动，实现个人和社会的福祉。

据此，在本书中，我们把个案社会工作定义为：社会工作者在“助人自助”的价值理念指导下，专业的社会工作者采取一对一、面对面的服务方式，针对有需求、遇到困难的个人或家庭运用专业的工作方式或技巧，提供物质和精神方面的服务，旨在帮助服务对象（案主）解决困难、激发潜能，实现个人或家庭的发展功能，增强其社会互动与适应能力，不断提高个人和社会的福祉。

（二）个案社会工作的要素

从个案社会工作的定义中我们可以看出个案社会工作包括以下六个基本要素：

1. 个案社会工作者

专业的社会工作者是开展个案社会工作的实施主体，也就是我们通常所说的个案工作者。个案工作者是开展个案服务的具体直接行为者，不同于其他专业的工作人员，个案工作者必须是接受过专业训练、具备专业知识的人员，包括政府相关机构的工作人员和社会服务机构中从事个案服务的人员。个案社会工作者区别于一般的工作者和志愿者，体现在开展服务的专业性方面，个案社会工作者必须具备社会学、心理学、法学、教育学、哲学等学科中关于人类行为、人类行为与社会环境关系、人生观、价值观等方面的知识，还要掌握个案社会工作的专业理念和服务模式，能够在机构规章制度、专业伦理守则的约束下开展服务。在不同的个案服务中，工作者扮演不同的角色，如服务提供者、资源协调者、教育者、问题治疗者、行动倡导者、矛盾调解者等。

2. 案主

在个案社会工作服务过程中，有需求、困难或者需要改变的个人或家庭被称为案主。案主通常是接受服务的一方。小组社会工作以一个小组、一个团队或一群人为服务对象，社区工作以整个社区为工作对象，个案社会工作的案主是个人或家庭。例如，在社区矫正工作中，某矫正对象个人可以作为个案社会工作的案主，同时其家庭也可作为个案社会工作的案主。在个案社会工作发展的早期，服务对象通常是那些因贫困需要救济的个人或家庭，随着社会变迁，社会中各式各样的问题涌现，个案社会工作的对象也逐步扩展到人际关系失调、失业或工作压力、家庭冲突等原因的人群。通常我们认为，作为“案主”要具备两个条件：一是案主是有困难或需要改变的个人或家庭；二是这些困难或改变，案主自身无力解决。通常情况下，有自己来寻求帮助的案主，也有亲属、朋友帮助寻求帮助的，还有其他社会服务机构转介而来的。

3. 工作手段和方法

个案社会工作者通过一对一、面对面的方式采用科学、专业的手段来服务有需要的个人或家庭，由于个人或家庭的独特性，应注重工作手段的个别化。一方面，个案工作者通过调适案主的心理状态，激发案主的潜能，改变案主的行为；另一方面，通过协调物质资源、人际关系、信息资源等有效的社会资源，促进案主与社会环境的互动，使案主得到成长和发展。在整个服务过程中，工作者采用的各种手段和方法都是为双方提前设定的总目标服务的，因此，工作手段和方法具有专业性的特征。

4. 专业关系

个案社会工作者与案主的关系是一种专业的关系，也是一种工作的关系。双方良好关系的建立，是实现工作目标的必要手段。个案工作者通过与案主建立良好的工作关系，双方对各自的角色期望达成共识，约定双方的权利和义务，良好工作关系的建立是开展工作的前提。双方专业关系的建立一般通过签订协议的方式来确定，贯穿于从接案到结案整个服务过程，这个过程建立在个案社会工作者与案主的理解和相互信任的基础上，在案主的问题解决后，这种良好的专业关系也随之结束。建立双方良好专业关系的方法有同感、接纳、尊重、真诚、同理心等。

5. 价值体系

社会工作的价值观、伦理守则贯穿于个案社会工作的整个服务过程。个案社会工作同样受社会工作专业价值观的指导，体现了社会工作职业在社会服务领域中的社会责任与价值追求。社会工作价值观是遵循人道主义，改善个人与社会环境的关系，个案社会工作更加强调“以人为本”，尊重人的价值和尊严，实现个人或家庭与社会的良性互动。同时，个案社会工作还坚持认为社会中的人都是具有潜力、有能力去改变行为或解决问题的。除了受价值观的指导，个案社会工作还受到社会工作专业伦理的约束，专业伦理是个案社会工作的行动指南，是个案社会工作者的道德规范、行为准则，还是引导和规范个案社会工作者开展助人工作的依据。价值观和专业伦理的区别在于，前者是理论层次的对人的价值观念，后者则是价值观念的实践行动。

6. 目标

个案社会工作的目标是服务的总体方向，是努力的方向，简单地说就是工作者通过个案辅导帮助案主解决问题、满足需求、恢复功能。个案社会工作目标一方面是个案工作者通过和案主协商一致达成的，另一方面要遵循“助人自助”的理念，通过案主的主动参与、开展行动来实现目标。在具体的工作实践中，我们一般将目标具体化、分层化：一是具体目标，解决案主实际困难，疏解心理问题；二是中期目标，强调案主参与，激发案主潜能；三是最终目标，恢复实际功能，实现良好互动。

二、个案社会工作的历史起源

个案社会工作的方法最早起源于以人道主义和宗教主义为动机的 17 世纪前后的英、美两国宗教团体和政府机构针对贫困开展的救助活动，这也是社会工作发展的源头。[1] 回顾整个个案社会工作的发展历史，我们不难发现，西方社会的发展与个案社会工作的发展密切相关，按照个案社会工作的专业化发展历程，我们把个案社会工作的历史分成萌芽时期、职业化时期、科学化时期、多元化时期、整合时期、反思时期六个阶段。

（一）个案社会工作的萌芽时期

社会中开展的救助工作，早期主要是富人阶层对贫困阶层的人道主义救助和宗教管理人员以宗教的名义进行慈善救助活动，可以说是个案社会工作的前身。英国是世界上最早进行工业革命的国家，工业革命时期的英国动荡不安，大量农村人口涌入城市、产业升级造成失业、贫困、流浪等社会问题急剧增加，这些问题使得整个社会陷入剧烈的动荡中，贫困人口的大量出现，向政府提出了更高的要求。这个时期也出现了教权衰落、王权兴起的现象，推动欧洲进入民族国家时代，此时宗教组织开展的一些救贫活动开始向政府手中转移，仅仅依靠宗教开展的慈善救济已经不能满足社会的需要，于是，国家开始采取相应的措施来缓解社会矛盾。这也就是说，西方社会工业革命的爆发为个案社会工作的萌芽起到了推动作用。

1601 年，英国伊丽莎白政府出台了世界上第一部成文的、堪称最完备的济贫法案——《济贫法》（Poor Low），该法案是世界上第一个通过国家立法来介入贫困救济的法律。

《济贫法》的主要内容有：

（1）规定每一个教区每周应向地主征收济贫税，明确了政府在救济贫民问题上的责任。

（2）规定贫民救济应由地方教区举办，每一教区设立监察员若干人，中央政府亦设置监察人员。首开国家设立机构、建立制度

---

① 许莉娅主编：《个案工作（第二版）》，高等教育出版社 2013 年版，第 17 页。

进行救济的先例。

（3）规定凡有工作能力的贫民，必须参加工作，以工作换取救济。这是最早的工赈法。教区设有贫民习艺所供男女儿童学艺，教区亦有义务代为介绍工作，或配给原料及工具，强迫其进行工作自救。

（4）禁止无家可归者及无业游民行乞游荡，设救贫所收容救济，强迫在所工作。有家者给予家庭补助，使之仍在家居住。救济工作分为院内救济（indoor relief）与院外救济（outdoor relief）两种。首创了机构救济和家庭式救济的先例。

（5）规定人民有救济其家人和亲属的义务，教区（即公共救济机构）仅在贫民不能从其家人或亲戚那里获得救济时，方给予救助。救助对象仅限于在该区出生的人，或在该区居住满三年的人。这种以居留权作为接受公共救助的条件及所谓“亲属责任”或“家属责任”，到今天还是公共救济中的争论问题。

（6）《济贫法》将贫民分成三类：①体力健全的贫民，须强迫入“感化所”或“习艺所”工作；②不能工作的贫民，包括患病者、老人、残废者、精神病患者及需抚育幼小子女的母亲，令其进入“救济院”或施以“院外救济”；③失去依靠的儿童，包括孤儿、弃儿或父母无力抚养的儿童，设法领养或寄养。[①]

虽然《济贫法》规定了政府对社会成员的帮助，但是这种帮助主要体现在物质上，救助对象的能力没有得到提升，所以说与专业的个案社会工作还是区别很大。《济贫法》对个案社会工作发展的意义主要体现在：第一，规定了“家庭责任”，强调感受困难的人应当从家庭、亲属那里获得帮助，无论是个案社会工作产生的初始阶段还是到现在，家庭对于社会工作来说具有重要的意义；第二，《济贫法》将贫民进行了分类，分为体力健全的贫民、不能工作的贫民、失依儿童，为个案社会工作的服务提供了方向。

① 周沛主编：《社会工作概论》，天津大学出版社 2009 年版，第 14—15 页。

此外，英国还是一个崇尚基督教的国家，除了宗教本身开展的慈善活动外，国家的很多贫民救济工作通过教会来开展。但是，教会本身开展的救济活动存在很多的不足，因此，许多宗教团体开始进行有组织的慈善工作。到 1819 年，英国牧师查尔莫斯（Thomas Chalmers）以“友善访问员”的身份，利用个别化的方式开展救助活动，他是个案社会工作史上第一位个案社会工作者。他建立“程序指引理论”，就是以了解贫民的个性品质、工作能力、有无亲属支持及其他社会资源帮助等个人情况作为济贫、助弱的起点，以激励、自助作为济贫工作的准则。这样就区别了以往政府及教区的僵化、例行公事的工作方法，查尔莫斯的“程序指引理论”被认为是对个案工作方法的最早归纳，对个案社会工作的产生有重要意义。查尔莫斯对个案社会工作的主要贡献有：

（1）强调通过个别化的方式开展工作。查尔莫斯在工作期间，亲自走访居民，他发现每个家庭或个人的生活习惯、方式、情况、资源都不相同，对于每个需求对象应该单独处理，给予个性化的帮助，这就是个案社会工作的前身。

（2）重视案主“社会资源”的运用。查尔莫斯认为，个人或家庭都有自身的支持网络，如家庭、朋友、邻居、亲属等，这是案主本来就具备的，他的这一想法为以后个案社会工作中的人与社会的互动提供了支持，这也是个案社会工作区别于心理治疗的显著特点。①

（3）注重案主行为的改造，强调助人自助的精神。查尔莫斯在开展走访的过程中了解到：一方面，政府开展的救助缺乏对案主的深入了解，单纯提供物质救助的方式不仅不能够完全解决案主的问题，还可能造成资源浪费、摧毁案主的自尊心等负面影响；另一方面，他认为案主出现贫困的真正原因不仅是社会变革引起的，还有可能是自身原因（如懒惰、赌博等原因）造成的。那么，针对

① 郑铁主编：《个案工作实务》，中国轻工业出版社 2014 年版，第 30 页。

上述情况，就需要从思想上改变案主，调整其行为方式，最终使案主具备自助的能力。助人自助这一思想就是个案社会工作的思想来源。

（4）关注友善访问员的挑选和训练。查尔莫斯在工作中总结：并不是每个人都能成为友善访问员，友善访问员必须经过严格的挑选。他还对哪些人可以担任“友善访问员”作了详细的论述，指出“友善访问员”应该具备什么样的素质、掌握什么样的知识以及工作技能，“友善访问员”上岗之前必须经过系统地培训。查尔莫斯这一要求可以看作是个案社会工作最早的要求，但是由于当时的实际情况，他这一思想并没有得到很好的落实。

（二）个案社会工作的职业化时期

个案社会工作的职业化是以专门为需要者提供个案工作服务的实务机构的成立和以专门提供个案工作服务而接受薪水的职业个案工作者的出现为标志。

1843 年，美国成立了“改善贫民状况协会”（Association for Improving the Conditions of the Poor，简称 AICP），这是一个专门开展个案社会工作服务的实务性机构，机构工作人员除了有一部分志愿者之外首次聘用了一批带薪工作者。[①] 机构的工作人员通过个别化的方式对贫民进行服务，通过访问贫困人员、家庭，为其提供救助、咨询、就业等服务，以提升贫困对象的自助能力。这标志着个案社会工作进入了职业化发展时期。由于该协会只是单纯的提供个案工作的服务，缺乏行业之间的联系与合作，服务重复现象时有发生，造成资源浪费，因此，为适应社会的需要，服务、协调、教育兼备的社会工作服务机构——慈善组织会社应运而生。

在 19 世纪中叶欧美资本主义社会高歌猛进的时期，资本主义中的社会运营和发展问题日益突出，在这种社会形态下，英美慈善

① 许莉娅主编：《个案工作（第二版）》，高等教育出版社 2013 年版，第 20 页。

组织运动逐渐发展出一种新型个案服务方式，并且被广泛实施。

1869 年，英国成立世界上第一个慈善组织会社（Charity Organization Society，简称 COS）。随后，美国各州迅速成立了许多慈善组织，这类组织也在世界各地涌现，1892 年，仅美国就有 70 多家。慈善组织会社的成立，避免了在救济工作中由于机构重复导致的混乱和资源浪费，提高救贫工作的效率，对个案工作的专业化起到了推动作用。另外，慈善组织会社在实施救助之前，求助者必须向这些机构提出救助申请，然后由机构中中层人士担任友善访问员，通过走访，了解申请救助家庭的具体情况，如收入、成员、教育、健康以及社会背景等资料，详细记录，根据调查结果进行分别处理，跟踪服务。另外，“友善访问员”还有一项重要的任务，就是对求助者进行道德上的劝诫和忠告，鼓励他们自立、自助，教给他们吃苦耐劳的精神。他们认为，导致贫困的重要原因是个人道德和行为缺陷，通过道德高尚人士的影响，有助于帮助求助者克服自身的缺陷。

“友善访问员”一般是义务的志愿者，但是慈善组织协会非常重视对这些人的培训，最早对这些人的培训记录见于 1879 年的协会年度工作报告。该年度报告记载，“友善访问员”的培训内容包括个案管理、服务记录以及个案工作方法，之后，培训内容除了授课和讨论外，还加入了实务训练。1898 年，在纽约慈善组织协会秘书长迪瓦斯的主持下，创立了一所暑期社会工作学校。除此之外，慈善组织会社还发展出学徒式的督导方法，即新的工作者跟随一位有经验的工作者，学习如何制订计划和开展服务，经过完整工作流程的实践之后才能独立开展服务。①

慈善组织会社强调对每个个案进行深入的调查，为个案社会工作专业化发展发挥了重要作用。在慈善组织会社发展过程中，“友善访问员”通过亲身接触求助者，了解到导致贫困的原因不仅是

① 郑铁主编：《个案工作实务》，中国轻工业出版社 2014 年版，第 31 页。

求助者本身的原因，还有家人患病、子女众多、失业、收入低下、受教育不足等外部因素，而且还与社会环境的变化密不可分。但是这些发现在当时没有得到重视。

（三）个案社会工作的科学化时期

随着慈善组织会社的不断发展，人们开始意识到仅凭一腔热血未必能办成好事，慈善工作必须形成自己的一套完整的工作方法和规范。第一次世界大战给世界各国带来了大量的军人及其家属的问题，使社会服务从关心贫困者和不幸者扩展到社会其他阶层的人，其中之一是大规模社会救助的开展，使得社会工作专业化、科学化的需求越来越强烈。20 世纪初期，个案社会工作开始转向科学化时期，主要表现在以下几个方面：

1. 个案社会工作的理论建构

个案社会工作理论建构是以第一部社会个案工作的专著为标志。1915 年弗莱克斯纳博士在全美社会工作年会上提出社会工作并非一个专业，因为它没有系统的理论和科学的工作方法。于是，全世界的社会工作专家开始朝着科学化方向努力，1917 年，里士满根据她在慈善组织会社工作所累积的经验和研究心得，出版了《社会诊断》一书，第一次将个案社会工作作为一种独立的社会工作方法和技术进行理论性概括和总结，使之成为一套独立的、可以指导实践的并可以作为学校教学内容进行传授的知识体系。她通过系统地分析个案工作的实践过程，提出了可供操作的工作构架和分析、诊断案主问题的方法，以及一系列的社会个案工作的原则，如个别化原则、案主自决原则等。她对案主问题的根源进行了分析，强调了社会环境的重要性。该书对社会个案工作的技巧也作了总结，认为个案工作必须讲究会谈技巧，要为案主提供善意的劝导，并说明个案工作效果的获得必须有案主积极的合作等观点。1922 年，里士满又完成了另一部著作《什么是社会个案工作》，在这本书里，她给社会个案工作下了一个定义，认为社会个案工作是在人与环境相互适应之际，经由个人（工作者）对个人（案主）的有意识的影响，以推动案主人格发展的过程。里士满对个案社会工作的贡献非常巨大，被推举为专业个案社会工作的开山鼻祖。1929年，社会工作机构负责人在米尔福特召开大会，发表大会论文《个案社会工作——其一般性与特殊性》，强调个案社会工作在本质上是科学，运用上要专业。自此以后，社会工作作为一门专业正式确立，社会工作者作为专业服务人员也被专家所认可。

在1920—1930年之间，个案社会工作还受到弗洛伊德的精神分析理论的影响，个案工作者在对案主进行分析时，除了研究社会环境对案主问题的影响外，开始对案主的内在因素进行研究，开始了由重视社会因素向重视心理因素的转变，认为个案社会工作必须运用心理分析的方法。于是，个案社会工作形成了以精神分析理论为基础的诊断社会个案工作，认为个案社会工作必须重视其协助程序，强调科学诊断的重要性。

除了诊断社会个案工作获得极大发展之外，1930年，美国宾夕法尼亚大学教授奥多·雷恩克提出功能学派个案社会工作理论。

2. 个案社会工作的教育发展

在个案社会工作职业化时期，从单纯的对“友善访问员”进行培训，开始发展出专业的个案社会工作教育。在教育内容上，开始趋向专业、系统的方向发展，帮助个案工作者树立个案社会工作以科学作为指导的信念，对个案社会工作的价值理念、基本理论和工作技巧进行全面的培训。在办学形式上，发展出正规教育和在职培训相结合的方法。例如，1904年纽约暑期社会工作学校改名为纽约慈善学校，设立一年制课程，这是社会工作发展史上第一门为期一年的个案工作训练课程，1912年又将课程改为两年制。1963年哥伦比亚大学社会工作学院成立。

3. 个案社会工作的行业化发展

随着经济发展和社会问题的增多，个人及家庭对社会个案工作的需求变得越来越多，职业化时期单纯的慈善活动已经不能满足广大民众的需要。于是，个案社会工作开始涉足其他服务领域，包括医疗、司法、精神病院、学校等机构，运用个案工作的方法来帮助有需要的人解决困难。例如，1918 年，美国医疗社会工作人员协会成立；1919 年，访问教师协会成立；1926 年精神病理社会工作人员协会成立。这些协会承担着协调、指导、培训本行业社会个案工作的任务，并规范社会个案工作者的职业道德。①

（四）个案社会工作的多元化时期

20 世纪 30 年代全球经济进入萧条时期，个案社会工作开始再次重视社会环境对案主的影响，这一阶段的特点是：社会工作者认为案主问题的产生是受社会环境和个人心理因素的共同影响，在心理学发展理论对个案社会工作的影响下，个案社会工作开始进入多元化的发展时期，形成了众多不同的个案工作理论流派。

1. 功能派个案社会工作

功能学派的代表人物是弗洛伊德的学生奥托·兰克（Otto Rant），他将弗洛伊德的理论加以发展形成“意愿心理学”，他认为人的行为受自己意愿的影响，而不是像精神分析理论认为的由过去的生活经验所决定。塔夫特（Jess Taft）和罗宾逊（Virginina Robinson）在兰克的基础上加以完善，形成了个案社会工作的功能派理论。功能学派注重社会工作服务机构在服务中的重要性，认为问题的解决不在于社会工作者，而在于案主本人，工作者必须运用与案主之间的关系和互动的过程，以案主为中心，释放案主的内在力量，并协调与案主相关的社会资源，充分发挥个案社会工作机构的功能，从而达到解决问题、改变处境的目的。

2. 心理暨社会派个案社会工作

心理暨社会派是从里士满社会诊断学派的基础上发展而来，经

① 许莉娅主编：《个案工作（第二版）》，高等教育出版社 2013 年版，第 21—22 页。

由汉密尔顿（Gordon Hamilton）和托尔（Charlotte Towle）的进一步充实，于20世纪30年代后期形成了心理暨社会派个案社会工作。汉密尔顿通过1937年和1951年出版的《个案社会工作的基本概念》和《个案社会工作的理论与实务》两本书，阐述了他自己的思想。托尔在汉密尔顿的基础上提出"人在情境中"的概念，成为心理暨社会学派的核心概念之一。该学派认为，人与环境是一个互动的整体，人的内心时时和所处的社会环境处于交互的状态，人的行为失调、出现问题则是人和环境系统互动不平衡所致，所以必须注重心理因素和社会环境因素的共同影响。该理论特别强调个别化原则，针对每个人的"情境"不同，放到特定的"个人情境"中进行探讨。

1964年，哥伦比亚大学教授霍利斯出版了《个案工作——一种心理与社会治疗》一书，使心理暨社会派个案工作成为当时个案社会工作的主流。

3. 问题解决派个案社会工作

1957年，波尔曼（Helen Harris Perlman）出版了《个案社会工作——问题解决程序》一书，提出问题解决派个案社会工作的基本思想，建立问题解决派个案工作。该理论认为，人的一生就是一个不断解决问题的过程，每个人从出生到死亡，会遇到各式各样的问题，但是每个人与生俱来就具备解决问题的能力，通过不同问题的解决，发展出个体惯用的问题解决模式。一个人的问题解决模式并不是固定不变的，随着遇到新问题、解决新问题的过程，问题解决模式也在不断更新，当一个人遇到自己无法处理的问题，通常是由于个人缺乏动机或者存在某种心理障碍所导致的。

问题解决派个案社会工作模式的目的是协助案主解决其所遇到的问题，通过问题解决的过程，给予案主心理上的支持，帮助其形成新的有效解决问题的模式，挖掘、培养、恢复案主解决问题、应对挑战的能力。该学派有四个重要概念，即"4PS"——"person"指案主；"problem"指案主遇到的问题；"place"指社会服务机构；“process”指解决问题的进程。

4. 行为修正派个案社会工作

行为主义心理学作为当代的主流之一，对个案社会工作产生了极大的影响，该学派的代表性人物有华生（John B. Watson）、桑代克（Edward L. Thorndike）、斯金纳（Burrhus Frederic Skinner）和班杜拉（Albert Bandura），这些个案社会工作者将行为心理学的相关理论应用到个案社会工作中，形成了行为修正派个案社会工作。

行为修正学派的原理主要包括刺激—反应的经典条件反射和操作性条件反射理论、强化理论、社会学习理论等。主要适用于案主可观察到和可测量到的行为以及引起这些行为的外部刺激。主张把人的行为划分为两类：一类是人的自主性行为，被称为操作性（operant）行为；另一类是人的非自主性行为，被称为反应性（respondent）行为。

操作性行为是由生物体自身产生、通过对环境的操纵与改变、反过来对自身有积极效果的行为，人的行为主要是由操作性行为构成的。如果能对行为后果加以操作影响，就可达到控制操作性行为的目的。反应性行为不是人自主的行为，而是在某种刺激的条件下，个体拥有的一种本能或自动的反应，如果想办法消除引发反应性行为的刺激物，则可控制反应性行为。因此，行为修正派个案工作的关键在于应尽力寻找出问题行为的最直接的前导因素以及问题行为的最直接相关的后果。

操作性不良行为的主要方法有积极强化法、消除法、反应养成法和处罚法。修正反应性不良行为的技术主要是系统脱敏法，即将引起恐惧的刺激分成等级，使用放松技术，先从最低级开始，而后逐步升级脱敏、厌恶治疗，直到行为得到抑制甚至感到厌恶为止。此外，还有与系统脱敏法原理相反的满灌疗法，也被称为快速暴露法，即将引起焦虑的情境一次性充分暴露给案主，使之习以为常。

（五）个案社会工作的整合时期

个案社会工作的整合时期开始于20世纪70年代，随着世界经济的发展和社会的进步，社会问题凸显，呈现多因化和复杂化的特点，那么仅采用一种服务模式或一种工作方法开展服务难以解决案主的需要，这对社会工作专业的发展造成巨大的挑战。例如，解决案主的失业问题，会用到“理性情绪疗法”，还会用到“心理社会模式”；既要运用个案社会工作的方法开展心理辅导，还会运用到小组方式来开展职业培训，因此，整合社会工作的方法势在必行。由此可见，这里的“整合”包含两个方面：一是个案社会工作不同服务模式的整合；另一个是个案工作、小组工作、社区工作的整合。

在个案社会工作整合时期，案主的问题日益复杂，社会福利资源日益多样化，特别是受到新管理主义的影响，个案管理服务模式应运而生。

（六）个案社会工作的反思时期

进入20世纪八九十年代以后，社会工作学者、教育者及实务工作者开始对个案工作进行反思。人们逐渐发觉，随着资本主义全球化的发展，受管理科学和科技理性的影响，社会工作更加追求技术化和管理化，个案工作者在注重汲取心理学知识的同时，开始追求专家地位，逐渐淡化或偏离了社会工作对案主（弱势人群）人性关怀的初衷。因此，学者们重申了个案工作是一种道德实践的观点，认为工作者与案主应该建立自然的关怀关系，要求工作者情感投入和价值介入。

三、个案社会工作的特征

个案社会工作区别于慈善服务，相对于其他社会工作方法而言，个案社会工作的特点我们可以概括为以下几点：

（一）个案社会工作是一项专业的助人活动

助人自助是个案社会工作的本质特征，也是其服务目标。

1. 个案社会工作是一个助人过程

这是由社会工作的服务内容确定的，也是个案社会工作的基本任务，社会工作者通过协调资源、提供具体服务，给予案主物质、精神方面的帮助，解决案主面临的实际困难需求，满足案主的需要。

2. 个案社会工作强调案主的自助

个案社会工作的本质是助人自助，强调案主的参与，相信案主是有潜能的，可以共同协商解决问题，在解决问题的过程中恢复自助能力。助人过程不是替案主包办代替，否则容易养成案主的依赖性，而这种依赖性的持续发展，会使案主原有的自助能力萎缩，甚至丧失。正如我们平常所言“授人以鱼，不如授人以渔。”

3. 个案社会工作的目的是增进个人幸福和社会福祉

个案社会工作不同于慈善活动、助人为乐活动，它是通过一系列的服务手段实现案主的幸福和社会的和谐。

4. 个案社会工作可以提升工作者的技能

从动机角度看，个案社会工作是以案主的需要为本，要求工作者所有的方案设计、工作实施以及整个工作过程，都必须是围绕着案主的需要，而且要求工作者时刻警醒自己是否为了满足自己个人的需要去与案主互动。但从工作效果角度看，工作者在秉持个案工作价值观、运用有关知识和技巧帮助案主的过程中，自己也将会得到成长。因此，工作者应经常反思自己在与案主互动过程中的经验，不断觉知和巩固自己的成长和进步。

（二）个案社会工作是一种信息沟通过程

个案社会工作的服务手段不全是物质给予，更多的是情绪、情感、观念等信息的沟通，特别强调信息的反馈和回应。

1. 和案主直接的沟通

工作者通过和案主一对一、面对面地沟通，收集案主的资料，判断案主的需求或问题，建立专业服务关系，开展服务，进行情感或观念的交流，这种沟通从接案到结案一直发挥着重要作用。

2. 和案主相关人员的沟通

个案社会工作者通过多种渠道为案主服务，和与案主相关的人员进行沟通，收集信息、联系资源，以期多方面给予案主帮助。

（三）个案社会工作关系是一个特殊的互动关系

个案社会工作者和案主的关系并不是私人关系，而是一种职业关系，是一种特殊的社会关系。

1. 个案社会工作关系是角色与个性的互动

个案社会工作者作为一个特殊的社会角色，遵守个案社会工作的职业行为准则和伦理守则；而案主是社会中的普通角色，不受相关的约束和限制，可以完全展示自己的个性，个案社会工作服务过程其实就是角色和个性的碰撞过程。

2. 个案社会工作关系具有利益单向性的特点

一般的社会互动基本上是利益的交互，一位研究人际关系的专家认为，人际交往取决于你能给对方多少帮助，以及你能从对方那里得到多少回报。个案社会工作中的工作者和案主则不然，它不追求互惠互利，而是表现为利益的单向性，个案社会工作者不图回报，只为案主的利益服务。虽然说个案社会工作是一种职业行为，但是它以助人为宗旨，注重给予、奉献。

3. 个案社会工作关系是专业的动态性

这种专业关系表现在：首先，整个互动过程必须运用科学的知识和专业的方法，必须遵循严格的程序等；其次，个案社会工作者在互动过程中需遵守一定的互动规则，如保密、价值中立等；最后，双方的互动需要围绕目标的实现来进行，避免不愉快的谈话。

（四）个案社会工作的科学性、技术性

个案社会工作不同于一般的慈善活动，它有自己的价值理念和服务流程。

1. 个案社会工作科学的价值理念

个案社会工作者需要遵循个案社会工作的价值观，坚持尊重、敬业、奉献、利他、公正等价值理念；必须运用科学的知识和方法，严格遵守专业伦理、行业规范；还要善于采用接纳、同理心等技巧。

2. 个案社会工作服务的技术性

个案社会工作者不是纸上谈兵的理论家，不是满腔热血的志愿者，而是必须接受专业的培训，熟练掌握个案社会工作者应该具备的人际沟通技巧和应对各种问题的能力以及丰富的工作经验；另外，个案社会工作者还要掌握心理学、社会学、人际关系学、教育学等学科知识、技术，并融入到自己的工作中去。

四、个案社会工作的功能

个案社会工作的服务对象是个人或家庭，社会是由个人和家庭组成的集合，所以个案社会工作对社会也起到一定的作用，我们把个案社会工作的功能分为对个人或家庭的功能和对社会的功能两个部分。

（一）个案社会工作对个人或家庭的功能

个案社会工作对个人或家庭的功能体现在以下几个方面：

1. 救助功能

个案社会工作从本质上来说就是一个助人的过程，对遇到困难的个人或家庭给予物质或精神上的帮助，解决问题，解救案主于危难。基本上所有的案主都有这种需求。

2. 恢复功能

恢复功能，也称为复原功能。个案社会工作者在帮助案主解决具体问题的过程中，恢复案主的自助能力，如通过提供资源和心理支持，恢复案主由身体或心理障碍造成的功能失调。该功能主要涉及突发性危机案主、失业案主等。

3. 治疗功能

针对案主出现心理、人格或行为问题，个案社会工作者运用个案社会工作相关理论和工作方法开展调适和治疗，帮助案主改变心理或行为，使其走出困境。该功能适用于焦虑、偏激、消极、越轨行为等类型的案主。

4. 发展功能

个案社会工作者遵循助人自助的理念，通过个案服务过程，激发案主的潜能，使其能够适应环境或者解决问题，强化案主的信心、决心、毅力，改善案主的生活质量、认知水平、行为方式，最终实现自我发展。该功能适用于个人技能差、心态失调的案主。

5. 协调功能

个案社会工作者一方面在工作过程中发掘案主本身的资源，协调各种社会资源为案主服务；另一方面帮助案主协调其他人、家庭、社会环境的关系，强化案主的适应能力。该功能主要面向家庭矛盾、婚姻危机、环境适应不良的案主。

6. 教育功能

个案社会工作本身带有教育和指导的功能。通过发挥个案社会工作者的优势、经验，引导案主学习社会正向行为，防止不良行为的发生。例如，个案工作者在服务中采取忠告、说服、引导的方式改变案主的暴力行为，又或者消除案主的某种倾向等。

7. 预防功能

个案社会工作通过个案服务，使案主激发潜能，获得个人的发展，在未来的生活中具备解决问题的技巧，防止心理、行为出现越轨或再次陷入困难之中，使得个人或家庭具备处理突发危机事件的能力。

（二）个案社会工作对社会的功能

个案社会工作注重个人和社会环境的互动，对社会的功能主要体现在以下两个方面：

1. 稳定社会的作用

一个社会要稳定发展，除了通过社会控制对社会成员进行引导、约束外，还要发挥解决问题、提供援助的作用；反过来，稳定的社会是个人或家庭发展的保障。个案社会工作通过解决个人或家庭的困难与问题，提升他们的信心和能力，使个人或家庭具备解决问题的能力，消除社会中的不安因素，起到维护社会稳定的功能。

2. 促进社会和谐的作用

个案社会工作通过其服务过程，一方面维护公民的权利，提升个人或家庭的物质、精神生活质量；另一方面发挥间接作用，影响社会政策的改变，使之朝有利于公民的方向发展，缓解社会矛盾，促进社会进步与和谐发展。①

五、个案社会工作的基本原则

个案社会工作的基本原则是个案社会工作者依据个案工作的概念、目的、特征等，在总结工作经验基础上制订的一些基本要求，是开展个案工作的行动指南。具体有以下几个原则：

（一）以案主为中心原则

这是个案社会工作的基本原则，个案社会工作者与案主的专业关系建立在最大限度维护案主利益的前提下，个案服务的目标要以案主的问题为基准来制订，个案服务的实施要以案主的能力为准绳。另外，不能牺牲案主的利益来满足个案社会工作者本人或服务

① 翟进、张曙编著：《个案社会工作》，社会科学文献出版社 2001 年版，第 18 页。

机构的利益。

（二）个别化原则

所谓个别化原则，是指个案社会工作注重案主的独特性，将案主视为独特的个人，重视案主的困难或问题以及个人的感受和看法。这一原则要求工作者认同案主的差异性，可运用不同的工作技巧和方法来服务案主。

尽管服务的案主存在相同或相似的问题，但是作为社会中的独立个体，产生问题或困难的原因却是千差万别，个案社会工作者需要对案主具体问题具体分析，作出准确、恰当的判断，才能设定具体目标和独特的方案，切不可照方抓药。个别化原则表明了个案社会工作的复杂性。

（三）人在情境中原则

“人在情境中”是个案社会工作的核心原则。该原则认为个人和其所处的环境处于多重的互动中，个案工作的目标是促进案主和社会环境的互动。那么，个案社会工作者在开展服务时，既要重视引发案主问题的内在原因和外在原因，还要把问题放在案主生活的社会环境中去考虑，了解个人和社会环境的关系，提升个人适应环境的能力。因此，个案社会工作重视围绕案主的问题探索与环境影响因素之间的关系，一边促进案主的改变，一边促进环境的调整。

（四）价值中立与非评判原则

价值中立，是指在社会工作实务中社会工作者对服务对象保持中立客观的态度，搁置个人的价值判断，不做价值干预和判断。社会工作的职业性决定了社会工作者在开展服务时必须保持价值中立，工作者的价值观不能介入、影响案主或服务。另外，个案工作者的目的是帮助案主，是站在案主的角度与案主共同面对问题，而不是评判案主认知、行为的是非与对错，因为评判不利于案主的完全表达。另外，非评判的态度不等于不关心社会法律和道德，如果个案社会工作者本身对违反法律和道德的事情不在意，案主也会无所适从；如果个案社会工作者对案主的行为（事件）表示不在意，说明没有了解案主因此受处分的困境和尴尬，反而使案主更加不知所措。

（五）承认、接纳原则

承认、接纳，是指个案社会工作者把案主作为一个独立意志和权利、受到尊重的服务对象来接受，承认案主有独特的个性、气质、观念、态度和行为等。①

承认是承认案主个体的价值、发展的潜能以及可改变的能力，个案社会工作者不能以轻视、反感、责备的态度来对待案主，而应该将案主从困难中解救出来，使得案主激发潜能，改变自己。

接纳是个案社会工作者愿意对案主接受、包容与理解的态度和宽容心怀，包括对案主感受、想法、态度的接纳，也包括对案主优点和缺点、积极和消极的情绪的接纳，还包括对案主职业背景、家庭条件、学历、成长经历、人格特点的接纳，以及接纳案主对个案社会工作者的抗拒、排斥等。接纳并不等于赞同，是中性的，既不表示赞同，也不表示反对。

（六）案主参与、自决原则

所谓参与就是当案主被自己的处境和问题所困扰时，个案社会工作者不应该取代案主替其解决问题，积极的方式是引导案主参与对问题的剖析至改善的全过程，而不是个案社会工作者一直处于分担、支持和提示的地位。要想实现“助人自助”的目标，就必须要求案主参与到整个服务过程中，只有案主积极参与进来才能产生效果。

所谓自决就是承认案主有自己选择和决定的权利与义务，个案

① 翟进、张曙编著：《个案社会工作》，社会科学文献出版社 2001 年版，第 121 页。

社会工作者要尊重案主的权利，相信案主有自决的能力，一方面协助案主看清自己的问题和需要，激发自己的潜能；另一方面协助案主了解他可获得的支持性资源。案主只有不断地自我反省，才能正确面对自己的问题，才能成长。当然，案主自决不是绝对的，自决权利的行使必须考虑案主的能力以及遵守法律与道德。

通过案主的参与和自决，帮助案主认识自己，增强自信心、自尊心以及问题解决的能力。

（七）保密原则

所谓保密原则，是指个案社会工作者和案主从建立专业关系开始，对于案主的资料、会谈内容以及一切与案主相关的信息，个案社会工作者必须为案主保密，这是个案社会工作者必须遵守的职业伦理。每个人都有权利保守自己的秘密，除非愿意和别人分享，因此，保守秘密不仅是资料的保护，同时也是对人权的尊重，未经别人允许透漏别人的信息是不道德的行为、是违法行为。

保密的内容包括：对案主的基本信息和资料的保密，个案服务过程中的记录、录音、影像材料的安全保管；未经案主的允许，不得在教学、交流或培训中使用案主的资料；不得在公共场所谈论案主的服务内容等。

个案社会工作者对案主信息给予保密是个案社会工作的基本准则，当然，保密原则并不是绝对的。《美国社会工作者协会伦理守则》认为，“当披露资料可以防止对当事人或其他可以确定的人造成严重的、可以预见的、近在咫尺的伤害时，社会工作者可以打破保密限制。”但在披露资料时要尽量使披露的程度降至最低，且应只披露那些直接与目的相关的资料。另外，有时候个案社会工作者需要和机构督导或同事讨论比较特殊的案例，不可避免会泄露案主的信息，所以个案社会工作者需要事先告诉案主保密的内容和程度。

六、个案社会工作的伦理责任与伦理困境

伦理是群体生活的规则，它通过引导人的行为来达到维护社会秩序的功能。违反伦理就是破坏社会秩序，虽然不会受到法律的惩处，但是会受到舆论的谴责或同行的抵制。价值与伦理的区别在于，前者是理论层面的对人和社会关系的规定，后者则是在将这种价值观转化为实际行动时，在操作层面上对人的行为的一种实际的指导和判断准则。

社会工作伦理，是指社会工作者依其哲学信念和价值取向发展而成的，用来表明专业特征并指导其行为、在工作过程中必须遵循的一系列道德行为准则和标准，是引导与规范助人专业活动的依据。它是社会工作者自我约束的规范和行为准则，是社会工作者与服务对象间共信的基础，也是社会工作者与其他专业工作者共信互信的媒介，还是社会人士评价社会工作者工作的参照标准之一。

社会工作伦理守则有以下几点意义：

（1）它是社会工作者自我约束的道德规范。

（2）它是社会工作者的行为准则，也是服务对象接受社会工作者协助的依据。

（3）它是社会工作者与服务对象间共信的基础，也是社会工作者与其他专业工作者共信互信的媒介。

（4）它是社会人士评价社会的标准。

（一）个案社会工作的伦理责任

美国社会工作者协会 1997 年施行的《美国社会工作者协会伦理守则》包括六大项主要内容，概括如下：

（1）工作者对案主的伦理责任涉及下列方面：对案主的义务、自我决定、知情同意、能力、文化能力和社会多元性、利益冲突、隐私和保密、查阅记录、性关系、生理接触、性骚扰、贬损语、服务费用、缺乏自决能力的案主、服务的中断、服务的终止等。

(2) 工作者对同事的伦理责任涉及下列方面：尊重、保密、合作、纠纷、辅导、服务的转介、性关系、性骚扰、同事受到的损伤、同事失去工作能力、同事的不道德行为等。

(3) 工作者对工作机构的伦理责任涉及下列方面：督导和辅导、教育和培训、评价表现、案主记录、工作表、案主的转介、行政、继续教育和员工发展、对雇主的义务、劳资纠纷等。

(4) 工作者作为专业人员的伦理责任涉及下列方面：能力、歧视、个人行为、蒙骗和欺诈、损伤、错误言论、恳求、荣誉归属等。

(5) 工作者对社会工作专业的伦理责任涉及下列方面：专业的完整性、评估和研究等。

(6) 工作者对全社会的伦理责任涉及下列方面：社会福利、公众参与、公共紧急事件、社会和政治行动等。①

(二) 个案社会工作的伦理困境

在个案社会工作实践中，社会工作伦理守则是一个系统，必然包含很多的次系统，因而系统和次系统间、次系统与次系统间难免发生优先性冲突。个案社会工作者在实践工作中会面临多种多样的问题和困难，会遇到错综复杂的关系，这些关系在协调过程中往往出现矛盾、冲突，这就引出了具有伦理特征的问题和困难——伦理困境。社会工作实践中的伦理困境往往会使个案社会工作者陷入两难的抉择。

雷默在《社会工作价值和伦理》一书中分析了在确定社会工作价值和伦理框架时的难题，同时也分析了在对个人和家庭提供直接服务时存在的伦理困境以及在社会工作间接服务中存在的伦理困境。

雷默认为，在对个人和家庭提供直接服务时，存在以下一些比

① 郑铁主编：《个案工作实务》，中国轻工业出版社 2014 年版，第 61 页。

较突出的问题：

第一，告诉案主真实情况与保护案主的矛盾。第二，法律、法规、政策与治疗目标之间的冲突。第三，保密与特殊知情权的冲突。第四，提供服务违反了案主的意愿。第五，结束服务违反了案主的意愿。

一般来说，个案社会工作者在实践工作中遇到的伦理困境可分为两大类：

（1）在服务个人或家庭的直接实践中遇到的伦理困境，我们称为直接实践服务中的伦理困境。该方面的困境主要涉及隐私权和保密、自我决定、对不同对象的忠诚、专业利益和案主利益、专业价值和个人价值等。

（2）在参与社区组织、社会政策与计划、行政以及研究与评估活动中遭遇到的伦理困境，我们称之为间接实践服务中的伦理困境。主要包括：有限资源的分配、公民的社会福利、法律法规的遵守、劳资争议、研究与评估、个案社会工作中欺骗的运用、揭发机构或专业团体内部不当行为等。

在实际服务过程中，我们面临的伦理困境可能不止一个，解决困境时个案社会工作者可以按照重要程度对这些困境排列出次序，优先满足高层次的困境，再满足低层次的困境，如个案社会工作者采用“伦理准则筛查方法”，即道德优先次序，具体如图 2-1 所示。

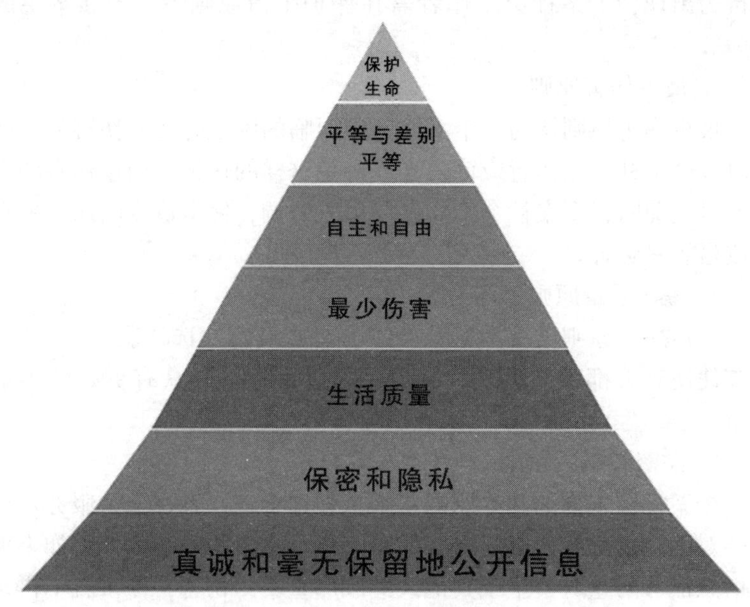

图 2-1　道德优先次序

1. 保护生命原则

保护生命原则适用于所有的案主，一方面要求保护案主的生命安全，另一方面还要求保护其他人的生命安全，该原则高于其他任何原则，处于首要地位。

2. 平等与差别平等原则

平等与差别平等原则，是指所有的人在相同条件下应该享受相同的处遇，受到同样的对待，即同等情况下有权得到平等对待；反之，处于不同条件下的案主，有权得到区别对待或处遇。

3. 自主和自由原则

“助人自助”的服务宗旨要求个案社会工作者在实践工作中培养案主的自主、自决、独立和自由。重视案主的自由，但是该自由为有限的自由，不可超越个人或者其他人的生命权或生存权，如果此行为出现，个案社会工作者需在保护生命原则下，干涉案主的行为。

4. 最少伤害原则

最少伤害原则认为，个案服务中面临的困境有造成伤害的可能性时，个案社会工作者应该防止或避免这样的伤害。当该伤害的发生不可避免时，个案社会工作者要多方协调，使得造成的伤害最小化或最容易弥补。

5. 生活质量原则

生活质量原则重视个案社会工作者在制订、选择服务方案时，应该使所有人都参与进来，推动个人以及社区公众有更好的生活质量。

6. 保密和隐私原则

个案社会工作的基本原则要求个案社会工作者在整个服务过程中要对案主的信息、资料进行保密，尊重案主的隐私。但是如果披露信息能够防止对案主或其他人造成严重暴力伤害，保密就不再是神圣不可侵犯的了。

7. 真诚和毫无保留地公开信息原则

个案社会工作者在实践工作中要对案主保持真诚的态度，能向案主和其他相关人充分披露所有相关信息。①

七、个案社会工作的服务流程

个案社会工作的服务流程，是指开展个案服务的操作程序和具体步骤。国内外学者依据不同的划分标准，把个案社会工作的流程划分为不同的程序或步骤。一种是按照服务阶段来划分，诺森和康顿普把个案社会工作的流程分为开始阶段、中间阶段、结束阶段；另一种是按照服务内容来划分，布雷默、廖荣利等人把个案社会工作流程分为接案和建立关系、资料收集与分析、诊断与计划、治疗

① 郑轶主编：《个案工作实务》，中国轻工业出版社 2014 年版，第 69 页。

和服务、结案和评估、持续的治疗等六个阶段。尽管不同的专家学者有不同的分类，但是这些分类在总体上是类似的，本书把个案社会工作的服务流程分为以下七个阶段：

（一）接案

接案是个案社会工作服务流程的第一个阶段，这一阶段的主要目的是通过和求助者的初步接触，对求助者的问题进行初步的评估，向其介绍机构的基本情况以及服务范围，并依据机构的功能确定是否可以对求助者的问题提供服务，确定求助者能否成为案主。

接案是个案社会工作流程关键的一步，是个案社会工作者和求助者建立专业关系的重要阶段，使求助者成为实际案主，为后续的预估和介入打下基础，以便个案社会工作者和案主一块解决问题、实现目标。

1. 接案阶段的主要工作内容

（1）了解求助者的求助愿望并进行适当的处理。每个求助者来到机构请求帮助的愿望是不一样的，个案社会工作者需要详细地了解并加以区分，在了解求助者基本情况的基础上简要评估求助者是否需要即时给予帮助，给予什么样的帮助。

（2）澄清求助者的期望。求助者来到机构向工作者求助，常常抱有一定的期望值，期望机构能够解决自己的问题或需求。过高的期望机构有可能无法实现，过低的期望影响工作效能，个案社会工作者要澄清求助者的期望，明确双方的责任，切忌过多的承诺。

（3）初步评估求助者的问题与需要。要了解求助者的需要，对其问题进行简单评估，和求助者进行沟通交流，以便获得正确的结论和准确确定问题。

（4）注重专业关系的建立。根据确定的问题，确认机构可以提供适当的服务，促使求助者向案主的角色转变，建立起专业的工作关系，为后续服务奠定基础。

2. 接案过程中的技巧运用

(1) 接纳。个案社会工作者需要对求助者本身、求助者问题、矛盾心里完全无条件地接纳，这样才能够使求助者无拘无束、完全向个案社会工作者自我袒露。

(2) 倾听。个案社会工作者通过肢体、表情、眼神、语言的方式表达对求助者的关注，同时还要分析隐藏在求助者话语后面的情绪和潜台词。

(3) 具体化。个案社会工作者使用清楚、简洁、专业的语句准确描述出求助者的问题或需求，让求助者感受到工作者明白自己的陈述内容，也帮求助者准确认识到自己的问题或需求，减轻求助者的焦虑情绪。

(4) 转介。如果服务对象的问题超出机构或者个案社会工作者的服务范围，将求助者转介于其他机构或者个案社会工作者，以便求助者能够得到适当的服务。需要注意的是，工作者不能以“不适合服务或其他的理由”随意处置求助者。

3. 影响接案的因素

(1) 双方期望不一致。个案社会工作者帮助求助者认识到工作者不是无所不能的，双方目标要符合实际情况，如果双方的期望不能调和，就不能成功地接案和进行后续服务。

(2) 个案社会工作者的能力不足。如果求助者的问题困难，超出个案社会工作者的能力或专业范围，就需要将求助者转介。

(3) 求助者不愿接受帮助。有些求助者是在亲属的要求下来进行咨询，非自己主动求助；又或者求助者对个案社会工作者或机构不信任，从而不愿接受服务。

(4) 外部事件的影响。这里主要是指求助者出现患病、搬家、入狱等情况，可能使服务中断。

(二) 预估

当个案社会工作者完成接案，求助者顺利成为案主之后，个案工作就进入到第二阶段也就是预估阶段。所谓预估，是指个案社会工作者收集案主的详细资料，并了解案主问题的成因、问题的性质、案主的资源以及案主与社会环境的互动，并进行综合的分析判断，找出解决问题的入手点。

1. 资料收集

（1）资料收集的范围。个案社会工作者收集到的一定是与案主问题有关的资料，主要涉及两方面：案主个人资料和环境资料。

①案主个人资料，包括基本资料：籍贯、年龄、性别、受教育程度、婚姻状况、收入、职业等；生理方面：主要是对案主病史的了解、目前的生理状况等；心理方面：智力水平、兴趣、人格特点等；价值观：对人或事情的看法等；能力：应对、处理事情的能力等。

②案主的环境资料，包括家庭环境、同辈群体、单位环境、社区环境等，主要了解案主与环境的互动情况。

（2）资料收集的技巧。资料收集是一个体现个案社会工作者工作艺术的工作。

收集资料要紧紧围绕服务目标来进行，开展资料收集之前列举想要收集的内容，编写提纲提高资料收集的效率。

资料收集的方式主要有：①会谈，通过与案主直接面对面的谈话，从案主的口中了解案主的资料；②咨询，向社会工作督导、同事或其他专业人士咨询意见，以求判断的准确性与科学性；③走访，通过对案主家庭、朋友、单位、学校进行走访，观察和了解更多无法从案主口中得到的资料。

资料收集后就要进行科学的整理。工作者尽可能依据案主的问题开展资料收集，但是不可避免会有没用的资料，因此，需要对收集到的资料进行整理归纳。

2. 诊断

（1）问题的诊断。收集完资料后就需要对资料进行分析。分析时：①坚持个别化原则，不能用普遍的方法来确定案主的问题。

②注重双方参与的原则，通过个案社会工作者和案主的互动、协调共同认定问题，切不可单方认定。③警惕价值观偏见的原则，个案工作是人与人之间的互动，不可避免地会涉及价值观，个案社会工作者需要最大可能避免自己价值观的掺杂和影响，保证问题确定的客观性。④避免问题简单归因原则，案主问题形成很复杂，我们不能将问题归为一个简单的原因，要看到问题之间的关联性。

（2）问题的确定。包括：①确定案主的问题是什么。案主的问题可能是多个或者是错综复杂的，工作者要与案主讨论，划分问题的主次、优先解决顺序。②分析问题产生的原因是什么。双方共同参与，找出案主首要解决的问题的形成原因，这样才能对症下药。③了解案主为解决问题作出过什么努力。从案主所做的努力中分析案主对问题的认识以及案主应对问题、解决问题的能力。

（三）目标、工作计划的制订

明确案主的问题之后，个案社会工作者就需要针对案主的需求与案主一同商讨服务要达成的目标，并以此为基础制订服务计划，以便为案主提供合适、有效的服务。

1. 目标的制订

（1）目标制订的原则。通常在制订个案工作目标时，应当遵循：①案主的参与。工作者应同案主共同协商制订目标而不是由案主或工作者单独提出，发挥案主自身的作用，注重案主的成长。②通俗易懂、易于接受。目标一定要简洁明了，尽量避免专业的和艰涩的词句，便于案主的理解。③目标正向、直指问题。目标的制订要期望案主建立正向的态度和行为，通过实现工作目标，实现问题的解决。④目标的可实现。目标必须是具体的，通过双方的共同努力能够达成的。

（2）目标的类型。个案社会工作的目标体系中，通常分为三种：①直接目标，也称为短期目标，主要针对案主面临的现实性问题，帮助案主直接解决具体的困难。②中间目标，协助案主恢复自助的能力。③终极目标，激发案主的潜能，使案主能够自我认识、自我实现，达到现实我和理想我的协调一致。

2. 工作计划的制订

制订工作计划是个案社会工作的一个重要步骤和内容，工作计划进一步明确工作者和案主的责任，避免无用功。工作计划不是随意制订的，要考虑案主的能力、资源以及个案社会工作者的优势，只有这样才能制订出最适合案主的方案。

一份完整的工作计划应该包括：

（1）案主的基本情况：姓名、年龄、性别、受教育程度、婚姻状况、职业等；

（2）简要准确地描述案主的主要问题和相关问题；

（3）双方协调达成的工作目标；

（4）具体的工作阶段，每个阶段需要采用的方法和需要协调的资源；

（5）达成目标所用的期限。

（四）服务协议的签订

服务协议是由个案社会工作者与当事人共同承诺合作实现所同意的目标和计划，是促使双方关系具有承诺和责任要素的重要途径。签订协议对工作者和当事人双方都有一个约束，对工作者来说，协议提供了一个当事人参与服务的保证；对当事人来说可以清晰明了工作者提供的服务内容以及工作者的期望。

协议的内容包括：

（1）服务目标；

（2）服务的内容以及采用的方法；

（3）双方应该享有的权利和义务，如工作者遵守职业伦理、对当事人的问题保密、当事人要完成工作者布置的家庭作业、保证个案辅导的时限等；

（4）服务的时间、地点和次数；

(5) 双方签字。

协议的方式可以是书面的，也可以是口头的，但是，有时候即便签订了协议，案主也有可能不履行。

(五) 工作计划的实施

工作计划的实施也叫介入，是个案社会工作者协助案主采取行动，落实工作计划，帮助案主解决问题，实现发展的过程。

1. 个案社会工作者的角色

(1) 使能者。个案社会工作者运用自己的知识和技巧帮助案主挖掘潜能，促使案主发生改变，恢复自助能力。工作者需给予案主支持和鼓励，肯定案主的价值，通过调动案主的能力让其积极面对并解决问题。

(2) 协调者。除了激发案主自己的潜能，个案社会工作者通过联系资源、调动资源来帮助案主解决困难，工作者发挥联系人的作用。

(3) 教育者。这里的“教育者”不同于学校师生的教育角色，个案社会工作者并不是直接进行知识技能的传授，而是有时候作为榜样进行行动或人际关系的示范。

(4) 倡导者。当个案社会工作者为案主协调一些服务资源，发现种种原因造成资源分配不合理或资源缺少，使案主得不到合适的服务的时候，应当利用自己的权利和身份，倡导机构或社会实施一些改革或政策。

(5) 治疗者。很多案主在遇到、处理问题时，存在很大的心理困扰，个案社会工作者应当运用自己的知识和技能帮助案主宣泄情绪，提高案主的认知能力。

2. 个案社会工作者的工作内容

(1) 支持鼓励。个案社会工作者认为每个人都是有潜力的，通过语言与非语言等方式向案主表达尊重、接纳，鼓励案主实施行动，增强案主的信心和勇气。支持鼓励贯穿于个案社会工作的整个介入过程。

(2) 情绪疏导。让案主对事件带来的心理压力、情绪困扰得到及时的宣泄，能够自由表达、理性思考问题和客观分析自己。

(3) 澄清观念。很多情况下，解决案主的问题不是改变发生的事件本身而是改变案主对事件的看法，问题产生的根源可能是案主对问题的认识和看法。澄清观念就是个案社会工作者通过多种方法协助案主反省自己对事物的看法和态度，检视自己认识问题的态度。

(4) 改变行为。个案社会工作者采用行为修正治疗方式，通过正强化、负强化的方式减少或消除案主不适当的行为方式，建立新的行为方式。

(5) 改善环境。个案社会工作者帮助案主获取和争取合适的资源，积极帮助案主改善产生其问题的环境，注重环境改变对案主的帮助。

(6) 提供信息。有时候个案社会工作者为案主提供一些与问题相关的信息和资源，使案主对自己的处境能够有进一步的认识，增强案主解决问题的信心和能力。

(7) 危机干预。在法律法规、伦理守则规定的范围内，对于处在危机下的案主或案主的危害行为，个案社会工作者可以采用直接干预的方法，消除危机。但是该方法要慎用。

(六) 结案与评估

当工作计划落实完成后，个案社会工作者需要告诉案主，工作到了收尾阶段，服务即将结束。结案与评估是对整个服务过程进行的回顾、总结和评估，目的是巩固案主的改变以及效果的评价。

1. 结案

(1) 结案时的工作内容。主要包括：①个案社会工作者协助案主回顾从接案到现在整个个案历程的工作过程，总结案主取得的成绩，巩固现在的改变；②提出今后案主的努力方向，表达积极支持的态度；③做好个案服务的工作总结以及资料的整理归档，等等。

（2）结案的类型。结案并不意味着问题的彻底解决，所以可分为正常情况下结案和特殊情况下结案两种情况。①正常情况下结案包括个案工作目标达成，双方协调完成结案；案主获得自我成长，有独自解决问题的能力；工作计划完成或问题解决等。②特殊情况下结案包括案主的问题由于种种原因发生改变；双方专业关系不协调，希望结案；工作内容超出个案社会工作者的能力，进行转介；环境的改变或者其他突发事件，如搬家等。

（3）结案的处理方法。①一旦确定结案时间，个案社会工作者应提前告知案主，让案主有充分的思想准备。②处理案主与个案社会工作者的离别情绪。③帮助案主建立结案后的支持系统。

2. 评估

（1）评估的作用。评估的作用可以概括为以下几点：①对于个案社会工作者，通过评估可以回顾自己的工作成果和工作方式，提升自己的专业能力，总结工作经验；②案主可以正视自己的改变，增强信心；③服务机构可以利用评估判断个案工作的效果、效率，为改进服务质量提供依据。

（2）评估的方式。评估的方式按照评估要点可以分为以下几点：①结果评估，主要是对个案工作初期制订的目标，经过实际干预后，目标是否达成的评估；②过程评估，一方面，是对个案工作过程中方法、策略、资源的使用效果评估；另一方面，是对整个过程的工作效率的评估。

（七）跟进

结案并不代表个案服务的完全终止，一般情况下，个案社会工作者需要根据实际情况与案主商讨后续的跟进事宜，让案主明白跟进的重要性。

1. 跟进的作用

跟进的作用主要包括：①了解案主改变行为的持续巩固情况。②了解结案后案主的发展情况，以便及时向其提供帮助等。

2. 跟进的方式、时间

个案社会工作者的跟进方式和跟进时间要跟案主协商来确定，一般跟进采用面谈、调查回访、个案访视的形式进行。跟进时间通常是6个月左右，特殊情况可以延长到1年。具体的时间点可以定在案主的休息日进行。

再次说明，虽然个案社会工作的流程被分为以上七阶段，但是并不意味着各阶段之间是截然分开的，划分的目的是展示和了解各阶段的主要特点、工作内容以及作用、重要性，便于学生的学习掌握。另外，个案社会工作的服务流程不是固定不变的，可以根据案主的实际情况来调整，如案主为正在受到虐待的儿童的案例，在保护生命的原则下，个案社会工作者需要直接实施干预手段，保证儿童的安全，然后可以再进行资料收集、问题的分析。

第二节　个案社会工作的服务领域

在早期，个案社会工作的服务范围仅限于一般贫民的救济，到个案社会工作职业化发展阶段，出现了职业的社会服务机构以及个案社会工作者，但这时候的个案社会工作服务范围还比较狭窄。再后来，随着社会的发展和社会工作的需求，个案社会工作的实施领域日益扩大，除了传统的个案社会工作外，还产生了新的工作领域，如家庭个案社会工作、儿童青少年个案社会工作、学校个案社会工作、矫治个案社会工作、企业个案社会工作等，出现了行业个案社会工作。个案社会工作的服务领域大致分为以下三类。

一、按照机构性质分类

按照开展服务的机构性质分类，可分为以下几种：

（一）政府和公共事业福利机构中的个案社会工作

在我国，政府和公共事业机构，如民政部门、社会救助机构（包括妇联、共青团、残联、老龄委等），是社会福利的最大供给者，也是最高管理者。这类机构的工作人员多为公务员，代表政府机构对社会工作开展工作，以社会福利救助案主（包括贫困者、下岗职工、儿童、青少年、老年人、妇女、残疾人）为工作对象，把福利和服务、救助和激发潜能结合起来，旨在不断完善和提升公民的物质和精神需求，提高社会生活质量。

共青团、妇联、残联、工会等是为特定人群服务的团体，服务范围比较广，不仅指导和管理相关领域的服务，还直接承担一线服务，这些机构提供家庭辅导、维护受虐待儿童和妇女的权益、青少年帮教、残疾人就业指导与培训、老年人保护等服务，都是个案社会工作的服务领域。①

（二）社会服务机构中的个案社会工作

从国家开始实施政府购买社会服务以来，尤其是近些年，开展社会工作服务的社会服务机构蓬勃发展，这些社会服务机构开始注重一线个案社会工作者的培养，通过承接政府项目，实施儿童保护、婚姻家庭关系调适、青少年犯罪矫正、社区矫正等方面的个案社会工作。

二、按照案主性质分类

按照案主的性质分类，可分为以下几种：

（一）儿童个案社会工作

儿童个案社会工作主要以婴幼儿和儿童为工作对象，多涉及安全和权益保护，涉及的问题主要有遗弃、疏忽和虐待儿童，丧亲、

① 隋玉杰主编：《个案工作》，中国人民大学出版社2007年版，第26页。

伤残儿童的早期康复，儿童犯罪受害人的辅导，儿童的领养和寄养，儿童的教育方法，儿童的人际关系，儿童的品行等。儿童不同于其他案主，他们明显处于弱势地位，个案社会工作者的任务就是帮助儿童解决问题和困难，预防新的问题和困难的产生，协助儿童家长或监护人开展儿童全面发展的指导工作，促进儿童身心健康和全面发展。

这就要求儿童个案社会工作者，一方面，要熟悉或掌握有关儿童保护、福利方面的法律法规、政策，既要维护儿童的权益，又不违反法律赋予其他监护人的权利；另一方面，要求儿童个案社会工作者必须了解儿童在特定阶段的生理、心理和社会发展水平，尤其与儿童的沟通要符合儿童的认知水平，服务方案也要通过简单语言让儿童领会。另外，儿童个案社会工作者还需要了解养育儿童的知识。

（二）青少年个案社会工作

青少年个案社会工作是个案社会工作的重要服务领域，把青少年作为服务对象，通过运用青少年成长和发展的规律以及社会工作的专业理念、理论、方法和技巧，来最大限度地发掘青少年的潜能，是促进其全面健康发展，使其能够更好地适应社会生活的专业活动。这方面的服务主要涉及亲子关系、青春期问题、越轨和犯罪行为、学校生活的适应、恋爱与婚姻、就业、人生发展等。另外，由于近些年我国青少年越轨和犯罪问题呈不断上升的趋势，而且犯罪年龄也有越来越小的趋势，所以青少年个案社会工作已经变得越来越重要。

个案社会工作者既需要了解青少年中的流行文化，把握青少年不同年龄阶段的特征，敏锐察觉他们的情感发展特点和需求；还需要掌握更多的方案设计和生活技巧，以应对青少年兴趣广泛、精力充沛以及对未知事物的好奇心及探索精神，成为青少年的良师益友。特别需要注意社会环境，尤其是多元文化的并存、色情文化的泛滥对处于人生观和价值观形成期的青少年的影响。

（三）老年个案社会工作

自古以来我国就有尊老、爱老、养老的文化传统，老年个案社会工作是以有生活和社会适应困难或问题的老人为主要对象，帮助他们适应生命周期的变化，提供必要的信息和咨询，协调其家人或养老机构工作者与老人的沟通，帮助他们了解老人的生理、心理和社会需要，必要时提供一些诸如经济志愿服务和健康护理等方面的实际帮助。老年个案社会工作的服务主要涉及老人的患病、残疾、丧偶、家庭养老和机构养老、受虐待、情感障碍、代际冲突、空巢、人际关系、失落、临终关怀、死亡等问题。

目前，按照总人口 8%的比例计算，我国已经进入老龄化社会，老年人的需求剧增。由于老年人口的激增，这一领域对个案社会工作者的需求也越来越多。个案社会工作者首先要学会沟通技巧、懂得如何与不同情况的老人进行沟通；其次，掌握该阶段老年人的心理和生理特征、帮助老年案主适应老年阶段的种种改变；再次，掌握开展老年服务的专业手段；最后，协调、整合资源来解决老年人的问题和困难。

（四）妇女个案社会工作

近些年来女性主义研究与理论的崛起，倡导了不同于以往的有性别视角的实务模式。妇女个案社会工作，主要以妇女为工作对象，一方面，用社会性别视角以及应用社会工作专业价值理念和方法，在总结和提炼本土的妇女工作实践经验的基础上，着力解决妇女存在的特殊问题和发展问题，满足妇女的社会福利，维护妇女权益，促进妇女发展，推动妇女工作向专业化发展；另一方面，推动社会性别视角的普及和将其纳入决策主流，实现性别平等的目标，期望通过建立真正平等的性别关系，使妇女表现真我而不是被传统的观念束缚，从而促进女性的发展。

妇女个案社会工作的内容包括角色的转变、恋爱与婚姻、家庭和亲子关系的处理、留守妇女的问题、家庭暴力问题，以及离婚、丧偶等。对个案社会工作者的要求有：遵照社会工作的价值观尊重妇女、平等对待妇女、客观地看待妇女所面临的问题；掌握妇女工作的有关理论知识、服务方法和技巧；倡导社会对妇女的关注等。

（五）残疾人个案社会工作

残障人士因肢体残障或智力障碍常常被排斥于正常的社会活动之外，这不仅有个人方面的原因，更有社会方面的原因。残疾人个案社会工作主要是帮助残障人士通过物理治疗和精神康复，解决其由于伤残带来的日常生活、就业、恋爱婚姻、心理调适等方面的问题，提高残障人士的机能，创造环境条件帮助他们参与社会生活、融入社会，共享社会发展的成果。该服务领域是我国唯一设有专业社会工作职位的领域。

目前，我国残障人士数量庞大，伤残的类型、伤残的程度多种多样，不同的残障人士在沟通方式和需要解决的问题及困难方面也不尽相同。从目前来看，残疾人个案社会工作主要是开展残障人士的康复工作、有劳动能力的残障人士就业、残障人士的法律援助以及合法权益的维护等。由于残障人士的特殊情况，个案社会工作者需要具备多学科的知识，如医学、心理学等，面对该类人群个案社会工作者还要具备耐心和恒心。另外，由于残障人士的问题需要多部门共同协调才能完成，个案社会工作者还要具备资源协调能力。

（六）家庭个案社会工作

家庭个案社会工作是对处于失衡状态的家庭提供支持性帮助，使其解除困难、恢复正常。家庭个案社会工作以家庭整体为工作对象，包含每一个家庭成员，涉及婚姻关系及家庭生活等，其通过经济援助、心理辅导等方式，调节家庭关系，提供支持。

改革开放以来，我国社会发展迅速，人口流动增加，各种文化纷涌而来，给传统的家庭观念、家庭结构、家庭功能、婚姻和家庭生活带来了极大的冲击，加剧了各种婚姻和家庭问题的出现。家庭个案社会工作的服务主要涉及家庭的经济困难、家庭成员的心理问题、家庭关系的紧张以及家庭生活的障碍，如夫妻不和，亲子关系紧张，婚外恋，离婚，贫困，家庭成员伤残、患病或去世，遗弃、虐待家庭成员，失业，退休，家庭成员犯罪、酗酒、吸毒等。

个案社会工作者需要以第三方的身份介入家庭冲突或家庭纠纷中，充当调停者，要求开展家庭服务的工作者必须具备丰富的工作经验，以避免工作失误；还要熟悉国家的政策、法律法规，掌握社会资源和社区资源，如现金救助、就业培训等；学会应对、解决各种家庭问题的知识和方法。

（七）军队个案社会工作

军队的个案社会工作比较特殊，由于军队一般与社会隔绝，军队生活相对严格。军人出现问题可能是由于心理和生理压力、社会交往、恋爱和婚姻、家庭与职业、职位交流等方面的原因，不利于军人士气以及战斗力的提升。

个案社会工作者作为特殊身份存在为军人服务，可以采取多种服务方法，帮助军人解决其家庭、生活、工作等方面的实际问题。

三、按照工作场所分类

按照工作场所来分，涉及以下内容：

（一）学校个案社会工作

学校个案社会工作，是指在学校设置专业工作人员，以学生为服务对象，为解决学生在学习、人际交往、个人成长及学校生活适应等方面的困难或问题而提供的个别化服务。学校个案社会工作的服务对象基本是处于青少年发展阶段的学生，因此，要求个案社会工作者对处于此阶段学生的生理和心理特点有较深入的了解和研究，对学校文化和学校运行机制有所了解，对关于青少年的政策、法律法规有所了解。在学校开展个案工作，还需注意与学校其他的部门（如心理咨询室等）进行很好的协调和配合。学校社会工作者的职责，既是帮助学生解决各种困难和问题的服务者，也是青少年权益的维护者。

（二）医疗个案社会工作

医疗个案社会工作，是指在医疗机构中开展的以病人及家属为服务对象的个案工作。医疗个案社会工作的发展经历了个案社会工作者完全处于医生的辅助地位、由消极变积极的工作地位、单独和自主的工作地位三个发展阶段。医疗个案社会工作可以通过个别的方式为病人及家属解决由生理问题导致的心理问题、人际关系问题及经济问题，包括提供资金、物资和人力方面的援助。医疗个案社会工作者的职责包括：（1）协助医务人员了解与病人的发病、诊治、康复等有关的社会、经济、情绪等信息及社会的阻力和助力，帮助病人与医生之间更好地相互了解与合作；（2）帮助病人家属了解病人的病情及应尽的责任；（3）帮助病人寻求支持资源；（4）帮助病人及家属解决情绪困扰，等等。

（三）企业个案社会工作

企业个案社会工作以企业员工和管理人员作为工作对象。企业个案社会工作面对的具体问题主要包括员工（含管理人员）的职业发展与职业生涯规划、员工关系与内部冲突、事业家庭冲突、工作压力应对、经济困难、组织公平、员工心理健康等方面。企业个案社会工作者的主要任务是帮助员工适应工作要求和组织文化，进行恰当的职业定位和职业发展目标定位，进行科学的职业生涯规划，学会处理组织内部的人际关系和各类矛盾冲突，提高工作满意度和工作绩效。[①]

（四）矫治个案社会工作

矫治个案社会工作是个案社会工作在矫治和预防犯罪领域的具体实施，它是从人类刑罚观念和刑罚制度中演变而来，即个案社会工作者遵循社会工作价值理念和专业的工作方法，协助违法犯罪者在审判、服刑、缓刑或假释期间提供思想教育、心理治疗、行为纠正等矫治服务，改变消除犯罪心理、修正行为模式，使其重新适应社会生活。近些年，我国越来越重视矫治个案社会工作者的培养。

对于犯罪人来说，重返社会的路是艰难的，这里有社会的歧视和排斥，有以往罪恶念头和罪恶势力的拉扯，还有重新起步的沉重和艰难，需要社会力量的帮助。开展个案矫治的方式是多样的，我们通过以下几种方式来了解：

（1）司法审判前的介入。该阶段的主要工作内容是个案社会工作者在案件审理过程中，通过与受助犯罪嫌疑人及其家庭和周围环境的了解、调查，写出一份关于犯罪嫌疑人背景调查报告，提交法庭作为参考。需要注意的是，该调查报告不是像律师那样为犯罪嫌疑人做无罪辩护，而是在承认犯罪事实的基础上为法庭判决提供参考建议。

（2）机构中的介入。机构中的介入，主要是指在监狱、未管所等罪犯矫治机构内运用教育、行为矫治、个案咨询等方法来达到其思想和行为改变，包括面谈、诊断、辅导、报告等。

（3）社区处置中的介入。社区处置中的介入，又称为“矫治社会工作社区化处置”或“社区个案矫正”，它是让被管制、缓刑、假释、暂予监外执行等的罪犯，在社区矫正期间，通过个案社会工作者的辅导、训练和监督，使其尽快融入社会，顺利回归社会的过程。

---

① 郑铁主编：《个案工作实务》，中国轻工业出版社 2014 年版，第 36—37 页。

（4）释放后的服务。虽说罪犯在刑满释放后不再是罪犯身份，但是他们不同于正常人，往往受到社会歧视、家庭排挤、同伴疏远、学习工作中断等多重问题的困扰。个案社会工作者通过为其提供住宿场所、就业或学习指导、医疗和生活保障、物质援助等帮助，使其尽快建立正常的生活工作秩序。

矫治个案社会工作要对青少年的违法行为给予特别的关注，青少年的违法行为虽然不同于犯罪行为，却与犯罪行为有极密切的关联。

（五）特殊个案社会工作

人们在生活中不可避免地会遇到各种各样的突发事件，如地震、洪水、雪灾、冰灾、泥石流、病毒等各种自然灾害或者车祸等各种意外事件，这些突发事件，不受我们人类的控制，又会打破我们原有的生活状态，需要我们大家的共同努力去恢复。个案社会工作者也常常会处理这类问题，这就需要掌握突发事件应急管理方面的基本知识，能够迅速判断事件可能带来的后果，迅速作出应急反应。

第三节　个案社会工作与个案矫正的关系

个案矫正，是指将个案社会工作理念实施于矫正体系中，个案社会工作者在专业价值观的引导下，运用个案社会工作的理论、知识和方法、技术，对在社区接受矫正的罪犯在矫正期间提供思想教育、心理辅导、行为纠正、信息咨询、就业培训、生活照顾以及社会环境的改善等，使罪犯消除犯罪心理和其他不良心理，修正行为模式，使其适应社会生活的一种服务模式。在矫正工作中引入个案社会工作的理论与方法，用来拓展矫正服务的方式、手段，提高矫正水平与效率。

一、个案社会工作介入社区矫正对象个案矫正工作的必要性

与监禁矫正相比，社区矫正在工作场所、工作主体、工作对象及工作方式等方面具有一些突出的特点，特别需要个案社会工作的介入。因此，个案社会工作方法在社区矫正对象的个案矫正工作中被大量使用。

（一）社区矫正空间的开放性，需要对矫正对象进行个案管理

社区矫正将矫正对象置于社区（即现实的社会生活中）进行矫正，允许他们与家人生活在一起，除了法律法规、社区矫正制度限制的内容外，允许他们参与基本的社会生活，目的在于减少并缩短他们与社会生活的隔绝，促使他们适应社会，顺利改造。由于矫正环境的开放性，使得他们的矫正情形具有明显的多样性、个别化与特殊性。这就要求矫正工作必须因地制宜、因人而异，采取个案矫正的方式，运用个案工作方法，逐一开展工作，务求工作到人。

（二）社区矫正工作主体的多元性，需要针对矫正对象的个案特征进行资源整合

《中华人民共和国社区矫正法实施办法》（以下简称《社区矫正法实施办法》）第2条明确规定：“社区矫正工作坚持党的绝对领导，实行党委政府统一领导、司法行政机关组织实施、相关部门密切配合、社会力量广泛参与、检察机关法律监督的领导体制和工作机制。”这一领导体制和工作机制说明，社区矫正工作是一项综合性的社会系统工程，需要建立以政府为主导，全社会共同参与的工作格局，走专门机关与群众路线相结合的综合治理之路。通过动员和组织社会各方面力量积极参与社区矫正工作，整合并利用社会资源，发挥各自优势，对矫正对象开展工作，提高教育矫正质量和

水平，既是社区矫正工作的一大特色，也是社区矫正工作的一大优势。正因为如此，社区矫正工作的主体就具有多元性的特点，既有社区矫正机构的专门国家工作人员，又有在其指导下开展工作的社会工作者、社会志愿者；既有专门的国家机关——司法行政机关的社区矫正机构开展社区矫正工作，又有企事业单位、社会组织、社会团体等参与社区矫正工作。整合各种社会力量，共同参与社区矫正，针对每一位矫正对象的特殊情况制订矫正方案，组合工作队伍，为矫正对象获得救助、学习技能、接受教育、提高生存能力和社会适应能力拓宽渠道和资源。

（三）社区矫正对象的特定性，需要个案社会工作方法发挥作用

个案社会工作的目标就是协助那些社会适应不良和社会功能失调的个人，增进其生存和发展的能力。社区矫正对象正是因为社会适应不良和社会功能失调而实施了触犯法律的行为，并走上了犯罪道路的人，所以运用个案社会工作方法、整合各种社会资源，针对每一位矫正对象的犯罪原因、思想状况、社会关系、犯罪类型、心理特征等具体情况，开展个案矫正，将极大地提高社区矫正的工作质量和效果。

在个案矫正工作中，个案矫正工作者不是替矫正对象直接解决问题，而是助其自助，工作者与矫正对象一起寻求解决问题的途径和方法，使矫正对象主动采取行动健全自己的人格，改变自己的行为，提高自己的能力，成为一个具有良性社会功能的人。

（四）社区矫正方式的多样性，需要个案社会工作方法充分介入

社区矫正依托并充分利用社会资源对矫正对象开展教育矫正，无论在社会力量介入的深度、广度和形式的多样性上，都是监禁矫正所无法实现的。从北京市、上海市等省市的司法实践来看，个案

矫正是落实教育矫正的关键环节。例如，北京市社区矫正工作将个案矫正制度化，对个案矫正的定义、内涵、特点、工作原则、方案与内容、工作程序等逐一作了解释与界定，要求社区矫正机构从接受矫正对象的第一天起就严格遵守个案工作程序，坚持个案工作原则，为每一个矫正对象建立档案，责任到人，因人制宜，深入家庭。全面掌握材料，细致监测，严格评估，逐一制订矫正方案，综合运用思想教育、心理咨询、文化补习、技能培训、生活保障、劳动矫正等具体方法，实现矫正对象的心理改变、人格重建、能力提高和价值提升。①

二、个案社会工作与个案矫正的联系和区别

个案社会工作与个案矫正既有联系又有区别。

（一）个案社会工作与个案矫正的联系

1. 都强调个别化工作原则

个案社会工作以个人或家庭为服务对象，强调采取一对一、面对面的服务方式，服务对象作为社会个体，虽然发生困难的原因以及解决问题可协调的资源不甚相同，但都强调案主的独特性。

社区矫正中个案矫正的对象为不同矫正阶段的矫正对象，每个矫正对象都是独立的个体，因其成长经历、受教育的背景、生存的社区环境等的不同，即便是犯罪行为、结果相同或相似，造成其犯罪的原因也会存在着差异，犯因性问题的差异性要求个案社会工作者采用个别化的方式为罪犯服务。个案矫正正是基于这种个别化基础上的科学矫正模式。

2. 遵循共同的价值理念和伦理守则

助人是社会工作的重要基本特征，助人自助是社会工作的服务

① 参见田国秀：《社会工作个案方法在社区矫正中的意义与运用》，载《首都师范大学学报（社会科学版）》2004 年第 5 期。

宗旨，承认社会中的每个人都有发展的权利。不论是普通的案主还是特殊对象的罪犯，往往都是因为社会生活中生理、心理或环境因素的失调而导致的不适应或适应不良。个案社会工作者，一方面，帮助这些案主解决面临的实际困难；另一方面，通过案主的共同参与来提高其认知、行为水平，恢复与社会环境的良好互动，实现个人的成长与发展。

另外，个案社会工作中对案主的尊重、接纳、保密等原则在社区矫正对象的个案矫正中同样适用。

3. 运用共同的工作模式及流程

社区矫正对象的个案矫正其实就是个案工作方法在罪犯矫正中的具体运用，采取心理社会治疗、危机调适、任务中心、行为治疗、人本治疗、合理情绪疗法、家庭治疗等具体的工作模式，运用接案、预估、制订计划、实施计划、接案评估与跟进的方式开展工作，实现目标。

4. 达成的目标相同

无论是对普通的案主还是矫正对象，其工作目标都是通过专业的服务，使案主学习一定的知识和技能，通过潜能的激发具备调节心理、调整行为的能力，树立正确的价值观、人生进取目标，实现个人的发展，适应社会的发展与变化，享受社会的福利与成果。

（二）个案社会工作与个案矫正的区别

1. 服务的对象、地点与社会工作者不同

（1）一般的个案社会工作服务对象是遇到困难或问题的社会公民；而社区矫正中个案矫正的服务对象是在社区接受矫正的罪犯，包括被判处管制的、被宣告缓刑的、被裁定假释的、被决定暂予监外执行的罪犯。

（2）一般的个案社会工作服务地点比较广阔，如学校、企业、机构等，甚至还涉及部分政府服务机关；而社区矫正中个案矫正的服务地点在社区矫正机构。

（3）一般的个案社会工作者，可以是专业社会工作机构的工作人员，也可以是政府相关部门的专职人员，还可以是具备一定工作经验的志愿者；而社区矫正中个案矫正的社会工作者是服务于社区矫正机构的社会工作者或者是具备专业矫正知识的社区矫正机构的专门国家工作人员。

2. 服务的性质不同

一般的个案社会工作是注重社会救助性质的一种专业化服务方式；而社区矫正中的个案矫正是依法为矫正对象提供的带有社会福利性质的帮扶式的专业化服务方式。

3. 工作目标的不同

（1）过程目标。一般的个案社会工作主要是注重个体能力的培养；而社区矫正中的个案矫正除了注重矫正对象个体能力的培养外，还担负着消除其犯罪心理、矫正其犯罪行为的任务。

（2）终极目标。一般的个案工作的终极目标是强调问题的解决，使其更好地生存和发展；而社区矫正中的个案矫正的终极目标除了强调问题的解决外，还要帮助矫正对象更好地融入社会，并顺利回归社会，成为一名守法公民。

三、个案工作的职业伦理为社区矫正提供理念支持①

在社区矫正实践中，个案矫正工作者要有强烈的价值意识，时刻提醒自己坚持个案工作的价值伦理，从观念到态度，从态度到方法都要符合社会工作的价值追求，才能使个案矫正工作目标明确，措施得力，方法到位，取得实效。

（一）接纳尊重，唤醒自尊

接纳的关键在于不以工作者个人的价值观评判或取舍对方，时

① 田国秀：《社会工作个案方法在社区矫正中的意义与运用》，载《首都师范大学学报（社会科学版）》2004年第5期。

刻保持一种信任、接受和尊重的态度。接纳是尊重的先决条件，透过尊重，为矫正对象营造一个安全、温暖和宽松的环境，使其放下防御，消除戒备，自由并开心地敞开自己，探讨自己的内心世界。透过尊重，工作双方建立起信任、和谐的工作关系，真诚表达，真心互动，有利于尽快进入主题，提高工作效率。透过尊重，唤醒矫正对象的自尊，激发他重新审视自己，肯定自己的价值，恢复生活的勇气与信心，最终实现人生自助、回归社会的目标。

（二）真诚信任，良性互动

真诚信任，是指个案矫正工作者面对矫正对象时应保持一种真挚、诚实的态度，表里如一，开放自信，信任对方。社区矫正是重塑心灵的过程，工作目标是使矫正对象心灵改变。重塑心灵必然要触动心灵，只有矫正对象发自内心地想改变，想重新做人，外界的工作才可能发挥作用。开启人的心灵，关系的建立尤为重要，没有矫正双方和谐的、良性的、信任的关系做基础，矫正工作就可能事倍功半，流于形式。

（三）维护自决，灌注希望

自决即自我决定。在社区矫正工作中，矫正工作者与矫正对象之间具有明显的管理与被管理、教育与被教育、改造与被改造的关系，很容易形成矫正工作者替矫正对象做决定、全权代理、大包大揽的局面，容易导致矫正对象过度依赖、放弃责任、无理要求的不良后果。在个案矫正工作中，一定要强调矫正对象具有自我选择、自我决定的权利，他们有权决定自己的未来、决定自己的走向，当然也要为自己的选择和决定付出代价、承担责任。归根到底，矫正对象的命运掌握在他们自己手中，认罪伏法，积极悔改，可以促进个人改变，家庭安宁。不思悔改，坚持错误，必然造成个人前途断送，家人痛心疾首。矫正对象究竟要选择什么样的命运，要走什么样的道路，矫正工作者不可越俎代庖，替他做选择。

维护矫正对象的自决，不等于矫正工作者可以袖手旁观，不闻不问，而是要满怀信心，灌注希望。留意矫正对象点点滴滴的进步，及时反馈，积极鼓励。关注和肯定矫正对象的正确选择，认同他的正面表现，表彰他的积极言行，使矫正对象看到希望，腾起梦想，鼓足力量，自助自强。

四、个案工作方法运用于社区矫正实务

作为社会工作的重要方法之一，个案工作拥有一整套完整规范的工作程序与方法技术，包括心理咨询和心理治疗模式。社区矫正理念的进步与变革，矫正方式的拓展与创新，为个案工作的介入与运用创造了有利条件。随着《社区矫正法》和《社区矫正法实施办法》的颁布和实施，个案工作方法在社区矫正工作中的运用将更加规范，也将会运用得更为广泛。

从实践中来看，个案社会工作方法主要在以下几方面运用：[①]

（一）关系的建立

社区矫正离不开矫正对象的配合，只有当矫正对象与矫正工作者形成合力，通力合作的时候，才能最终实现矫正目标，为此，专业关系的建立是一个不容忽视的环节。关系建立是个案工作的基础，是开始个案工作的第一步，决定着今后的工作方向与成效。在个案矫正的实践中，只有建立了良好的工作关系，才能使矫正对象放弃防御，敞开心扉，主动配合，积极改造，达到事半功倍的效果。为了尽快建立良好的专业关系，接纳、尊重、倾听、共情等个案工作方法是经常使用的技术方法。

（二）面谈与记录中的技术方法

面谈是极为常用的工作方法，从矫正对象的接收到收集资料、

① 田国秀：《社会工作个案方法在社区矫正中的意义与运用》，载《首都师范大学学报（社会科学版）》2004年第5期。

制订方案，再到进行评估，矫正工作自始至终都会运用面谈。面谈过程中有许多细微而又重要的技术环节，除了在时间安排、场所安排、服饰着装等方面严肃、认真、有备之外，社区矫正工作者还需要注意态度、表达、言行方面的方法和技术。

根据社区矫正工作的司法程序，记录是一个必不可少的环节，要真正落实个案矫正、一人一案、独立建档、资料完整、有据可查，就必须掌握记录的方法技术。

（三）适度运用心理咨询和治疗的技术方法

一方面，对有心理问题或心理障碍的社区矫正对象，运用心理咨询的技术方法，可以帮助他们消除心理障碍，解除心理问题，维护心理健康，顺利开展社区矫正；另一方面，心理咨询与治疗的理论模式、操作方法可以丰富社区矫正的工作思路，扩展和充实社区矫正的工作手段。例如，运用精神分析治疗模式有助于了解矫正对象的成长经历、人格结构和犯罪原因，把握他们的心理活动的动力关系，深入分析、全面了解，有针对性地实施矫正；合理的情绪治疗模式可以帮助矫正工作者了解矫正对象的认知规律和常见的认知误区，熟悉不合理认知的工作模式，解剖矫正对象的认知错误，晓之以理，改变矫正对象不合理的思维习惯、不正确的思想方式等；人本主义治疗模式可以为矫正对象提供人文关怀，帮助他们宣泄情绪，恢复情感，激发正面因素，促进矫正实效；行为主义治疗模式对那些存在问题的行为、不良习惯或行为障碍的矫正对象，可以提供有效的矫正方法和技术，帮助矫正对象改变行为，从而带动矫正对象的全面进步。此外，家庭治疗模式、危机干预模式、个案管理模式等都为开展社区矫正工作提供了丰富的理论依据和方法支持。

【课堂讨论】

小鹏（化名）今年9岁，是某学校二年级的学生，学习优秀，颇受老师的关注。近些日子以来，小鹏的班主任王老师经常听到其他教师的抱怨，说小鹏最近上课老是打瞌睡，注意力不集中，精神恍惚，成绩出现下降，这引起王老师的关注。王老师通过对小鹏的观察以及和其他学生的交流后，发现小鹏出现此现象已经有两个多星期了。于是，王老师单独找机会和小鹏进行了一次交流：原来，小鹏的父母最近离婚了，小鹏被判给父亲，而小鹏的父亲是一名正在服刑的社区矫正对象。由于之前小鹏多是由母亲照顾，再加上父亲最近的心情不好，直接导致小鹏和父亲的关系出现了问题。有时候小鹏学业上遇到不懂的问题向父亲请教，父亲就会嫌弃他笨，不愿意教他，问得多了甚至会挨揍，从而导致出现现在的状况。面对这种情况，王老师找到社区矫正机构，就此事向社区矫正机构寻求帮助。为缓和小鹏与父亲的关系，同时帮助小鹏的父亲调节不良的情绪，社区矫正机构委派一名社会工作者为小鹏及其父亲提供个案矫正服务。

结合本节课的知识，如果你是个案社会工作者，应如何去帮助小鹏呢？

【思考题】

1. 个案社会工作的构成要素是什么？
2. 个案社会工作的基本服务流程有哪些？
3. 个案社会工作者在开展介入服务时通常扮演哪些角色？
4. 个案社会工作有哪些服务领域？是怎么分类的？
5. 个案社会工作和个案矫正有哪些异同？

第三章　社区矫正对象个案矫正的过程

【学习目标】

知识目标： 掌握个案矫正工作的流程；掌握个案矫正方案撰写标准及其相关要素；掌握个案矫正常用评估方法；明确个案矫正专业关系的性质；了解矫正对象资料收集类型和途径。

能力目标： 能够掌握并熟练运用专业关系建立相关技巧；能够完成矫正对象资料的收集、整理工作；能够根据矫正对象的特点和存在的问题制订有针对性、切实可行、标准的个案矫正方案，并完成必要的修正；能够对个案矫正过程及效果进行准确评估，并提出改进意见。

第一节　个案矫正关系的建立

人具有社会属性，社区矫正对象在社区中生活、工作，会与众多的人产生关系。这些关系有远近之分，亲疏之别。对社区矫正工作而言，个案矫正是一项严谨、科学的工作，明晰矫正工作者与社区矫正对象之间的关系无疑是个案矫正工作正常开展的前提，也是促进矫正对象改变的基石。

一、个案矫正专业关系含义及特点

（一）个案矫正专业关系含义

1. 个案矫正专业关系的概念

个案矫正专业关系，是指在对社区矫正对象进行个案矫正过程中，矫正工作者与社区矫正对象之间因为互动而形成的一种以相互认同、相互信任为基础的专业助人关系。

2. 个案矫正专业关系的内涵

个案矫正专业关系的双方是矫正工作者与社区矫正对象，虽然在矫正过程中还有其他人员，如社区矫正对象的家人、社会组织、志愿者等也会在其中起辅助配合作用，但是他们与社区矫正对象之间并不存在个案矫正专业关系。

个案矫正专业关系的建立并不是一蹴而就的，由于社区矫正工作的复杂性，专业关系的建立可能面临一系列困难，需要通过矫正工作者和社区矫正对象的共同努力去应对，因此，专业关系的建立往往是一个持续的过程。

个案矫正专业关系的建立必须以关系双方的互相认同、互相信任为基础，这就要求双方通过互动，对自身与对方的角色有清楚的认知。根据矫正社会工作目标、任务和职能，矫正社会工作者往往需要充当资源整合者、使能者、调停者、教育者、倡导者、管理者等多重角色，而社区矫正对象则因为对矫正工作的认知、自身需求和价值观等因素，对专业关系中自身角色定位有不同的认识。这就需要矫正工作者根据社区矫正对象角色判断及时调整、转换自身角色，以更好地帮助社区矫正对象，获取信任，促进个案矫正工作的开展。

个案矫正专业关系是一种助人关系，这是由个案矫正的本质和功能决定的，也是个案矫正的主要功能之一。社区矫正对象之所以会犯罪，往往是因为其在生理、心理或者环境等方面存在一定的问题，无法适应社会所导致的。矫正工作者对其实施社区矫正，必须通过建立相应的制度、物质、精神等支持系统，在社区矫正对象自愿的基础上，通过提供相应的资源、方法、技术，强化其社会适应能力，促进其再社会化，这其实就是一种助人的过程。当然，助人的最终目的是自助，自助是社区矫正对象最终顺利融入社会的必备条件。社区矫正对象的问题解决不能单纯依靠矫正工作者，而是需要在矫正工作者帮助支持下，激发社区矫正对象内在改变的潜能，促使其进行自觉行动。强制矫正是必要的，但是自觉和自决接受矫正才是从根本上消除社区矫正对象引发或者可能引发犯罪的犯因性问题的关键所在。

个案矫正专业关系的存在具有时限性，它伴随着个案矫正工作的开展而产生，随着个案矫正工作的结束而消亡，这也就是说，只有在个案矫正工作过程中，才可能存在个案矫正专业关系，一旦社区矫正对象刑满解除社区矫正，又或者个案矫正的目标（即对社区矫正对象的教育改造目的）达到，社区矫正对象已经可以较好地适应、融入社会，那么专业关系也就结束了。

（二）个案矫正专业关系的特点

社区矫正对象个案矫正依托于社区矫正工作，是社区矫正工作的重要手段，因此，其专业关系既具有个案社会工作专业关系的一般特征，又与个案社会工作不尽相同，具有自己的独特性。总体而言，个案矫正专业关系具有以下特点：

1. 目的性

个案矫正工作者和矫正对象之间之所以能够建立专业关系，在于双方有着需要共同达成的目标。对于矫正对象而言，其可能在生理、心理或者环境等方面存在一定的问题，从而导致社会适应不良，需要外力支持。而对个案矫正工作者而言，帮助矫正对象解决相关问题、改善其社会生活功能是其主要工作任务。双方目标的一致性是关系建立的基础，关系建立的过程也是双方针对目标不断达成共识，并形成共同承诺的过程，也可以说，个案矫正工作者和矫正对象专业关系就是围绕着共同目的而建立起来的。

2. 职务性

个案矫正工作者是基层司法行政单位社区矫正使命的执行者，本身承担着社区矫正机构赋予的相关职责，帮助社区矫正对象是其工作任务，在这段专业关系中，个案矫正工作者可以利用社区矫正机构的资源来帮助社区矫正对象，而不仅仅是依靠自己的私人力量。在日常生活中，社区矫正对象的家人、朋友、同事等也会给予其物质支持、心理安慰、情绪疏导等帮助，但是其成功与否往往取决于双方的关系，这与专业关系不同，私人关系力量大小往往取决于关系双方的亲疏，专业关系中的职务性特点则添加了一些强制性，并将社区矫正机构的力量作为后盾。这也要求个案矫正工作者在专业关系处理中必须遵守相关法律法规，以社会工作和社区矫正工作相关价值观和伦理守则为准则，维护社区矫正机构和社区矫正工作的权威性，一旦社区矫正社会工作者的行为违背了法律规定和岗位要求，势必要接受相应的处罚。由此可见，如果忽视了专业关系中的职务性，可能会对个案矫正工作者和社区矫正对象造成伤害，因此，个案矫正工作者必须严格遵守专业自我与生活中的自我区分开来。

3. 服务性

个案矫正的工作目标是协助社区矫正对象实现矫正，帮助其更好地融入社会，适应社会生活，因此，专业关系必须以社区矫正对象的需求和问题为本，矫正对象是关系的中心，工作的开展要以矫正对象为依托。在专业关系存续期间，个案矫正工作者的工作内容、工作时间、工作方法都要围绕社区矫正对象的需求和问题开展。如果个案矫正工作者在专业服务中有任何满足个人心理需要的动机和行为，如试图通过讨好社区矫正对象从而与其建立良好私人关系等，都会偏离工作目标，影响专业关系的建立。

4. 非平等性

在个案矫正专业关系存续期间，个案矫正工作者与社区矫正对象是互动的双方，但是个案矫正工作者往往具备专业技能、专业地位、法定职责上的权威性。这也就是说，在把握、维持、发展专业关系中，个案矫正工作者始终处于主导地位，社区矫正对象有义务将自己的相关资料如实提供给矫正机构，并且尽量配合个案矫正工作者的相关工作。虽然个案工作的目标和中心均在于社区矫正对象，个案矫正工作者更多地起着协助、监督、催化等作用，但是正是依靠个案矫正工作者对专业关系的建立、发展和维护，提供有利于社区矫正对象改变的环境和刺激，才能保证个案矫正工作的存在与持续。这也要求个案矫正工作者在个案矫正过程中，不断对自己的工作进行评价和反思，对于社区矫正对象不合作等行为，更多地关注自己是否在建立专业关系中有不当言行，将自己真正放在主导者位置上。

二、个案矫正专业关系建立的基本条件

在社区矫正对象个案矫正工作开展初期，个案矫正工作者应该致力于良好专业关系的建立，为此，必须了解与实施达成良好专业关系的基本条件。社区矫正对象是一群特殊的服务对象，他们除了社会上普通公民所具备的角色身份外，往往还被贴上“矫正对象”“犯罪人员”“罪犯”等角色标签，这使得在与人沟通交往中，他们的心理和行为表现可能与常人有一定差异。个案矫正工作者必须具备一些基本的工作态度和能力，才有可能同矫正对象建立良好的专业关系，并促进矫正对象的发展，因此，这里介绍的“基本条件”，主要是指个案矫正工作者应该具备的基本工作态度和能力。

（一）建立专业关系的基本条件

卡科贺夫（Carkhuff）和贝伦森（Berenson）在《超越辅导与治疗》一书中提及，治疗的效果主要不在于工作者的理论取向和

技巧，而在于能否在专业关系中提供一定程度的促进条件，这些促进条件包括同感、尊重、真挚和简洁具体。他们相信不仅是个案工作者，任何为他人提供帮助的人都需要具有这些基本条件，才能达到助人的效果。

卡科贺夫的弟子特鲁克萨（Truax）则用研究证实，在治疗过程中，只要卡科贺夫的四项条件中出现两项时，就能产生有效的治疗效果。他更提出了三项具有治疗功能的重要条件，就是真挚、非占有式的温暖以及准确的同感。

卡尔·罗杰斯（C. Rogers）认为，在个案工作过程中，有一些可以促进案主改变的条件是必需的，这些具有治疗功能的基本条件包括：（1）真诚；（2）正确的同感；（3）无条件完全地接纳。其观点直到现在依旧被众多个案工作者所认可。

德莱尼（Delaney）动态地考察工作者与案主之间的相互影响，进一步揭示了"工作者对案主"的态度和"案主对工作者"的态度之间的关系，并用以下表格的方式加以呈现：

表 3-1 "工作者对案主"——"案主对工作者"态度关系表

工作者对案主	案主对工作者
同感的了解	知道工作者明白我的感受
温暖和接纳	知道工作者尊重我，他很仁慈，一点也不苛刻，是完完全全地接纳我，所以我不会感到有威胁
真挚和诚实	知道工作者并不虚伪，也没有带假面具，而是表里一致地和我相交
专业能力	知道工作者有能力帮我处理问题

从以上学者的研究可以发现，在同案主建立良好的专业关系的过程中，尊重、真诚、同感反复被提及，另外还有表达简洁具体。前面三者涉及工作者的态度，后者涉及工作者的能力。作为个案矫正工作者在同矫正对象建立个案矫正专业关系时，同样需要具备以

上基本态度和能力，只有将其贯穿于整个个案工作过程中，才能够实现预期的效果。当然不同的社区矫正对象存在不同的特点和需求，个案矫正工作者需要依据个别化原则作出适当的调整，才能更好地促进社区矫正对象的发展。

（二）尊重

尊重是无条件的，这也就是说，这份尊重并不取决于矫正对象的特点和行为，当我们接纳一个人时，是整体地接纳，不但包括他的长处，连短处也都一起包括在内。对于矫正对象的尊重必须做到以下几个方面：

1. 不指责、嘲笑、贬低矫正对象

虽然矫正对象触犯了法律，并且可能在某些方面存在不足，但是他们同样具有自己的价值，应当受到尊重。目前在中国，社会上对于罪犯这一群体仍存在“污名化”，这导致社区矫正对象在社会中同样容易受到不合理、不公平的对待。个案矫正工作者不能随意指责、嘲笑、贬低矫正对象，这样做不仅会极大地损害专业关系，同时也是对矫正对象的侮辱，会对矫正对象的心理造成较大创伤。

2. 向矫正对象表达关注

关注是表达尊重的方式之一，在与个案矫正工作者沟通过程中，矫正对象会直观感受到工作者是否对自己的问题感兴趣，且愿意帮忙。工作中东张西望、心不在焉、随意浏览其他东西、接打电话、不耐烦地打断矫正对象的陈述等，这些都是对矫正对象不尊重的表现，将会给矫正对象留下工作者并不关心他的印象，这不利于专业关系的建立。

3. 对矫正对象的接纳

在社区矫正个案矫正中，部分矫正对象因为各种原因，其思想、情绪、行为可能是负面、消极的，个案矫正工作者要相信矫正对象本质上是善良、积极、向上的，只有这样，才能够在尊重其作为人的价值的同时，无条件接纳矫正对象。要对矫正对象持非评估、非审判性和非批评性的态度，要明确对矫正对象开展个案矫正的根本目的是对其提供有针对性的帮助，让其更好地融入社会，而不是随意对其进行评判和惩罚。在专业关系建立初期，如果矫正对象的意见无法得到矫正工作者的认同，矫正工作者应当更多地聆听矫正对象的陈述，而不是过早地作出判断。

4. 对矫正对象的温暖和关心

温暖和关心是表达对他人尊重的方式之一，是尊重的较高境界，是促进专业关系建立的重要因素。个案矫正工作者对矫正对象的温暖和关心可以帮助矫正对象更好地认识到自己的价值，建立自信，在专业关系中获得一种安全感，以更加积极的态度面对自己和人生。但是要注意温暖和关系的表达方式，不要导致矫正对象的误解，从而带来不良影响。

5. 尊重矫正对象的自决权，不随意操纵矫正对象

虽然在参与还是放弃个案矫正上，社区矫正对象没有太多的自由选择权利，但是矫正对象作为一个独立的个体，在处理问题的方式上拥有选择的权利。个案矫正工作者要给予矫正对象足够的自决权，让他们成为自我改变的主人翁，这样更有助于专业关系的建立。

（三）真诚

真诚是个案矫正工作者在专业关系中能够将真正的自我展现在矫正对象面前，这是一种不设防的状态。但部分个案矫正工作者在工作中却存在一定的“打官腔”，说“场面话”的习惯，这极不利于专业关系的建立的。

真诚是一种可贵的品格，是内心与外表的一致、言语与行为的一致。个案矫正工作者的真诚，在一定程度上可以软化矫正对象因为怀疑带上的坚硬面具，让矫正对象不再害怕与矫正工作者沟通。同时，矫正工作者的真诚将鼓励矫正对象卸下伪装，自由地表达内心的真实感受和想法。由此可见，真诚对于个案矫正工作的开展有

着重要作用。

为了表现真诚，某些情况下需要个案矫正工作者进行自我表露，与矫正对象分享自己的经验，表达自己的感受与想法。但是这并不代表个案矫正工作者可以什么都说出来，凡是不利于矫正对象成长和改变的，没有必要进行分享。真诚并不要求矫正对象表达所有的感受和想法，只是要求其不说谎，不“当面一套，背后一套”。

（四）同感

同感，是指在进行个案矫正过程中，矫正工作者能够体会矫正对象的感受，能够正确体会这些感受代表的意义，并且能够把这种了解传达给矫正对象。这也就是说，同感主要有两个过程：一是对矫正对象的体悟；二是将其体悟传达给矫正对象。

每个人看待事物的角度都不一样，同感的出发点是矫正对象的感受，也就是矫正对象看待事物的角度，矫正工作者要站在矫正对象的立场上，与其达到情感的共鸣，去体会矫正对象现在的感受是什么，为什么他会有这样的感受，从而体会矫正对象作出决定和采取行动的原因。

同感，对于专业关系的建立具有重要作用，是良好关系建立的必要条件，同时也是矫正工作者了解矫正对象的必要途径，矫正工作者要对矫正对象复杂、矛盾的求助心理及带来的问题给予无条件地接纳和同感，才可以促使矫正对象有勇气进行无拘无束的自我袒露。

如果在个案矫正工作中缺乏同感，将会对专业关系的建立带来较大伤害。例如，矫正对象会对矫正工作者无法理解自己而失望，自我袒露的欲望会降低或消失；矫正工作者无法同感可能是因为没有放下对矫正对象的偏见，容易在工作中批评指责矫正对象；矫正工作者无法对矫正对象的真正诉求作出及时的回应，影响矫正对象寻求改变的动力。

(五) 表达简洁具体

表达简洁具体，是指在矫正过程中，用字措辞要恰当，还要简单清楚、具体明确，避免含糊不清、模棱两可。在与矫正对象的沟通中，矫正对象说话有时候会相当杂乱、空洞，用词往往模糊、泛化，这导致矫正工作者无法准确理解，所以矫正工作者有必要帮助矫正对象清楚、具体地表达个人的问题和感受。例如，矫正对象对矫正工作者说：“我觉得这件事情对我很重要”，对于这种一般化的表述，矫正工作者要帮助其对“很重要”作进一步的详细阐述，从而了解这件事对矫正对象具体的影响程度如何。简洁具体的表达则可以帮助矫正工作者使用清楚、简洁的语言描述矫正对象当前处境，也可以帮助矫正对象准确了解自己的问题以及会谈的目的，减少矫正对象求助的焦虑，让矫正对象感受到矫正工作者听明白了自己陈述的问题，体会到受尊重的感觉。

为了将矫正对象的表述具体化，个案矫正工作者可以用尝试性、探索性的语气表达，征询矫正对象的意见，并作出修正。举例如下：

个案矫正工作者：“不知道我理解的对不对，听你的话，你似乎痛恨你老婆嫌贫爱富?”

矫正对象：“不，我并不是恨我老婆，她这样我也可以理解，只不过我心里面难受，很气愤。”

个案矫正工作者：“对不起，我可能听错了。我希望你能具体描述一下你的想法，最好举一些例子，让我更加清楚你对你老婆的感受。”

个案矫正工作者在对矫正对象回应时，应采用具体、准确的字眼，这样矫正对象才能继续对问题作出更加深入的解释，对自己的问题有更加深入的了解。而实际工作中，部分矫正工作者喜欢对矫正对象作概括化的判断，这是不对的。举例如下：

矫正对象：“我们家兄弟姐妹多，小时候家里也没什么钱，所以日子过得确实苦。当时我本来可以继续往上读书的，结果我爸觉得我的成绩也就那样，下面还有几个弟弟妹妹，非得让我去工作。工作就工作嘛，早点赚钱也好。我那么早就去赚钱了，这些年给家里拿了好多钱回去了，前两年我爸生病了，我都给钱了，他们还觉得不够，还要喊我拿钱，说我不关心我爸。我们家那么多兄弟姐妹，他们怎么不去管他呢？我做的够意思了吧。现在我犯了点事，他们天天说我给他们丢脸，有什么意思，不往来就不往来呗，哪个离了哪个不能活。”

个案矫正工作者：“你对家里亲戚都有意见，看来你并不看重家庭关系。”

这样的断语不仅缺乏对矫正对象感受的回应，也不利于矫正对象的继续表述。适当的回应可以参考以下回答：

个案矫正工作者：“你们家家庭条件并不宽裕，你小的时候为了早点赚钱养家放弃了自己的学业，可是你的家人并不理解你，在赡养老人问题上还与你有意见冲突。现在你接受社区矫正，家人并没有给你提供相应的支持。我能理解你现在的心情，一方面，你觉得自己为家庭牺牲了很多，但是家人并不领情；另一方面，你希望你对家庭的付出能够得到回报，但是家人并没有给予你想要的帮助和理解。所以，你现在很生气，对家人有意见。你看我说得对吗？”

三、关系建立过程中个案矫正工作者的工作内容

为了更好地建立专业关系，个案矫正工作者需要做好充分的准备并积极开展相关工作，这些工作大致上应该包括以下方面。

（一）了解矫正对象的基本情况

由于社区矫正具备刑事执行的性质，社区矫正对象往往并不是自己主动前来求助的，而是被强制进入社区矫正的状态中。社区矫正工作者为了做好个案矫正工作，对于社区矫正对象的基本情况必

须有充足的了解，这些基本情况包括矫正对象来源、犯罪类型、刑期、性格特点、家庭条件等。

要获得这些信息，可以通过以下途径：一是查阅社区矫正对象相关档案。在接收社区矫正对象时，社区矫正机构会为其建立专门的矫正档案，这些资料往往涵盖社区矫正对象基本信息以及相关经历，可以帮助社区矫正工作者尽快初步了解矫正对象。二是通过和矫正对象的沟通交流，从矫正对象处获取资料。对于档案中一些模糊信息，个案矫正工作者可以同矫正对象进一步核实，并通过与矫正对象直接沟通，进行资料的补充。但要注意的是，部分矫正对象在初期对社区矫正工作者并不完全信任，可能会提供虚假信息或者对信息有所隐瞒。三是调查走访，获取资料。可以走访调查以前负责该对象监督管理、教育矫正的工作人员，或者是该对象居住地相关村、居委会工作人员等，从第三方角度了解矫正对象相关情况。

（二）做好正式会谈前的准备

在与社区矫正对象正式会谈前，个案矫正工作者需要做好两方面准备：一是物理环境准备；二是工作者自己的心理准备。

1. 物理环境准备

物理环境准备主要包括会谈的时间、会谈地点、工作者的穿着打扮等。会谈的时间一般由社区矫正工作者和矫正对象双方协商确定，不能仅仅只考虑工作者合适的时间，还要考虑矫正对象方便的时间。例如，部分社区矫正对象还在正常的学习和工作，如果将会谈时间定在矫正对象学习工作时间，会给矫正对象带来不便，不利于会谈的顺利进行，也不利于双方关系建立。会谈的地点需要选择安静、整洁的场所，避免嘈杂和干扰。可以根据矫正对象的性格特点对会场布置做适当调整，如对于部分性格较为敏感、戒备心较强的社区矫正对象，建议会谈的地点布置地尽量温馨一点，注意避免房间中出现一些对矫正对象表达和情感宣泄造成阻碍作用的张贴画、标语等。工作者自己的穿着打扮应当大方得体，从而展示对矫正对象的尊重。工作者一些日常生活中不经意的小动作和习惯也有可能会引起矫正对象的厌恶等感受，需要引起注意。

2. 工作者的心理准备

个案矫正工作者自己的心理准备主要是面对不同的矫正对象，尤其是价值观和行为方式与自己向左的矫正对象，工作者必须调整自己的情绪，提前做好应对准备，不能将自己的价值观和喜好强加给矫正对象。例如，个案矫正工作者是一个认同男女平等的女性工作人员，矫正对象却是一个大男子主义者，又或者个案矫正工作者是一个受过高等教育的知识分子，矫正对象却是一个胡搅蛮缠、小学毕业的农民，这些情况下都需要个案矫正作者提前应对双方的心理冲突和文化水平差异。

（三）初步评估矫正对象的问题和需求

初步评估用于帮助个案矫正工作者识别矫正对象最关心、最需要解决的问题，以便了解矫正工作者和矫正对象能不能走到一起以及为什么能够走到一起。了解矫正对象的问题和需求十分重要，否则双方会因为缺乏了解，导致矫正对象放弃与矫正工作者建立专业的个案矫正工作关系。另外，初步评估还可以帮助矫正工作者确定自己是否能够帮助矫正对象，如果不适合可以及时转介，使矫正对象在最短的时间内获得需要的支持。

1. 需要确定的问题

在这个阶段，个案矫正工作者需要确定以下问题以便作出初步的评估：

（1）矫正对象接受矫正进行改变的意愿如何，是否强烈。

（2）矫正对象的主要问题是什么；哪些问题可能导致其犯罪行为产生；问题产生的原因、过程是什么；矫正对象预期取得怎样的结果。

（3）矫正对象曾经为此寻求过什么帮助；自己尝试过哪些方法去改变困境。

(4) 社区矫正机构掌握的资源和矫正工作者自己掌握的资源是否能够帮到矫正对象。

(5) 社区矫正机构对矫正对象、对矫正工作者的要求和矫正对象对机构、对矫正工作者的期望是否有冲突。

矫正工作者需要对上述问题进行探索和确定，在初步评估得出结果后，应当将结果同矫正对象分享，从而保证评估的准确性。

2. 需要把握的原则

在对社区矫正对象进行问题和需求的初步评估中，个案矫正工作者需要注意把握以下两个原则：

(1) 对“问题”的界定应该以矫正对象的界定为主，或者是双方讨论的结果，而不应该单纯是矫正工作者自己的主观判定。只有矫正对象自己才真正清楚自己的问题和需求，矫正工作者在同矫正对象的沟通交流中，可能会出现因语言表述不准确导致的失真，因此，需要双方反复确定，直至矫正对象确定矫正工作者的评估是正确的。

(2) 这个阶段矫正对象呈现出来的问题，有可能并不是矫正对象真正想解决的问题和真正需要面对的问题。在专业关系建立初期，个案矫正双方的信任并不深入，矫正对象此时还处在对矫正工作者工作能力和工作态度的考察、试探阶段，所展现出的问题大多都是不敏感的，不需要迫切解决的，不一定是最困扰他们的、对他们影响最大的。

(四) 促使矫正对象进入角色

在对矫正对象的需求、问题进行初步评估之后，如果矫正工作者确定可以为矫正对象提供个案矫正服务，那么接下来双方就需要进一步明确各自的角色，并就预期达到的目标进行商议和确定。这个阶段矫正对象可能对自身的角色和任务都未明晰，也常常伴有紧张、恐惧、担心、不信任、不安全等不良情绪，因此，帮助矫正对象进入角色是矫正工作者此时需要重视的环节。

1. 进一步明确矫正对象现实性反应出现的原因

专业关系建立阶段，矫正对象在面对个案矫正工作者时出现的紧张、恐惧、担心、不信任等反应，统称为案主的现实性反应，这些现实性反应通常由以下因素造成：

（1）矫正对象自认为不需要个案矫正服务，是被社区矫正机构强制要求过来的，对专业关系的建立有一定排斥。

（2）矫正对象对于向陌生人讲出自己的问题，尤其是可能会涉及个人隐私的问题觉得难为情。

（3）矫正对象对于自己无法应对自身困境，感到无力和痛苦，甚至对自身能力产生怀疑。

（4）矫正对象曾经有过求助失败的经历。

（5）矫正对象本身求助能力较弱，或者不善长或害怕与陌生人交流。

（6）矫正对象对社区矫正机构较为陌生，甚至存在一定的误解，不了解社区矫正机构和个案矫正工作者能够提供哪些帮助。

（7）矫正对象对社区矫正机构和个案矫正工作者抱有不切实际的期望和要求。

个案矫正工作者需要确定矫正对象究竟受到哪些因素的影响，提前做好相应的准备工作，协助矫正对象减轻不适的情绪。此时，工作者的自我介绍以及对社区矫正机构服务范围的介绍都是必不可少的。另外，个案矫正工作者可以尝试使用一些会谈的技巧，引导矫正对象放松情绪，打开心扉。例如，可以进行自我袒露："每个人都不是万能的，都需要别人的帮助。我第一次找陌生人帮忙的时候心情跟你一样紧张，我也觉得人家凭什么会帮我，也不一定能帮到我……"或者可以进行言语安抚："第一次这样单独见面你不要介意，并不是针对你，只是我们想借此机会跟你单独聊一聊，看看有什么是我们可以帮助你的……"

2. 对矫正对象的期望给予澄清

当个案矫正工作者与矫正对象之间建立了初步的情感信任后，

矫正对象可能会对社区矫正机构和矫正工作者抱有较大的期望，希望单纯地依靠矫正机构和矫正工作者解决自身的所有问题。例如，有矫正对象直接告诉矫正工作者，自己的老婆嫌弃自己赚不到钱，在跟他闹离婚，希望矫正工作者能够帮他短时间之内赚到一大笔钱，让他老婆后悔，从而把老婆留下。但是实际工作中，矫正机构和矫正工作者并不是万能的，矫正对象自身的问题往往比较复杂，问题的解决过程也很复杂，如果社区矫正机构和矫正工作者不能提供矫正对象所需要的全部服务，可能导致矫正对象更多的失望、沮丧等情绪，加强矫正对象的不信任感。因此，澄清矫正对象的期望就显得十分重要。矫正工作者要做好以下工作：

（1）介绍社区矫正机构的服务范围，告诉矫正对象机构可以做什么和不能做什么，以及矫正工作者身为矫正机构的工作人员自己的职责范围是什么，自己手中掌握的资源可以帮助矫正对象做些什么。如果矫正工作者无法为矫正对象提供相应服务，社区矫正机构中是否有其他工作人员可以帮助矫正对象，如果有，可以提供适切的转介服务。

（2）清楚地告知矫正对象，问题的解决需要双方的配合和共同努力，并不是社区矫正机构和矫正工作者单方面的事情。矫正对象需要对自己的问题负责，努力配合社区矫正机构和矫正工作者的工作。要降低矫正对象的依赖心理，提升他解决问题的信心和责任心。

（五）与矫正支持系统建立联系

为了巩固和持续专业关系，为矫正对象提供更加有针对性地支持和服务，必须与矫正系统建立相应的关系。这一系统应该包括2019年12月28日通过的《社区矫正法》、2020年6月出台的《社区矫正法实施办法》中规定的所有对社区矫正工作有负责、监督、协助等责任的机构和个人，具体而言应该包括人民法院、人民检察院、公安机关、地方人民政府、居民委员会、村民委员会、社会工作者、志愿者、企事业单位、社会组织以及社区矫正对象的监护人、保证人、家庭成员，所在单位或者就读学校等。要在相关法律法规的约束、指导下，充分发挥社区矫正机构和社区矫正个案矫正工作者的主观能动性，获取矫正支持系统的帮助，将其作为社区矫正对象的社会资源提供者。

四、个案矫正专业关系建立技巧

（一）避免给矫正对象贴“问题人”标签

虽然矫正对象的确触犯了法律，存在一定的问题，有自己无法解决的困境和难题，但是在建立关系中，个案矫正工作者要从主观上避免将其当做“问题人”对待，而应该更多地展现自己的诚意。在初期见面会谈中，不能直接说“你目前存在……问题”，也要尽量避免使用“你有什么问题?”这种陈述和提问很容易让矫正对象觉得自己低人一等，从而给矫正对象带来不悦的心理感受。可以使用“你有什么需要可以和我谈一谈吗?”或者“需要我们为你做些什么呢?”之类的问句，更容易被矫正对象接受。

（二）专注地聆听

专注地聆听是个案矫正工作者在这个阶段最重要的技巧。此时矫正工作者对矫正对象的信息掌握并不全面，专注地聆听可以在表达对矫正对象尊重的同时，从矫正对象身上收集更多的资料。矫正工作者可以借助专注的姿势、表情以及眼神表达对矫正对象的关切。例如，维持兴趣盎然的表情，不时做一些鼓励的动作（如点头、微笑、手势等），在聆听过程中密切注意矫正对象的陈述，着重体会其言语中体现出来的情绪和问题，对于一些有用的信息可以在取得矫正对象同意后做相关记录。另外，对于矫正对象陈述过程中的一些小动作或者微表情，矫正工作者也要给予注意，从而判定矫正对象话语的真实性和可靠性，并为下一步的引导发言和确认信息做好准备。

（三）激发矫正对象的希望

个案矫正工作者可以在会谈中帮助矫正对象对自己的需求进行梳理，将矫正对象的问题先界定在一个能够解决的范围内，然后协助矫正对象分析其可以利用的资源、具备的能力以及通过其努力在短期内可以取得的成就，从而增强矫正对象改变现状的动机。

第二节　个案矫正资料的收集与诊断

当专业关系建立后，就进入了第二阶段。这一阶段的主要目标是尽可能详细地收集与矫正对象问题相关的资料，从中了解问题的成因，确定问题的性质，发现问题的解决办法。

一、个案矫正资料收集的原则与内容

（一）资料收集的原则

1. 全面性

对社区矫正对象资料进行收集要尽量做到全面，所有可能跟矫正对象相关、有利于矫正对象问题解决的资料都要尽量收集。这就要求收集资料的种类要全面，文字、图片、录音、影像都可以进行收集。另外，收集的方式也要全面，除了直接进行收集，还可以通过转交、网络等做好间接资料收集。很多情况下，个案矫正工作者可能暂时无法判断某些资料是否有用，那么也应该做好资料的归档整理，以备不时之需。

2. 选择性

在资料收集过程中，个案矫正工作者要从浩如烟海的资料中剔除无用的资料，选择有价值的资料。这并不是说选择性与全面性相冲突，全面性主要强调资料的内容是否与矫正对象有联系，选择性

则着重强调资料与矫正对象联系的大小。个案矫正工作实质要求工作者要着重收集与矫正对象犯因性问题相关的资料，对于矫正对象其他问题的资料也需要进行适当地筛选。

3. 计划性

资料收集过程并不是随心所欲进行的，需要在收集之前提前确定所需要收集资料的种类、方式、渠道、时间等，然后按照相关计划去实施，从而保证资料收集过程系统、有序地开展。

（二）资料收集的内容

个案矫正在工作过程中强调“人在情景中”，认为个人的行为是个人与外在环境互动的结果，问题的解决需要个人的努力和环境的支持，个案矫正工作的功能也是为了增强矫正对象对环境的适应能力，帮助矫正对象更好地融入社会。因此，资料收集主要针对矫正对象个人资料、环境情况以及矫正对象与环境互动情况开展。

1. 个人资料

（1）基本资料。包括籍贯、年龄、性别、教育程度、婚姻状况、职业、收入、主要社会关系、犯罪类型、个人服刑经历等。

（2）生理方面。了解矫正对象有无残疾、遗传病以及长期慢性疾病，目前生理状况如何等，注意排除或者找出生理因素与矫正对象面对的问题之间的关联性。

（3）心理方面。可以运用一些测量工作以及与矫正对象的会谈了解矫正对象的智力水平、兴趣、人格特征、自我概念、自我防卫机制等。建议此项工作由具备心理矫正资质的相关工作人员进行，矫正工作者可以从他们那里获取相关测量结果。

（4）价值观方面。矫正对象对人和事情的看法，矫正对象行为和价值观是否一致。矫正对象对目前自身存在的问题和现状的看法，包括自己存在什么样的问题，问题产生的原因、问题存续的时间、希望如何解决自身问题，解决自身问题的动机是否强烈等。

（5）个人能力方面。矫正对象对问题的分析能力以及过往面对冲突、困惑的处理能力等。

2. 环境资料

对矫正对象而言，与之相关的环境应当包括两方面：一是矫正对象生活的社会系统；二是能够为矫正对象提供支持的资源系统。

(1) 社会系统。包括家庭环境、工作环境、居住环境、朋辈环境等。在对这些社会系统进行资料收集时，对物理和人文环境都要关注，尤其要着重关注对个案矫正工作和矫正对象有重要影响的个人，通过对他们进行动员，使其在后续的个案矫正工作中对矫正对象提供所需的支持和帮助，对于个案矫正工作的开展有积极意义。

(2) 资源系统。主要包括矫正对象可以利用的各种资源，如志愿者、非政府组织、安置帮教基地、安置帮教基金、各类社会保障政策、就业信息、政府相关职能机构可以提供的服务等。在制订后期矫正方案时，矫正工作者可以将这些资源纳入其中。

3. 矫正对象与环境互动资料

矫正对象与环境互动资料主要包括矫正对象个人与周围环境的关系，特别是与重要人物的关系，矫正对象寻求帮助的主要方式，社会资源系统对矫正对象求助的反应，矫正对象利用社会资源系统的经验和感受，其他系统互动方式对矫正对象问题的影响等方面的内容。

二、个案矫正资料收集的方式与方法

(一) 资料收集的方式

对矫正对象资料的收集可以通过两种方式进行：一是直接收集；二是间接收集。

1. 直接收集资料

直接收集资料，是指直接从矫正对象着手，通过询问、观察等方式进行资料收集。如果矫正对象是自己主动寻求矫正工作者帮助，那么往往会主动说出与问题相关的信息和资料。但在实际工作中，很多矫正对象是被动接受个案矫正，并不愿意主动透露相关信息，因此，对于矫正对象没有提及，但是对矫正工作者了解其问题又比较重要的信息，矫正工作者可以直接提问矫正对象。例如，矫正对象说自己没有收入来源，对找工作提不起兴趣，经常感觉不愿动，整天在家待着，此时，个案矫正工作者除了对其本身的就业意愿和就业动机进行询问外，还可以直接询问其身体状况、有无疾病，从而判断矫正对象是否存在因生理因素导致不愿就业。

在个案矫正工作者和矫正对象还没有建立足够的信任时，对于有些事项并不方便直接进行询问，此时工作者可以间接进行提问。例如，矫正对象说自己希望离婚，但是丈夫不同意，自己对婚姻感到恐惧等。矫正工作者从矫正对象说话的神态、语气等非语言和语言中明显感觉矫正对象可能经历了家庭暴力，此时，可以找适当的机会提出问题："据我了解，有些家庭常常发生家庭暴力，不知道你听说了没有，你怎么看?"间接提问可以避免矫正对象尴尬，也能尽快了解问题所在。但是有时候问题过于敏感，矫正对象依旧不愿回答，此时，矫正工作者可以通过观察矫正对象非语言信息来判断问题，如矫正对象的表情、语调、姿势、位置、打扮等。值得注意的是，对于非语言信息得出的判断，矫正工作者必须进一步求证，避免得出错误的判断。

2. 间接收集资料

间接收集资料，是指个案矫正工作者不从矫正对象着手，而是间接通过矫正对象相关的人员和环境中去获得资料的过程。虽然从矫正对象处直接收集资料比较简便，资料的准确性也有所保证，但是由于某些原因，如矫正对象不配合或者矫正对象提供的资料不齐全等，有些同矫正对象相关的补充资料需要从其他方面间接获取，如通过走访矫正对象家庭获取矫正对象家庭环境资料、与家人互动情况资料；通过查阅社区矫正对象档案获取矫正对象服刑经历、服刑期表现等资料。

（二）资料收集的方法

一般而言，资料收集的方法主要有文献法、访谈法、问卷法、观察法等。

1. 文献法

文献，是指人们专门建立起来储存与传递信息的载体，是从事各种社会活动的记录，包括文字、图像、音频、视频等手段对人类知识进行记录的各种物质形态。通过文献获取相关资料的方法就叫文献法。

文献法是个案矫正工作常用方法之一，具备间接性、稳定性、客观性、简便性等优点。通过查阅文献，矫正工作者可以迅速客观地掌握矫正对象相关资料。例如，可以通过查阅相关文书了解矫正对象基本资料；可以通过相关卷宗了解矫正对象生活经历、服刑情况等。尤其是现在社区矫正进入信息化，通过相关软件系统，可以对矫正对象的资料实现跨区域、跨时间的了解。

2. 访谈法

访谈，是指通过与访谈对象直接进行交谈来获取资料。访谈法主要通过面对面的口头交谈来获取资料，但是随着信息技术的发展，通过部分聊天软件进行远距离的视频交谈、语音交谈、文字交流也成为访谈法的新方式，不过面对面的交谈可以通过观察访谈对象的非语言信息来获取更多的资料。

访谈通常分为结构式访谈和非结构式访谈。结构式访谈在访谈开始前，需要对访谈的内容、提问顺序和方法、回答记录方式等列出详细计划，对访谈过程进行高度的控制，使访谈程序更加的标准化。在访谈过程中，个案矫正工作者只能按照访谈提纲上的问题进行提问，不允许随意增加问题或者对问题自行进行解释。对个案矫正工作而言，结构式访谈的运用范围较小，往往只适用于客观资料的收集。对于主观资料，还需要借助非结构式访谈。

非结构式访谈是一种半控制或者无控制的访谈，实现不预设任何问题、程序，只需要矫正工作者围绕预期的主题开展自由交谈。矫正对象在访谈过程中可以自由提问、自由回答，矫正工作者可以针对矫正对象的表述随时调整访谈策略和内容。相较于结构式访谈，非结构式访谈可以收集更多、更全面的资料，但是往往需要花费更多的时间，对于答案的记录整理工作也较为复杂。

3. 问卷法

问卷法是现代调查方法中最流行的一种方法。它以书面提问的方式调查社会信息，用精心设计的量表来测量人们的特征、行为和态度。在进行问卷调查时，矫正工作者可以根据自己的需要设计问卷或者选择合适的已有问卷，将问卷发放给调查对象进行填答。问卷的结果往往简单明了，能极大地缩短个案矫正工作者资料收集时间，但是对矫正对象的文化水平和文字理解能力有一定的要求。另外，矫正对象可能存在乱答和漏答等情况，需要矫正工作者注意进行判定和处理。

4. 观察法

观察法，是指观察者根据调查要求，利用眼睛、耳朵等感觉器官和其他辅助工具，有目的地直接考察被观察者而获得资料的一种方法。常见的观察法大多是个案矫正工作者直观地用眼睛和耳朵对矫正对象的外貌、行为举止等进行观察，但是这种直观的观察结果容易受到个案矫正工作者的价值观等主观因素影响。例如，当个案矫正工作者初步认定矫正对象具备大男子主义时，在他的观察中，矫正对象很多正常举动，如因为工作太累没有给一位年轻的女性让座等行为，都会被认定为是大男子主义的表现。因此，很多时候，使用观察法时，会借助一定的辅助工具，如照相机、摄影机等设备，对矫正对象进行记录，便于后期的复查和进一步观察。

三、个案矫正资料整理分析的过程与方法

当个案矫正工作者利用不同的方法收集了大量资料后，接下来要做的是对资料进行分类整理，并进行相关分析。

（一）资料整理分析过程

对社区矫正对象的资料整理分析过程主要包括资料整理、资料分析和总结三个阶段。

1. 资料整理

资料整理是把收集到的资料进行系统化、规范化、有序化的过程，包括对资料的审核、复查、分类、撰写备忘录等。

（1）审核。资料审核，是指对已有的资料进行审查核实，去伪存真，找出还存在问题的资料，保证资料的准确性和有效性。在此阶段，可以将矛盾的资料单独列出，便于下一步复查；将明显错误的资料剔除；将缺少的资料作出标记，以便后期补充。

（2）复查。资料的复查，是指对现有的资料进行再次调查，从而检查资料的准确性。资料的复查主要有两个作用：一是对其中收集资料随机抽取部分进行复查，可以对已有资料的正确性实现检验，确保资料的真实；二是对审核过程中有疑惑、不翔实的资料进行复查，可以进一步对资料进行补充和修正。

（3）分类。在确保资料准确、翔实之后，需要对资料进行进一步的整理分类，便于矫正工作者更加便捷、迅速地找到所需资料。一般而言，对资料的分类以品质标准和数量标准进行分类。品质保证，是指反映资料属性差异的标准，如性别、民族、职业等属性差异。数量标准，是指反映资料数量差异的标准，如年龄、收入等数量差异。但是对于矫正对象而言，单纯地属性和数量划分并不利于如实反映矫正对象的特点，因此，在实际工作中，建议按照前文所述的资料的类型分为个人资料、环境资料和交互资料三类进行整理。

（4）撰写备忘录。矫正对象的复杂性、矫正工作的繁重性以及整理资料的必要性都要求个案矫正工作者必须通过撰写备忘录的方式对相关资料和事项进行记录。备忘录主要记载两类内容：一是对于相关资料的客观描述；二是个案矫正工作者在整理资料时的思考和想法。备忘录应该随时更新，在撰写完成后，应该按照描述性内容和分析性内容分开进行整理记录，从而方便随时查阅。

2. 资料分析

资料分析，是指以已经收集到的资料为基础，通过对资料的研究形成对事实的科学认识，包括确定主题、探索、描述等。

（1）确定主题。前期对社区矫正对象资料的整理工作使得矫正工作者对矫正对象资料的细节和特点有了全面的认识，此时应该确定资料分析的主题，即要针对什么问题进行分析，这可以是社区矫正对象的家庭支持力度，也可以是社区矫正对象的犯因性问题，又或者是社区矫正对象的物质需求等。不论选择何种主题，均要与后续矫正工作密切相关，且有助于后续矫正工作的开展。

（2）探索。在探索的过程中，矫正工作者需要按照不同主题，从前期整理好的资料中按照科学的方法选取合适内容进行归类重组，通过仔细阅读对资料进行分析提炼，尝试揭示主题的内容和特征。值得一提的是，对备忘录的分析通常可以刺激矫正工作者的积极性和想象力，帮助矫正工作者创造性地分析资料。

（3）描述。按照确定的主题内容，将已经得出的结论进行进一步完善和精炼，并给出描述性的说明。在探索过程中，矫正工作者已经对分析的主题有了初步的认知，此时则需要用简洁精炼的文字对其进行准确描述，从而便于后期的研究和不同矫正工作者之间的交流讨论。

3. 总结

总结，是指将前期分析得出的结果进行条理性归纳，得出有指导性的结论。这里的结论大多为后期社区矫正对象问题的诊断提供了方向。在总结过程中，尤其要注意不同主题结论之间是否存在重复或者矛盾之处，如果有，则需要对资料进行重新分析，以确定究竟是资料本身存在问题又或是分析过程存在问题。

（二）资料整理分析的方法

资料整理分析的方法种类很多，矫正工作中常用的有对比分析和因果分析两种。

1. 对比分析

对比分析，是指通过比较事物或现象，发现其中的共同和差异之处，并由此揭示事物之间和现象之间的内在联系与区别的分析方法。在社区矫正过程中，个案矫正工作者应当常将矫正对象资料对比分析，从而揭示这些资料之间的内在联系和类别，把握社区矫正对象的问题。

对比可以采用不同的角度和层面，从而延伸出不同的对比分析方法，如同类比较、异类比较、纵向比较、横向比较、结构比较、功能比较、一致性比较、差异性比较等。其中比较常见的是横向比较和纵向比较、一致性比较和差异性比较。例如，可以对矫正对象同一时间段的朋辈群体进行比较，分析谁对矫正对象能够提供更强的影响力和更多的帮助。可以对矫正对象的家庭收入情况进行纵向比较，分析其家庭收入变化情况，了解是否有关键性事宜影响了其收入。可以对矫正对象进行社区矫正前和社区矫正后的表现进行一致性比较和差异性比较，了解社区矫正工作对矫正对象的影响，并分析原因。

2. 因果分析

世界上任何事物之间都有联系，其中某些事物可能是其他事物产生、发展、变化的原因，同时也是另一些事物产生、发展、变化的结果。探讨矫正对象资料之间的因果联系是为了找出导致矫正对象偏差行为或者观念的原因所在。因此，因果分析是分析矫正对象相关资料的重要方法。

在进行因果分析时，需要注意以下事项：一是两件事项拥有因果联系的前提是两件事项是有联系的。二是互为因果的事项之间出现时间有先后性，一定是先有因后有果。三是互为因果的事项之间的联系一定不是虚假联系，如个案矫正工作者通过资料分析发现矫正对象的丈夫收入越高，矫正对象在家越容易受到家暴，两者呈现正相关，此时表面上的结论是：丈夫的高收入导致矫正对象被家暴。但实际上却是丈夫有酗酒习惯，一旦有钱都拿去买酒，喝醉后会对妻子进行家暴，这也就是说，真正有因果关系的并不是丈夫收入和家暴，而是丈夫酗酒和家暴。四是事物之间的因果联系是复杂的，可能出现一因多果、一果多因、多因多果等各种情况。

由于因果关系的复杂特征，再加上矫正对象的资料也具备复杂性，在对矫正对象资料进行分析时，一定要“具体问题具体分析”，根据具体的时间、地点和条件，确定各种资料之间的因果联系，明确在特定的时间、地点和条件下，哪些因果关系发挥主导作用，哪些是主要的、根本原因，在什么条件下，因果关系可能会发生变化，只有这样，才能对因果关系有准确的判断。

四、个案矫正问题研究与诊断的视角

对矫正对象进行问题研究和诊断是资料收集、分析的必然结果，也是之后制订矫正方案的基础，因此，对问题的研究和诊断在个案矫正工作中起着承上启下的作用。

（一）问题的含义

问题是一个普遍使用的概念，《现代汉语词典》将“问题”的含义总结为四个方面：一是要求回答或者解释的题目；二是需要研究讨论并加以解决的矛盾、疑难；三是关键，重要之点；四是事故或麻烦。这些解释描述了问题存在的状态，并没有对问题的根本给予解释。

要了解问题的根本必须从以下三个方面着手：第一，问题产生的原因。当我们说“没有问题”这句话时，实质上是指事物各个要素的互动处于一种良好状态，相互之间没有产生冲突，事物在整体上处于平衡状态。而当我们说“有问题”或“出问题了”时，我们实质上是在指事物各个要素之间产生了冲突，事物各要素间的平衡被破坏。比如，在个案矫正过程中，某个对象“有心理问题”是指对象心理的各个要素出现了失衡现象。因此，在质的方面，可以把问题定义为事物各要素间的不平衡现象。第二，问题表现出来的程度或问题的大小。在日常生活与工作中，问题时刻都存在，但有些问题引起了人们的重视，被人们发现和认识，而有些问题则不被人们感知。这表明，成为问题有一个量度。一般情况下，一个问题影响到人们的生活或工作时，问题便成为“问题”，反之，则不然。对个体而言如此，对社会而言也如此。第三，问题只有在被人们反映时才能成为“问题”。当问题处于还不被人认知的情况下，问题不成为“问题”，只有人们认知了问题时，问题才成为“问题”。由此，我们可以对问题做一个基本的规定：问题是指事物各要素间的失衡现象，当这种失衡对事物的发展产生了不利影响，且被人们反映时，这种现象称为问题。

参照以上论述，社区矫正对象的问题，是指矫正对象自身各要素失衡及其与环境关系失衡所引发的各种现象，这些现象对矫正对象恢复社会功能、重返社会形成不利影响，并为个案矫正工作者或矫正对象所反映。

（二）问题研究与诊断原则

在问题的研究与诊断过程中，有一些基本的原则需要遵守，主要包括以下方面：

1. 个别化

很多时候，矫正对象会面临同一群体共通的、普遍性的问题，如因为犯罪判刑而受到周围人的歧视。但是不同的矫正对象他们面对问题的态度、处理问题的能力不同，问题对其影响大小也不一样。例如，有的矫正对象面对歧视觉得无所谓，有的矫正对象则十分痛苦，因此，在对矫正对象的问题进行研究和诊断时，要因人而异，区别对待，不能用程序化地、单一方法研究和诊断。

2. 双方参与研究诊断过程

矫正对象对于问题的判断往往更加直观，但是不一定全面；个案矫正工作者对于问题的判断往往更加理性，但是不一定准确；双方对于问题的研究和诊断各有优势和短板，尽管矫正工作者判断的专业性会更强，但是对矫正对象问题的评估还是应该有矫正对象的参与和认定。如果双方对于问题的研究和诊断结果并不一致，就需要通过协商解决，从而达成一致意见。

3. 警惕价值观偏见

个案矫正工作者要警惕研究和诊断过程是否掺杂了自身的价值观，从而影响了判断的准确性。在收集资料时应尽可能用多种途径保证资料的准确性，在评估过程中要尽量多反省自己是否对矫正对象的问题认定过僵、过死，或者对矫正对象的问题过于积极和热情等。

（三）问题研究与诊断的主要视角

问题研究与诊断的视角，是指个案矫正工作者在研究和诊断问题的过程中所采用的立场和观点，不同的立场和观点会导致对不同的问题认定的角度产生不同的解决方法。常见的问题研究与诊断的主要视角包括生理研究视角、社区变迁视角、文化视角、利益视角、行为视角、心理视角、社会权益视角、综合视角等。

1. 生理研究视角

生理研究视角起源较早，它将人和社会与生物比较，把问题归结为人的生理因素和社会的健康状况。采用这种视角研究矫正对象存在的问题，或预测矫正对象可能出现的问题时，既要考虑矫正对象所处的社会环境，也要考虑矫正对象本身的生理条件。

考虑矫正对象的生理条件包括许多要素，如矫正对象的性别、年龄、身体状况、性格等，应针对矫正对象具体的生理条件，具体分析矫正对象已经存在的问题，或预测可能发生的问题，实施不同类型的矫正。就年龄而言，如针对十几岁的青少年矫正对象，往往需要个案矫正工作者注重对方是否存在受教育、交友、与父母相处等方面的问题；针对 40 岁左右的中年矫正对象，个案矫正工作者可能更需注重对方在家庭关系、就业、子女教育等方面的问题；针对 60 岁左右的老年矫正对象，个案矫正工作者更需要注重其在养老、医疗等方面的问题。

2. 社会变迁视角

社会变迁视角着重从社会历史发展变迁的角度研究社会问题的形成。从这个角度看社会问题的形成，在于社会发展过程中会产生一系列新的要素，这些要素与以往社会中存在的一些要素相互作用，或形成要素真空，或相互冲突，从而引发问题。例如，社会保障政策这几年在不断变化，矫正对象之前曾经是低保家庭，但因为政策的改变，矫正对象不满足新的低保家庭评选条件，但仍然面临家庭特别贫困的问题。

3. 文化视角

从文化发展的角度看，社会的发展实质上也是文化的发展，与社会变迁可能引发社会问题一样，文化变迁也必然引发社会问题。不同的文化背景，形成了人们不同的价值观念和行为方式，同时，不同的人群在一起也会形成不同的亚文化，文化的不同也可能引发一系列社会和个体问题。例如，矫正对象家在农村，在当地农村男性在 20 岁以前结婚是很普遍的事情，但是矫正对象近几年到省会城市打工，受到当地文化影响，认为 20 多岁还没结婚很正常。因此，面对家中父母的催婚，认为他不结婚就是不孝顺，他经常感到苦恼。

4. 利益视角

利益冲突是矫正对象产生问题的主导性因素。犯罪对社会有着较大的破坏作用，长期以来社会大众对犯罪问题消极认知，对犯罪人的角色和地位大多定位很低，甚至带有一定程度的歧视，这使矫正对象的利益追求遭遇极大困难。但是经济利益问题的解决往往又是解决矫正对象的问题，或预防矫正对象产生问题的关键因素，因此，在研究矫正对象的问题时，考虑矫正对象现实的经济状况，从中、长、短三个时间维度预测矫正对象可能遭遇的经济利益问题，同时在横向维度上考虑矫正对象可能与哪些社会成员产生利益冲突，对研究矫正对象的问题具有极其重大的意义。

5. 行为视角

行为视角主要从越轨行为的研究出发，探讨人们的越轨角色和越轨行为是怎么获得和产生的。研究发现，越轨行为之所以成为越轨行为、越轨角色扮演者之所以成为越轨角色扮演者、社会问题之所以成为社会问题，不是由于这些行为、角色、问题本身固有本质决定的，而是由其他人规定的，是由人们对这些行为、角色、问题的反应决定的。例如，同样是女子要求丈夫只能娶她一人，如果放在中国封建社会，这种要求是不合理的，属于越轨行为，应当受到指责，但是放到当今社会，人们并不认为这有何不妥，其中的差异就在于不同社会的价值观不同，人们对同一行为的反应不同。因而，社会问题之所以成为社会问题是人们主观定义的结果。由于这种理论建立在行为互动主义的基础上，因此，我们将之归结到社会问题研究的行为视角中。

矫正对象对自己在社会中的角色和地位有自己的认识和定位，这种认识和定位有时甚至脱离他们自己的实际情况，矫正对象往往很难对他们自己存在的问题形成正确的认识。有些行为在他们看来可能是正常的，而在社会看来则是属于有问题的。矫正工作者一方面不能以贴标签的方式对待矫正对象，另一方面又必须准确地认识矫正对象的问题，明确矫正对象的行为中哪些会对社会和矫正产生不利影响，哪些是应该予以肯定的。

6. 心理视角

基于心理学视角，研究者们认为，一些人的偏差行为是由他们的心理原因所致。心理视角包括不同的研究角度，如人格角度和心理失调角度等。因此，在社区矫正工作中，我们要求配备一定的心理矫正专业工作者来辅助完成社区矫正的开展，为矫正对象提供必要的心理咨询、心理辅导和心理治疗。

7. 社会权益视角

社会权益视角要求个案矫正工作者关注矫正对象正当的社会权益是否受到损害。在现实社会生活中，一些人给矫正对象以很低的评价，甚至对其有歧视，从而导致矫正对象受到不公平的对待，如在就学、就业等方面的歧视。在社会权益视角下，个案矫正工作者要关注矫正对象社会权益受损而形成的新问题。

8. 综合视角

以上视角大多从某一个方面或者某些方面对社区矫正对象的问题进行了分析，各有长处，但是在具体的个案矫正工作中，矫正对象面对的问题往往是复杂的、多变的，这就要求矫正工作者必须综合运用多种视角，从中挑选出最有利于帮助矫正对象解决问题的理论作为指导，从而为矫正对象问题的解决提供充分的支持。

五、个案矫正问题研究与诊断的方法

研究和把握矫正对象的问题，不仅需要从理论上掌握矫正对象问题研究的视角，而且还需要掌握一些矫正对象问题研究与诊断的方法，只有这样，才能准确地把握矫正对象的问题，提出有针对性的矫正计划。

（一）问题分类

对矫正对象的问题进行分类不仅有利于简化矫正对象存在的问题体系，而且有利于找到问题的根源，明晰矫正思路，从根本上解决矫正对象的问题。

为了更好地进行问题分类，需要从以下方面努力：一是承认矫正对象存在的各种问题之间具有一定的相互联系，这种联系是对问题进行分类的参考根据。二是问题之间的联系使各种问题存在一定的可量化的秩序关系，这种秩序关系是参考问题分类的根据，从而进行问题排序的基础。例如，从问题深度上可存在表层问题、中层问题和深层问题；在危害性方面可能存在危害个人的问题、危害家庭的问题、危害社会的问题，等等。三是根据问题序列，通过比较、归纳、综合、分析等逻辑方法确认问题之间的关系，明确哪些是主要问题，哪些是次要问题。

（二）确定问题域

确定矫正对象的问题域就是要明确矫正对象的问题属于哪个方面的问题。前面已经讨论过，个案矫正工作者从矫正对象本身、环境、矫正对象和环境交互三方面进行资料的收集，整理资料的问题同样可以从这三方面进行展现，即矫正对象自身的问题、环境方面的问题、矫正对象与环境互动方面的问题。或者，矫正工作者可以根据研究与诊断问题的不同视角来确定矫正对象的问题属于哪个方面的问题。

（三）明确问题性质

在明确问题的问题域之后，需要明确问题的具体性质。确定问题的性质有多种角度，如可以把问题区分为根本问题和非根本问题、主要问题和次要问题；也可以把问题区分为有危害的问题和无危害的问题，等等。此时，进行问题诊断就要弄清楚该问题与其他问题是怎样的关系；其他问题是否由这个问题引起；如果其他问题由该问题引起，是怎样引起的，等等。通过对这些问题的回答，我们基本上能够明确这个问题是根本问题，还是非根本问题；是主要问题，还是非主要问题；是有危害的问题，还是没有危害的问题。

（四）量化分析问题

明确问题的性质后，还需要明确问题的影响及其程度，即从量的角度进一步分析诊断问题。此时，需要搞清楚：这个问题是否已经对矫正对象产生影响；这种影响是正面影响，还是负面影响，如果是正面影响，这种影响有多大；如果是负面影响，这种影响有多大；在整个问题系列中，这个问题对其他问题是否有影响；如果有影响，这种影响是正面影响，还是负面影响；如果是正面影响，这种影响有多大；如果是负面影响，这种影响有多大。此外，还可以通过问题排序的方法，把问题按对矫正对象影响程度的大小进行排序，从而明确目前急需解决的问题。

通过上述过程，我们基本上能够诊断出矫正对象的问题系列，同时明确在这个问题系列中，每个问题的位置。此时，并不意味着问题诊断已经结束，我们还需要对矫正对象的问题进行更深入的分析，从而明确问题的可能走向。此时，我们需要问，该问题作为矫正对象的根本问题或主要问题，可能会导致矫正对象产生怎样的思想和行为，这种思想和行为可能会使矫正对象产生怎样的变化，而这种变化又可能会使矫正对象产生哪些问题，这也就是说，需要追问该问题的可能走向是怎样的，对这个问题的解决可能会引起怎样的结果等。

第三节　个案矫正目标和方案的制订

当我们明确了矫正对象存在的问题之后，就可以根据问题确定矫正目标、制订矫正方案。矫正目标和矫正方案的制订可以起到引航员的作用，帮助矫正对象树立努力方向的同时，也可以帮助个案矫正工作者进一步理清工作思路。

一、个案矫正目标的制订原则

（一）目标应通俗易懂

目标的设定一定要通俗易懂，简洁明了，尽量避免采用一些过于专业、晦涩的词汇和语句。部分社区矫正对象文化程度并不高，对于一些过于笼统的目标可能会产生理解偏差，因此，简洁明了的目标更有助于矫正对象了解自己努力的方向。例如，个案矫正工作者诊断出矫正对象目前的主要问题是对自己不自信，一遇到失败就认为自己没用，因此不敢轻易尝试作出改变。此时，矫正工作者在确定目标时应该尽量避免使用“改变非理性信念或者改变错误的自我认知”等这样的专业词汇，而更适合采用“让矫正对象认识到自身的价值和能力，重新树立自信心”这种通俗易懂的词句。

（二）目标应符合个案矫正工作者和矫正对象解决问题的能力

制订目标还需要考虑矫正对象解决问题的动机和能力，以及个案矫正工作者解决问题的能力，两者相结合，才能够更好地实现目标。矫正对象的问题往往是多方面的，有不同领域、不同层次、不同性质。一般而言，在解决问题时，我们应更加注重先解决对矫正对象来说最急于解决的、最突出的、最容易解决的问题。很多时候，随着困境的突破，矫正对象解决问题的动机和能力也在随之增强，因此，初期目标一般不宜定得过高。在制订目标时，往往需要划出直接目标、中间目标和终极目标以及短期目标和长期目标，短期目标必须与当下矫正对象解决问题的动机和能力相匹配。另外，个案矫正工作者也要注意，在问题诊断和评估过程中，可能因为某些限制因素，对矫正对象的问题认知并不全面，因此，在制订目标时，也要充分考虑自己可以利用的资源以及自身能力，确保目标是自己可以协助矫正对象实现的。

（三）目标应建立在环境资源许可的范围内

目标的制订应该参考矫正对象的环境支持系统相关资料，在环境资源许可的范围内，如果超过这个范围，矫正对象无法获得相关的资源帮助，目标根本无法实现。例如，矫正对象失业了，没有收入，如果社区中无法提供相应的工作机会、政策中也没有规定福利保障等，恐怕就很难解决其就业问题。又如，矫正对象面对婚姻危机，如果要改变他的困境，妻子的配合就尤为重要，但是一般情况下，妻子很难积极主动地加以配合。

（四）目标应与社区矫正机构的功能保持一致

社区矫正对象个案矫正工作是社区矫正工作的重要方法，也是社区矫正机构的重要工作，矫正对象在矫正过程中必须服从矫正机构的管理，矫正对象问题的解决依赖于社区矫正机构提供必要的资源和服务，如果所定的目标与社区矫正机构的功能相违背，那么不仅可能导致矫正对象无法获得适当的支持和帮助，还可能导致矫正对象和矫正工作者受到相应的处罚。因此，在设立目标时，必须与矫正机构的功能保持一致。

（五）目标应是个案矫正工作者和矫正对象共同协商的结果

目标的制订不应该由个案矫正工作者或者矫正对象单方面决定，如果一方对所定的目标有意见，应当通过协商达成双方公认的目标。只有充分尊重矫正对象在目标制订上的意见，才能够激发其主人翁意识，提高矫正对象解决问题的动机和信心，以便于更好地解决问题。

（六）目标应是明确可测量的

目标的制订必须明确可测量，这也就是说，对于目标是否实现，并不能只依靠主观上的判断，要通过客观的现实依据来体现和证明。例如，当我们提出要缓和矫正对象夫妻关系这一目标时，就需要提前想到，可以通过夫妻间吵架次数、夫妻共同吃饭次数、夫妻间意见一致次数等指标来对夫妻关系是否缓和进行测量。

二、个案矫正目标的类型

根据帕特森和白妮（Patterson & Byrne）的分类，可以将目标分为直接目标、中间目标以及终极目标三种。

（一）直接目标

直接目标是针对矫正对象提出的现实性问题进行探讨，促进矫正对象的自我了解和自觉。直接目标与矫正对象问题直接相关，一般是矫正对象急需解决的，往往直观、明了，如一个失业的矫正对象需要解决就业的问题。

（二）中间目标

中间目标一般是协助矫正对象认识、接纳、欣赏自己，建立健康的自我形象和适当的生活方式等。比如，矫正对象可能在个案矫正工作者提供的就业信息和就业岗位的情况下重新就业，但是矫正对象经历失业的打击后并没有对自己形成一个正确的认识，只是单纯地认为自己一无是处，靠自己永远也找不到工作，不接纳自己。那么，协助矫正对象重新认识自我、恢复自信、接纳自我就成为解决矫正对象问题的中间目标。否则他遇到其他挫折，可能还会出现类似的问题。

（三）终极目标

终极目标是使矫正对象能够自我认识、自我促进、自我实现，接纳自己也接纳别人，有良好和深入的人际关系，开放的态度，诚实、有创造力、有责任感，达到现实的自己和理想的自己协调一致。这是个案矫正工作者的最高工作目标，但是终极目标的实现需要长期为之努力和奋斗，也往往较难达到。

三、个案矫正目标的制订步骤

个案矫正工作者可以通过以下步骤协助矫正对象制订目标。

（一）个案矫正工作者重述矫正对象的问题，以便再次确认问题

在个案矫正开始阶段，矫正对象对自己的问题有一定的认知，

对矫正工作者和矫正机构也有一定的期望，经过一段时间与矫正工作者的沟通协商后，矫正对象可能对自己的问题有新的认识，对矫正工作者和矫正机构也有新的期望，因此，在订立目标时，仍然需要再一次同矫正对象核对问题，从而保证目标的正确性和科学性，同时也可以在一定程度上展现对矫正对象的重视。

（二）协助矫正对象列出与问题相关的其他问题，以便再次确认问题的重点

矫正对象存在的问题往往不止一个，问题之间相互关联，矫正对象可能面对一堆问题时不知从何下手，或者有自己认定的应该首要解决的问题，面对这种情况，虽然个案矫正工作者对于矫正对象的主要问题有自己的专业判断，但是仍然需要将所有问题罗列出来，通过与矫正对象一起分析，从中找出需要解决的重点问题。

（三）协助矫正对象找出解决问题的优先次序

个案矫正工作者在协助矫正对象找出问题的重心之后，就可以双方协商列出问题的优先次序。一般而言，简单、易解决、紧迫的问题可以优先解决，但是仍然需要科学分析各问题之间的联系，有些问题虽然较为复杂，但是可能是解决某一紧迫性问题的前提，这就需要将其解决的优先次序往前提。总体而言，问题之间是相互联系、相互影响的，只要抓住了主要矛盾，其他问题解决起来就可以事半功倍。

（四）协助矫正对象明确想要的结果

明确想要的工作结果，也就是明确个案矫正工作者和矫正对象想要达到的目标。矫正对象对自己想要的结果越明确，努力的方向也越清晰。清晰明确的目标可以增强矫正对象改变的动力，同时也方便矫正工作者在这个目标的基础上制订相应的矫正计划，以及后期对目标是否实现进行准确的评估。

（五）制订目标的层级性

矫正工作者需要协助矫正对象将最终目标层级化成彼此之间具有关联性的细致步骤，也就是将目标进一步细化，明确各层级目标中第一步应该做什么，第二步应该做什么。在确定目标层级时，可以通过“目前情况下，你觉得从哪里开始比较容易”“你觉得你现在可以做些什么”等问题，帮助矫正对象把期望变为对现实进行思考的基础。

当然，目标层级性的判断带有很大的主观色彩，矫正对象和矫正工作者可能因为价值观和生活经验不同而对其产生不同的看法。此时，矫正工作者需要坦诚地告诉矫正对象自己这样选择背后深层次的原因和理念，同时协助矫正对象对他自身进行分析，双方在充分明晰对方思维过程的基础上进一步协商，从而达成共识，形成最后的层级性目标。

四、个案矫正方案的构成要素

社区矫正对象个案矫正方案，是指为了实现个案矫正目标而制订的有计划性、协议性的详细矫正服务和行动的方案。个案矫正方案规范了矫正工作者和矫正对象为了实现矫正目标具体的行动和行动步骤。通常来说，个案矫正方案由矫正工作计划书和矫正工作协议两部分组成。

（一）个案矫正工作计划书

个案矫正工作计划书的制订需要参考矫正工作者、矫正机构可以提供的资源，矫正对象自身问题和环境系统的支持等因素。但是一般而言，个案矫正工作计划书应当包含以下内容：

1. 矫正对象基本情况

个案矫正工作计划书中首先需要对矫正对象的基本情况进行简要描述，这些资料将为计划书的制订提供必要的参考，包括姓名、性别、年龄、婚姻状况、职业、犯罪情况等。

2. 矫正对象的主要问题和相关问题

将前期诊断和评估确定的矫正对象的问题在这里作出详细地描述，尤其要针对问题做好分类结果和分类依据的解释，并梳理出经过和矫正对象协商取得共同认识的主要问题和相关问题。

3. 工作目标

按照不同的问题，目标可以分别罗列出解决各问题的直接目标、中间目标和终极目标，每个目标下可以进一步细分为许多子目标，最后对所有的目标按照轻重缓急依次进行排列。

4. 各层次目标实现过程中采用的方法和动用的资源

按照目标，个案矫正工作会被分为不同的阶段，每个阶段采用的方法和动用的资源不一样。个案矫正工作者要参考矫正对象的思维习惯、学习能力、沟通能力等，尝试列出不同的目标达成方案，从中选出最适合矫正对象的方案，并列出各阶段可能动用到的各类资源。

5. 实现目标的期限

个案矫正工作者帮助矫正对象解决问题的时间并不是没有期限的，确定具体的时间表可以帮助矫正对象珍惜和较好地利用资源，也为矫正对象在一定时间内解决自身问题提供自信。

6. 评估方式

个案矫正工作者在开展个案矫正过程中对于矫正过程和矫正结果进行评估，采用的方法和预计评估的时间方便对矫正工作作出科学的评价，同时也让矫正对象对矫正效果有更加直观的体验。

7. 联系方式

矫正对象需要留下自己认为安全和方便的联系方式，以便于个案矫正工作者随时与其取得联络。

（二）个案矫正工作协议

个案矫正工作协议是由个案矫正工作者和矫正对象共同承诺合

作实现所同意的目标和计划，是促成双方关系具有承诺和责任要素的重要途径。工作协议的签订对双方都能产生一定的约束，对个案矫正工作者而言，协议提供了矫正对象会主动配合的保证；对矫正对象而言，可以清楚地知道矫正工作者提供的服务内容以及相关期望。

个案矫正工作协议应当包括以下内容：

（1）矫正目标，包括直接目标、中间目标、终极目标。

（2）矫正内容以及采用的方法，即为了实现矫正目标采取的具体行动，行动步骤。

（3）双方的权利和义务，如矫正工作者应该遵守的工作纪律、职业伦理，矫正对象应该自己完成的任务，保证个案矫正的时限等。

（4）矫正的时间、地点和次数。

（5）双方签字确认。

个案矫正协议示例

一、问题

（一）矫正对象定义的问题

此部分个案矫正工作者应该明确地概括矫正对象自己确认的问题。

（二）个案矫正工作者确认的问题

此部分矫正工作者应该明确地概述自己分析确认的矫正对象存在的问题。

（三）标的问题

此部分个案矫正工作者应该按照逻辑关系罗列自己与矫正对象协商后，共同确认的问题。

二、目标

（一）直接目标

此部分概述矫正工作者和矫正对象共同确认的直接目标。

（二）中间目标

此部分概述矫正工作者和矫正对象共同确认的中间目标。

（三）终极目标

此部分概述矫正工作者和矫正对象共同确认的终极目标。

三、计划

（一）工作途径

此部分概述个案矫正工作者和矫正对象计划完成的工作与实现途径，通常包括需要谁提供支持，采用的视角和工作方法是什么，何时、何地、多久工作一次，每次进行个案矫正的时长，工作的过程是如何进行的等。

（二）矫正对象的任务

此部分概述矫正对象在实现目标过程中认定的基本任务或者同意采取的行动步骤。

（三）个案矫正工作者的任务

此部分概述个案矫正工作者协助矫正对象完成目标时，承诺完成的基本任务或者同意采取的行动步骤。

（四）阶段性任务

此部分概述个案矫正工作者与矫正对象在会谈时，同意去完成的基本任务或者采取的行动步骤。

（五）评估

此部分概述评估目标实现进度的过程和方法。

四、权利与义务

此部分概述个案矫正工作者和矫正对象在协议期间双方拥有的权利和为实现目标所承担的义务。

五、双方签字

此部分留给双方对协议内容确认无误后，进行签字。

有些时候，协议可以是口头的，但是建议采用书面的方式进行，因为相较于口头协议，书面协议往往更加清晰，对双方约束力也更强。当然，有时候也会出现双方签订了协议，矫正对象不配合履行的问题，此时，个案矫正工作者需要向矫正对象强调矫正工作的严肃性，尤其是部分矫正目标是社区矫正工作必须实现的任务时，必须要求矫正对象予以配合。当然，如果是一些发展性的目标，则需要双方进一步沟通作出调整。

(三) 个案矫正方案

虽然个案矫正工作者可以视情况将矫正工作计划书和矫正工作协议分开制订，但是矫正工作计划书和矫正工作协议中有部分内容是重合一致地，因此，在实际工作中，为了资料简洁，也为了减少工作量，个案矫正工作者可以将两者合在一起直接制订个案矫正方案。具体而言，一份个案矫正方案应该包括以下要素：

(1) 矫正方案编号，方便对矫正方案进行标识和查阅。

(2) 个案矫正工作者的基本情况，包括姓名、性别、职务、工作单位等。

(3) 个案矫正对象的基本情况，包括姓名、性别、年龄、文化程度、居住地址、罪名、刑种、刑期、入矫时间、家庭成员信息、工作信息、前科情况等。

(4) 会谈的时间，包括会谈的起止时间、每次会谈的时长、预计会谈次数、每次会谈的间隔时间等。

(5) 个案矫正对象存在的问题，包括矫正对象自己陈述的问题以及在矫正工作者协助下认识确定的问题，可以将所有问题进行罗列，但是尽量要把急需解决的、对矫正对象影响较大的问题凸显列出。

(6) 计划预期达到的目标，包括直接目标、中间目标和终极目标。

(7) 为实现矫正目标准备开展的行动，包括时间、地点、参加人员、行动内容、人员分工、所需要的支持性资源等。

(8) 结案时间，即预计个案矫正工作完成的时间。

(9) 评估方案，包括对个案矫正过程和效果进行评估的方法以及预计开展评估的时间。

（10）矫正协议，包括矫正工作者和矫正对象预期达到的效果、双方的责任、权利和义务，为了实现矫正目标所使用的方法和技术等。

（11）变更说明，即对后期如果需要对矫正方案进行变更所采用的方式进行具体表述。

（12）签字确认，包括矫正工作者和矫正对象双方签字和签字时间。

五、个案矫正方案的制订原则

社区矫正对象个案矫正方案是个案矫正工作者和和矫正对象在个案矫正过程中采取行动的主要凭据和参考，详细规定了双方的权利、义务和行动步骤，因此，在制订方案时一定要遵循协商、实用和发展的原则。

（一）协商

协商，是指不论是矫正协议的制订还是矫正计划的制订，都应该坚持个案矫正工作者和个案矫正对象共同协商完成。在协商过程中，矫正工作者要引导矫正对象表达他自身对问题的认识、预期的目标、实现目标的先后顺序、对矫正工作者和矫正对象的要求和期待等。虽然矫正对象可能自我表述存在不规范甚至出现自我认知错误，但是矫正工作者仍要尊重矫正对象的意见，并尽可能的鼓励矫正对象表达自己的真实感受。对于双方存在异议的部分，矫正工作者要耐心地向矫正对象进行说明解释，双方通过进一步商讨，最终达成一致。

（二）实用

矫正工作者要明确，制订矫正方案的初衷是为了更好地帮助矫正对象实现矫正目标，解决矫正对象面临的问题，帮助其顺利回归社会。在制订矫正方案时，矫正工作者要尽可能全面地收集矫正对象的相关资料进行综合分析，要根据对矫正对象问题的诊断与评估结果，结合矫正对象的个人特点，所能获取的社会资源，以及矫正工作者自己的能力特点，从而确定可以实现的目标，将矫正方案中的每个目标具体化为可以实现的行动，保证矫正方案的实用性。

（三）发展

发展，是指矫正方案制订完成后并不是一成不变的，不需要僵化地对照执行。矫正工作者在实施矫正方案时，需要根据矫正过程中出现的实际情况及时作出相应的调整和修正。因此，矫正工作者需要持一种开放的心态，在矫正方案实施过程中，及时吸纳最新的有效矫正理论、技术和方法，通过与矫正对象协商完成矫正方案的修正，以满足矫正需要。当然，在贯彻发展原则时，矫正工作者要小心矫正方案的不断变动可能会给矫正对象造成不踏实、不可靠的感觉，因此，最好是在制订矫正方案时尽可能地考虑清楚全面，即便后期需要修改也必须同矫正对象做好沟通解释工作，打消矫正对象的顾虑，否则无法达到好的矫正效果。

六、个案矫正方案的制订步骤

完整地个案矫正方案由矫正对象基本信息、矫正对象存在的问题、矫正计划以及矫正计划的执行、评估、修正四个主要部分构成，因此，在编制矫正方案时，应该按照矫正方案的内容，做好准备工作、制订矫正计划、确定矫正作业和制作矫正方案四个步骤，每个步骤中涉及的具体操作在前文已经进行了详细阐述，这里不再多说，仅对步骤进行简要的说明。

（一）做好准备工作

1. 收集矫正对象相关资料

个案矫正工作者在接到对某一社区矫正对象进行个案矫正的任

务后，应该在第一时间收集矫正对象相关资料，一是矫正方案中需要对矫正对象基本资料进行编写；二是为后面工作的开展打下基础。资料的收集应该涵盖社区矫正对象的社区矫正相关档案以及个案矫正工作者通过会谈、访视等方式收集到的资料。

2. 确定矫正对象存在的问题

在资料收集齐备的基础上，个案矫正工作者需要综合矫正对象生活、学习、从业、犯罪经历和其他重大生活事件，对矫正对象存在的问题进行评估和诊断，尤其是要注意矫正对象犯因性问题的分析，从而完成矫正方案中问题的诊断，也为后面矫正目标和矫正计划的制订做好铺垫。

3. 建立专业的个案矫正关系

当矫正对象的问题确定后，个案矫正工作者要判断自己提供的服务能否帮助矫正对象解决问题，也需要将矫正过程、计划同矫正对象商议，当双方通过会谈等方式获得了基本的信任，且矫正对象也认可矫正工作者的服务时，就可以签订矫正协议，确立正式的专业个案矫正关系。

（二）制订矫正计划

矫正计划是矫正方案的主体部分，直接引导具体矫正工作的开展。一般而言，矫正计划的制订主要涉及确定矫正目标、确定矫正周期、确定矫正技术三个主要阶段。

1. 确定矫正目标

根据矫正对象存在的问题来依次设置终极目标、中间目标和直接目标，做好目标的层层分类，确定目标的优先次序。

2. 确定矫正周期

确定矫正周期要考虑矫正对象问题的性质和严重程度、社区矫正期限的长短和矫正效果的好坏。在制订矫正方案时，个案矫正工作者需要结合以往的工作经验，合理制订矫正周期，确保在完成矫正目标的同时，合理利用时间。

3. 确定矫正技术

确定矫正技术时，需要根据矫正对象的问题和周期进行合理选择。不同的矫正技术适宜解决不同的问题，如针对矫正对象认知问题，更适合采用想象技术、控制周期性思考技术、理性情绪技术等认知心理疗法，针对矫正对象行为问题，更适合采用脱敏治疗、操作性条件反射等行为矫正疗法。

（三）确定矫正作业

确定矫正作业，是指在明确了矫正目标、矫正周期和矫正技术的基础上，确定具体的矫正方式，即矫正技术的具体实施操作方式。矫正作业是实现矫正目标的有效载体，是完成矫正计划的有力支撑，是矫正任务的量化分解，是矫正内容的具体表现形式。一般而言，不同的矫正周期内要完成不同的矫正单元作业，将所有的矫正单元作业组合在一起就是一个完整的个案矫正操作指南。编制矫正作业需要确定以下内容：

（1）矫正作业的内容，包括作业的具体内容、作业要求以及完成方法，矫正工作者和矫正对象在作业中的角色和需要完成的任务等内容。

（2）矫正时间表，即每项矫正作业实施和完成的时间。

（3）矫正评估，即对矫正作业是否完成，完成的质量和效果采用何种方式进行评估。

（四）制作矫正方案

在以上步骤都实现的基础上，矫正方案就可以正式的撰写编制了，按照矫正方案的模板将每部分确定的内容以文字的方式进行编写。在此阶段，还需要确定矫正方案如何执行以及如何修正两部分内容。

1. 矫正方案执行

矫正方案执行，是指要在矫正方案中确定方案执行的时间、执行参与的人员、矫正方案执行效果的评估、如何结案等内容。

2. 矫正方案修正

矫正方案修正，即在执行过程中，如果发现因矫正对象改变状况、环境改变状况等因素导致矫正方案需要修正时，如何判断矫正方案是否需要修正、修正的标准是什么、修正方法又是什么。

上述内容完成后，一份标准的矫正方案基本上就已经编制完毕。如果将上述流程绘制成流程图，大致上如图 3-1 所示。

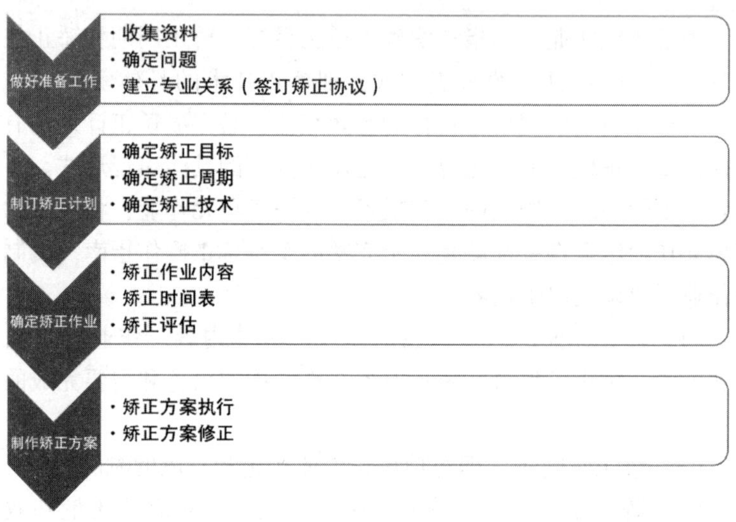

图 3-1　个案矫正方案编制流程图

七、个案矫正方案的制订意义

个案矫正方案的制订对于个案矫正工作的意义主要体现在以下方面：

（一）为个案矫正工作的开展提供引导

个案矫正方案是在矫正服务和行动开始前预先拟订的具体内容

和步骤。矫正工作者和矫正对象在制订矫正方案时，需要根据矫正对象的刑期和存在的问题，探索制订出相应的矫正计划，规范、引导和预定矫正工作者和矫正对象在个案矫正过程中的行动方式和行动步骤，即每一步应该做什么、不做什么、如何做、应该达到的直接目标和终极目标。这种事先确定的有计划的具体内容和步骤能够为个案矫正工作的开展提供强有力的引导，让个案矫正工作因为充足的准备而保证目的的实现。

（二）有助于提升个案矫正工作者和矫正对象的问题解决能力

个案矫正方案的制订过程其实是一个复杂的思考过程，不论是个案矫正工作者还是矫正对象，面对矫正方案各环节的制订都要经历思考、认知、再思考、再认知这样循环往复的过程。这不仅能够帮助个案矫正工作者对矫正对象存在的问题有进一步的理解，也能够帮助矫正对象对自身问题产生的原因、周围可以利用的资源、自身潜能有更加丰富的认识，从而增强矫正对象的矫正信心，提升其问题的应对能力。

（三）是矫正过程专业性、契约性的集中体现

个案矫正方案是个案矫正工作者和矫正对象通过协商达成的共识，这种共识不仅仅体现在矫正目标的一致认同上，还体现在对于双方做什么、不做什么、如何去做、如何评估的一致认同上，对于双方有较强的约束性。在达成共识的过程中，双方对各自的行动作出了承诺，同时这种承诺通过进一步协商明确了双方的权利和义务，方案对双方行为产生约束，即具备了专业性、契约性的属性。

第四节 个案矫正方案的实施与修正

一、个案矫正方案的实施

个案矫正方案的实施，是指在个案矫正工作者与矫正对象有效协作的基础上，依据矫正方案、完成矫正任务、实现矫正目标的一系列行动过程。

（一）实施的程序

广义上的个案矫正方案的实施程序，是指个案矫正工作者依据矫正方案组织开展矫正活动，以达到矫正目标的工作流程。主要包括介入、评估、修正三个反复循环的工作环节以及结案、跟进两个必经的工作环节，其流程示意图如图 3-2 所示。狭义上的个案矫正方案的实施程序主要指介入这一单个环节，也就是按照矫正计划开展矫正活动的过程。鉴于评估、修正、结案、跟进等环节都将进行专门论述，本处所指的矫正方案实施均采用狭义定义。

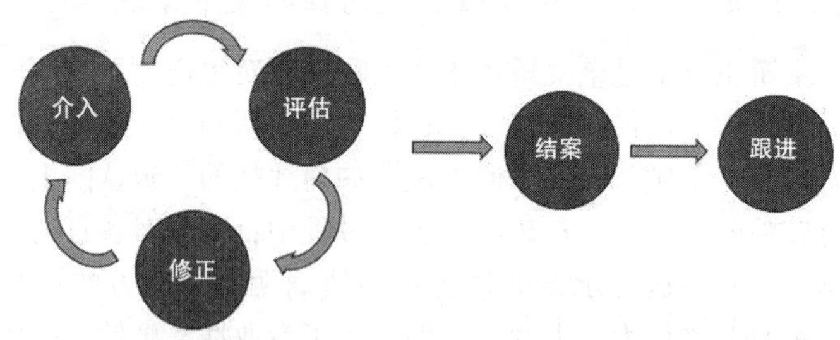

图 3-2 矫正方案实施流程题

（二）介入方式

个案矫正工作者在实施矫正方案时，一般采用以下三种方式介入：

1. 矫正行动

矫正行动，是指个案矫正工作者和矫正对象为了实现矫正目标采取的具体行动。矫正对象之所以面临困难，是因为其缺乏解决问题的能力，或者缺少解决问题所必需的资源，个案矫正工作者在实施矫正方案时，就是帮助矫正对象提升解决问题的能力，获取社会资源的支持。这种帮助并不是指个案矫正工作者直接去解决矫正对象的问题或困难，而是需要矫正对象通过自己的行动去实现，只有矫正对象自己主动去作为，自己具备了解决问题的能力和资源，才算矫正方案实施的成功。例如，矫正对象缺乏基本的法律意识，个案矫正工作者根据矫正方案和矫正目标，为矫正对象收集到适合矫正对象阅读理解的普法文字、视频资料，矫正对象通过阅读观看，其法律素养得到提升。在这个过程中，个案矫正工作者收集资料的行为、组织矫正对象阅读观看资料的行为就是矫正方案具体的实施方式。

2. 提供信息

除了具体的矫正行动外，在个案矫正方案实施过程中，个案矫正工作者还需要为矫正对象提供必需的信息，如提供矫正行动所需要的专业知识等。个案矫正是一项专业性较强的助人活动，矫正对象可能对此知之甚少，在具体工作开展的过程中可能因为专业知识的缺乏而不理解，或者对矫正工作存在畏难心理，对矫正信息不足。虽然个案矫正工作者和矫正对象已经建立起专业关系，但是矫正对象因为是被迫接受社区矫正，对矫正的误解、对立、疑惑仍可能存在，因此，个案矫正工作者需要提供必要的信息，从而提升矫正对象对个案矫正工作的认知，增强其矫正信心。例如，矫正对象可能将个案矫正工作错误认知为跟社区矫正管理工作一样，是一种对其进行强制性的管理工作，此时就需要个案矫正工作者向其提供个案矫正工作的专业信息介绍，向其解释个案矫正工作的助人特征，以及在工作过程中矫正对象可以享受到的权利，其最终的目标是帮助矫正对象解决问题，更好地适应社会，从而获取矫正对象的理解和支持，促进矫正对象的主动配合。

3. 指引方向

在个案矫正方案实施过程中，个案矫正工作者始终要主导矫正方案实施的节奏和方向，尤其是对于矫正对象改变方向的指导更是矫正方案实施过程中的必备工作。个案矫正工作者需要为矫正对象提供经常性的指引，尤其是对于矫正对象一些逃避、退化行为要及时进行指正，确保矫正活动朝预期的矫正目标发展。例如，矫正对象认识到自己的缺点和错误是解决问题的前提，但是人往往在进行归因时，都倾向于归因为他人或者外界因素，很少深究自己身上存在的问题。针对矫正对象不愿承认自身错误的行为，个案矫正工作者需要正确引导，帮助矫正对象正视自己的问题。

（三）介入技术

实施个案矫正方案过程中，个案矫正工作者的任务较重，一方面需要继续维持同矫正对象之间良好的专业关系，另一方面需要按照矫正方案开展矫正活动，必要时根据矫正对象的具体情况和改变及时调整矫正方案，帮助矫正对象不断整合可利用的社会资源。总体而言，在矫正方案实施过程中个案矫正工作者主要从矫正对象和环境两方面进行介入。

1. 矫正对象层面介入技术

矫正对象层面介入技术，是指主要以矫正对象为介入的主体进行的各种介入方法和手段。主要包括鼓励、再保证等一般介入技术以及个案矫正各种治疗模式中常采用的介入技术，如预演、理性情绪治疗、危机干预等。这里仅对几种个案矫正常用的介入技术作出简要介绍，部分介入措施将在后续章节个案矫正的治疗模式中进行进一步详细阐述。

（1）鼓励。这里提及的“鼓励”，是指个案矫正工作者通过挖掘矫正对象的优点、潜能，帮助矫正对象树立矫正信心，促进矫正对象积极地进行矫正行为的一种支持性介入方式。在矫正实施过程中，个案矫正工作者要经常性地对矫正对象取得的具体进步、改善、转变进行表扬，哪怕这种进步、改善、转变及其微小，也能够提升矫正对象解决问题的动力。真诚地鼓励除了口头表扬外，还可以根据实际情况，参照社区矫正工作要求和矫正方案，及时兑现相应的激励措施，如提高分级处遇等级、给予相应的行政奖励等。

（2）再保证。再保证主要是为了应对矫正过程中矫正对象出现的反复性行为。矫正对象为了达到矫正目标往往需要放弃原来已经养成和树立的习惯、价值观、道德观等，在矫正过程中，很容易对矫正活动产生怀疑、动摇或者缺乏足够的耐心、毅力，表现出行为的退化以及价值观偏差。此时，需要个案矫正工作者针对矫正对象的反复，及时进行安抚、解释以及正向激励或者反向惩罚，帮助其重新找回矫正的信心，强化其正向矫正行为。

（3）预演。预演主要针对那些需要进行行为纠正的矫正对象，通过对矫正方案中的行为矫正活动进行预先的排练，来增强矫正对象行动信心，固化矫正对象行为模式。预演技术的实施需要注意以下事项：一是预演的目的在于让矫正对象通过练习体会和理解其中的价值及意义，增强改变的信心和勇气；二是预演时，应该确认个案矫正工作者和矫正对象在预演中扮演的角色，并严格按照角色要求实施；三是个案矫正工作者要对矫正对象的预演行为进行协助分析，让矫正对象明确预演中其行为值得肯定的地方以及需要改进的地方，直到矫正对象达到预先设定的行为模式；四是在预演结束时，应该鼓励矫正对象表述感受，加深其对预演行为的认知。预演结束后，个案矫正工作者需要向矫正对象解释预演的矫正方案中行动次数、时间和完成要求，并建议矫正对象在日常生活中按照预演中的行为完成角色扮演。例如，针对一名因冲动性控制障碍导致犯罪的假释社区矫正对象，在进行预演时，可以设置几种可能引起其冲动的情景，让矫正对象采用“停一停、想一想、听一听”的调解和自我控制方法，反复练习，并谈一谈预演前后的认知变化。

（4）理性情绪治疗。较多的社区矫正对象因为认知水平低下，在遭遇某些事件影响时，可能根据以往大量的非理性的信念（如人应该至少在某一方面有才干才是有价值的人，或者遇到与自己希望不一致的事情就觉得很糟糕等）来看待周围的事物，从而导致不良情绪或者行为。个案矫正工作者要提高矫正对象的认知水平，重构其认知结构，改善自我对话，通过纠正其非理性信念来从根本上矫正其不良情绪和行为。个案矫正工作者要帮助矫正对象认知和理解其非理性信念与困扰之间的关系，让其了解其犯罪行为或者问题是在怎样错误的价值观、人生观、道德观等内在信念指导下以及相应思维模式下的必然结果，这些错误的内在信念将会给其带来多大的危害。在清晰辨别非理性信念的基础上，个案矫正工作者要帮助矫正对象找出合适的、正确的情绪和行为反应方式，并将学到的理性生活方式用于实际生活中。

（5）危机干预。矫正对象在接受社区矫正期间，可能会突然遇到各种困难、困惑，从而致使其处于危机状态。如果个案矫正工作者不对矫正对象面对的危机作出干预，可能会影响矫正工作的顺利开展，给矫正对象本身以及他人和社会造成危害。在矫正对象面对危机时，个案矫正工作者应该将危机处置放在首要位置，确定导致矫正对象危机的因素，在保证矫正对象安全的前提下给予支持，制订相应的干预方案，积极进行应对。在危机干预中，评估矫正对象及其危机境遇是关键，有些事件对普通人而言并不算危机，但是对于矫正对象而言是灾难性、无法面对的，需要个案矫正工作者结合矫正对象具体情况来评估危机事件对矫正对象的影响，作出合理干预。通过非指导性、安全性和指导性策略等，与处于危机中的矫正对象共同找出和验证可供选择的应变方式，帮助其应对危机。

2. 环境层面介入技术

很多社区矫正对象在社会环境中因为缺乏有力地社会支持系统而处于弱势地位，而对社会支持系统的缺乏也可能是导致他们犯罪的原因所在，在实施个案矫正方案时，不仅要从社区矫正对象层面进行介入，环境层面的介入也必不可少。

（1）提升家庭系统支持力度。矫正对象的家庭是获取资源作为核心的物质和精神支持系统，该系统中成员与矫正对象联系密切，矫正对象对其往往有较强的依赖性。个案矫正工作者需要通过访视等方法与矫正对象家庭进行有效沟通，给予矫正对象必要的物质和精神支持，以帮助其顺利完成社区矫正。但是部分矫正对象家庭支持系统可能本身存在问题，如贫困、家庭成员之间关系不和、痛恨矫正对象等，无力或者不愿意给矫正对象提供必要的支持。对此，个案矫正工作者要建议政府机关或者社会团体按照国家相关政策给予相应的扶助，对矫正对象家庭给予必要的引导，化解其家庭矛盾，改善家庭结构模式，从而提升家庭系统对矫正对象的支持力度。

（2）整合社会资源。除了矫正对象家庭系统，个案矫正工作者还需要通过社会帮教等形式，有效整合各种可利用的社会资源，包括社会上的人力资源，如社会志愿者、社会组织等；社会物质资源，如安置帮教基金、安置就业基地等；社会制度资源，如社会保障制度、社会救助制度等。通过对这些社会资源的有效整合，使其为矫正对象问题的解决提供帮助，增加矫正对象的社会适应能力。

（3）倡导和行动。目前社会上对于社区矫正对象的误解较多，对于社区矫正制度的熟知度较低，需要个案矫正工作者和矫正机构积极倡导和具体建议，不断推动社区矫正相关立法和制度建设，不断纠正普通民众对社区矫正工作及社区矫正对象的理解、接纳度，为社区矫正对象接受矫正以及今后回归社会提供一个友好的社会环境。

二、个案矫正方案的修正

个案矫正方案的修正，是指社区矫正机构或者个案矫正工作者在对矫正对象实施个案矫正方案过程中，发现原矫正方案存在缺陷、疏漏、失误或者矫正对象出现了新的问题和需要时，对矫正方案进行调整、完善的活动。

（一）矫正方案修正的原则

1. 必要性

必要性原则，主要是指在对原矫正方案进行修正时，除非必要的，不得不进行的修正，否则一般不得随意进行更改。那么什么样的情形是必须进行修正的情形呢？通常认为，当现有的矫正方案出现错误、或者因为矫正对象出现了新问题，现有的矫正方案将阻碍矫正实施或者影响矫正效果时，就应当判定为必须对矫正方案进行修正。例如，某社区矫正对象，原定矫正目标是“掌握法律常识，强化守法素养”，但是经过一段时间的个案矫正后，个案矫正工作者发现矫正对象是知法犯法，“金钱万能”、“有钱才有面子”等观念根深蒂固，其犯罪行为也是因为其扭曲的金钱观引起的，那么仅仅对其进行普法教育显然已经不再适合，需要将矫正目标调整为“重塑正确的金钱观念”，否则矫正效果就没有办法得到保证。

2. 关键性

关键性原则，是指对个案矫正方案的修正必须抓住对矫正工作有重要影响的关键性因素，找准对矫正对象有本质性影响的主导因素，弥补和完善原有的矫正方案，达到事半功倍的效果。例如，某社区矫正对象因为抢劫被判有期徒刑 3 年，缓刑 3 年，对其进行心理测评时发现其有中度抑郁和中度焦虑现象，于是个案矫正工作者对其进行了一系列的心理疏导和心理矫治，但是效果一直不明显。后来个案矫正工作者发现矫正对象自我认识存在偏差，有较强的自卑心理，这一心理导致了其失业和失恋的社会经历，也是其犯罪行为的诱因之一，但是对于矫正对象自我认识偏差纠正在矫正方案中并没有成为主导性、本质性的目标，重视度显然是不够的。新的矫正方案增加了有关目标和矫正措施，随着新的矫正方案实施，矫正对象发生了积极地转变。

3. 建设性

建设性原则，是指对矫正方案的修正要针对原矫正方案中的不足之处，结合矫正对象的实际，提出个案矫正的新理念、新技术、新措施，使新的矫正方案更加科学、完善、创新，从而推进个案矫正工作的实施。例如，某社区矫正对象人际关系一直较差，经常与他人闹矛盾甚至大打出手，个案矫正工作者曾经对其采用多种矫正方法，但是成效不佳。此后，个案矫正工作者打开思路，另辟蹊径，采用心理手段应用于矫正实际，使用“心理评估技术”，得出“自我中心”观念是其犯罪的根本原因，同时，以“宽容——协作——快乐”为主题，举办心理团体咨询辅导，将矫正对象纳入辅导小组。经过一段时间的心理辅导，矫正对象集体观念得到强化，不良人际关系得到缓解。可见，对矫正方案建设性地修正有时候可能起到柳暗花明又一村的效果。

（二）矫正方案修正技术

个案矫正方案修正技术其实就是回答“修正什么”以及“如何进行修正”两个问题。为了回答好以上两个问题，应该注意以下问题：

1. 矫正服务主体修正

矫正服务主体，是指从事个案矫正工作的矫正工作者。在个案矫正实践中，并不是所有的个案矫正工作者都适合当前矫正对象，为了解决矫正对象的问题，有时候需要对个案矫正工作者进行调换和更改。矫正服务主体的修正一般依据矫正对象的分类、矫正对象的心理状况以及矫正对象的个人需求进行。

（1）矫正对象的分类。目前对社区矫正对象的分类主要根据再犯罪风险和矫正期间的表现分为宽管、普管、严管三类；根据矫正对象的性别和年龄分为男性成年、女性成年和未成年三类；依据矫正原因分为缓刑犯、假释犯、管制犯、暂予监外执行犯四类。如果在矫正方案实施过程中，发现原先确定的个案矫正工作者对某类矫正对象思想行为特征认识不足，缺乏矫正经验，那么应该依据矫正对象特征，重新选择合适的个案矫正工作者，使新的个案矫正工作者在知识、技能、情感、经验等各方面更适合该类矫正对象，达到良好的矫正效果。

（2）矫正对象的心理状况。根据矫正对象心理是否健康，是否存在心理问题，需要做到因“心”施矫，对于有心理疾病和心理问题的矫正对象，应该尽量由从事心理咨询、心理治疗工作的专业个案矫正工作者承担，以保障矫正对象的心理安全。因此，对于在实施过程中发现矫正对象心理状况存在问题，应该及时调整矫正工作者。假如一名具有严重心理疾病的矫正对象由一名完全没有职业背景的个案矫正工作者实施矫正方案，那么矫正效果肯定不尽如人意。

（3）矫正对象的个人需求。虽然对社区矫正对象的矫正工作具有法律上的强制性，但是对于矫正对象的个体需求，在实施个案矫正时是不能忽视的。因此，在可能的情况下，对于矫正对象某些个人需要，如果经过评估其需求的满足有助于实现矫正目标，有助于矫正对象顺利回归社会，那么可以根据实际情况调整矫正工作者，以保证为矫正对象提供更为匹配的矫正服务。

2. 矫正目标修正

矫正目标的修正，是指舍弃、纠正或者中止原矫正方案中的矫正目标，从而形成新的矫正目标的过程。

（1）放弃原目标，制订新目标。社区矫正对象在接受社区矫正时，矫正机构及其工作者需要对其进行矫正评估，制订个案矫正方案，明确今后一段时期内的矫正目标。前期目标的制订大多是以矫正对象的犯因性问题为核心进行的，随着矫正过程的开展，个案矫正工作者可能发现因为前期资料收集不够全面，或者问题评估时采用的方法不科学、不适合等原因，所确定的矫正目标与矫正对象存在的犯因性问题或者实际需求并无紧密联系，或者仅仅针对的是问题的细枝末节之处，针对性不强，此时，就需要及时对目标作出修正，要放弃原来的错误目标，制订新的矫正目标。

（2）修改原目标，优化新目标。有些个案矫正目标定性基本准确，但是在某些方面存在目标不足，或者目标过于笼统，导致可操作性不强，此时就需要对原目标进行修改和优化。例如，某假释出狱的社区矫正对象，经过评估后制订了“矫正其暴力倾向性人格”的个案矫正目标，后来在矫正方案实施过程中，发现其还具有冲动性人格特征，而暴力行为往往是其冲动行为导致的，此时就应该将“矫正冲动性人格”调整为个案矫正的总目标，“矫正暴力倾向性人格”调整为具体的矫正目标，从而优化原有的矫正方案，提高矫正效果。

（3）中止原目标，优先新目标。个案矫正目标通常具有多元性、层级性和顺序性，分清个案矫正目标的轻重缓急是实现矫正目标的前提。一般而言，需要先完成直接目标，然后才能达成中间目标，最后实现终极目标。直接目标设置的数量也不仅仅只有一个，通常有数个甚至十余个，这其中可能又存在需要先行完成的。在个案矫正方案实施过程中，可能因为矫正对象某些突发性的情况或者其他原因导致原方案中正在实施的某些目标需要暂时中断，要将新形势下更为紧要的目标优先完成，此时同样需要对原个案矫正方案作出调整。例如，某社区矫正对象存在明显的侵财行为和较轻的抑郁性心理问题，个案矫正工作者设置个案矫正方案时，考虑到其抑郁情况并不严重，顾为纠正其侵财行为设置了较为优先的矫正目标。结果在矫正方案实施过程中，个案矫正工作者发现矫正对象的抑郁风险在不断增强，甚至可能危及矫正对象生命安全。此时个案矫正工作者应该果断中止原目标，将应对矫正对象抑郁心理作为优先处理的工作目标，待此目标达成后，再继续完成之前中止的矫正目标。

3. 矫正技术修正

矫正技术修正是对矫正过程中个案矫正工作者采用的专业技术进行调整。通常有以下两种情况时，需要对矫正技术进行修正：一是原矫正方案中，为了实现矫正目标采用的矫正技术并不适用或者没有明显效果时，需要重新选择更为适合以及有效的矫正技术。例如，对某一患有心理疾病的社区矫正对象，在利用团队辅导进行心理矫正后，发现效果并不明显，此时需要考虑是否需要更正为个体心理矫治。二是原有的技术是有效的，但是矫正工作者因为经验缺乏，实际技术操作中存在失误，需要纠正。例如，对某一矫正对象采用脱敏疗法，需要依照分级脱敏要求层层递进，但是矫正工作者在执行过程中错误判断了矫正对象可以接受的脱敏程度，此时根据需要进行修正。

4. 矫正周期修正

矫正周期，是指矫正时间表，不仅仅包括整个个案矫正的持续时间，还包括每个具体目标实现的周期。一般而言，矫正周期与矫正目标是相匹配的，周期的预先设定是矫正工作者参考目标性质、实现目标难易程度、矫正对象具体情况的前提下，同矫正对象协商达成一致制订的。通常较难实现，对矫正对象影响较大、矫正对象参与主动性较弱的矫正目标，矫正周期会设置得更长一点。但是在矫正方案实施过程中，可能发现原方案设置的周期在实际操作中与矫正目标的实现不匹配，如预先设置周期较长的矫正目标结果在实际矫正过程中因为矫正对象的转变超出预期而变得更为容易实现了，此时就需要对矫正周期进行调整修正。

三、个案矫正的结案

个案矫正工作有一个服务期限，当进入结案与评估阶段，就代表个案矫正工作者同矫正对象的专业关系已经进入到了结束阶段，此时需要对整个矫正过程进行一个回顾、总结和评估，从而对矫正对象前期改变的成果进行肯定，增强矫正对象解决问题的动力和能力。

（一）个案矫正的结案

1. 结案的概念

一般情况下，结案，是指当个案矫正工作已经完成，矫正目标已经实现，矫正对象的问题已经得到解决或者矫正对象已经具备解决问题的能力时，这也就是说，即便没有个案矫正工作者的协助，矫正对象也可以较好地适应社会时，又或者个案矫正工作者已经无法为矫正对象继续提供专业服务时，个案矫正工作者和矫正对象双方根据工作协议逐步结束专业关系的过程。

2. 结案的原因

结案有时候并不代表矫正对象的问题彻底得到了解决，进入结案阶段可能是多种原因造成的，主要有以下方面：

（1）个案矫正工作者和矫正对象都认为已经实现矫正目标。当矫正工作计划实施完毕，矫正目标已经达成，经过评估确认矫正对象的问题已经解决时，个案矫正工作者和矫正对象就可以结束矫正关系了。

（2）矫正对象觉得自己离开个案矫正工作者的协助也可以解决自身问题。矫正对象在接受个案矫正的过程中，在个案矫正工作者的协助下，不断对自身的问题进行分析，不断理清解决问题的头绪，不断增强解决问题的能力，不断累积解决问题的资源，有可能此时问题并没有得到解决，但是矫正对象已经很清楚自身问题所在，也找到了很好地解决问题的办法，相信自己能够很好地解决问题。此时个案矫正工作者通过评估认可矫正对象解决问题的意愿和能力后，矫正对象可以提出提前结案。

（3）个案矫正工作者和矫正对象感觉专业关系不好，希望结案。在有些情况下，个案矫正工作者和矫正对象双方都觉得在个案矫正过程中，因为种种原因导致双方或者一方对另一方不信任，双方或者其中一方希望结案。此时，个案矫正工作者可以进入结案程序，或者根据矫正对象的具体需要进行转介。如果是这种情况下的结案，个案矫正工作者一定要处理好双方的关系，要检讨和反思整个矫正过程中何时、何原因导致了双方的隔阂，以便在今后的工作中不断改进。

（4）个案矫正工作者评估认为自己无法提供矫正对象所需要的服务。在矫正过程中可能出现以下个案矫正工作者无法继续提供服务的情况：一是个案矫正工作者已经完成了自己负责的、矫正机构范围内可以提供的服务，对于矫正对象的一些其他需求，需要其他专门机构来提供服务；二是在矫正过程中，个案矫正工作者发现矫正对象出现了一些新问题，如超出了个案矫正工作者问题解决能力的；三是一些其他原因，如工作调动或其他不可控因素导致矫正工作者或者矫正对象需要离开的。以上情况，虽然矫正对象的问题没有得到完全地解决，但是也可以在矫正对象同意的基础上进入结案程序，不过可以考虑转介。

(5) 社区矫正时间届满，矫正对象已经不需要矫正服务。矫正对象接受社区矫正是有时限的，当矫正时限届满时，个案矫正工作者和矫正对象没有理由要求矫正对象必须配合参与矫正工作。此时如果矫正对象认为不需要继续进行矫正服务，那么必须进行结案处理。

(二) 结案的任务

虽然结案的原因可能存在不同，但是个案矫正工作者在结案阶段通常需要完成以下任务：

(1) 个案矫正工作者和矫正对象共同商议结案时间。

(2) 检查矫正目标完成程度，对于未达成预期矫正目标的个案，考虑如何维持矫正关系，制订新的矫正方案继续进行矫正。

(3) 对矫正对象结案反应进行应对和调试。

(4) 制订跟进计划，巩固矫正效果。

(5) 对矫正过程和效果进行评估。

(6) 分析总结矫正工作经验教训。

(7) 对于因矫正对象不愿参与，或者个案矫正工作者无法继续开展工作的矫正个案进行专案处理。

(8) 完成结案记录，认真填写结案登记表。

结案登记表样式如表 3-2 所示：

表 3-2　××社区矫正机构个案矫正结案登记表

编号　　　矫正工作者姓名：　　职务：　　职称：　　填表时间：

<table>
<tr><td>姓名</td><td></td><td colspan="2">性别</td><td></td><td>年龄</td><td></td><td colspan="2">民族</td><td colspan="3"></td></tr>
<tr><td>出生
日期</td><td colspan="4"></td><td>健康
状况</td><td colspan="6"></td></tr>
<tr><td>家庭
住址</td><td colspan="4"></td><td>联系
电话</td><td colspan="6"></td></tr>
<tr><td>原户
籍地</td><td colspan="11"></td></tr>
<tr><td>罪名</td><td></td><td colspan="2">原判
刑期</td><td></td><td>原判刑
期起止</td><td colspan="6">年　月　日起
年　月　日止</td></tr>
<tr><td>刑期变
动状况</td><td colspan="11"></td></tr>
<tr><td>入矫
原因</td><td></td><td colspan="2">矫正
期限</td><td></td><td>矫正
起止</td><td colspan="2">年　月　日起
年　月　日止</td><td colspan="3">矫期变
动情况</td><td></td></tr>
<tr><td>接案
时间</td><td colspan="2"></td><td colspan="2">原计划结案
时间</td><td colspan="2"></td><td colspan="3">实际结案
时间</td><td colspan="2"></td></tr>
<tr><td colspan="2">矫正过程概要</td><td colspan="10"></td></tr>
<tr><td colspan="2">矫正效果评估</td><td colspan="10"></td></tr>
<tr><td colspan="2">存在的问题</td><td colspan="10"></td></tr>
<tr><td colspan="2">改进建议
（含跟进服务）</td><td colspan="10"></td></tr>
<tr><td colspan="2">转介案情况</td><td colspan="10"></td></tr>
<tr><td colspan="2">矫正机构意见</td><td colspan="10"></td></tr>
<tr><td colspan="2">执行机关意见</td><td colspan="10"></td></tr>
</table>

四、结案反应及处理办法

（一）结案反应

由于个案矫正工作建立在双方信任的基础上，经过一段时间的矫正工作，个案矫正工作者和矫正对象之间已经存在稳定的情感联系，结案阶段的到来意味着双方专业关系的结束。因此，在结案阶段矫正对象通常会出现一些积极或者消极的情绪反应。

矫正对象可能因为自己的问题得到解决或者自己解决问题的能力得以提升而高兴，出现对结案的喜悦、对达到矫正目标的成就感、对个案矫正工作者的感激、对未来生活的自信等积极反应，对此，个案矫正工作者不需要过多干涉。

同时，矫正对象还可能为结束了一段可以信赖的关系而难过，也可能会因为对自己将来信心不足而忧虑，从而出现一些消极反应。个案矫正工作者对于矫正对象的消极反应需要及时应对，避免消极情绪和消极行为给矫正对象带来危害。在结案过程中，矫正对象常见的消极反应如下：

1. 行为退化

有些矫正对象不愿意面对专业关系的结束，可能出现退化行为，即通过恢复早期的行为模式或者表现出退化行为、提出早期的问题等，来展示自己并不具备单独解决问题的能力或者问题没有得到解决，从而拖延结案时间。

2. 否认结束或者拒绝结束的建议

有些情况下，矫正对象可能找借口，认为自己的问题没有得到解决，或者认为自己仍没有能力适应以后的生活等，拒绝结束专业关系，甚至矫正对象可能会指责个案矫正工作者的评估判断是错误的，从而表达出愤怒、悲伤、失望等情绪。

（二）结案技术

当我们了解到矫正对象可能存在的反应后，应该在结案时作好以下工作：

1. 提前告知，让矫正对象有所准备

根据矫正计划和具体矫正过程，个案矫正工作者需要提前确定个案矫正结束时间，一般需要在结束前一个月提前告知矫正对象结束时间，以便让矫正对象有充足的思想准备，避免突然结束导致矫正对象无法接受。

2. 减少会见次数和频率，帮助矫正对象适应

个案矫正工作者在告知矫正对象结束时间后，需要在接下来的矫正过程中逐步降低工作的时长、工作的频率，通过这样的方式，帮助矫正对象逐渐适应矫正工作的协助，也让矫正对象平稳地过渡到没有个案矫正工作者协助的状态中去。

3. 进行过程回顾，稳定并进一步增强矫正对象获得的成就

个案矫正工作者通过帮助矫正对象回顾个案矫正的整个过程，如矫正对象是从何时从被迫转为自愿接受个案矫正服务的，为实现矫正目标，双方一起做了哪些努力等，从中总结矫正对象的成长经历，协助矫正对象认可自己处理问题和应对生活的能力，增强矫正对象的成就感，增强其今后独自面对问题的信心，从而降低对个案矫正工作者的依赖感。

4. 进一步探讨对矫正对象可能存在影响的因素

个案矫正工作者要协助矫正对象进一步探讨对自己的问题有影响的因素，分析结案之后矫正对象可能面对的处境，如帮助矫正对象分析矫正期满后可能遇到的困难、挫折和问题，让矫正对象自己对相关情况进行合理分析和预测相关应对方法，从而增强矫正对象对未来生活的信心和把握。

5. 分享结束时的感受，处理离别情绪

矫正对象在结案时面对个案矫正工作者可能有各种情绪，但是个案矫正工作者不能将所有情绪当成负面情绪处理，须知处理离别情绪的过程对矫正对象也是一次很好地锻炼机会。个案矫正工作者应该协助矫正对象将情绪进行合理的表达和宣泄，同时，可以同矫

正对象讨论结案后的跟进计划，让矫正对象了解，个案矫正工作者并不是放弃了他，而是专业关系应该在这个时候结束。此时个案矫正工作者需要注意自己不应该投入过量的私人情感，否则会影响矫正对象的独立成长机会，也不利于自己工作的开展。

五、个案矫正的评估

（一）评估的含义与类型

1. 评估的含义

在个案矫正过程中，个案矫正工作者需要掌握工作过程，了解工作是否达到了预期的目标，判断工作方法是否合适，确定有没有更好地方法可以实现目标，这些统统需要通过评估来实现。因此，评估实际上就是帮助人们了解自己的工作成效，评价自己的工作是否达到目标，取得什么样的成果的一种手段。个案矫正评估也是如此，它是个案矫正工作者或者社区矫正机构对个案矫正过程以及矫正效果进行系统研究的过程，通过这个过程和结果，个案矫正工作者或社区矫正机构可以实现对个案矫正过程和绩效进行准确评价，从中积累经验，作为以后工作开展的借鉴。

2. 评估的类型

根据不同的分类标准，矫正评估可以分为不同的类型。

（1）以矫正评估对象为依据。按照矫正评估对象的不同，可以将矫正评估分为对矫正机构的评估、对个案矫正工作者的评估、对矫正对象的评估等。

（2）以矫正评估的主体为依据。按照矫正评估主体的不同，可以将矫正评估分为由社区矫正机构实施的评估、由个案矫正工作者进行的评估等。

（3）以矫正评估的目标为依据。按照矫正评估的目的不同，可以将矫正评估分为阶段性评估、过程性评估、结果评估等。

（4）以矫正评估实施的时间为依据。按照矫正评估开展的时间不同，可以将矫正评估分为前期评估、中期评估、后期评估等。

(5) 以矫正评估项目为依据。按照个案矫正过程中实施的各类项目的不同，可以分为矫正对象需求评估、个案矫正社会环境评估、矫正社会影响评估等。

当然，评估的类型除了以上分类，还有其他分类方法。矫正工作者需要根据自己实际工作需要，综合使用不同类型的评估，从而对个案矫正工作建立更清楚地认知。

(二) 评估的原则与功能

1. 评估的原则

虽然评估的种类很多，但是不论是何种评估，都应该遵循以下原则：

(1) 矫正对象参与。矫正对象参与评估过程很重要，因为评估工作是对以往工作和成绩的回顾，让矫正对象参与可以帮助其回顾自身成长过程，同时也为其提供了一个再次学习解决问题方法的机会。另外，矫正成效的评估只有矫正对象最有发言权，只有矫正对象认可的个案矫正工作才是真正有效果的个案矫正工作。可以说，矫正对象的评价是评估工作的重要指标之一。

(2) 保密。保密是个案矫正工作者最基本的职业操守，在进行评估时，会对矫正对象很多资料进行查阅，其中不乏有一些涉及个人隐私的资料。个案矫正工作者和矫正机构需要本着以人为本、对矫正对象负责的态度和思想进行妥善处理，以防止因隐私泄露给矫正对象带来伤害。

(3) 透明。评估涉及对个案矫正工作者这一段时间以来工作态度、工作能力和工作绩效的考察，甚至可能作为个案矫正工作者行政、法律奖励的评价依据，但是对个案矫正工作者来说评估结果并不一定都是让人满意的，因此，尤其要保证评估过程和评估结果的透明，只有这样才有助于个案矫正工作者对矫正过程和成果进行深刻地反思和检讨，才能提升个案矫正工作者的工作能力。

2. 评估的功能

评估的功能主要体现在以下方面：

（1）把握矫正项目实施过程，考察矫正项目的实施效果。对个案矫正的各个环节进行细致的评估，可以站在客观的角度重新审视矫正项目，对矫正效果进行科学的评价。

（2）提高个案矫正工作者的工作能力，提升服务品质。通过评估可以进一步发掘在矫正项目中存在的各种不足之处，如对资源的使用不合理，对矫正对象能力估计错误、有更好的方法可以帮助矫正对象解决问题、矫正措施落实不到位等，这些都可以帮助个案矫正工作者对自己的工作进行反思，有助于锻炼其分析问题的能力、提升其矫正水平。

（3）为矫正工作的开展指明方向。矫正评估不是为了评估而评估，也不仅仅是为了考察矫正效果。无论是了解矫正项目的实施过程，还是调查矫正项目的实施效果，其最终目的都是明确下一步的矫正方向。

（三）评估的过程与技巧

1. 评估的过程

无论采用何种评估方式开展评估工作，都需要经历一个过程。一般而言，评估需要经历准备阶段、设计阶段、实施阶段、总结阶段四个时期。

（1）准备阶段。在准备阶段主要任务是为后期评估工作的开展打下基础，主要从事以下方面的工作：一是明确评估的目的是什么；二是确定评估的主体，也就是由谁来开展评估工作；三是梳理评估的条件，也就是在评估过程中可能用到资源有哪些，这里可以包括一些已有问卷、量表的选择等。

（2）设计阶段。矫正评估是一个科学性较强的活动，并不是仅凭借经验或者一时兴趣就可以很好地完成，需要在全面准备的基础上进行严格、合理、科学地设计后，方可以执行。因此，评估主体在接到评估任务后，需要第一时间确定要解决的问题，从而着手收集、分析相关资料，完成评估方案的设计工作。

评估方案一般应该包括以下几方面的内容：一是评估要解决的问题；二是解决问题的方法和程序；三是明确评估者与参与评估的各个方面之间的关系，尤其是要理清各方之间是否可能存在因评估结果导致的利益冲突；四是评估成果的主要展现方式，如是格式性较强的评估报告还是简单的评估结论等。

（3）实施阶段。当评估方案设计完成后，需要严格按照方案开始实施。实施评估方案实际上是按照评估设计的基本程序具体进行评估的过程，也是将评估方案化为具体行动的过程。因此，实施评估方案在很大程度上与评估方案的设计有一致性和交叉性，许多在实施评估方案时进行的活动在所设计的评估方案中应该有所体现。

（4）总结阶段。当评估完成后，不仅仅需要对评估的结论进行系统性地阐述，还需要对评估的过程进行简单的总结。对评估过程科学性地总结实际上也是对评估结论的科学性和正确性的较好展示，当然，同时也可以帮助评估主体对评估过程进行反思、提炼，提升其评估能力。

2. 评估的技巧

社区矫正对象个案矫正评估首先要解决的问题是对什么进行评估、从哪些方面评估、什么时候进行评估以及如何进行评估。因此，这里提及的评估技巧主要包括评估标准、评估维度、评估时间等。

（1）评估标准。个案矫正评估标准应该始终围绕着个案矫正计划中确定的矫正目标进行，只有矫正目标实现，才说明矫正取得了成效。不论是矫正方案的制订还是矫正活动的开展，都是为了达到矫正目标而进行的，因此，对个案矫正过程和成果进行评估必须以矫正目标及其相应的具体指标为评估标准。例如，一名通过假释新入矫的社区矫正对象。在价值观念上，长时间的社会剥夺和监禁生活造成其具有严重的价值偏差，对社会种种现象的不理解使其对社会有强烈的不满。在设定矫正方案时，修正其价值认知，增加其正向价值观念是要实现的具体目标之一。经过一段时间的个案矫正，该社区矫正对象的抗拒情绪和对抗心态有明显消解，其对外交流的能力和意愿明显增强，能够主动与邻居沟通、关心他人，这说明矫正达到了一定的成效。

（2）评估维度。个案矫正工作的评估维度一般包括个案矫正工作者的评估、矫正对象的自我评估、矫正对象周围人士的评估以及矫正对象的现实改变情况四个维度。其中，发挥主导作用的是个案矫正工作者的评估。

①个案矫正工作者的评估。个案矫正工作者的评估是由具体负责个案矫正的矫正工作者，综合各方面的信息，对矫正过程和矫正效果作出定性和定量的评价结论。由于矫正机构的法律地位和执法职能要求，个案矫正工作者的评估往往起着主导作用，需要经过矫正评估组织的审议鉴定并经过矫正机构备案，从而将矫正效果评估纳入正规化、法制化轨道。因此，个案矫正工作者在评估过程中必须尊重评估相关原则，要善于接受其他维度的评估意见，保证评估的客观性、客观性、有效性。

②矫正对象的自我评估。无论是矫正活动还是评估活动，矫正对象都是重要参与者，他们对自己的真实情况最为了解，只有矫正对象能够正确地进行自我评估，才能对自己的问题和转变有清楚的认知，才能产生改变的动机，从而更好地配合完成相关矫正工作。但是不排除有些矫正对象因某些原因可能会作出不符合自身实际的自我评价，如为了逃避矫正而故意夸大矫正效果，或者因为文化水平限制等因素，作出散乱、偏离主题的评价等，因此，个案矫正工作者对于矫正对象的自我评价应当在尊重事实的基础上，结合矫正对象表现出的客观实际，去伪存真，去粗存精，获取有价值的内容，为评估提供合理依据。

③矫正对象周围人士的评估，矫正对象周围人士的评估，主要

指社区矫正机构、其他矫正管理人员、社区矫正对象的亲属等同矫正对象联系较为密切的人员对矫正过程和矫正效果所作出的评估。这些人士经常同矫正对象接触交流，对矫正对象的思想、行为较为了解，也能感知矫正对象的改变过程，他们的评价通常对于个案矫正评估有重要的参考价值。个案矫正工作者应该多方听取其意见，围绕目标科学分析，对评价意见进行有效处理。

④矫正对象的现实改变情况。矫正对象的现实改变情况是个案矫正评估的客观性依据，对其进行科学有效地评估是矫正评估工作的重要组成部分。在对矫正对象的现实改变情况进行评估时，需要注意以下方面：一是矫正对象的行为多种多样，只有与矫正目标存在内在逻辑联系并且能够反映出矫正目标实现状况的行为（通常是问题行为)，才能够纳入评估范围；二是矫正对象的行为改变到底是否存在不能单凭矫正对象自己认定，而是要大家公认的，或者是个案矫正工作者自己观察到的，或者是矫正机构考评认定的；三是矫正对象只有确定的改变行为才可以纳入评估范围，波动的、反复较为明显的、不确定的转变，不适合直接进行评估。

（3）评估时间。对个案矫正工作而言，一般要设置一个到两个总目标，矫正过程就是总目标下子目标的不断实现过程。除了对矫正结束时整体矫正效果进行评估外，过程性评估也十分重要，那么具体每次评估的时间节点应该如何设置呢?

①过程性评估次数和时间节点的设置。要根据矫正对象的具体情况，尤其是具体的矫正目标的实现情况来进行设置。通常在数次矫正行动实施后，可以进行小型的总结性评估；在一个阶段性的矫正活动完成后，可以进行阶段性评估；在重要的具体矫正目标或者关键性的终极矫正目标实施行动完成后，可以进行主题性评估。只要评估时机恰如其分、灵活机动，有利于矫正工作的开展，那就不失为一次好的评估活动。

②结案阶段评估设置。结案时的评估主要评价个案矫正总体目标的完成情况、矫正过程中存在的总体问题、原因及其跟进服务建

议。评估的时间应该最好设置在进入结案程序之前，从而对个案矫正结案前的所有工作进行全面性的效果评价，也可以方便个案矫正工作者断定是否可以结案，方便结案工作的准备和开展。当然，结案结束后，跟进工作也完成后，即所有个案矫正工作均宣告完成后，还可以将后续工作纳入，再开展一次整体工作的评估，以对该个案的矫正工作作出更为详细、具体、全面地说明。

六、个案矫正的跟进

矫正工作评估完成后，一般就会进入到结案和跟进阶段。根据结案方式的不同，跟进的方式和内容也不一样。

（一）跟进的含义

跟进，是指在个案矫正工作者和矫正对象的专业关系结束之后，个案矫正工作者必须对矫正对象进行一段时间的随访，并对随访期间出现的情况进行一定程度的处理和回应。结案并不代表服务的完全终止，个案矫正工作者需要与矫正对象商议后续的跟进事宜，让矫正对象选择适合的跟进方式。

对个案矫正工作者而言，跟进其实可以看作是评估工作的延伸，如果矫正对象在离开个案矫正工作者的协助后，可以很好地处理相关问题，说明个案矫正是比较成功地；反之，则说明个案矫正的作用可能并不显著，需要引起个案矫正工作者的警惕和反思。因此，跟进工作是必要的，但跟进的程度应该根据矫正对象问题的解决情况和需要而定，电话跟进、探访都是不错的跟进方式。

（二）跟进的方式和内容

根据专业关系结束的方式不同，跟进可以采用不同的方式进行，其内容也往往不同。

1. 矫正项目结案后的跟进

根据矫正对象的某类需要或者问题而建立的个案矫正项目计划

实施完成后，个案矫正工作者需要对矫正对象进行跟进，一方面是为了巩固和维持矫正项目的效果，另一方面是可以考察项目完成后矫正对象目前的状态，从而有针对性地制订、修改后续的矫正方案。

2. 转介后的跟进

转介，是指个案矫正工作者或者矫正机构无法为矫正对象提供所需要的服务，将其转介到更加适合的个案矫正工作者和矫正机构去接受矫正或服务。例如，在个案矫正未完成前，因为矫正对象工作地点发生变化，需要将其转介到新的工作地点的矫正机构继续接受个案矫正。此时的“跟进”，是指原矫正机构或原个案矫正工作者需要对矫正对象在新矫正机构中，在新个案矫正工作者协助下的改变发展状态进行一定时间的跟进。

3. 矫正关系结束后的跟进

一般指矫正对象在社区矫正服刑期满，离开矫正系统后，个案矫正工作者需要对矫正对象进行一段时间的跟进，进一步探索矫正对象是否能够顺利融入社会。

（三）跟进的功能

虽然不同形式的矫正跟进有不同的要求和内容，但是必要性是一致地，它对于个案矫正工作具有重要的作用：一是维持和巩固个案矫正方案实施所取得的成果；二是帮助矫正对象得到更加合适的、有效的矫正监管和服务；三是帮助矫正对象在服刑期满后，更快地适应社会、融入社会；四是有助于各部门和工作人员之间的信息交流和合作。

【课堂活动】

魏某某，男，生于1998年3月，家住四川省广元市旺苍县某村，2015年11月11日，因聚众斗殴罪被南江县人民法院判处有期徒刑10个月，宣告缓刑1年6个月，2015年12月10日到当地司法所报到接受社区矫正。魏某某家庭有父母、姐姐共4人，其父亲因患有帕金森综合症而无法参加劳动，每月需要大笔的治疗费用；其姐姐正在技校读书；母亲为家中主要收入来源，依靠外出打工获得收入，每月工资较低，家庭经济十分困难。魏某某犯罪时正读初中，跟学校一帮成绩较差的同学经常往来，比较看重江湖义气，对法律没有明确的认知。在案件发生后，魏某某能够主动认罪悔罪。

假设你是对魏某某进行个案矫正的个案矫正工作者，请完成以下任务：

(1) 请结合案例对魏某某目前需要解决的问题以及可能存在的问题进行分析。

(2) 请分析为了解决魏某某的问题可以动用的资源。

(3) 请尝试为魏某某制订个案矫正方案。

【思考题】

1. 社区矫正对象个案矫正工作过程主要分为哪几个阶段？每个阶段工作重点是什么？

2. 在整个个案矫正过程中，哪些东西应当贯穿始终？

3. 如何确定社区矫正对象的问题？解决问题的优先原则是什么？

4. 如何制订社区矫正对象个案矫正方案？实施过程中如何进行方案的修正？

5. 如何做好社区矫正对象的结案和跟进工作？

第四章　社区矫正对象个案矫正的技术

【学习目标】

知识目标：掌握会谈作为独特的人际沟通的特殊性；明确访视的对象以及作用；熟悉个案记录的原则和要求；了解人际沟通过程以及存在的障碍；了解评估的类型及作用。

能力目标：能够熟练使用人际沟通技巧完成良好的沟通；能够判断且熟练运用会谈技巧；能够根据工作需要完成个案记录工作；能够根据评估工作需要科学、正确地选择、运用评估技术。

第一节　个案矫正的沟通技术

在社会生活中，我们经常能听到类似“你别在意，虽然他的话难听，但是心是好的”这样的话语。很多时候，虽然做事的本意是出于好心，但是可能会因为表达不畅，收到相反的效果。在对社区矫正对象开展个案矫正时，沟通是常用的工具，大多数场景下是一对一的沟通，如果个案矫正工作者不具备较好的沟通技巧，那么很有可能无法将自己遵循的原则、掌握的理论用于个案矫正工作中，让矫正对象问题的解决受阻，因此，熟悉和掌握最基本的沟通技巧是每个个案矫正工作者所必须具备的技能之一。

一、个案矫正的沟通

（一）沟通的概念

沟通，是指双方当事人（一个或多个）借助语言或者非语言符号，彼此互相交换观念、感受、态度、资料、情感等内容的双向互动过程。沟通需要具备以下基本要素：沟通的主体——双方当事人，可以是一人，也可以是多人；沟通的媒介——语言或者非语言符号；沟通的内容——观念、感受、态度、资料、情感等；沟通的性质——双向互动过程。

（二）沟通的过程

沟通的过程一般应该包括四个阶段，即编码阶段、传递阶段、解码阶段和反馈阶段（如图 4-1 所示）。沟通是一种信息的交流，首先由信息发出者，也就是图中对象 A 将想要表达的信息内容进行编码，这种编码可以采用语言或者非语言的方式进行，然后将其传递给信息接收者，也就是图中的对象 B，当然，接收对象可能不止一人，但是沟通的过程大致相同。对象 B 在接收到信息后，需要将信息进行解码，在对信息建立了自己的理解之后，将自己理解的信息反馈给对象 A，从而完成双方互动的沟通。

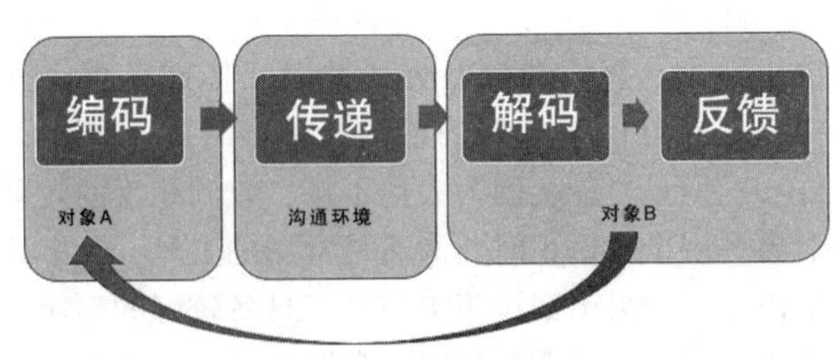

图 4-1　沟通过程图

（三）沟通的类型

根据沟通的要素不同，可以对其作出不同的分类。

1. 根据沟通使用的符号进行分类

沟通使用的符号大致上可以分为语言类符号以及非语言类符号。语言类符号主要指以语音为物质外壳，以词汇为建筑材料，以语法为结构规律而构成的体系。通常我们可以把语言符号理解为说的话和写的字（包括图形）。常见的语言符号沟通方式是口头语言沟通，如面谈、打电话，或者是利用最新的一些手机软件，如微信语音等。非语言类符号，是指除了语言符号以外的其他媒介，如氛围、动作、表情等。常见的非语言类符号沟通方式是动作（如点头、摇头等）进行沟通。

2. 根据沟通参与人数进行分类

从沟通参与者的人数范围来看，可以将沟通分为一对一的个别沟通和多人参与的沟通。个别沟通，是指沟通的参与人数仅有两人，排除其他人员各种参与沟通的可能性，如个案矫正中矫正工作者和矫正对象一对一的专业会谈就属于个别沟通。个别沟通往往具备沟通过程简单、保密性较好等特点，能够较好地拉近沟通双方的距离。多人参与的沟通，是指沟通参与人数超过两人，即群体性的沟通，如社区矫正中常见的集体教育就是多人沟通。多人沟通有助于较快地收集、传递、扩散信息，但是信息的保密性较差，由于信息量较大，对信息接收者的理解力要求也较高。

对于个案矫正工作者来说，作为专业沟通常采用会谈（面谈）、电话沟通、信件（包括文本书信和电子邮件）沟通以及“网上聊天”等沟通形式。

（四）沟通的障碍

从沟通的过程（图 4-1）可以看出，在沟通的过程中信息的损失是不可避免的，这也就是说，任何信息的沟通不可能百分之百的准确，这是由信息的性质以及人类的局限性决定的。在信息沟通的过程中，信息传播者（对象 A）的信息编码技术、信息接收者（对象 B）的信息解码技术，以及在信息传递过程中沟通环境对信息的干扰都会影响信息的传递。

1. 编码环节障碍

在编码环节上，即对于信息传播者而言，信息的加工技术是有限的，不可能做到将自己想要表达的内容百分之百地变成能够交流或者传递出去的符号，并通过话语或者文字等载体完整地进行传达。这同信息传播者个人的沟通技巧、编码时的状态以及想要表达的信息复杂程度相关。

（1）信息传播者文化素质越高，掌握的表达技巧越丰富，就越能够表达出更多的内容。例如，对于难过这样一种情感，除了通过语言“我很难过”以及流泪等身体语言来表达外，还可以用相同意境的诗歌、音乐、散文等多种方式进行表达。但是这些传达方式并不是谁都可以掌握的，表达效果究竟如何也要取决于信息接收者以及沟通环境。在进行个案矫正时，有时候矫正对象并不具备太高的文化素质，也没有很好地沟通能力，存在对于自身的问题和目前的感受及境况无法作出清楚表述的情况，此时对矫正工作者而言就是一种考验。

（2）信息传播者在编码时的状态也影响着编码的水平。例如，在日常生活中，经常有“越急越不知道应该怎么说”的现象，这也就是说，在某些突发、应急状态或者信息传播者身体、心理状态不稳定的情况下，也可能导致信息传播者编码水平的变化。在实际个案矫正过程中，当矫正对象出现身体不适或者情绪激动时，需要矫正工作者根据情况中断沟通过程，从而保证沟通信息的准确性。

（3）信息编码的准确性还受到编码信息的复杂程度的影响，信息量越大、想要表达的内容类型越复杂，信息编码越困难。例如，一位含辛茹苦地照顾家庭、为丈夫事业牺牲很多的妇女发现自己的丈夫出轨时，她心中的失望、伤心、委屈、心痛、仇恨等复杂的心理，可能使她在矫正过程中无法做到完全、准确、清晰地表达。

2. 解码环节障碍

解码环节的障碍主要来源于信息接收者，在解码过程中，信息接收者不可能按照信息编码者原来的意思来理解并完全接收信息。这并不是说信息解码者的水平比信息传播者低，而是因为每个人的生活空间不同。这里的“生活空间”，主要是指因生活环境、生活方式、成长经历不同，因此，每个人的价值倾向、个人特征以及个人需求也不一样。只有具备相同或者相似的生活空间的个人，才可能对同一信息符号达到一致或者近似地理解，而在实际生活中，任何两个人都只有部分相同或者相似的生活空间，因此，不可能对信息进行一致地解码。

从这里也可以看出个案矫正任务的艰巨性，矫正工作者在进行个案矫正时，将要面对不同年龄、不同职业、不同经历、不同个性的矫正对象，面对他们的各种问题，当矫正工作者与矫正对象处于不同的生活空间时，其沟通交流难度将明显增大。

3. 沟通环境障碍

在信息传递过程中，可能会受到来自社会空间的各种因素干扰，如面谈场所的其他声音、光线或者电话、网络沟通时线路因素影响等，这也是为何会强调会见场所的安排与布置的重要性的原因。

正是因为上述障碍的存在，所以当信息从信息传播者那里发出，再到信息接收者接收理解后，可能存在一定的失真，反馈过程必不可少。信息传播者可以通过反馈回来的信息在一定程度上判断信息失真的程度，从而评估沟通是否顺畅。当然，从信息接收者反馈到信息传播者那里同样是一个沟通的过程，同样可能面临沟通过程中的各种障碍，因此，在个案矫正过程中，反复地确认就显得尤为重要。

（五）处理沟通障碍的方法

良好的沟通效果应该包括：（1）对方接收到信息，即对方听清楚或者看清楚了；（2）对方理解信息，即明白了话中或者信中的意思；（3）对方接收信息，即我的想法对对方产生了影响，对方同意了我的看法，并且愿意按照我的希望发生改变或者合作；（4）对方产生愉悦的心理，这也就是说，我的意思表达让对方心悦诚服。在个案矫正过程中也是一样，矫正工作者和矫正对象有时候会存在身份上的不平等，但是在沟通交流过程中，矫正工作者不能令矫正对象产生被强迫或者不得不同意的感觉，这不利于个案矫正工作的开展。那么，应该如何做到良好的沟通呢？以下技巧可以帮助我们应对沟通障碍，提升沟通效果。

1. 合理运用语言符号

对于个案矫正工作而言，常用的语言符号沟通主要是人际沟通，也就是说话的艺术。因此，提升矫正工作者的口语能力十分重要。

（1）把话说得清楚。沟通必须让人明白你想要传达信息的意思，这就要求沟通者思维有条理，吐字清晰，把话中的意思表达清楚明白。

（2）把话说得准确。要将话中的意思准确传达出去，需要做好两方面工作：一是要严格按照语法规律和要求说话，完成表达，在把握理解语言环境的基础上可以恰当地省略句子成分；二是要用词科学准确，避免沟通中使用容易造成误解的词汇和语句。

（3）把话说得恰当。要在适当的场合说适当的话，把握好说话的四大要素：一是主体要素，即说话要符合特定身份，当你以矫正工作者身份说话时，就应该受到这个角色行为规范的制约，不能说一些违背该身份限制的话语，还需要注意把握说话的声音高低、轻重、刚柔和语速快慢，避免因语气等问题给对方造成不适。二是客体要素，即要针对具体对象进行表达。俗语中“见什么人说什么话”就是指该事项，在说话时应该以对方能够接受的语言和方式进行沟通，不能跨越对方的思想、经验、文化之外，否则就很难达到好的沟通效果。三是时间要素，即把握说话的时机。该说的时候没说或者不该说的时候说了，都不能做到良好的沟通。四是空间要素，即说话的场合。一方面要主动寻找和创造有利于谈话的场所，另一方面要自觉接受某些场合对人的限制。

（4）把话说得巧妙。在掌握基本的语言沟通技能之后，可以尽量做到说话不出错，在此基础上，把话说得巧妙，在某些特别的环境中对沟通有着十分重要意义的。例如，如何说好第一句话。当矫正工作者面对矫正对象时，第一句话往往决定了矫正对象对矫正工作者的整体印象，那么怎样才能开启对自己有利，又让对方不会产生不悦的话题呢？一般是寻找对方感兴趣而自己又有一定了解的区域开启谈话过程，不一定第一句话就要进入正题，可以先从一些轻松的话题聊起。然后，谈话过程中矫正工作者需要发挥引导作用，适当的时候需要转移话题，但是突然性、经常性地转移话题也会给矫正对象带来不悦，那么又该如何转移话题呢？常见的方式是可以通过对之前的话题做总结，或者选择一句承上启下的话题方式，减少话题转移的生硬。最后，询问也是矫正工作者在个案矫正中常用的技术，可以帮助矫正工作者获取想知道的信息，在进行询问时，开放式的提问比封闭式的提问能够收集更多有用的信息。

2. 合理运用身体符号

身体符号往往又被称作身体语言，它包括人类的眼神、表情、姿势、动作、仪态等。在与人的沟通交往中，除了语言符号，身体符号传递出的信息也十分重要，而且相较于语言符号，身体符号往往更加具有无伪装性特点，很多时候，人们虽然可以撒谎，但是下意识流露出的微表情或者动作都会传达出真实意愿。矫正工作者一定要注意自己身体符号的控制和把握，要通过恰当的身体语言，向矫正对象传达出尊重、接纳、关心等信息，更要通过细心观察矫正对象的身体符号，来解读其内心世界。身体符号的使用一定要遵循四个原则，即明意、自然、个性、美感。明意，是指语义要明确，既要清楚传达自己想要表达的意义，又要保证对方能够进行正确的解读，如在与矫正对象沟通时，偶尔性地点头可以向矫正对象传达你对其表达的认可，但是毫无目的地一味点头不仅传递不了任何信息，还会让矫正对象觉得你在敷衍；自然，是指身体动作应该自然流露和表现，过于矫揉造作反而会让人生厌；个性，是指每个人应该有自己的身体语言，对于别人的身体语言可以进行适当地学习，但是一味地照搬模仿常常会弄巧成拙；美感，是指身体语言应该优美，给人美的享受，如在微笑时，要注意笑的弧度，不能一味哈哈大笑或者皮笑肉不笑。

3. 合理运用环境符号

环境符号，主要是指传递信息的时间和空间因素。时间因素在沟通中有重要作用，与人约见时迟到就很容易给对方传达出不重视、不认真、时间观念不强等信息，不利于保持良好而持续地沟通。说话的时机也是如此，没有把握好正确的说话时机很容易出现抢话、缺乏回应等问题，容易给对方传递出急躁、缺乏耐心、不关心等信息。

空间因素主要是沟通过程中人与人之间的距离、位置以及沟通场所的气氛等。美国人类学家爱德华·霍尔博士划分了四种人际沟通距离，亲密距离是0—45cm，一般是亲人、很熟的朋友、情侣和夫妻的社交距离；个人距离是45—120cm，一般是非正式个人交谈时常用的距离；社交距离是120—360cm，一般是工作场合或者与没有过多交往的人打招呼时采用的距离；公众距离是360cm以上，一般适用于演讲者与听众，或者较为生硬的交谈及非正式场合。当然，可能因为个人性格以及文化习俗等方面影响，沟通距离也会变化，但是在与矫正对象沟通时，还是应当根据与矫正对象的亲疏度合理使用沟通距离，避免对方的不适应。除了距离，人与人的位置也会传递出有意义的信息，通常边角位置更适合亲切交谈，面对面的位置适合特别熟悉的朋友，否则会因为完全暴露的角度和无法躲避的目光而给对方压迫感，因此，在与矫正对象沟通中，初次见面采用90度直角的沟通位置往往更为合适。最后，环境中的光线、气味也会影响沟通效果，柔和的光线和淡淡的香味容易放松心情，明亮的光线、清新的空气更有助于突出谈话的正式性，矫正工作者要根据沟通目的选择、布置恰当的沟通环境。

二、个案矫正的会谈

（一）会谈的含义

会谈，是指在个案矫正工作中，矫正工作者与矫正对象面对面有目的的专业谈话。个案会谈是一般人际沟通的特例，除了具备人际沟通的特点外，还具有自身的独特性。

1. 会谈目的的明确性

个案矫正中的会谈带有明确的目标性，即终极目标都是为了更好地协助矫正对象发现其面临的问题，并加以解决，从而培养、增强其解决矫正对象问题的能力，提升其适应社会的水平。是否选择会谈，以何种方式开展会谈，会谈的时间、地点选择都是围绕着这个目标来进行的。

2. 会谈内容的选择性

正是因为个案会谈具有明确的目的性，因此，会谈的内容就不能是随意聊天，毫无目的的漫谈，而是要围绕着会谈的目标有选择性地开展。对于不适宜达成目标的会谈内容，个案矫正工作者要通过及时地转移话题或其他方式来进行规避，但是在会谈过程中，不能生硬地对矫正对象谈话内容加以限制，或者随意打断，需要技巧性地结束不相关的谈话。

3. 会谈过程的计划性

个案会谈是正式性地会面，个案矫正工作者在开展与矫正对象的会谈之前，需要事先对于会谈的时间、地点、会谈内容、每次会谈的持续性、会谈时长作出计划性地安排部署，做到心中有数，最好是能够以文字方案的方式加以规划。另外，对于其中可能出现的突发事件也需要提前做好应急预案。

4. 会谈角色的规定性

个案会谈对个案矫正工作者和矫正对象的职责有着一定的要求。对于个案矫正工作者而言，需要在会谈中掌控会谈的方向、会谈的进度与节奏、会谈的内容，同时要在会谈过程中表达对矫正对象的尊重、接纳、同感，引导矫正对象充分地进行表达，与矫正对象通过会谈建立起值得信任的专业关系。对于矫正对象而言，为了保证会谈的顺利开展，矫正对象必须具备基本的语言表达能力和理解能力，对于个案矫正工作者主动提供的帮助，要有接受的意愿，并积极配合。在会谈过程中，只有矫正对象和个案矫正工作者双方共同努力，朝着既定目标互动，才可能取得良好的效果。

5. 会谈的非互惠性

一般的人际沟通无论从主观动机或者客观效果来看，都是沟通的参与双方共同受益、彼此互惠的关系，否则沟通不可能持续和存在。但是个案会谈则不一样，从主观动机而言，会谈的唯一目的是帮助矫正对象解决问题，提升社会适应能力，个案矫正工作者一切行动都应围绕矫正对象的需要，矫正对象是会谈中的主要受益者。虽然客观上个案矫正工作者可能通过与矫正对象的互动提升了探索、解决问题的能力，自己的工作能力得到了锻炼，工作水平得到了提升，但是这并不应该是矫正对象开展会谈工作的主要意愿和目标，只是会谈可能带来的附加收益。因此，在会谈中，个案矫正工作者和矫正对象的关系并不是互惠的，矫正对象应当成为会谈的受惠主体。

6. 会谈的非娱乐性

个案会谈是为了帮助矫正对象解决问题，提升适应社会的能力，为了达到这个目标，矫正对象必须身体力行地加以配合，需要其在思想观念、情绪情感和行为方式上作出改变，而改变往往意味着对以往错误方式的否定和对新事物的学习，这个过程并不一定是愉快的，有时候个案矫正工作者为了帮助矫正对象甚至会采用对质等特殊的工作手法，让矫正对象在经历短暂的痛苦之后，获得成长。因此，会谈同一般的人际沟通不一样，并不都是愉快的，为了实现最终目标，即使谈话并不令人愉悦，也仍然要开展、要坚持。

（二）会谈的过程

在个案矫正工作中，往往会经历若干次个案会谈，个案会谈的次数跟矫正对象问题或困难的性质、严重程度、成因、复杂性、解决问题的条件、矫正对象本人的个性特征等息息相关，有的矫正对象只需要几次会谈便可以解决问题，有的可能持续半年甚至一年。虽然不同的矫正对象会谈的次数不一样，但是每次会谈的时间最好控制在 50 分钟左右，时间太短会谈的目的无法实现，时间太长容易给矫正对象和矫正工作者造成疲惫感，降低会谈效率。当然，具体的时长还是要根据会谈内容和会谈双方的具体状况而定。

每次会谈的内容应该不同，但是谈话的结构应该遵循一定的规律，一般而言，每次会谈都应包括开始、发展、结束三个阶段。

1. 开始阶段

会谈开始阶段通常是“暖身”阶段，即可以先通过一些不太正式的话题拉近双方的距离，降低双方的陌生感和防备心，然后逐渐将话题转入会谈的主要内容。值得注意的事，在第一次会谈的开始阶段，矫正工作者会谈的任务是比较艰巨的，需要完成以下事项：表达出对个案矫正对象的接纳、同感和关心；致力于专业关系的建立；多倾听、鼓励矫正对象进行充分的表达，从中收集相关信息；介绍矫正机构以及个案矫正工作的特点和功能，能够为其提供的服务内容；帮助矫正对象明确在个案矫正工作中应该履行的职责，等等。如果不是第一次会谈，那么在会谈开始阶段，矫正工作者可以对矫正对象表达近段时间的关怀和问候；邀请矫正对象分享从上次会谈结束后自己的行动、经历和感受；对于矫正对象作出的改变和取得的成就进行鼓励和肯定；对接下来的工作进行简单地介绍，等等。

2. 发展阶段

在“暖身”完成后，个案矫正工作者需要在会谈的发展阶段完成会谈的主要任务。虽然会谈的终极目标是帮助矫正对象解决问题，促进其顺利融入社会，但是每次会谈的主要目标和内容是不一样的，要根据制订的个案矫正方案严格执行。例如，在探索矫正对象问题成因的会谈中，矫正工作者应该充分利用各种沟通技巧，引导矫正对象进行充分的表述，帮助矫正对象对过往经历、现在所处的情景、存在的问题进行分析，从而共同找出可能对矫正对象问题形成有影响的各类因素。不论是什么目的的会谈，在会谈过程中，个案矫正工作者都要将会谈的内容进行控制和集中，避免谈话内容过于宽泛、空洞。

3. 结束阶段

个案矫正工作者在完成每次会谈任务后，随即进入会谈的结束阶段。一般结束阶段持续时间不能过长，否则容易喧宾夺主，以10分钟左右最为合适。首先，在结束阶段个案矫正工作者需要协助矫正对象处理在会谈过程中引起的强烈而激动的情绪；其次，需要向矫正对象交代会谈结束应该自行完成的任务；然后，需要同矫正对象一起确定下次会谈的时间、地点以及会谈的主题；最后，需要礼貌地送矫正对象离开。至此，一次会谈过程便宣告结束。

（三）会谈的技巧

虽然每次会谈的主题不同，会谈的次数也并不固定，但是所有的会谈加在一起大致都经历三个阶段：一是探索阶段，即通过会谈建立、发展良好的专业关系，鼓励矫正对象说出自己的经历、情绪和想法，对矫正对象进行资料收集。二是洞察阶段，即在对矫正对象有较强的同理心的基础上，协助矫正对象分析、认识自身存在的问题，了解问题产生的原因、探索解决问题可能的办法。三是改变阶段，即协助矫正对象真正地作出改变，通过助人自助实现问题的解决。在不同的阶段，矫正工作者会谈的目的不同，所侧重使用的技巧也会不一样，下面将结合各个阶段进行一一阐述。

1. 探索阶段——支持性技巧的使用

支持性技巧，主要是指个案矫正工作者通过口头语言及身体语言的表达，让矫正对象感受到被理解、被尊重，从而建立信任和信心的一系列技术。支持性技巧在探索阶段使用较多，可以帮助矫正对象在没有压力的环境中表达自己的想法和感受，尽可能自由地进行自我表述，可以让矫正工作者更好地完成专业关系的建立和资料的收集工作。支持性技巧主要包括专注、倾听、鼓励、反映感受、开放式提问等。

（1）专注。

专注，是指个案矫正工作者面对矫正对象，愿意跟矫正对象在一起的心理态度。在某些时刻，有人陪伴十分重要。开展个案矫正的矫正对象往往对社会生活中的困境无能为力，内心很容易产生无助感和孤独感，此时个案矫正工作者以专注的神情面对他们，将会给他们带来一定的心理支持，因此，专注可以在稳定矫正对象情绪，给矫正对象带来安全感，帮助其敞开心扉进行倾诉的同时，拉近矫正工作者和矫正对象之间的距离，促进良好的专业关系的建立和发展，也有助于矫正工作者更好地、更全面地观察矫正对象。

对于如何表达专注，通常将其总结为“SOLER”[①]。

S（squarely，面对），个案矫正工作者与矫正对象座位通常呈90度，这样个案矫正工作者可以全面观察矫正对象，同时减少对矫正对象的压迫感。这种面向表达了个案矫正工作者是以一种参与的态度面对矫正对象，意味着“我愿意帮助你”“我愿意陪伴你”。当然，具体的面向矫正对象的角度可以视具体情况而定，但是尽量避免面对面直视。

① ［美］Gerard Egan 著，罗倩玲译：《助人技巧——问题管理取向》，台湾五南图书出版公司 1996 年版，第 132 页。

O（open，开放），指采用开放的姿势，使矫正对象感受到个案矫正工作者的真诚和不设防，对矫正对象所阐述的意见持接纳的态度。一般而言，我们认为双手放开比双手环抱更容易表达开放的态度。

L（lean，前倾），是指身体前倾，主要是上身前倾。前倾意味着"我对你的话很感兴趣""我对你是友好的"，而身体后倾则往往意味着"我已经很疲惫""我不想继续倾听"等。但是前倾的弧度不易过大，不能过度接近矫正对象，要注意人际交往的距离，以免给矫正对象造成不适感和压迫感。

E（eye，目光接触），是指良好的视线接触。在会谈过程中，要通过稳定的目光传递专注、友善、关心和鼓励，如果视线一直游离不定，会让矫正对象觉得个案矫正工作者心不在焉、不耐烦。但是个案矫正工作者也不能目不转睛地盯着矫正对象或者长时间直视矫正对象的眼睛，这样也极容易给对方来压力，不利于矫正对象放松心态。

R（relaxed，放松），是指放松的言谈和行为。当个案矫正工作者自己以一种放松的姿态出现在矫正对象面前时，矫正对象会逐渐被感染，慢慢放松下来；如果个案矫正工作者自己如临大敌一般，身体紧绷，矫正对象也很容易跟着紧张起来，导致表达不畅。

（2）倾听。

倾听，是指个案矫正工作者积极运用视、听觉感官去收集矫正对象的相关信息的活动。专注与倾听密不可分，专注强调个案矫正工作者表达专注的态度，让矫正对象感受被重视，从而愿意传达出更多的信息；倾听则主要强调要收集矫正对象的所有有用信息。倾听不同于单纯地听，听仅仅需要用耳朵，而倾听还需要用到眼睛和心。

完全而主动的倾听主要包括三方面的内容：

①倾听矫正对象的话语信息。个案矫正工作者在会谈中倾听矫正对象的表述，不应该是盲目的，要在倾听过程中注意矫正对象叙

述中的经验、行为、感受。经验，是指发生在矫正对象身上的事情，如“妻子从我被判社区矫正开始就整天找我闹”，这是矫正对象家庭关系的经验。这种经验信息的获取和收集可以帮助个案矫正工作者更快更全面地了解矫正对象的问题。行为，是指矫正对象做过或者想做的事情，个案矫正工作者要注意了解在矫正对象面对的问题上，他们作出了哪些努力。例如，“虽然她每天跟我吵架，但是我都不跟她一般见识，不理她”，这说明对于和妻子的纠纷，矫正对象采取了逃避的行为。感受，是指伴随着某次经验或者行为，矫正对象产生了怎样的情感。例如，“其实我看着她大吵大闹我也很内疚，毕竟是我给她丢人了，让她在亲戚眼中抬不起头。”

②观察矫正对象的身体信息。个案矫正工作者不仅要倾听矫正对象的语言信息，还要在此基础上观察矫正对象的身体语言。人们在说话时，往往伴随着一定的表情、手势、动作，这些身体语言对口头语言有着辅助和强调作用。个案矫正工作者通过收集身体信息，可以对矫正对象的口头信息做补充和更正，如当矫正对象说“我对我的妻子很愧疚”时，如果并没有内疚的表情，更多的是在躲避矫正工作者的目光，那么就可以初步判断矫正对象可能在说谎。

③解读矫正对象其人。倾听的最高层次就是解读矫正对象这个人，对他的生活、行为等形成自己的理解。个案矫正工作者在用眼睛观察了矫正对象的身体语言，用耳朵倾听了矫正对象的话语信息后，还需要用心进行思考判读，对矫正对象整个人作出最基本的解读和判断。

（3）鼓励。

鼓励，是指个案矫正工作者通过恰当的语言和非语言方式，对矫正对象进行鼓励，促使他们更多地表达自己的技术。鼓励这一技巧的使用可以起到让矫正对象表达、支持矫正对象去面对和超越心理上的挣扎，增强矫正对象的自信，增强彼此信任的目的。

鼓励使用的时机大多是在个案矫正工作者通过专注和聆听，发现矫正对象出现退缩行为之后运用，如矫正对象沉默、逃避目光接触、吞吞吐吐、表达不畅时，都应该给予及时的鼓励。矫正工作者需要提前考虑到矫正对象在个案矫正过程中特别需要鼓励的时刻，如第一次见面时、需要表达他自己的看法时、需要下决定等关键时刻，矫正工作者的鼓励尤为重要。可以设想一下，当个案矫正工作者对机构职能和自身职责进行介绍后，矫正对象想要表达自己的想法，但是因为不信任不知应该从何说起时，矫正工作者一句“没关系，你想说什么可以跟我说，没有什么对错可言，我只是想听听你的想法”，对于矫正对象而言，可以激发其极大的表述勇气和信心。

鼓励可以通过语言表达和身体行为表达。语言表达主要是通过鼓励性质的话语进行，如“请继续”“你说得很好”“对，是这样的”“嗯”等，表明你在认真地聆听，且对他的表述进行了接纳。身体语言进行鼓励主要是指通过专注的神情、点头、前倾的动作、微笑地注视等方式表达支持。设想一下，当矫正对象在认真讲述其人生经历时，工作者如果一言不发，面无表情，矫正对象很可能会降低表达的欲望和热情。但是如果在讲述过程中，工作者一直在认真倾听，且配合了轻微的点头等动作，那么，矫正对象势必会从中受到鼓励，从而愿意倾诉下去。

（4）反映感受。

反映感受，是指在会谈中，个案矫正工作者站在矫正对象的角度，设身处地体会矫正对象的感受，把隐藏在矫正对象背后的情绪反馈给矫正对象，帮助其更好地认识自己。在会谈中，矫正对象对于事情的经过阐述往往比较容易，但是对事件背后他们的情绪和感受往往避而不谈或者含糊其辞，个案矫正工作者需要帮助矫正对象正视他们的感情，并适当地进行宣泄，这样，才能更好地促成会谈的进行，也拉近工作者和矫正对象之间的关系。例如，下面的对话：

矫正对象：“我老伴得了重病，家里就剩我和这么一个患了精神病的儿子。那天我要骑三轮车去城里，邻居让我帮他送个人到城里去，我就答应了，结果路上车翻到田里去了，把那个人压死了。我家里情况也就这样，赔不起钱，该判刑就判呗，所以判了个缓刑3年。”

个案矫正工作者：“那你后来是怎么面对你邻居的呢？”

矫正对象：“你看我这个情况，赔不了钱还能怎样？”

个案矫正工作者：“你应该尽量取得邻居的谅解，在力所能及的地方帮帮邻居，毕竟他们家丢了一条人命。”

矫正对象：“我也想帮他们呀，但是我又没钱，家里老伴吃药要钱，儿子吃药要钱，都指望我。”

事后，矫正对象觉得这个谈话很别扭和难受，他希望从个案矫正工作者这里获得一些支持，他觉得无法补偿邻居，有一定的愧疚感，同时又对家里的困境无能为力，沉重的负担给他造成很大的压力，但是个案矫正工作者却并不能体会他的难处。如果个案矫正工作者运用反映感受技巧，可能能够给矫正对象带来不同的感受。举例如下：

矫正对象：“我老伴得了重病，家里就剩我和这么一个患了精神病的儿子。那天我要骑三轮车去城里，邻居让我帮他送个人到城里去，我就答应了，结果路上车翻到田里去了，把那个人压死了。我家里情况也就这样，赔不起钱，该判刑就判呗，所以判了个缓刑3年。”

个案矫正工作者：“我感觉你跟你邻居之前的关系应该挺不错，所以你才会答应帮忙。现在虽然出事故并不是你的本意，但是你还是对邻居觉得很抱歉，不过你们家经济条件太差了，你没办法给他们适当的经济补偿，所以你内心的愧疚感很深，你看是这样吗？（反映感受）”

矫正对象：“你看我这个情况，赔不了钱还能怎样？”

个案矫正工作者：“听上去你其实还是很想为你邻居做些什么的，只不过你现在不知道你能够做什么，也不知道他们除了钱还需要什么，所以你很苦恼，是吗？(反应感受）”

会谈中，矫正工作者不仅要注意矫正对象面对的问题，同时也要借助反映感受来探索矫正对象背后的情绪，促使矫正对象对自己的情绪和感受有更加清楚地认知，更多地了解自己的问题。

(5）开放式提问。

开放式提问，是指在会谈中，个案矫正工作者提出问题，这些问题没有设置具体的答案，矫正对象的回答可以根据实际情况自由展开。矫正工作者致力于让矫正对象把他的经历、处境、想法都能够畅所欲言地表达出来，运用开放式提问就是邀请矫正对象对他的问题进行自由地探索，从中挖掘更多有用信息。

首先，必须清楚什么样的问题是开放式提问。以下提问都可以视为开放式提问：“你今天想谈些什么呢？”“事情发生的时候，你有什么样的感受？”“你说你妻子很难相处，具体是指什么呢？”“从我们上次谈话到现在，你情况如何？”这些问题均没有预设答案，矫正对象可以根据他当时的状态进行自由地表达，在矫正对象表述前，个案矫正工作者无法知道问题的答案。那么哪些问题算是封闭式提问呢？例如，“你结婚了吗？”答案只可能在“结婚了”和“没有结婚”中间产生。“你心情低落时会哭吗？”答案只会在“会”和“不会”中间产生。

开放式提问往往可以用于以下场景：一是会谈刚刚开始，对于矫正对象的问题还没有较为清晰的轮廓时，可以通过开放式提问来获取基础信息；二是帮助矫正对象详细阐述某个观点时，可以通过开放式提问获取更多矫正对象对这个观点的理解；三是帮助矫正对象列举某些行为的具体例子时，可以通过开放式提问让矫正对象通过列举进行描述；四是帮助矫正对象表达感受时，开放式提问可以引导矫正对象更好地表达内心真实情绪。

但是并不是时时刻刻都需要进行开放式提问，范围过宽的开放式提问也可能会让矫正对象在回答时感到模棱两可、不知所措。尤其是在对一些观点和资料进行进一步确认时，封闭式提问往往更有效果。因此，开放式提问的使用也需要结合具体场景。

2. 洞察阶段——引领性技巧的使用

引领性技巧，是指个案矫正工作者引导矫正对象具体、深入地探索自己的经验、处境、问题、观念的技巧。引领性技巧可以帮助矫正对象作出更加具体、深入、有组织性的表述，增进矫正工作者对矫正对象的认知，协助矫正对象进行更深层次的自我了解和洞察，推动会谈的进程。引领性技巧主要包括澄清、聚焦、摘要。

（1）澄清。

澄清，是指个案矫正工作者引领矫正对象对模糊不清的陈述作出更加详细、清楚地解说，使其成为清楚、具体的信息。前面曾经提到，在沟通过程中，信息传播者表达的内容往往跟真实情况和真实意愿存在一定出入，而在个案矫正过程中，矫正工作者和矫正对象之间的会谈并不是一般的人际沟通，需要深入互动，因此，对于言语和真实情况、真实意愿之间的差异，需要作出进一步的确认和缩减，只有这样，矫正工作者才能对矫正对象有更加全面、深刻的了解，才能为其提供有针对性地支持和帮助。这种深入的会谈，就需要运用澄清，不断地对问题进行解释、梳理。

运用澄清时，需要注意以下几点：①针对之前开放式提问得到的信息，可以通过封闭式提问进行具体信息的澄清。例如，开放式提问里问及："从上次会谈结束到现在，你做了些什么？"收集信息后，可以进一步澄清确认，"你是说回去之后你已经尝试主动跟妻子作了一次沟通？"②邀请矫正对象举例说明是比较好的澄清方法。例如，"你说你的家人经常不理解你，你可以举一些例子具体说明一下吗？"③矫正工作者对于会谈过程中发现的自己不清楚的信息一定要第一时间进行澄清。④矫正工作者传递信息给矫正对象后，要及时观察矫正对象的反应，如果发现矫正对象有疑惑、不解等表现，要及时给予澄清。例如，当矫正工作者说："你有没有尝试过去缓和你和妻子之间的矛盾呢？"当矫正对象不理解哪些行为算是缓解矛盾时，矫正工作者需要进一步澄清："也就是采取一些缓解矛盾的做法。例如，帮你妻子做家务，给你妻子送礼物等行为。”⑤澄清的技术可以贯穿于个案会谈的始终，并不一定局限于洞察阶段。

（2）聚焦。

聚焦，是指个案矫正工作者在会谈中，将过大的谈论范围或者同时出现的多个话题收窄，找出中心，并顺其讨论。聚焦有利于矫正工作者在有限的时间内协助矫正对象将焦点集中在关键的问题上，从杂乱无章的事件中找出重点，使会谈更加深入、具体地进行。

聚焦可以通过以下方式实现：一是通过提问聚焦。例如，“刚刚你谈了很多你目前面对的困境，那么你现在最想解决的问题是什么呢?”二是可以用具体化的方式聚焦。例如，“你说你妻子过于情绪化，这是什么意思？能否说得再具体一点呢?”三是通过表达同理心来帮助矫正对象不断明确自己的问题，从而明晰问题的中心。例如，“你刚刚说了很多，我听下来觉得你实际上对自己的处境不满，但是又为自己的无力感到沮丧，是这样么?”矫正对象回答：“是的，就是这样。”此时，矫正对象对于自己的问题就可以有更加清晰的认知了。当然，聚焦的方式不仅仅限于以上方法，凡是有助于矫正对象寻找确定主要问题的方法一定程度上都可以说是聚焦的方法。

但是值得注意的是，为了更多地收集信息，我们鼓励使用开放式提问，让矫正对象自由地进行表达，而聚焦又要求会谈的内容有所限制，这不可避免地存在一定的冲突。个案矫正工作者在实际工作中切不可生搬硬套，应该充分考虑会谈过程中偏离主题的程度以及所持续的时间，再判定何时为聚焦的最佳时间。

（3）摘要。

摘要，是指个案矫正工作者对矫正对象过长的谈话或者不同部分所表达的内容进行整理、概括和归纳，并作出简要的摘述。摘要技术的运用可以帮助矫正对象理清自己混乱的思路，突出矫正对象在想法、感受、行为、经验上的特点或者模式，促进矫正对象加深对自己的了解。

想要做正确的摘要，需要个案矫正工作者对矫正对象进行专注、倾听，并在倾听的同时，对矫正对象表述的内容作出系统的归纳，并划出重点，然后用简明扼要的话语清楚地进行表达。举例如下：

矫正对象："我现在真的不知道应该怎么办了，似乎所有问题都一起出现了。父母要离婚，弟弟学习不好，眼看着要考大学了，还跟社会上的人一起混，整天想着怎么好玩。我之前在广州打工，现在回到四川后又感觉找不到什么正儿八经的工作做。而且我不想离父母太近了，免得他们整天唠唠叨叨，可是不回去吧，我跟弟弟关系又很好，至少回去之后还可以看着点他，督促他好好学习，免得走上我的老路。回家之后也可以看着父母，让他们不要离婚，要离也等弟弟参加工作或者读大学走了之后再离，到时候他们爱怎样就怎样。但是一直在广州打工也不是长久之计，我又没有户口，也在广州买不起房，以后怎么样还不知道。为了这些事情，我常常失眠，不知道怎么办才好。"

个案矫正工作者："听了你的描述，我发现你的烦恼主要来源于你父母闹离婚，你弟弟学习成绩不好以及你对于自己以后的工作地点和发展方向不清楚，当这些问题同时出现时，你不知道应该如何着手去解决，所以很苦恼。我说的对吗?"

值得注意的是，摘要并不是对矫正对象说过的话加以长篇大论地重复，而是要点出矫正对象描述的主题和重点内容。另外，在矫正工作者做完摘要后，需要向矫正对象进行查验，看摘要是否准确，如果矫正对象觉得矫正工作者的表述存在误解或者偏离了中心，矫正工作者需要根据矫正对象的意见进行更正。

3. 改变阶段——影响性技巧的使用

影响性技巧，主要是指个案矫正工作者通过影响矫正对象，使其从新的角度或层面去理解问题，或者采取其他方法解决问题的技巧。个案会谈不仅仅是个案矫正工作者对矫正对象的倾听和同感，个案矫正工作者需要通过会谈帮助矫正对象去面对和解决困难或问题，要引导矫正对象在认知、情绪、行为等方面作出相应的改变。影响性技巧主要包括提供信息、自我披露、建议、忠告和对质。

(1) 提供信息。

提供信息，是指个案矫正工作者基于专业特长、经验或者自己及矫正机构拥有的资源，向矫正对象提供所需要的知识、观念、技术等方面的信息。提供信息，既包括提供矫正对象不知道的信息，也包括帮助矫正对象更正已有的错误信息。

矫正对象可能具有某方面专业的丰富知识，如矫正对象可能是医生，可以治病救人；可能是修理工，可以维修破旧工具；可能是计算机专家，能够拆装电脑、编写程序。但是虽然他们对于自己的专业领域比较擅长，但是仍然可能存在对社会的了解不足，对他人心理认知不够等情况，从而出现自己无法解决的问题。此时，需要个案矫正工作者从旁协助，在了解了矫正对象具体情况的基础上，分析其对于信息的接收能力，选择合适的方式提供矫正对象可能需要的信息，来帮助其克服困难。例如，矫正对象曾经是一名社区居委会工作人员，对于小区居民的人际纠纷调解很擅长，但是她有一个 5 岁的女儿，最近经常在家乱摔东西，不论她批评教育也好、耐心教导也罢，都无法纠正她女儿的习惯，为此她很苦恼。此时，个案矫正工作者就需要向其提供有关幼儿教育以及儿童发展心理学等方面的知识，来帮助矫正对象应对困境。

(2) 自我披露。

自我披露，是指个案矫正工作者选择性地向矫正对象披露自己的亲身经历、处事方法和态度等，从而使矫正对象可以借鉴作为处理自己问题的参考。

矫正对象之所以面对问题无法解决，说明他掌握的解决问题的方法和看待问题的角度无法为他解决问题提供足够的帮助。自我披露可以引导矫正对象从其他角度去思考问题，或者尝试用别人的方法去解决问题，为问题的解决提供了更多的可能性。另外，个案矫正工作者的自我披露能够为矫正对象树立坦诚沟通的榜样，个案矫正工作者真诚地分享自己的人生经历、感受和想法，能够让矫正对象感受到个案矫正工作者对自己的信任和重视，相同或者相似的经历、想法可以感染矫正对象，让其增强自我表达的动机和意愿，同时拉近与个案矫正工作者和矫正对象之间的距离，有利于良好的专业关系的建立。

自我披露并不是个案矫正工作者将自己所有的事情毫无顾忌地随便吐露，在进行个案矫正过程中，矫正工作者自我披露要适当，需要注意以下几方面的问题：①即将披露的问题一定要跟矫正对象面对的问题相关，披露的内容一定要对矫正对象有所帮助，否则不适合自我披露；②自我披露的深浅要充分考虑矫正工作者和矫正对象目前的关系亲疏，在双方还不够信任的阶段，矫正工作者对于过于隐私的经历进行披露，对自己和对矫正对象而言都会产生负担；③自我披露后，应该及时引导矫正对象进行相关讨论，让矫正对象分析披露的内容是否可以帮助其解决问题，如果可以，要商议矫正对象下一步的行动是什么；④矫正工作者需要考虑自己和矫正对象之间生活空间的差异，尊重矫正对象的独特性，如果矫正对象认为矫正工作者的自我披露没有参考价值，矫正工作者应该尊重矫正对象，不能将自己的意愿强加给矫正对象；⑤矫正工作者要时刻检视自我披露是否出于矫正工作者自己的倾诉需要，即矫正工作者自己出于发泄等目的想找人聊聊而进行的讲述。

(3) 建议。

建议，是指个案矫正工作者对矫正对象的情况、问题有所了解和评估之后，提出客观的、中肯的、具有建设性和有助于矫正对象问题解决的意见。

个案矫正工作者在会谈中，通过对矫正对象现状和问题的熟悉掌握，对于问题的解决往往会有自己从专业角度或者经验角度得出的解决问题的相关思路，对于这些想法，个案矫正工作者可以同矫正对象分享，共同探讨这些方法的可行性。

个案矫正工作者在提出建议时，首先要认真思考这些建议的可行性，对矫正对象而言是否适合。在此基础之上，要通过合理的方式向矫正对象提出自己的建议，如果个案矫正工作者不顾矫正对象的意愿，强行要求矫正对象按照自己的建议去实施，那么非但不利于矫正对象问题的解决，反而可能激发矫正对象的逆反心理，伤害矫正对象的自尊，因此，如何向矫正对象提建议就显得尤为重要。一般而言，相较于命令式、陈述式的语句，以商量式的口吻、征询式的态度向矫正对象提出建议更容易被接受。例如，“你应该给自己定一个学习目标，保证每天至少学习 2 小时”和“如果你愿意的话，可以给自己定一个学习目标，保证每天至少 2 小时的学习时间，你看如何?”两种提意见的方式，明显第二种更加容易被采纳。另外，个案矫正工作者在给矫正对象提建议时，一定要说明作出该建议的具体依据或者原理，要同矫正对象充分讨论建议的合适性和可行性，让矫正对象知道具体的操作方法，真正做到“知其然也知其所以然”，这样矫正对象才能对个案矫正工作者提出的建议有足够清晰的认识，从而认真思考是否采纳。

（4）忠告。

忠告，是指个案矫正工作者向矫正对象指出其行为的危害性或其必须采取的行动。例如，“你必须重视每个月的思想汇报工作，这样能够让我了解你最近的思想动态，如果你不按时上交思想汇报，属于违规行为，可能会依法受到相应的处罚。”“如果你找工作时继续拈轻怕重，挑三拣四，那么你将很难找到一份稳定的工作。”

忠告相较于建议而言，忠告的语气往往比较严肃，往往针对一些比较严重的事件或者行为，这些事件或行为的发生可能会对矫正对象带来很不利的影响。因此，本着对矫正对象负责的态度，个案矫正工作者需要对其提出忠告。但是事件或者行为是否严重往往是出于矫正工作者的主观判断，可能矫正工作者认为严重的事件或行为，矫正对象并不持有同样的看法，因此，在提出忠告时，矫正工作者一定要反复确定自己的判断是否合理，在提出忠告之后，应该耐心地向矫正对象作出相应的解释，提供矫正对象不知道的或者忽视的信息，从而帮助矫正对象完善看待问题的视角，这样才能更好地发挥忠告的作用。

（5）对质。

对质，是指个案矫正工作者发觉矫正对象的行为、经验、情感等有不一致的情况时，直接发问或者提出疑义的技术。通过对质，可以帮助矫正对象及时发现自己的感受、信念和行为不一致的地方，从而直面自己的抗拒心理，及时调整自己的行为。例如，“你说你想尽快找到一份稳定的工作，但是你又整天待在家不出门。”“虽然你在笑，但是我看到你的身体在发抖，手也攥得很紧。”“你说你接受自由恋爱，但是你又想让你女儿和同事的儿子结婚。”这些都是对质性的话语，矫正工作者将问题直接聚焦在了矫正对象不一致的方面。

对质往往攻击性较强，是一种面对面的冲突，有可能会对个案矫正工作者和矫正对象之间的专业关系造成破坏，也有可能导致矫正对象因为无法面对不一致而出现抗拒、逃避等情绪和行为，因此，个案矫正工作者在使用对质时一定要注意以下几个方面：①对质的使用往往在会谈后期进行，一是因为会谈后期矫正对象正在为解决问题作出改变，尝试作出新的行为，此时更容易出现言行不一致等情况，需要个案矫正工作者进行对质；二是会谈后期个案矫正工作者和矫正对象彼此之间已经较为熟悉和了解，信任关系也较强，专业关系较为稳固，对质的不良效果能够最大限度地弱化。②对质的强弱程度不同，会产生不同的效果，个案矫正工作者最好先采用尝试性的对质，如“我不知道是不是误会了，你……”来观察矫正对象的反应，如果此时矫正对象已经出现极力否认、情绪焦躁等负面情绪和行为，个案矫正工作者需要及时作出调整。③不管采用何种对质方法，个案矫正工作者的初心都应该是帮助矫正对象，而不应该是炫耀自己的观察力或者其他目的。

三、个案矫正的访视

（一）访视的概念

个案访视，是指在个案矫正工作中，个案矫正工作者为了了解矫正对象的问题或者促进矫正对象顺利融入社会，到矫正对象平时生活的环境中，去拜访有关人员的一种专业性访问。因访视的场所不同，个案访视通常可以分为家庭访视、学校访视、单位访视、社区访视等。

个案访视正是个案工作与心理矫正等类似助人活动的区别所在，它永远将矫正对象置于社会环境之中，认为个人问题的形成并不是由个人单独造成的，是个人和社会双方面的结果，因此，个人问题的解决也必须动用社会中一切可动用的资源。个案矫正工作者在进行社区矫正对象个案矫正时，要深入矫正对象的家庭、学校、单位、社区，挖掘其中可以被利用的社会资源。

（二）访视的作用

1. 了解矫正对象的社会适应情况

虽然通过相关档案以及会谈，个案矫正工作者可以对矫正对象有一定的了解，但是这种了解可能并不足以让个案矫正工作者有能力协助矫正对象解决他所面临的问题。只有到矫正对象生活的社会环境中，对熟悉矫正对象的有关人员中进行访视，才可能从不同的角度，详细而具体地了解矫正对象的适应情况，挖掘矫正对象问题产生的症结所在。

2. 获取解决矫正对象问题的社会资源

很多时候矫正对象出于不想让家人、朋友、同事担心，或者不想被他人嘲笑等原因，并不愿意向周围的人吐露他所面临的困难或问题，但是矫正对象问题的解决确需要周围人的支持和帮助。因此，有时为了解决矫正对象的问题，需要个案矫正工作者通过拜访矫正对象所在单位、社区、家庭等有关成员，向他们说明矫正对象目前存在的问题是什么，问题产生的原因可能是什么，问题的存续可能对他们带来的影响，矫正对象不愿向其表明问题的原因，从而获得他们的理解和支持，为矫正对象问题的解决收集更多的社会资源。例如，社区在了解了失业矫正对象的困难后，为其在社区中提供一份适合的工作岗位。矫正对象家庭得知矫正对象面临的困境后，提供更多的情感支持等。

（三）访视遵循的原则

1. 系统性原则

在进行访视的过程中，个案矫正工作者必须将矫正对象生活的环境看作是一个系统，将家庭、单位、社区等具体的场所看作是一个子系统，各子系统之间存在一定的联系。矫正对象作为系统中的一部分，对于系统功能的发挥有着影响作用。系统中的每一名成员都应该受到重视和尊重，每一名成员的观点和意见都很重要，都可能成为矫正对象问题解决的突破点。矫正对象面临的问题也不仅仅是他一个人的问题，问题带来的不利影响势必会对其所属的整个系统带来困扰，因此，在访视过程中，个案矫正工作者要推动系统中的成员将矫正对象所面临的问题看作系统整体面临的问题，系统中的每个成员都有一定的责任和义务去帮助矫正对象解决问题。

2. 发展性原则

以历史的眼光看待矫正对象的生活环境，伴随着生活场所中人口的增减、重要事件的发生，矫正对象的整个生活环境也是一部极为复杂的生活史。个案矫正工作中，个案矫正工作者要了解矫正对象的生活经历，要用发展性的眼光去分析矫正对象的生活环境，了解其中独特的发展特征。

3. 不归罪原则

在访视过程中，要避免谴责和怪罪，矫正对象的问题并不完全是由他个人造成的，可能是个人和家庭、单位、社区互动的结果，又或者是家庭、单位、社区与社会互动的结果等，因此，不能单纯地将责任归于某一人之上，要激发矫正对象生活环境中成员们的社会责任感，充分利用一切可利用的资源去帮助矫正对象解决问题。

（四）个案访视注意事项

为了达到个案访视的预期目的，个案矫正工作者应该注意以下事项：

1. 明确访视的目标和目的

访视的目标和目的在这里有所不同，目标更多地指访视谁，访视什么，也就是所谓的“看什么”、“听什么”、“问什么”以及“问谁”。目的主要是指“为什么要进行本次访视”“访视过程中需要改进什么”。访视的目标和目的在个案矫正工作者进行访视之前就必须要确定，访视目标的确定往往由访视的目标来决定，访视的目标和目的不同，访视工作的开展过程往往也不同。例如，一次家庭访视的目的是要对矫正对象生活的家庭环境有所了解，尤其是想确定矫正对象的父母对矫正对象目前面临的问题有何看法，采取过哪些行动。此次访视的目标也就是矫正对象的父母，要询问他们是否知道矫正对象目前面临的问题，他们对于问题的了解程度以及为了解决问题作过哪些尝试和努力。此时，访视的时间最好定在下午下班以后进行，穿着可以休闲，因是到家庭进行拜访，可以适当带一些小礼物。如果矫正对象父母年纪较大，可以先慰问关怀老年人的身体状况。而对社区或单位进行访视就不同了，目标是社区工作人员或者矫正对象的同事，此时访视时间最好定在白天工作时间，且个案矫正工作者穿着应该正式，说话也不能过于随意。

2. 做好访视前的准备工作

在开展访视工作前，为了保证访视过程的顺利，需要进行一些准备工作，包括访视提纲的撰写、访视对象资料的熟悉、相关道具（如小礼品）的准备等。例如，要提前规划好访视的时间和路线，提前确定访视对象是否能够进行接待，以免浪费时间和精力。另外，要做好相关应急预案，充分估计访视过程中可能出现的问题，避免访视过程中因意外造成的措手不及。

3. 注意访视仪表

个案访视是正式的专业性的访问，个案矫正工作者往往需要到一个陌生的环境中同陌生的人员进行沟通交流，中途可能还要伴随环境的观察。双方都是第一次见面，个案矫正工作者仪表对于在对方心目中建立良好的第一印象十分重要，也可能会对访视的过程带来重大影响。因此，个案矫正工作者应该着装得体，根据大众审美和工作性质来决定自己的穿着，最好携带自己的工作证件，给对方可靠、可信任的印象。

4. 把握访视态度

个案访视是一种正式的拜访，对访视对象而言其实存在一定的打扰，而且也需要访视对象的配合才可能进行。因此，在访视过程中，个案矫正工作者应该保持谦逊的工作态度，对给访视对象正常生活、工作带来的不便表示真诚地歉意，在谈话过程中要尊重、理解访视对象。另外，个案矫正工作者要时刻意识自己代表了矫正机构的形象，因此，态度和言行必须严谨有修养，尽量符合当地的风俗习惯，尽量使用受访者语言，以便双方更好地合作和交流。

第二节　个案矫正的记录技术

“做事要留痕”是日常工作中我们经常强调的话语，保留记录，是社区矫正工作的重要内容。不同的矫正工作需要不同的记录，不同的记录形式也适合不同的服务形式。对于个案矫正工作而言，记录技术也有着其独特的要求和特点。

一、记录的意义

个案矫正记录，是指个案矫正工作者根据自己的专业判断，将日常服务中与矫正对象相关的会谈资料、联络事项等有关情况进行有条理的文字记录的活动。

整体而言，个案矫正记录具有以下作用：

（一）有助于个案矫正工作的开展

1. 记录是矫正工作者开展个案矫正工作的依据

当矫正对象初次到社区矫正机构接受个案矫正服务时起，就需要对矫正对象设立专门的个案矫正档案，开展专业的记录工作。记录的内容应该包括矫正对象的基本资料、矫正对象的问题分析评估资料、矫正计划、矫正计划实施过程中矫正对象的反应等，这些资料仅仅依靠矫正工作者的记忆是不可能记得清楚详细的，而且个案矫正工作并不是一次性就可以完成，需要矫正工作者和矫正对象多次互动才能实现，持续时间可能几周、几个月，甚至一两年。当矫正工作者通过文字完成记录工作后，在下次与矫正对象的见面会谈中，就能够及时回忆起之前已经完成的工作内容，并以此确定本次会谈的主要计划，从而保证每次工作衔接的连续性。

2. 记录是矫正工作者评估个案矫正工作的依据

社区矫正对象个案矫正工作的开展无论是对于矫正对象，还是对于社区矫正机构和社会都有重要作用，矫正工作开展的效果需要通过专门的评估来展现，而个案矫正记录则能为评估工作提供证据支撑。无论采用什么样的评估方式，无论在何时开展评估工作，个案矫正记录都是重要的参考依据。例如，在结案时通过矫正对象自己表达的感受和对自己的看法、矫正工作者对矫正对象的观察和感受，评估矫正对象的问题是否得到解决以及矫正对象是否能够顺利融入社会，其依据是个案矫正记录中所记载的矫正前矫正对象的基本情况、问题状况，以及经过个案矫正后矫正对象目前的状况和问题存续情况。又如，要评估个案矫正工作是否按照预定的矫正方案贯彻实施，所参考的也正是之前制订的书面社区矫正对象个案矫正计划方案，以及个案矫正记录中矫正活动的实际开展实施情况。

3. 记录是社区矫正机构检查、督导个案矫正工作的依据

社区矫正对象个案矫正工作需要接受矫正机构的检查和监督，以确保相关工作的正常、有序开展。对个案矫正工作进行检查和督导是社区矫正机构的管理要求和职能需要，社区矫正机构需要对个案矫正工作记录进行阅读，听取矫正工作者的情况汇报来帮助、督促工作的开展。对于一些问题较为复杂的社区矫正对象，矫正工作者在开展个案矫正时，也需要听取矫正机构的意见和建议；对于一些情况比较典型的社区矫正对象，其个案矫正工作过程能够成为典型经验在社区矫正系统中进行推广，以推动基层社区矫正工作的开展。而以上情形都需要个案矫正记录作为依据，需要矫正工作者依据矫正记录向矫正机构作报告，或者印发个案矫正记录，供矫正机构中其他同事或者领导发表意见。

（二）有助于进行专业反思

1. 记录能为社区矫正工作提供专业反思

中国的社区矫正工作还处于发展阶段，很多经验需要在实践中不断积累，相关的理论也需要在实践中不断总结。矫正工作者可以通过个案矫正记录对社区矫正相关工作进行进一步的反思，总结个案矫正工作中社区矫正对象面临的共同性问题，思考在会谈过程中他们展现出的个性特点，衡量沟通理论、互动理论、系统理论等相关理论在个案矫正中的作用等，从而更好地帮助他们解决困难，帮助其顺利回归社会。这些工作经验的总结、归纳、反思势必会帮助社区矫正工作者不断提高社区矫正工作能力，提升社区矫正相关理论水平，促进社区矫正专业的提升。

2. 记录能为个案工作提供专业反思

个案矫正工作者可以依据个案矫正记录，对会谈中自己表现出来的价值理念、对矫正对象的回应、对矫正对象情绪的处理以及相关介入情况进行总结检查，通过一个个的个案实践，对个案工作所规定的专业理念、所运用的理论知识和主要的介入方法进行检验，

尤其是检验个案工作相关理论和工作方法在社区矫正对象这一特殊群体上的运用是否合适，应该如何改进，从而不断促进个案工作理论和实践的发展。

（三）有助于教学和研究工作

1. 记录能为教学提供丰富案例

不论是社区矫正专业还是社会工作专业，都是实践性很强的学科，教学活动不应该仅仅局限于教师课堂上的理论讲授，更多地需要案例教学或者组织学生进行模拟演练。个案矫正记录是社区矫正工作者从实务中得来的，贴近生活，真实性较强，以此作为案例能够更好地锻炼学生的问题分析能力和解决能力，帮助学生更加了解自己即将面对的工作人群和工作场景，为学生的成才提供帮助。值得注意的是，将个案矫正记录作为案例进行讲授时必须注意对矫正对象个人隐私资料的保护，切记不能因为资料泄露给矫正对象带来不必要的伤害。

2. 记录能为社会研究提供参考

社区矫正对象的问题是多样的，而且具有社会性，将他们的问题汇总起来进行分析，可以从中发现许多普遍存在的社会问题。随着当今社会刑罚不断向非监禁刑发展，中国社区矫正对象的数量将会越来越多，因此，对社区矫正工作、对社区矫正对象的分析、研究对于维护社会稳定有序发展十分必要。个案矫正记录是矫正工作者对矫正对象最好的深入访谈资料，通过对其进行研究，可以了解他们的内心世界，发现问题的深刻原因和行为的内在动力，这对于研究其他社会群体和社会问题都具有很好地借鉴意义。

二、记录的原则与要求

（一）记录原则

在进行个案矫正记录中，必须遵循以下基本原则：

1. 记录的完整性

记录的完整性，是指在进行个案矫正记录时所记录下来的资料应该是全面的、完整的，而不是残缺的、片面的。资料越详细，就越能够发挥个案矫正记录的重要作用。例如，一名社区矫正对象向个案矫正工作者抱怨说，最近半年自己 17 岁的孩子越来越不懂事，整天懒洋洋的，学习成绩考试下滑，脾气也越来越暴躁，孩子即将面临高考，他很担心孩子。个案矫正工作者详细记录了矫正对象对孩子问题的描述，把工作的重点放在了缓解父子关系以及帮助孩子正确应对高考上，却一直未取得明显的成效。直到矫正机构查阅了详细的矫正记录后，针对孩子的表现咨询相关医生，医生怀疑可能孩子生理出现了问题，建议带孩子到医院做相关检查。后来检查发现，孩子之所以出现这种情况，是因为患有甲亢。此案例中，如果不是对孩子症状的描述记录翔实，可能也没有办法及时确定孩子患有身体疾病。

一般而言，一份完整的个案矫正记录至少应该包括以下内容：(1) 矫正对象基本资料：①矫正对象个人背景资料，如姓名、性别、籍贯、住址、文化程度、犯罪类型、刑期等；②矫正对象家庭资料，如家庭成员的年龄、健康状况、与矫正对象之间的关系；③个案矫正基本资料，如进行个案矫正的原因、矫正对象进行社区矫正期间的表现、主要评估内容等。这些内容通常在社区矫正对象接受矫正期间由社区矫正机构通过统一的表格进行填写，矫正工作者需要做好资料的收集整理。(2) 矫正对象问题描述资料，包括矫正对象问题产生的原因分析，问题的性质、程度、对矫正对象的影响、解决问题的阻力等。(3) 矫正对象环境资料，包括矫正对象生活的环境情况、矫正对象能够获取的资源等。(4) 个案矫正过程资料，包括个案矫正中相关评估、处理、介入的资料。

2. 记录的清晰性

个案矫正记录要求所记载的内容应该是清楚明了的，而不是杂乱无章、难以读取的。个案矫正记录不仅仅是满足矫正工作者自己的工作需要，同时对于矫正机构、专业发展都有重要作用，因此必须保证矫正记录清晰。这就要求个案矫正工作者在记录时尽量做到工整地书写，如果有可能，在后续阶段对手写稿作进一步的整理，转化为电子文档或者打印稿更好。另外，为了更方便地进行资料的查阅，个案矫正工作者可以对记录资料进行分类，根据资料类别分开记录和存放。最后，个案矫正工作者要及时对所做的记录进行总结，尤其是当个案矫正工作者对资料进行回顾时有新的想法和心得的，要及时补充上去。

3. 记录的独特性

虽然对个案记录的形式有一定要求，尤其是社区矫正工作中有一些表格需要规范地进行填写，但是并不代表所有的个案矫正记录都是千篇一律的。除了固定表格的填写外，个案矫正工作者记录内容通常是依据自己的专业判断和看待问题的视角而定的，与个案矫正工作者的专业经验息息相关。即便是针对同一个矫正对象进行个案矫正工作，不同的个案矫正工作者的个案矫正记录也不一定一模一样。因此，在保证记录资料完整、详实、真实的基础上要尊重矫正工作者记录工作的独特性。

4. 记录的真实性

保证记录资料的真实性是个案矫正工作者做好个案矫正记录工作的基本伦理要求，个案矫正工作者必须如实进行记录，不能故意添枝加叶或者歪曲事实记录。前面也提到过，个案矫正工作者的记录有时候会受到主观价值观的影响，因此，为了保证记录的真实客观，个案矫正工作者需要从以下几方面努力：一是在认知上，一定要认同并且尊重真实性的重要作用；二是在意志上，要坚持真实性原则；三是在具体行动上，要真实记录，时刻反思自己的记录是否有失偏颇、是否有失公允，如果条件支持，可以借助相关摄影、录音设备帮助矫正工作者校正记录的真实性。

5. 记录的保密性

保密性原则是社区矫正工作和个案工作最为重要的原则之一，

将贯穿于整个个案矫正工作。在个案矫正记录工作中，做好记录的保密性应该从以下几个方面努力：一是在会谈过程中，个案矫正工作者无论是录音录像或者文字记录都应该向矫正对象表明，并作出保密承诺。对于一些非社区矫正工作强制要求的录音录像或者文字记录，如果矫正对象不同意记录，个案矫正工作者应该尊重矫正对象的意见。二是矫正机构和个案矫正工作者要对矫正对象相关资料做好保存工作，不能随意摆放或者丢失，资料的查阅、调取应该遵循严格的审批程序，只有符合社区矫正机构相关工作要求，才能对资料进行查阅。三是矫正对象解除矫正后一定期限内，对于部分原始记录应该按照社区矫正档案管理要求集中保存，以及报相关部门同意后及时进行销毁。即便是进行教学或者研究工作，也应该隐去矫正对象私密性较强的个人信息，防止信息泄露给矫正对象带来不便。

（二）记录要求

在遵守个案矫正记录相关原则的基础上，以下要求可以帮助个案矫正工作者更好地完成记录工作。

1. 每次会谈后及时记录

个案会谈是个案矫正工作者同矫正对象特殊的会面，需要个案矫正工作者高度的重视和投入，会谈一般会产生较多地需要记录的信息，尤其是一些细节性问题，以及个案矫正工作者针对矫正对象某个信息的想法，如果不能及时记录，一段时间后很容易遗漏。但是，在会谈工作中完成记录是不现实的，如果个案矫正工作者不是专注地倾听矫正对象的表述，而是埋头进行记录，势必会影响矫正对象表达的意愿，也容易让个案矫正工作者忽视矫正对象表述背后的语气、表情、动作等细节。而且面对矫正对象不停地记录，容易让矫正对象产生不安全感，害怕自己说错话成为把柄。因此，在会谈工作中，个案矫正工作者尽量不做记录或者少记录，并且如果要做少量记录也需要取得矫正对象的同意和理解，在记录时尽量避免长时间视线脱离矫正对象。文字记录工作最好在会谈结束之后马上开始，此时矫正工作者对于整个会谈过程有着整体的、最为直观的把控，能够在第一时间将有用的信息及时进行记录、整理。如果矫正工作者害怕仍有遗漏，可以在矫正对象同意的情况下使用录音录像等设备，但是考虑到大部分社区矫正对象较为敏感，建议矫正工作者在日常工作生活中多锻炼记忆和速写能力，以在不借助电子设备的情况下提升个案矫正记录工作。

2. 符合社区矫正机构记录要求

社区矫正机构作为社区矫正对象管理的专门机构，也作为社区矫正工作者的直属机构，对于工作人员的文书记录有着自己的要求，矫正工作者的个案矫正记录必须满足矫正机构的文书撰写规范。例如，对机构统一印制的相关表格进行认真填写。对于机构没有专门要求的相关记录，矫正工作者可以在遵循记录原则的基础上根据自己的风格进行记录。

3. 正确使用专业术语

虽然对于社区矫正对象的表述最好进行原话记录，以保证记录的真实性，但是为了保证社区矫正工作的专业性以及便于系统内部工作的交流，矫正工作者在进行个案矫正记录时，对于自己的专业分析应该尽量使用专业的、通用的术语，避免使用自己杜撰的或者小众的、方言性的词汇。专业术语使用错误，不仅会影响沟通，给矫正工作带来负面影响，而且也有可能对矫正对象带来不良影响。例如，有的矫正对象只是对自己失业十分焦急，想尽快找到工作，才多次主动联系个案矫正工作者，矫正工作者不能因此断定矫正对象有焦虑症。

4. 简明扼要

详细记录个案矫正工作流程，甚至个案矫正工作者和矫正对象的每一句交谈、矫正对象的所有表现等，都记录下来固然是最为稳妥的，但是对于个案矫正工作者而言是难以完成的任务。因此，除非特别要求，矫正工作者对于个案矫正服务内容可以进行简明扼要的记录，只需要保证重要资料记录翔实具体即可。对于个案矫正工作者与矫正对象之间以及矫正对象与他人之间的互动，可以用描述性的语言进行记录，但是要避免个案矫正工作者的主观臆断。记录中，涉及个案矫正工作者主观分析的部分，一定要以事实为依据，且注明该分析、建议产生的原因，不能过于长篇大论。

三、记录的形式与方法

（一）记录形式

个案矫正记录的具体形式种类较多，根据记录的载体不同可以分为：（1）文字记录，即通过文字进行记录的资料，包括手写记录、打印资料等，是个案矫正中最常见的记录形式；（2）语音记录，即通过录音笔等电子设备采集的语音信息资料，大多为会谈的相关记录；（3）照片记录，即通过摄影装备采集的图案信息资料，可能包括矫正对象的居住条件、社区环境、工作环境等资料；（4）影视记录，即通过摄影装备采集的动态影视资料等。根据具体的记录内容来看，个案矫正工作档案案宗中的个案矫正记录应该包括个案卡、个案记录、个案矫正工作报告以及其他资料。

（二）记录方法

1. 个案矫正卡

个案矫正卡通常是一个质地较硬、便于管理和检索的卡片。个案矫正卡记录着个案矫正记录卷宗中最为精简的信息，包括矫正对象的姓名、年龄、性别、家庭住址、籍贯、主要社会关系、职业、社区矫正开始和结束日期、个案矫正编号以及评估情况等内容。个案矫正卡通常放在个案矫正记录档案封面，便于对矫正对象在短时间内有最基本的了解。如表 4-1 所示：

表 4-1　个案矫正卡

个案矫正编号		
矫正对象姓名	年龄	性别
家庭住址		籍贯
主要社会关系		职业
社区矫正开始日期		
评估情况		
社区矫正结束日期		

2. 过程式记录

过程式记录是个案矫正工作者将从与矫正对象初次接触到结案为止，与矫正对象所有互动内容详细记录下来。过程式记录通常包括以下内容：一是矫正对象的基本资料；二是个案矫正工作者同矫正对象会谈的内容；三是双方互动过程中的语言和非语言行为，矫正对象的感受和反应；四是个案矫正工作者分析性的思考，包括个案矫正工作者想要采取的矫正措施以及对下次会谈的相关安排等。

按照展示方式的不同，过程式记录可分为叙述式记录和脚本式记录两种。

（1）叙述式记录，是指个案矫正工作者以第一人称或者第三人称的视角，通过叙事的方式来展示互动的全过程。例如，下面的案例：

会谈刚开始时，矫正对象有些紧张，不怎么说话，我尽量表现出对他的友好和接纳。我向他详细介绍了个案矫正的相关流程以及矫正过程中我可以提供给他的帮助，在会谈中他逐渐放松了下来，并告诉了我他的经历。他说他妻子因为挪用公款被判刑 10 年，现在还在监狱里。他为了帮助他妻子还钱，所以违规使用了信用卡而触犯了法律，考虑到家里还有一个读小学的孩子，最终他被判处了缓刑。在犯罪后，社区曾经给他提供了一份保洁的工作，但是因为前段时间他跟一名路人发生了冲突，被开除了。现在家里没有收入来源，一时之间他和孩子的生活都出现了问题。说到这里，他脸上出现了内疚和懊恼的表情……

从以上案例可以看出，叙述式的过程记录更为考验个案矫正工作者的文字表达水平，可能因为个案矫正工作者把握上的差异，记录的详细程度、语言表达都会出现不同。

（2）脚本式记录，是指利用图表，按照剧本的方式，将互动的过程呈现出来。脚本式记录对于工作经验较少的个案矫正工作者而言更容易运用，不同的个案矫正工作者采用的表格规划可能不一样，但是仍然要将过程式记录要求记录的内容记录下来。如表4-2所示。

表4-2　脚本式过程记录示例表

<table>
<tr><td>日期/时间：</td><td colspan="2">矫正工作者：</td><td colspan="2">个案编号：</td></tr>
<tr><td>矫正对象姓名：</td><td colspan="2">年龄：</td><td>民族：</td><td>职业：</td></tr>
<tr><td>婚姻状况：</td><td colspan="4">主要社会关系：</td></tr>
<tr><td>会谈次数：</td><td colspan="4">其他需要说明的情况：</td></tr>
<tr><td colspan="2">对话内容</td><td>其他观察内容</td><td colspan="2">矫正工作者分析和感受</td></tr>
<tr><td colspan="2">张（代表矫正对象）：我这个人没什么本事，一直以来没找到什么大家看得起的工作。</td><td>表情带着些许不耐烦</td><td colspan="2">矫正对象曾经的工作可能未受到身边人的认可</td></tr>
<tr><td colspan="2">工（代表矫正工作者）：您的意思是你还是做过一些工作的，对吗？</td><td></td><td colspan="2">想了解矫正对象的从业经历，这可能对于矫正对象的问题解决很重要</td></tr>
<tr><td colspan="2">张：做过，当过保安……打扫过卫生……零零散散都干了些</td><td>回答比较慢，中间有停顿</td><td colspan="2">矫正对象曾经的工作内容可能比较杂乱，且有些工作可能是早期进行的</td></tr>
<tr><td colspan="2">……</td><td>……</td><td colspan="2">……</td></tr>
</table>

总结： （矫正工作者对本次会谈的总体感受和建议）
下次会谈计划和安排：

3. 摘要式记录

摘要式记录一般结构性较强，通常按照明确的主题和视角将记录资料进行归纳和组织，来表达对某一工作内容的总结、概括以及观点阐述。如果将过程式记录作为原始记录，摘要式记录就是对其进行进一步的加工、整理和归纳。摘要记录同过程记录一样，需要包含矫正对象基本的个人资料，但是在具体内容记录上，可以分为接案摘要、评估摘要、阶段摘要、结案摘要等。

（1）接案摘要是在个案矫正工作者与矫正对象进行第一次会谈之后进行，主要阐述矫正对象可能面临的问题、问题的性质以及矫正对象对个案矫正工作者和矫正机构的期望。

（2）评估摘要是在个案矫正工作者和矫正对象之间有了一定时间的接触，对于矫正对象的资料有了一定的收集整理后，对矫正对象及其问题进行评估，用来帮助矫正方案的制订。前面提到过，评估工作需要贯穿于个案矫正工作始终，下一小节也将对评估工作作具体描述，这里不再多提。仅仅作出提醒，评估摘要需要根据不同阶段的评估内容经常撰写。

（3）阶段摘要是对个案矫正工作每个阶段的工作进行摘要记录。阶段的划分可以以时间为依据，如一个月一次或者两个月一次，最好不要超过两个月；也可以根据工作的内容为标准划分，如资料收集工作完成后或者专业关系建立完成后进行总结性的摘要记录。

（4）结案摘要是在个案矫正工作结束时，对于整个个案矫正工作的过程进行概括性地总结，反思经验教训，为以后的工作提供借鉴。即便是因为某些原因，个案矫正工作者不能或者矫正机构不能为矫正对象继续提供服务，需要转介，也需要进行结案摘要，对前期的相关工作进行总结。

第三节　个案矫正的评估技术

一、评估的意义

个案矫正评估，是指社区矫正机构和个案矫正工作者在对社区矫正对象实施个案矫正过程中以及结案前，对个案矫正效果进行的分析评估。

在个案矫正工作中，对个案矫正过程和效果进行评估，具有重要意义。

（一）明确矫正效果

个案矫正工作者可以通过评估对社区矫正对象个案矫正的阶段性成果或者最终成果作出明确地判断和预测。如果阶段性矫正目标已经实现，便可以实施下一阶段的矫正方案；如果个案矫正总体目标已经实现，便可以进入结案阶段。

（二）反馈调整方案

虽然个案矫正工作有明确的目标，即帮助矫正对象解决面对的困难或问题，提升矫正对象的社会适应能力。但是面对具体的不同矫正对象，深入而准确地评估可以帮助矫正工作者根据矫正对象的特点和变化制订和修正个案矫正方案。通过评估，可以帮助矫正工作者判定什么样的矫正方法是适合矫正对象的，对于矫正效果不明显的个案，就应该利用评估去剖析矫正过程中存在的问题。在矫正实践中，矫正目标设置不当、矫正技术运用失误、矫正措施落实不到位等问题常常会削弱矫正效果，只有通过对个案矫正过程中相关问题、情况及方法不断进行评估，才能不断地反馈信息，修正矫正方案，推动个案矫正工作的有序开展。

（三）有利于促进社区矫正对象积极转变

评估工作可以帮助个案矫正工作者寻找矫正中存在的问题、修正矫正方案、明确矫正效果，从而帮助矫正对象更好地解决问题和走出困境，提升其社会适应能力。另外，矫正对象对评估工作的参与可以增强他们在个案矫正中的主人翁意识，提升价值感和自我改变的动力。矫正对象也可以通过自我评估，对自己在个案矫正期间的转变进行剖析，对取得的成绩进行自我肯定，这是增强其成就感的重要手段、思想行为矫正得以内化的重要机制和实现心理成长的重要途径。

二、评估的原则

采用一定的方法和手段对社区矫正对象个案矫正过程和效果进行评估时，必须遵循相应的评估原则，从而保证评估结果的客观性、准确性、合理性和有效性。

（一）主观性与客观性相结合

虽然我们一直强调评估的结果要客观，但是毫无疑问，评估工作是一种主观判断，是建立在客观资料基础之上的主观判断。因此，要保证评估的准确性和科学性，就必须平衡好主观性和客观性之间的关系。这里主观性和客观性的关系体现在两个方面：一是评估主体和现实资料之间的关系；二是个案矫正工作者和矫正对象之间的关系。

1. 评估主体和现实资料之间的关系

评估的主体除了个案矫正工作者，还可以是矫正机构、矫正对象或者其他人员，但不论是谁，在整个评估过程中都有各自的价值参与。虽然现实资料是客观存在的，但是针对这些现实资料，收集什么资料、如何收集、资料分析方法选择什么、资料分析视角如何选择、得出什么样的结论，这些都不可避免地会受到评估主体（本人）价值观的影响。因此，要平衡好评估主体与现实资料之间的关系，就必须做到：（1）尽量全面地看待问题，全面地收集资料；（2）要采用科学的资料收集、资料分析方法和资料分析视角；（3）要时刻提醒自我，避免强烈的主观色彩介入，将主观因素影响控制在最小范围。

2. 个案矫正工作者和矫正对象之间的关系

个案矫正工作者和矫正对象是个案矫正工作中最为重要的两个主体，整个评估过程的终极目的也是围绕着矫正对象开展的，以矫正对象的实际情况作为最终评价标准。如果将矫正对象的实际状况认定为客观实际，那么个案矫正工作者的评估就是主观判断，矫正对象对于自身的实际状况是有重要的发言权的，那么当个案矫正工作者和矫正对象在评估过程中有不同的意见、看法和感受时，如何来进行平衡就是评估工作中需要注意的另一个重要问题了。前面提到过，虽然评估工作者处于“专业性”判断地位，矫正对象可能会较少坚持己见，但是在评估过程中应该多倾听矫正对象的意见和感受，因为矫正对象问题是否解决、社会适应能力是否提升只有矫正对象最清楚，应该成为个案矫正工作者评估的重要参考依据。

（二）全面评估与重点评估相结合

评估工作应该渗透到个案矫正工作的方方面面，个案矫正工作者需要随时对自己所听、所看、所想作出专业性地判断。但是，这并不是说，事无巨细地对所有的个案矫正工作运用科学的方法和程序进行评估，这显然也无法实现。在实际工作中，我们更需要有选择、有侧重，在全面收集资料进行判断分析的基础之上，对重要部分、重要工作进行重点评估。

在个案矫正工作中，一般认为矫正对象目前存在的问题性质与严重程度、解决问题可能遭遇的阻力和助力、矫正对象所处的社会环境、个案矫正方案的可行性以及个案矫正结果等都是个案矫正工作需要重点关注、重点评估的内容。个案矫正工作者应该花费更多的时间、精力做好这些方面资料的收集整理工作，以保证评估的合理性和科学性。而其他方面的工作，同样需要个案矫正工作者留意，但是只需要进行一般性评估即可，除非有一些特殊情况出现，需要重点关注。

（三）定性方法与定量方法相结合

定性研究和定量研究是进行科学研究最常采用的方法。定量研究主要针对事物可量化的部分进行测量和分析，以检验研究者关于该事物某些理论假设的方法。定性研究则是通过研究者和被研究者之间的互动对事物进行细致、深入、长期的体验，从而对事物的本质得到一个比较全面的科学性理解。评估工作与科学研究相似，同样是对事物进行资料收集、分析、作出解释和总结的过程。

一般而言，定量评估说服力较强，它可以提供一系列相关联的指标进行检测，并通过具体数据加以验证，在对评估工作的解释上也更具有科学性和解释力。但是个案矫正工作是一种助人活动，矫正对象在矫正过程中是在不断发展变化的，仅凭数字说话是不够的，有时也是不合适的，需要通过深入的谈话和观察，在互动过程中通过描述性的语言进行评估和解释。因此，定性评估应该成为个案矫正工作的主要评估方式之一。另外，定性评估相较于定量评估，它不要求一定要在严格的实验环境中，或者对某些环境影响因素进行控制，而强调在自然情景中进行。个案矫正工作中，个案矫正工作者需要给矫正对象鼓励、促使矫正对象真实地表达，在自然情景下完成资料的收集，这样收集到的资料也更具有真实性和可靠性。因此，个案矫正评估需要定性方法与定量方法相结合运用。

三、评估的类型

（一）社区矫正对象的需求评估

1. 社区矫正对象需求评估的含义

社区矫正对象需求评估，是指对社区矫正对象物质、精神等各方面需要进行评估的过程。通常对矫正对象进行需求评估可以帮助矫正工作者了解自己目前存在的问题以及问题产生的原因，从而有针对性地制订矫正目标和矫正方案，做到有的放矢，提升矫正效果。目前对于人类需求的研究较多，其中，被大多数学者认可且被广泛运用的理论之一是马斯洛需求层次理论，他将人类需求分为生理需求、安全需求、社交需求、尊重需求和自我实现需求五类，且依次由较低层次到较高层次分布。社区矫正对象作为社会中的一份子，同样具备这些基本需求，当然，在对社区矫正对象进行需求评估时，除了把握社区矫正对象基本需求外，还需要更加关注社区矫正对象这一特殊身份为其带来的特殊需求。

2. 社区矫正需求评估的原则

（1）重点从犯因性问题上进行需求评估。社区矫正对象个案矫正工作的根本目标在于将社区矫正对象矫正为守法公民，因此，对于矫正对象需求的评估应该重点从其犯罪原因上进行分析，了解导致其犯罪的原因中是否包括某些需求获取失败，如果经过评估发现有这方面的原因，就应该第一时间解决这些问题。例如，针对某社区矫正对象因开设赌场罪被判处有期徒刑 6 个月，缓刑 1 年，在对其犯罪原因进行分析时，发现其因为工资收入较低加上缺乏法律意识从而导致其犯罪，此时矫正工作者就需要针对其犯因性问题进行需求评估，发现矫正对象有进行普法教育和提高其收入水平的需求，只有在矫正过程中满足这两方面需求，才能更好地实现矫正效果。

（2）关注社区矫正对象普遍性需求评估。除了犯因性问题上反映出的需求外，社区矫正对象作为一类群体，他们有着群体共有的普遍性需求，这些普遍性需求的满足通常有助于其更好地适应社会，矫正工作者在进行需求评估时，应关注此类需求。从矫正工作实践来看，社区矫正对象普遍在户籍、住房、就业、家庭关系、心理和健康等方面存在一定的需求。例如，有些社区矫正对象刚刚假释出狱，因长期的监禁生活对国家户籍办理制度和流程不太熟悉，需要矫正工作者进行协助，应联系其家属、村（居）委会和辖区派出所，完成户籍的办理工作。

（3）留意矫正对象个别化需求评估。不同的矫正对象除了普遍存在的需求外，往往还存在一些特殊需求，矫正工作者要根据矫正对象的具体情况进行需求分析，对于一些合理需求，有助于提升矫正效果的需求应尽量协助其满足。例如，某社区矫正对象在矫正期间其女友要同其分手，导致其情绪低落，极为痛苦。此时，矫正工作者需要根据实际情况满足矫正对象的情感宣泄需求，并尽量帮助矫正对象正确地重新面对与女友之间的关系，否则矫正效果势必大打折扣。

3. 需求评估技巧

社区矫正对象参与个案矫正工作往往是被迫进行的，在前期接触中，他们往往敏感多疑，对于社区矫正工作或多或少存在抵触心理，即便是有困难也不一定会愿意主动向个案矫正工作者提及。因此，个案矫正工作者想要挖掘他们的具体需求通常比较困难。为了更好地做好社区矫正对象需求评估，除了利用一些基本的会谈技巧之外，还可以从以下几方面努力：

（1）从矫正对象家庭支持情况中发现需求。家庭的支持是社区矫正对象掌握的主要社会资源之一，对于矫正对象家庭情况的了解是个案矫正工作者在进行个案矫正中的主要工作。个案矫正工作者需要在会谈中对矫正对象家庭结构、家庭收入、家庭成员互动等细节多加留意，从倾听中发掘需求。例如，个案矫正工作者在同某矫正对象会谈时，矫正对象叙述了自己对女儿的教育方式后，说了一句“不知道这样对不对”，矫正工作者捕捉到了他的疑惑，通过更加详细、深入地了解情况，在个案矫正目标中增加了“提升家庭教育技巧”，最后这一矫正目标的实现，极大地提升了矫正对象的家庭责任感以及矫正信心，达到了较好的矫正效果。

（2）从矫正对象案件发生前后的细节中发现需求。虽然社区矫正对象大多所犯罪行较轻，但是遇到刑事案件对大多数人而言是生命历程中的一件大事，部分社区矫正对象甚至有过上法庭，进看守所、监狱的经历。在案件发生前后，矫正对象究竟经历了什么？他们的心路历程是怎样的？矫正工作者可以在同矫正对象建立了稳定的专业关系后，向其了解这些细节，从中判定他们受影响程度，从而挖掘需求，提供相应的矫正服务。例如，某社区矫正对象曾经是一名出租车司机，在一个风雨交加的夜晚，因路况较差，撞倒了一名路人，致其重伤，但因主观恶性较小，积极送被害者就医以及主动赔偿，被判缓刑。矫正工作者通过日常观察发现，事件发生后，矫正对象每逢恶劣天气均会存在一定的焦虑情绪，后经评估确认矫正对象对于案件有一定的心理阴影，需要专门的心理治疗。

（3）从矫正对象法律意识中发现需求。社区矫正对象不论是触犯法律时，还是接受社区矫正时，都需要对法律有一定的了解。矫正工作者可以从矫正对象对案件的态度以及接受社区矫正过程中矫正对象的行为和想法来判断，矫正对象是否有加强法律意识的需求。尤其是对于一些案件发生后愤愤不平、对遵守社区矫正规定有诸多怨言的矫正对象，更加应该对其进行普法教育，并邀请专业人士为其解答法律上的疑惑。

（4）从矫正对象社区矫正进程中发现需求。社区矫正对象在犯罪行为发生后，生活或多或少会受到影响，矫正工作者要详细了解矫正对象现在的生活和之前的生活差别，对矫正对象影响程度，矫正对象当前的感受和行为，从而帮助矫正对象合理应对生活的改变。例如，某社区矫正对象，其所在公司老板并未因其进行社区矫正而对他进行免职，大多数同事也并不清楚其正在接受社区矫正，但是其工作时间与社区矫正机构的集中教育、公益劳动时间相冲突，此时，矫正工作者需要了解其在身份隐藏和时间安排上存在哪些困难，并尽量提供适当的帮助。

（5）从同类矫正对象中发现需求。社区矫正对象中通常会存在同类型的人员，如实施犯罪行为但情节轻微的青少年、因交通肇事而入刑的人员等。面对这些矫正对象，矫正工作者需要多了解其犯罪信息，以便更好地展开话题，挖掘需求。例如，对于因酒后驾车被判危险驾驶罪的社区矫正对象，矫正工作者需要了解其酒后驾车是因为工作需要还是抱着侥幸心理。如果是前者，矫正工作者需要同他们探讨拒酒技巧、酒后如何不开车也能安全回家等话题，甚至要了解喝酒对他们身体是否造成伤害，以及如何避免伤害进一步加深；如果是后者，则需要加强其法律意识。

（二）矫正对象的犯因性评估

1. 矫正对象犯因性评估的含义

社区矫正对象犯因性评估，是指对矫正对象具有犯罪原因性质的各种因素进行分析评估。社区矫正对象之所以接受社区矫正，正是因为其触犯了法律，需要接受法律的制裁。在矫正过程中，对矫正对象的犯罪原因进行评估，可以帮助个案矫正工作者分析矫正对象的需求、确定矫正对象目前存在的关键性、急需解决的问题，进而通过解决其犯因性问题来不断提升矫正对象适应社会的能力，维护社会稳定。

2. 矫正对象犯因性评估的意义

（1）矫正对象犯因性评估有助于对社区矫正对象进行危险等级和管理等级的划分。通过对矫正对象的犯罪原因进行评估，可以在一定程度上判定矫正对象的危险等级（即人身危险程度的大小和高低），从而根据危险等级来划分管理等级，实行分类矫正，在保证矫正工作正常有序开展的同时，促进矫正对象改变的积极性，提升矫正效果。例如，通过对某社区矫正对象进行犯因性评估，发现其是因为过失性、偶发性原因导致其产生犯罪行为的，加上认罪悔罪态度较好，故判定其危险等级较低，实行宽松管理，让其有更多地自主时间完成正常的工作和社会交往。

（2）矫正对象犯因性评估有助于对矫正对象的问题和需求进行评估。人的行为都是以一定的动机为前提的，而动机正是以需求为基础和导向、以需求的满足为目的。犯罪从本质上讲是一种行为，必然也是在某种动机和需求的牵引下实施的，因此，对矫正对象犯罪原因进行分析，可以帮助矫正工作者探寻矫正对象犯罪行为背后的需求，确定其犯因性问题所在。

（3）矫正对象犯因性评估有助于对矫正对象制订有针对性的矫正方案。社区矫正对象个案矫正本身就是针对矫正对象具体情况开展的个别化的管理与服务，这种管理和服务应当建立在对矫正对象犯罪原因的正确、全面分析的基础之上。通过对矫正对象进行深入细致的综合分析判断，正确认识矫正对象发生犯罪行为的内外在机理，可以为准确设置矫正目标、寻求有针对性的矫正技术、制订科学合理的个案矫正方案提供依据。矫正工作者要针对犯罪原因不同的矫正对象采取不同的引导、控制，采取不同的矫正措施，采取不同的帮助方法，彻底消除矫正对象犯罪心理和行为恶习，改善矫正对象所处社会环境，预防其重新犯罪。

3. 常见犯因性问题

对社区矫正对象犯罪原因进行评估分析，最主要的是把握哪些因素更有可能导致社区矫正对象产生犯罪行为。一般而言，对犯因性问题进行分析主要从矫正对象的生理、心理和社会三个维度进行，不同的矫正对象犯因性问题均不同，这里仅对几种常见的犯罪原因进行介绍。

（1）法律意识淡薄诱发犯罪。部分社区矫正对象所犯罪行较轻，社会危害性不大，不易引起重视，其中，很多矫正对象在实施犯罪行为后，甚至在进行社区矫正初期，都没有意识到自己已经犯罪了。正是因为法律意识的淡薄，基本法律素养的缺失，导致他们无法判断哪些行为属于犯罪行为，从而踏入犯罪的深渊而不自知。

例如，某社区矫正对象读高中时，沉迷于网络游戏，游戏中的暴力情景使其受到潜移默化的影响，最后唆使同伴采用暴力胁迫的方式劫取他人财物，因抢劫罪被判有期徒刑3年，缓刑3年。在被问及为什么进行抢劫行为时，他说就是打游戏需要钱，家长不给，于是就抢了，没想到后果这么严重。

(2) 恶习成瘾诱发犯罪。有些矫正对象有一定程度的恶习，如好吃懒做、贪图享乐、喜欢赌博，甚至染上毒瘾。这些恶习导致矫正对象游手好闲，没有固定工作和稳定收入，当个人的欲望不能实现，没有收入支撑其生活时，就很容易走上犯罪的道路。例如，某假释出狱的社区矫正对象，因为毒瘾发作，为了购买毒品而实施了入室盗窃。

(3) 不良社会交往诱发犯罪。朋辈群体对个人的社会化具有重要影响，如果某人的朋辈群体是由一些犯罪可能性较大的人构成，那么他就很有可能受到影响，实施犯罪行为。例如，某社区矫正对象就是因为在酒吧认识了一个出狱的朋友，两人经常一起玩耍，因为朋友的女朋友的关系，出于哥们义气前去打架，最后酿成被害人死亡的惨剧，自己也锒铛入狱。

(4) 家庭支持欠缺诱发犯罪。家庭是人们完成社会化的最重要场所，家庭的支持对于个人发展具有重要作用。家庭关爱的缺失、家庭结构破碎、家庭互动不良都极易引发犯罪行为，尤其对于青少年来说，因其本身的世界观和人生观还没有完全形成，更需要家庭的支持。

(三) 矫正对象的重新犯罪预测评估

1. 矫正对象的重新犯罪预测评估的含义

社区矫正对象的重新犯罪预测评估是犯罪预测的一种，是依据社区矫正对象的社会、生理、心理等因素，对即将解除矫正的社区矫正对象重新犯罪的可能性程度进行预测的评估过程。它具有以下特点：一是评估主体的特定性，社区矫正对象的重新犯罪预测评估主体是社区矫正机构；二是评估对象的特定性，只针对正在接受矫正的社区矫正对象；三是评估时间的特定性，在社区矫正对象即将解除社区矫正时进行；四是评估目的的特定性，评估的目的是评价矫正效果，为相关职能机构提出管理、帮教或者矫正的建议，从而预防和减少犯罪，维护社会和谐稳定。

2. 矫正对象重新犯罪预测评估的意义

（1）矫正对象重新犯罪预测评估能够实现重点人员的管控。对即将解除矫正的社区矫正对象进行重新犯罪预测，可以帮助国家相关机关、组织和社会团体，在社区矫正对象解除矫正重新回归社会后，进行有针对性的帮教或者列为重点人口予以必要的管理控制，从而提高社会治安综合治理的有效性，预防和减少犯罪，促进社会和谐稳定。例如，某社区矫正对象在即将解矫时重新犯罪预测测出他仍然具有一定的反社会倾向，有一定的再犯罪可能性，那么在解除社区矫正转为安置帮教时，就需要将其在分类定级帮教中列为重点帮教对象，给予更多的关注，防止其重新犯罪。

（2）矫正对象重新犯罪预测评估能够完善个案矫正效果评估。重新犯罪预测也是社区矫正对象个案矫正质量评估体系的重要组成部分。通过对社区矫正对象进行重新犯罪预测评估，可以进一步认识社区矫正对象犯因性问题的改变、改善情况，从另一个角度了解他们的社会适应能力，对于进一步验证个案矫正目标是否真正达到，个案矫正效果是否真正取得有重要作用。

（3）矫正对象重新犯罪预测评估能够促进社区矫正对象的发展。对即将解除社区矫正的矫正对象进行重新犯罪预测，通过国家有关机关、组织、社会团体或者社区矫正机构对他们进行科学的管理、有针对性的帮教，有利于巩固矫正效果，继续改变、改善他们的犯因性问题，进一步完善其人格和心理，增强其社会适应能力。

3. 重新犯罪预测技术

重新犯罪预测技术是对未然的再犯的可能性认识。为了提高预测的准确性，必须采用科学的方法进行。总体而言，大致上可以分为定性预测和定量预测。

（1）定性预测，主要是指依据已经掌握的可能重新犯罪的指征材料，进行全面系统的分析，评估社区矫正对象是否具备犯罪动机和转化为犯罪行为的可能性。进行重新犯罪预测时，定性分析预测属于主观经验判断，缺乏具体的评判标准，只能依靠评估工作者的工作经验，因此，评估的信度和效度不高，需要随时根据新发现的情况不断作出调整。但是总体上而言，在进行定性评估时，需要注意以下几个方面：一是要针对社区矫正对象的资料作全面地分析，而不能仅仅针对某一部分资料进行预测。例如，只知道社区矫正对象有一定的犯罪动机，但是不结合他的性格特征、家庭环境情况、工作情况等，就很难对其是否会重新犯罪进行准确预测。二是要对矫正对象进行动态观测，以发展的眼光进行预测。社区矫正对象在个案矫正过程中是不断改变的，仅仅依靠其某一时期静态的资料也不足以预测其是否会重新犯罪。例如，社区矫正对象在个案矫正快结束时的确还存在一定的反社会性，犯罪动机也未完全消除，但是经过一段时间的矫正后，相较于其未实施矫正前，犯罪动机已经有了明显下降，反社会性也在逐步降低，此时需要矫正工作者根据变化趋势结合矫正对象自身特点进行合理判断。三是要将各种相关资料当成一个整体系统进行分析，要充分挖掘各种资料间的内在联系。以往经验表明，很多罪犯之所以实施犯罪行为，可能并不是蓄谋已久的，也与他的日常表现不相符合，这增加了矫正工作者对重新犯罪的预测难度，需要矫正工作者作出更加系统、细致的分析。

（2）定量预测。定量分析预测，是指通过对矫正对象相关资料进行科学整理归纳，选出相关的预测因子，根据其犯罪相关程度大小，作出数量化的排列打分，从而制成分数预测表，运用统计学处理计算得出社区矫正对象未来犯罪的概率。定量预测相较于定性预测更为直观、科学性和客观性更强。但是定量预测在指标权重的赋值上以及指标的代表性上要求较高，如“同家庭联系极少”应该赋值多少、“曾经有过犯罪经历”应该赋值多少、“存在人格障碍”应该赋值多少，计算出分数之后，又如何去判断何种分数段其犯罪概率应当对应多少等。定量预测的专业性、技术性较强，对预测人员的要求较高。

我国对服刑人员重新犯罪预测起步较晚，在实践中还是采用经验型主观测定为主，即便近几年对于服刑人员的重新犯罪预测取得了一些进步，开始采用一些定量测评量表，但是大多还是应用于监狱中，实现对关押罪犯的再犯风险测评。例如，2004 年江苏省监狱管理局罪犯改造质量评估课题组提出的由心理、认知和行为特性表（XRX（WXRX）量表），刑罚心理体验表（XT 简评表），重新犯罪简评表（CX 简评表）组成的相对完整和科学的罪犯重新犯罪定量测量方法。但是其主要针对的还是在监狱服刑的罪犯，社区矫正对象相较于他们有自己的特点，在对社区矫正对象进行定量评估时，可以借用相关量表，不过矫正工作者还是需要根据具体情况作出适当的调整。

四、评估的方法

评估方法是由信息载体和信息内容组成的，评估首先要获取评估对象的相关信息。信息载体，是指获取信息所用的媒介，也就是指用什么方法去获取信息，如问卷、访谈、观察等。信息的内容，是指信息载体中的言语、符号、数字所包含的意义。个案矫正评估要选择合适的、能够获得丰富内容的信息载体去收集评估所需信息。一般而言，经常运用的评估方法包括资料评估、问卷法、观察法、访谈法。

（一）资料评估

资料评估，是指通过对收集到的社区对象相关资料进行整理、分析，通过对资料的掌握和运用，来获得对矫正对象的了解，从而评估个案矫正工作的活动。作为社区矫正常用评估方法之一，资料评估进行分析所需的资料包括社区矫正对象审理卷宗、社区矫正档案、个案矫正实施方案、会谈记录等，这些资料大多在个案矫正工作实施过程中就已经完成收集，具有分析成本较低、工作效率较高的优点，但是通常也存在不够全面的缺点，因此，大多数情况下要同其他的评估方法结合使用。

（二）问卷法

问卷法，也称问卷调查，是现代社会调查的主要方法，是工作者运用统一设计好的问卷向被选取的调查对象了解情况或者征询意见，从而得出结论的评估方法。问卷评估优点在于能够在短时间之内对较多调查对象开展调查，收集大量资料，并进行数量化处理，分析各指标间的关系。缺点则在于被调查者可能因为各种原因，如自我防卫、理解错误、填答错误等，对问题作出虚假或者错误的回答。

对个案矫正过程和结果进行问卷评估与一般的问卷评估不同，个案矫正评估主要关注矫正对象个体变化信息，而不是某一群体差异信息。因此，相较于一般的问卷调查，个案矫正问卷评估不会发放大量的问卷，问卷的指标设计也会更为简单。例如，要对矫正对象的情绪控制能力进行问卷测评，可以在个案矫正工作开始前和结案时，让矫正对象填写一份情绪控制问卷（表 4-3）。如果矫正对象在接受矫正前情绪控制能力等级为“2”，个案矫正结束时选择的情绪控制能力等级是“7”，那就说明个案矫正对于提升矫正对象的情绪控制力是有一定效果的，矫正对象情绪控制能力提升了 5 个等级。

表 4-3　情绪控制问卷示例

<table>
<tr><td colspan="12">说明：请根据你的情绪控制的实际情况选择合适的数字</td></tr>
<tr><td>糟糕透顶，完全不能控制自己的情绪</td><td>1</td><td>2</td><td>3</td><td>4</td><td>5</td><td>6</td><td>7</td><td>8</td><td>9</td><td>10</td><td>非常好，能够完全掌控自己的情绪</td></tr>
<tr><td colspan="5">填表时间：</td><td colspan="7">填表人员：</td></tr>
</table>

在对个案矫正工作评估的实践中，问卷通常不会如表4-3一样只有一个问题构成，往往需要矫正工作者针对某一评估主体设计一套评估指标体系并科学确定各指标的权重，在此基础上根据指标体系设计一系列的问题，通过问题的合理分布构成整套问卷。目前针对社区矫正工作的评估问卷已经有一些被广泛使用，如社区矫正质量效果阶段评估表、社区矫正人员教育矫正效果评估问卷、社区矫正人员教育矫治六要素评估表等，但是针对矫正对象个案矫正的过程性和结果性问卷还没有统一的、被广泛使用和认可的问卷，矫正工作者需要发挥主观能动性，科学合理地利用问卷这一工具协助开展测量评估工作。

（三）观察法

观察法，是指个案矫正工作者根据一定的研究目的、研究提纲或者观察表，用自己的感官和辅助工具去直接观察被研究对象，从而获取资料进行判断的评估方法。在个案矫正评估中，最常用的观察法是参与式观察，也就是社区矫正工作者直接深入到社区矫正对象生活背景中，在与社区矫正对象的互动中进行观察。观察法具有以下优点：一是通过观察获取资料，真实性较高；二是在自然状态下进行观察，能获得生动的资料；三是观察具有及时性的优点；四是观察可以获取非语言性材料。但是观察评估也有一定的缺点，如受时间影响较强，某些行为和事件的发生具有一定时间限制，错过就很难重新观察到；又如，观察者本身的观察能力和价值观将会影响观察获得的资料真实性、全面性等。

观察法在个案矫正评估中最常用于对会谈进行评估，此时矫正工作者和矫正对象存在面对面的互动，个案矫正工作者可以对矫正对象的言语、表情和行为进行全面细致地观察。例如，在刚刚接触矫正对象时，矫正工作者可能观察到矫正对象“不愿说话，行为懒散，注意力不集中，情绪暴躁”。经过一段时间的个案矫正后，在会谈时矫正工作者发现矫正对象“偶尔进行回应，情绪开始缓和，对某些话题愿意主动表达”。到矫正工作结束时，矫正工作者可以观察到矫正对象“负面情绪表现不明显，开始主动表述一些私密性较强的话题，肢体动作较为放松”等。通过这些观察，矫正工作者可以在一定程度上评估认定专业关系得到了较好的建立和维护，矫正对象的沟通交往能力有所提升。矫正工作者还可以通过访视，到社区矫正对象的家庭、单位、学校和社区中，去观察矫正对象与他人的互动，了解相关情况和信息，从而作出评估。例如，当矫正工作者到矫正对象单位，观察到矫正对象正在与同事发生争执，而他求助的问题也正是无法在现有的工作岗位发挥自身价值。矫正工作者通过观察矫正对象日常的表现，可以获得相关信息，对矫正对象某些问题的成因得出主观判断，这种自然情境中得到的资料比矫正对象自己的主观阐述往往更为真实、具体。

（四）访谈法

访谈法，是指以口头交谈和询问的方式，根据被询问者的答复收集资料，进行判断评价的一种评估方式。访谈法的优点在于可以对访谈对象深层次的态度、动机等内容进行比较详细地了解；能够简单地收集到多方面的资料；由于是访谈对象自己进行的表达，真实性较强。但是它同样存在一定的缺点，如对于访谈工作者的技能要求比较高；需要花费较多的时间和精力进行访谈工作以及访谈资料的整理工作；访谈对象可能因为某些原因故意隐瞒或者夸大事实。

在个案矫正工作中，矫正工作者与矫正对象之间的会谈本身就是一种深入的交谈和询问过程，因此，访谈法是个案矫正评估重要的方法之一。对矫正对象问题性质和严重程度的评估、对矫正对象问题解决阻力和助力的评估、对矫正对象所处社会环境的评估等重要评估内容都需要通过访谈来实现；对矫正工作者和矫正对象专业关系的判定也需要通过访谈中双方的互动来完成；而对个案矫正过程和效果的评估更是离不开访谈中矫正对象对自身感受、变化的陈述。

【课堂活动】

比较会谈与谈话

1. 两人一组，互相进行随意的谈话，交谈时间为 5 分钟。

2. 仍是两人一组，进行正式的有目的的谈话，谈话主题自选，一方扮演社区矫正对象，一方扮演矫正工作者，会谈时间为 5 分钟。

请分享两次“谈话”的感受，比较一下会谈和一般的随意谈话有何不同？

过程记录练习

首先，从班级学生中招募两名志愿者，一人扮演社区矫正对象，一人扮演矫正工作者，选择一个话题，两人进行个案矫正会谈角色扮演，时间为 15 分钟。

其次，请班上学生根据两名志愿者的谈话内容进行过程记录，扮演矫正工作者的学生也将在会谈结束后进行过程记录。

最后，对扮演矫正工作者的学生的过程记录进行专门讲评，从其他学生上交的记录中选取有代表性的记录进行学生互评以及教师点评。

【思考题】

1. 如何理解个案矫正中的会谈是人际沟通的特例？

2. 结合实例说明个案会谈的支持性技巧、引领性技巧和影响技巧。

3. 在个案记录中需要注意什么？

4. 如何理解评估在个案矫正工作中的重要作用？

第五章　社区矫正对象个案矫正治疗模式（一）

【学习目标】

知识目标：掌握个案矫正的心理社会治疗模式、危机调适模式和任务中心模式的相关知识，了解其理论来源和基本假设。

能力目标：培养学生具备个案矫正的心理社会治疗模式、危机调适模式和任务中心模式的工作技能。

第一节　个案矫正心理社会治疗模式

心理社会治疗模式是个案社会工作传统的治疗方法之一。它强调生物因素、内在的心理和情感过程、外部的社会和物理环境对人的问题的影响，以及这些因素间的相互作用所造成的影响。这一治疗模式帮助案主减少由于自己和环境的某种失衡而形成的问题。它的基本路径是研究个人、家庭，他们所处的环境，以及由于两者的相互作用而形成的“情境中的人”，从而作出评估或诊断。其工作目标是和案主一道发现、增强和动员自身的长处和应对能力，落实资源，找到人与社会或物理环境的最佳结合点。这种治疗模式同样适用于社区矫正对象的个案矫正。

一、心理社会治疗模式的理论来源

心理社会治疗模式最初受精神分析理论的影响很大，后来一些学者不断加以修正，逐步吸收了其他学科的一些理论知识，如社会学的角色理论、人类学理论、沟通理论、学习理论、家庭理论、系统理论、危机理论等。因此，该模式可以说是涵盖最广、理论内容最丰富的一种治疗模式，其理论基础主要由以下几种构成：

（一）精神分析理论

精神分析理论是由奥地利的精神病学家弗洛伊德创立的。其心理结构和人格结构理论是早期社会心理治疗模式的主要理论依据。弗洛伊德认为人的心理结构由意识、前意识、潜意识（无意识）三个层次构成。意识是能够觉察到的心理活动，它处于人的心理结构的表面层次。潜意识则是人的心理结构中最深层次的一个领域，是人的本能冲动及出生以后被压抑的人的欲望。这种欲望因为社会行为规范不允许满足，而被压抑到内心深处，意识不能将其唤醒。[①] 潜意识系统中的本能冲动是人类精神中最原始的因素。前意识是介于意识与潜（无）意识之间的一种中间心理状态，是那些此时此刻意识不到，但是在集中注意、认真回忆、不断搜索的情况下，可以回忆起来的经验。[②] 意识、前意识、潜（无）意识构成了人的复杂的心理结构。“我们可以把这个心理结构看成一座三层楼，顶层住的是理智而有教养的意识，中层住的是安分守己懂礼貌的前意识，底层住的是粗野任性的潜（无）意识。中层居民可以随时到楼上去拜访，同时，他又有责任守住楼梯口，不让楼下的粗

① 中国就业培训技术指导中心、中国心理卫生协会组织编写：《心理咨询师（基础知识）》，民族出版社 2015 年版，第 10 页。

② 中国就业培训技术指导中心、中国心理卫生协会组织编写：《心理咨询师（基础知识）》，民族出版社 2015 年版，第 11 页、第 98 页。

人冲上顶层去打扰意识的正常活动。”①

此外，弗洛伊德还把人格结构划分为本我、自我和超我三个层次。本我，位于人格结构的最低层次，是人的原始的无意识本能，特别是性本能组成的能量系统，包括人的各种生理需要。它遵循“快乐原则”，寻求直接的满足，而不顾社会现实是否有实现的可能，如追求性欲、食欲、求生欲及攻击欲等。它只有原始的非理性的冲动，毫无理智可言，它是人的先天的本质。自我，位于人格结构的中间层次，是在本我的冲动与实现本我的环境条件之间的冲突中逐渐发展起来的。它在本我和超我之间起着调节的作用，一方面要尽量满足本我的要求，另一方面又受制于超我的约束。② 它遵循“现实主义原则”，自我的活动包括记忆、知觉、情绪、动作、思考等，其作用是向本我提供外界消息，帮助本我从外部世界获得本能需要的满足，同时避免由于盲动而招致危险。自我代表审慎的理性，本我代表不驯服的激情，但自我最终受本我的支配。弗洛伊德曾经把自我和本我比喻为骑手和马的关系，不过情况和日常生活有所不同，不是骑手驾驭马，而是必须根据马所需要的方向跑，骑手的作用只是根据路面情况控制马的速度、调整路线等。③ 超我，位于人格结构的最高层次，由社会规范、伦理道德、价值观念内化而来，是个体社会化的结果。它遵循“道德原则”，是道德化了的自我，起着抑制本我的冲动，对自我进行监控以及追求完善境界的作用。④ 超我包括良心、道德、理想宗教感、社会感情这些人性中的

---

① 江怡主编：《走向新世纪的西方哲学》，中国社会科学出版社 1998 年版，第 191 页。

② 翟进、张曙编著：《个案社会工作》，社会科学文献出版社 2001 年版，第 175 页。

③ 翟进、张曙编著：《个案社会工作》，社会科学文献出版社 2001 年版，第 175 页。

④ 中国就业培训技术指导中心、中国心理卫生协会组织编写：《心理咨询师（基础知识）》，民族出版社 2015 年版，第 98 页。

高级本性，在人格中是社会力量的代表。超我是社会的道德规范、行为准则等在个体人格中的反应，是“理想的我”①。

人格结构中的三个层次相互交织，形成一个有机的整体。它们各行其责，分别代表着人格的某一方面。本我反映人的生物本能，按快乐原则行事，是“原始的人”；自我寻求在环境条件允许的情况下，让本能冲动得到满足，是人格的执行者，按现实的原则行事，是“现实的人”；超我追求完美，代表了人的社会性，按道德原则行事，是“道德的人”。精神分析理论认为，只有保持本我、自我、超我相互作用平衡，才能使人格健康发展。其中，自我既要做本我的忠仆，又要为严厉的超我所监视，同时还要承受外界的挫折，因此，人们常会感叹生活的不易。自我一旦不能抵挡前面三者的压迫，而自认软弱，便会导致精神的焦虑症状。② 焦虑是一种紧张状态，会激励我们做某些事情。焦虑来自本我、自我和超我三者之间的冲突，其作用是警示危险的迫近。

焦虑有三种：现实性焦虑、神经质焦虑和道德性焦虑。现实性焦虑是害怕外在世界中存在的危险，此时焦虑的强度与威胁的程度成正比。神经质焦虑与道德性焦虑是因为内心“力量的平衡”受到干扰而引发的。当自我无法控制焦虑时，就会采用不实际的方法即自我防御。③

（二）“人在情境中”理论

“人在情境中”理论认为，个案社会工作是关于人的工作，应注重于研究案主的生活环境及社会环境间各要素的关系，即人在情

---

① 江怡主编：《走向新世纪的西方哲学》，中国社会科学出版社 1998 年版，第 196 页。

② 江怡主编：《走向新世纪的西方哲学》，中国社会科学出版社 1998 年版，第 196 页。

③ 翟进、张曙编著：《个案社会工作》，社会科学文献出版社 2001 年版，第 176 页。

境中。由于人们受环境压力及人们彼此冲突的影响和困扰，因此，要用系统的方法去分析情境中人们的行动，用精神分析的方法研究人们的压力和困扰。另外，心理防御机制对理解人们如何与环境互动也起着重要的作用。

案主所受的困扰主要来自三方面：[①]

（1）儿童期未能满足的欲望与需求一直带进了成年期，从而导致在情境中的不合理要求。例如，某人在童年期受到严厉管束，没感受到爱和关心，长大后可能会持续的寻求关心和爱护。

（2）来自环境的压力。例如，一位母亲由于居住条件很差，房屋破旧、潮湿、周边噪音干扰等，可能变得容易发怒，爱责骂其子女。

（3）自我和超我受到损害。例如，某人由于童年时期受到母亲的过度保护，长大以后不能很好地处理与异性的关系，容易出现侵犯性行为和过度感情投入。

任何一方面的困扰都会使案主面临压力，有时，这三个方面的困扰甚至同时出现在一个人身上。压力可以通过自我调节或者在他人的帮助下发生改变，这都会有助于案主人格的改善。如果得不到自我调节或改变，案主就会面临很多问题。[②]

（三）社会角色理论

波曼于1968年提出，个案矫正社会工作者可以借用“社会角色”这个概念来理解人格及人们之间的关系。社会角色理论论述了人们之间的互动关系及人们之间彼此的角色期望。社会学意义上的社会角色，是指与人们的某种社会地位、身份相一致的一整套权利、义务、规范的行为模式。它是人们对具有特定身份的人的行为

---

① Malcolm Payne: Modern Social Work Theory. Macmilan Eacmilan Education LTD. P. 84

② 翟进、张曙编著：《个案社会工作》，社会科学文献出版社2001年版，第176—177页。

期望。最早由美国社会学家米德从戏剧中借用到社会心理学的研究中，社会角色理论认为：

（1）人们在社会结构中占据了一定的位置，每个位置都有一个角色和他（她）相联系，角色是社会地位的外显形式。例如，某个案矫正社会工作者，当他面对个案矫正对象时，他承担的角色是个案矫正社会工作者，回到家中其角色为丈夫，回到机构则是某一部门的工作人员或领导。

（2）人们的角色与一定的权利义务规范和行为模式相适应，如某一当事人，当他的角色是社区矫正对象时，他必须遵守社区矫正法律法规和社区矫正机构的有关制度规定，并按照法律和社区矫正制度的规定享有一定的权力，履行一定的义务。

（3）角色失败，即一个人由于种种原因不能承担该角色。例如，某个案矫正对象因觉得判决不公而产生对社区矫正的抵触情绪，或者因自卑而产生不愿意配合社区矫正的工作等，都可能在短期内无法适应矫正对象的角色而产生各种问题。

（四）沟通理论

心理社会治疗模式特别重视人与人之间的关系，沟通理论成为该模式一个很好的理论来源。沟通理论着重研究：

（1）人们双方关系的控制。例如，对等关系意味着双方地位的平等，互动时采取大体一致的行为方式；补偿关系意味着双方地位的不平等，但双方都会扮演一个特定的角色。在个案社会工作中则要求工作者和案主关系的平等性。

（2）沟通意味着信息的发出和反馈。关系双方如何发出、反馈信息，各代表什么样的含义也是沟通理解研究的一个内容。

（3）沟通双方如何相互影响。沟通理论在心理社会治疗模式中主要用于个案矫正社会工作者与案主的会谈之中，此外学习理论、家庭理论、危机理论也有所涉及和借鉴。心理社会治疗模式在吸收前述理论的基础上，由此提出了该模式的一些基本假设和原则。①

二、心理社会治疗模式的基本假设和原则

（一）价值取向与基本假设

心理社会治疗模式有几个重要的价值取向和假设：

（1）人的成长受生理的、心理的和社会的三个方面因素的影响，而且这三个方面的因素又相互作用，共同影响着案主的成长过程。因此，不能简单地把案主的问题看作是单方面因素造成的，而是由各种因素综合作用的结果，这些因素既有内在的生理、心理因素，也有外在的社会因素。基于这一观点，案主所面临的困难或问题，必须放到一定的情境中去认识，了解他所处环境中的各种因素，如家庭、亲友、学校、工作单位、社区、邻居等，与这些因素的互动构成了个人的生活状态。

（2）个人过去的经历、所持的观念、习得的技巧、知识和态度，仍藏在个人的无意识中，都会有意无意地影响他现今的一切。因此，了解个人早年经历对于了解个人的现在和将来都有很大的帮助。与此同时，心理社会治疗模式也强调了解个人的自我调节作用。这也就是说，工作人员不仅要探索问题的背景和成因，也要重视现在的人格强度。从这里可以看出，出现问题的原因主要涉及三个方面：其一，案主早年未被满足的欲望或者未被解决的情绪冲突压抑在心中，经常干扰案主当前的生活，妨碍案主的人际关系。其二，当前的社会环境压力过大时，使案主早年未解决的问题呈现出来，从而导致他的行为出现偏差，干扰当前的情绪生活，降低个人的适应能力。其三，案主的问题与不良的自我功能和不良的超我功

① 翟进、张曙编著：《个案社会工作》，社会科学文献出版社2001年版，第177—178页。

能有关，在这些不良的自我功能和超我功能的影响下，案主对外部环境的认识能力以及对自己情绪的控制能力减弱，最终导致心理困扰和人际关系的失调。所以，内外兼顾是解决问题的途径。①

（3）人际沟通十分重要。人际沟通会影响案主的家庭关系和案主扮演的社会角色，而这些对案主的超我和自我理想的建立都有十分重要的作用。个人的自我强度、自我防卫机制和知觉等都是对人际沟通技能有决定性影响的因素。② 因此，了解案主沟通的能力与技巧有助于理解他的问题以及作出正确的诊断。

（4）每个人都是有价值的，有待发展其潜力的个体。“心理社会治疗模式的宗旨就是协助个人获得健康的发展，并充分发掘其潜能。”③

（5）人类的行为既可以被了解，也可以用预测的方法来加以影响和改变。同时，个人在某一方面的改变将会导致其他部分的改变，从而产生系统性的影响。

基于以上的价值取向和基本假设，心理社会治疗模式要求个案矫正社会工作者在开展工作时应遵循以下基本原则，以便使矫正社会工作者对个案矫正对象或其家庭提供的服务达到最佳的效果，并促进个案矫正对象或其家庭的充分发展。

（二）基本原则

（1）协助个案矫正对象了解他所处的环境和个人感受，引导和鼓励他充分表达自身的领悟和感觉。

（2）了解个案矫正对象本身的性格特点。

（3）了解个案矫正对象幼年的情绪体验、生活经验及其和目前行为的关系。

---

① 隋玉杰主编：《个案工作》，中国人民大学出版社 2007 年版，第 151 页。

② 隋玉杰主编：《个案工作》，中国人民大学出版社 2007 年版，第 152 页。

③ 高刘宝慈、区泽光编：《个案工作：理论及案例》，香港中文大学出版社 2001 年版，第 2—7 页。

(4) 在适当的时候给个案矫正对象提供直接的建议和劝告，使他能妥善处理与生活相关的问题。

(5) 矫正社会工作者应经常采用语言和非语言的沟通方式，让个案矫正对象感觉到矫正社会工作者时时在支持他和帮助他。

三、个案矫正心理社会治疗模式的实施程序

心理社会治疗模式有其独特的、不同于其他模式的实施程序，该程序主要分为四个阶段：开始接触、心理社会研究、心理社会诊断、治疗。四个阶段工作重点虽有所不同，但却是紧密联系、不可分割的。

(一) 开始接触

首先是初次会谈。一方面，通过会谈尽可能地找出个案矫正对象存在的困难和问题，了解他希望得到什么样的帮助；另一方面，也要向他介绍个案工作的性质和服务的内容。

其次是建立关系。建立关系的主要目的在于使个案矫正对象相信个案矫正社会工作者的能力，同意接受矫正社会工作者提供的服务，即取得个案矫正对象的信任。根据精神分析学派的观点，在建立关系阶段矫正社会工作者要防止和个案矫正对象之间发生“情感转移”和“反情感转移”现象。为了取得个案矫正对象的信任，矫正社会工作者可以开展一些治疗前期的准备工作，通过倾谈等方式首先适当减轻个案矫正对象的焦虑、不安等情绪。刚开始时个案矫正对象往往不易通过自我认识来发现自己的问题所在，矫正社会工作者也可以协助个案矫正对象将矫正中或生活中遇到的困难和自己可能的行为缺陷联系起来，但一定要注意观察个案矫正对象对这种联系的反应，如果个案矫正对象反应比较激烈时则立即停止。

最后是签订服务协议。服务协议的主要内容包括澄清服务的方法、服务的性质、服务的目标，明确个案矫正对象、矫正社会工作者、社区矫正机构各自享有的权利和应尽的义务，初步的治疗计划

等方面。

（二）心理社会研究

心理社会研究的第一步是资料的收集。该模式以“人在情境中”理论为依据，要求全面收集与个案矫正对象有关的心理、社会等各方面的资料，这其中包括了解个案矫正对象对自己的问题的看法，他为解决这些问题都做过什么，他认为问题的成因是什么。除了引导个案矫正对象提供这些方面的资料外，矫正社会工作者还要追溯其童年及成长过程中的经历、价值观念、家庭关系和对自己的看法等。矫正社会工作者同时还要观察个案矫正对象的情绪状况和身体健康状况，如个案矫正对象是否忧虑、恐惧、畏缩、自卑，是否有失眠、疾病、伤残，并正在接受治疗等。矫正社会工作者要把这些资料间的联系找出来，发现其中的逻辑关系。在这一过程中，矫正社会工作者不仅要关注个案矫正对象此时此刻的现实问题，更要把这些问题与其过去的经验和其他生活体验识别出来。不过，该模式关注的重点仍然是个案矫正对象能意识到的东西，而不是潜意识中的东西。第二步，协助个案矫正对象进行自我发现，了解自己在行为方面可能存在的缺陷及这些缺陷对面临问题的影响。很多时候，个案矫正对象并不能察觉到自己行为有什么不当，这需要矫正社会工作者加以引导，促使其反省、了解自己的实际状况。第三步，将各方面的资料综合起来进行分析，确立下一步的诊断方向。

（三）心理社会诊断

心理社会诊断，是指除了对个案矫正对象进行社会因素的分析以外，进一步以精神分析理论来诊断个案矫正对象的人格或心理问题，并对个案矫正对象的受助意愿，接受服务的能力进行预估。

心理社会诊断的目的在于寻求个案矫正对象如何获得有效的帮助。因此，在诊断过程中，矫正社会工作者要积极、主动地从事心理技术及社会性的研究，以制订初期的治疗计划，同时要对个案矫正对象问题的性质和个案矫正对象的能力与缺陷加以评估，以发现一切适用于该个案矫正对象的个案社会工作方法与技术。

心理社会诊断的主要内容包括：

（1）对个案矫正对象目前所呈现的问题及形成因素的分析。

（2）对个案矫正对象的家庭环境与家庭因素的分析，包括对家庭心理动态因素的分析。家庭心理动态因素，是指父母对子女的教育态度，夫妻关系状况及其对子女的影响，如子女之间的关系，子女的价值观念以及其他的特殊问题与表现。

（3）个案矫正对象的个人生活经验与行为特质的分析，包括其常用的心理防卫法及其评价。

（4）个案矫正对象对接受协助的意愿与运用能力的评估。

（5）心理社会诊断摘要剖析，对该个案服务治疗计划的拟定。

在拟定此计划时，应考虑到以下有关事项：矫正社会工作者所属机构的主要功能；个案矫正对象的各种需要；矫正社会工作者的专业职责；矫正社会工作者的专业技术与水平；其他特殊需要考虑的事项。①

按照霍利斯的观点，心理社会诊断可分为心理动态诊断、因由诊断和分类诊断三种。

（1）心理动态诊断是研究个案矫正对象性格的三大动力（即超我、自我和本我）之间的互动。弗洛伊德认为，超我的强弱程度和自我的调节功能之间影响个人的心理平衡。虽然有时问题是环境造成的，但个人的自我强度，即理解力、判断力、冲动控制力、心理防御机制、自我思想、现实检测能力、与别人的关系是否成熟等，都会影响对问题的应变能力。

常见的心理防御机制有：压抑，即尽量忘记痛苦或威胁的事

---

① 廖荣利著：《社会工作理论与模式》，台湾五南图书出版公司 1987 年版，第 26—27 页。

情；退化，即以行动或借助行动回到从前曾有过的快乐时期；退缩，即以逃避困难的方式寻求安全；白日梦或幻想，即通过幻想满足个人不能实现的目标；转移，即将愤怒和不满情绪转移到其他对象身上；合理化，即用虚拟的美好理由欺骗他人和自己，来解释自己的行为；反动，即表现为与自己实际愿望和功能根本对立的方式去感受、思考和行动；补偿，即通过表现个体另一方面的才能来平衡或遮盖在这一方面的不足或缺陷；同情，即通过夸大自己面临的困难获取别人的同情。

另外，心理社会诊断还必须研究家庭成员之间的互动关系和个人与系统间的互动关系。①

（2）因由诊断是从纵向的视角判断个案矫正对象的问题。它把个案矫正对象的过去经历和现在行为间的互动作纵向分析，力求寻找出当前问题产生的原因。霍利斯认为，人的矛盾和冲突有现在的原因，也有过去的原因，所以要充分了解全面的“情境中的人”，就需要先对这些错综复杂的关系有所认识，可以说心理动力诊断是从横向视角审视个案矫正对象的问题，而因由诊断从纵向的角度对它作了补充。

（3）分类诊断是将个案矫正对象的各方面情况分门别类，逐一进行临床评估。例如，对个案矫正对象的身体情况、情绪状况、心理表现、社会功能等方面分别进行诊断和评估，以便全面、综合、系统地考察个案矫正对象的问题。

（四）治疗

心理社会模式下的治疗，是指结合个案矫正对象成长过程中的生理、心理、社会等各方面的因素及相互之间的互动作用，运用专业技术和方法，促进个案矫正对象问题的解决和个人的全面成长与

---

① 翟进、张曙编著：《个案社会工作》，社会科学文献出版社 2001 年版，第 183 页。

发展。心理社会治疗的目标包括：（1）减轻个案矫正对象的焦虑与不安。（2）降低“人在情境中”系统的功能失调。（3）增强个案矫正对象的自我适应能力和“人在情境中”系统的功能。（4）增强个案矫正对象的自我实现和满足感。（5）改善个案矫正对象的环境，促进个案矫正对象个人的全面成长与发展。

四、个案矫正心理社会治疗模式的治疗方法与技术

霍利斯按照沟通方式及参与人员的不同，将心理社会治疗模式分为直接治疗和间接治疗两种类型。直接治疗，是指矫正社会工作者和个案矫正对象直接进行沟通、诊断及治疗的过程。间接治疗，是指针对个案矫正对象周围的环境而展开的治疗。类型不同，治疗的方法和技术也不一样。其中，直接治疗主要有非反映沟通动力与反映沟通动力两种技术，间接治疗以环境改善技术为主。

（一）直接治疗技术

1. 非反映沟通动力技术

非反映沟通动力技术包括支持，直接影响，探讨、描述和宣泄。

（1）支持。支持在开始接触阶段，尤显重要。首先要减轻个案矫正对象的不安和焦虑情绪。主要方法是：通过专注的聆听、温情的语调、友善的笑容等技术向个案矫正对象表明矫正社会工作者的了解、接受、同情、信任和乐意帮助的态度。其次是保证，即肯定个案矫正对象的某些行为，作出必要的治疗效果的承诺等，但在保证前，矫正社会工作者一定要对个案矫正对象完成目标的能力作出恰当的评估，如果轻易作出承诺和保证，个案矫正对象因为能力缺乏完不成目标，反而会使个案矫正对象觉得矫正社会工作者信口开河，不负责任，对矫正社会工作者失去信任。另外，也可以实物资助的方式表示对个案矫正对象的支持。霍利斯称作：“爱的礼物”，即为个案矫正对象做一些实际的事情，如为经济困难的个案

矫正对象申请救济金等。实物资助有助于增加个案矫正对象对矫正社会工作者的信任。

（2）直接影响。直接影响，是指矫正社会工作者运用直接或间接的方法表示自己的态度或立场，以推动或劝阻个案矫正对象的某些行为。矫正社会工作者在运用直接影响的方法时，一定要在认清个案矫正对象真实情况的前提下，坚持个案矫正对象自决的原则。以矫正社会工作者对个案矫正对象的指导性强弱为标准，从弱到强共有五个直接影响的技术，即强调、提议、忠告、坚持、实际干预。

①强调，是指矫正社会工作者用点头同意或表示重视的姿态去鼓励个案矫正对象实践一些他本有的想法或已经准备采取的行动。举例如下：

个案矫正对象：虽然我目前的工作比较稳定，但我一直想换一个工资比较高的工作，就是拿不定主意。

矫正社会工作者：这个想法听起来不错，可以试一试。

②提议，是指矫正社会工作者将解决问题的可能性途径告诉个案矫正对象，由个案矫正对象自己作出选择。举例如下：

个案矫正对象：虽然很努力，但我在单位还是觉得别人看不起我。

矫正社会工作者：你既然能被这个单位录用，证明你的能力还是很强的，你有没有试过改变一下你对人的看法或者与他人交往的方式？也许会发现自己的感觉是错误的，别人并没有看不起你。

③忠告，是指矫正社会工作者对个案矫正对象应采取的行动提出指导意见，表明自己的确切立场或态度。举例如下：

个案矫正对象：我儿子一有空就溜到街上去玩，甚至还逃学。我平时工作比较忙，没有时间管他。

矫正社会工作者：你其实很想教育好自己的小孩，如果放任不管，对小孩的成长很不利，我认为你应该抽时间和孩子的老师很好地沟通一下，看看有没有什么好的方法。

④坚持，是指对于一些严重的事态（如想自杀等），矫正社会工作者在紧迫的情况下要当机立断地向个案矫正对象指出事情的严重性和提出应该采取的行动。举例如下：

个案矫正对象：我自从被判刑，就觉得没脸见人了，给子女也带来了很多麻烦，现在我觉得亲戚、朋友、邻居等都看不起我，我真想一死了之。

矫正社会工作者：我理解你的心情，但你必须放弃你的想法。你的孩子还小，你的妻子身体也不好，如果你真的死了，他们怎么生活？你对他们的伤害是不是更大？你必须面对现实，好好反省自己，为什么会走上了今天这样的路？只有认罪伏法，好好改造，配合社区矫正机构的工作，才能尽快过上正常的生活。再说，亲戚、朋友、邻居看不起你，这只是你自己的想法，也许他们根本没有看不起你，你更没有必要因此而自卑，甚至都不想活了。不管怎样，我会尽力帮助你的。

⑤实际干预，是指矫正社会工作者采取各种强烈的措施直接干涉个案矫正对象生活的行动。采取实际干预要有两个条件：一是矫正社会工作者有充分的理由说明干预行动的合理性、合法性、必要性；二是干预要能够获得充分的社区资源的支持，如将受家庭暴力的妻子从家中转移出来。

（3）探讨、描述、宣泄。探讨、描述、宣泄在整个心理社会治疗模式过程中要经常使用。在这个过程中，事实和感受均是了解的范围。

①探讨与描述，是指矫正社会工作者用点头、微笑、沉默、不了解的神情或语气来表达他对个案矫正对象描述的倾听，同时鼓励个案矫正对象表达内心的感受。采用探讨与描述的方法时，矫正社会工作者要避免在同一时间问两个以上的问题以及一些含糊不清的问题。

②宣泄，是指矫正社会工作者协助个案矫正对象毫无阻碍地表达其负面情绪。常见的负面情绪包括愤怒和憎恨、悲伤、内疚、焦

虑等。

a. 愤怒和憎恨。许多个案矫正对象对表达自己的负面情绪或攻击性情绪存在困难。如果通过矫正社会工作者接纳的态度，愤怒和憎恨得以宣泄后，个案矫正对象对自己所处的情况便会有更深入地了解。

b. 悲伤。哭泣和哀叹是对悲伤情绪的自然反应。对遭遇不幸或有亲人离世的个案矫正对象有减轻痛苦的作用。但矫正社会工作者也应尊重个案矫正对象的自我防卫，不要催逼个案矫正对象。

c. 内疚。内疚，是指对一件事情或某个人心里感到惭愧而不安的一种心情。帮助有内疚感的个案矫正对象宣泄时，支持和反映讨论的技术必须同时使用。因为支持有可以减轻内疚感的作用；而反映讨论有面对现实、重估自己感受的作用。

d. 焦虑。焦虑分为两大类：一种是健康范围内的焦虑，另一种是不健康乃至进入疾病状态的焦虑。普通的焦虑是人在应对紧急情况时出现的一种心跳加快、紧张等现象，这是人的一种能力，也是一种防御和进步。而进入疾病状态的焦虑是反复出现的、不明原因的紧张和恐惧，影响正常的生活和工作效率、情绪和与他人关系等。焦虑有短期与长期之分。短期的焦虑是对一些经验的反应，包括前来救助产生的压力；长期的焦虑是长期积累的结果、个案矫正对象本人也无法弄清。矫正社会工作者应特别注意的是某些个案矫正对象会滥用宣泄的机会去满足自己自怜甚至自虐的需要。所以，矫正社会工作者必须尽量避免受个案矫正对象的支配。

2. 反映沟通动力技术

反映沟通动力技术，又称反映讨论，主要是运用评估、提问和解释等技术来探讨个案矫正对象的处境和心态的过程。这种鼓励个案矫正对象运用自己的思考去解决问题的方法，是心理社会治疗模式与其他治疗模式（如行为治疗模式）的主要差异点。反映讨论的目的是发展或增进个案矫正对象的洞察力。反映讨论包括人在情境中反映讨论、心理模式动力反映讨论、人格发展反映讨论三种类型。

(1) 人在情境中反映讨论。主要是用来协助个案矫正对象了解其现状或近况，了解个案矫正对象对其现状或近况的反应。具体涉及以下几方面的内容：他人、健康及环境；决定、后果及变通；内省；对环境刺激的反应；自我评估；对矫正社会工作者与治疗的反应等。

①他人、健康及环境，又称“外在反映”，是指个案矫正对象因知觉扭曲或缺乏知识而产生错误的观念。例如，被假释的矫正对象对需要接受社区矫正机构的监督管理教育等不能理解，认为既然是假释了，只要不违反法律法规，就等于释放了，为什么还要受到社区矫正机构的监督管理教育？所以，其心理上会产生抵触情绪。矫正社会工作者可以协助个案矫正对象说明社区矫正机构这样做的原因以及国家的法律制度、政策等或者直接用正确的认知纠正他们错误的观念。

②决定、后果及变通。这是一种介于外在及内在之间的反映。矫正社会工作者运用引导技术使个案矫正对象认识到其行为及决定是如何影响别人和他自己的。此外，也协助他留意一些自己忽视了的情况和衡量一些后果的好坏。例如，对一个因盗窃而被判刑的社区矫正对象，矫正社会工作者可以说：“当你被判刑后，不知你的家人和孩子会有什么感受？”

③内省。这是一种内在反应。矫正社会工作者协助个案矫正对象对自己的思想、感受和行为进行更深入地了解。矫正社会工作者应该运用支持技术来引导个案矫正对象较自如地谈及一些隐藏的感受，如耻辱、愤恨、别人的批评等。矫正社会工作者可以对个案矫正对象说：“你在社区服刑，要承担很大的压力，真不容易。”

④对环境刺激的反应。有些问题产生于外来的刺激与个人观念的矛盾。对外来刺激的反应是因人而异的。例如，因经济问题而被判刑并成为社区矫正对象的某个案矫正对象的妻子因从事家政服务，丈夫觉得是给自己和孩子丢脸，双方因此发生争执。矫正社会

工作者可以引导个案矫正对象了解自己妻子的工作（外在刺激）和自己的观念之间的关系，认识其反应的原因。

⑤自我评估。这是和超我及自我形象有关的自我反应。矫正社会工作者可以引用外在现实来纠正个案矫正对象错误的自我形象。例如，对无法适应新工作的个案矫正对象，矫正社会工作者可以说："你以前一直干得很好，只是你没有意识到你应该相信自己的能力。"

⑥对矫正社会工作者与治疗的反应。个案矫正对象因对治疗过程不了解而对矫正社会工作者产生怀疑或误解。矫正社会工作者必须向他解释清楚治疗和专业关系的性质，以便协助他积极地参与治疗的过程。运用该反映讨论时，矫正社会工作者应尽量鼓励个案矫正对象。

（2）心理模式动力反映讨论。个人早年经历往往为人们营造了一些对人对事的反应模式和倾向，这些反应模式和倾向有时是无意识的，个案矫正对象本人并没有意识到。心理模式动力反映主要用来协助个案矫正对象进一步去发掘他的感受、态度与行为的内在心理根源，重点在于使个案矫正对象察觉他的那些不适当或有害的心理形态及倾向，以减少它们对自己的影响力。如果矫正社会工作者能通过某一实际事件，以问题方式引导个案矫正对象思索他对类似事件的不同反应模式，这种技术对个案矫正对象了解自己的问题会有较大的帮助。

例如，矫正社会工作者对一位总是以工作忙，脱不开身为理由，不愿意参加社区矫正机构组织的到公共场所参加（如打扫卫生、铲除非法小广告等）公益活动的个案矫正对象说："你是什么原因使你对社区矫正机构组织的到公共场所的公益活动不愿意参加呢?"这个问题使得个案矫正对象觉察到他害怕被熟人发现他正在接受社区矫正的事实，所以就常常找理由不参加，以免使其被熟人发现时的尴尬和难堪的感觉。

（3）人格发展反映讨论。人格发展反映讨论技术是用来协助个案矫正对象发现他的某些性格特征或行为是受早年经验的影响，促使个案矫正对象对这些影响加以适当的控制，以解决他的困难，提高他的社会适应能力。矫正社会工作者可以先与个案矫正对象回忆往事，给予其宣泄的机会，继而把早年经验与现在的感受和行动联系起来。例如，矫正社会工作者向一位抱怨妻子对他不关心的个案矫正对象问："你以前对妻子怎么样，你为她做过什么？"

（二）间接技术——环境改善技术

环境改善技术是一种间接治疗的技术。环境改善技术的主要目的是通过改变个案矫正对象的环境而减少他在精神或生活上的压力。个案矫正对象在环境中最重要的就是与他发生各种关系的人，称为关系人，包括重要他人与并行者。重要他人，是指个案矫正对象的家人、亲戚、朋友等与其以感情关系为主的人；并行者，是指同事、矫正工作人员等与其以工作关系为主的人，他们都是系统的一部分。重要他人与并行者的态度，愿意伸出援手的程度、对问题的了解等，都会对整个治疗过程产生重大影响。运用环境改善技术进行沟通的形式有：矫正社会工作者和关系人的沟通，如矫正社会工作者和其家人的沟通；关系人和个案矫正对象的沟通，主要出现在多方参加的会谈中，如个案矫正对象和矫正小组工作人员、家庭成员的沟通。

在间接治疗中，矫正社会工作者要扮演多重角色。根据霍利斯的观点，我们认为主要有以下几种：一是提供者。矫正社会工作者以社区矫正机构工作人员的身份向个案矫正对象提供资源。二是找寻者。矫正社会工作者对个案矫正对象的问题作出评估，并为他寻找合适的资源。三是创造者。矫正社会工作者为个案矫正对象重新创造资源。四是传译者。矫正社会工作者向有关人员介绍个案矫正对象的问题和需要，并且对有关人员应采取的行动提出建议。例如，矫正社会工作者与个案矫正对象的家人、矫正小组工作人员沟通。五是中间人。矫正社会工作者运用直接和间接治疗的技术，与并行者讨价还价，以使个案矫正对象的需要和并行者本身的权利得到若干程度的平衡。六是攻击性干预。如果矫正社会工作者充当中间人的角色不成功，矫正社会工作者可以和个案矫正对象一起讨论决定是否采取进一步行动以争取个案矫正对象的权益。

五、个案矫正心理社会治疗模式的特点

心理社会治疗模式是一个比较成熟的模式，受到很多人的赞扬。该模式和个案矫正社会工作的其他模式相比，有其自己独有的一些特点。

（一）主导性

以霍利斯为代表的心理社会治疗模式在个案矫正社会工作中占据了主导地位，被矫正社会工作者广泛使用和采纳，成为当代最具影响力的治疗模式。

（二）理论基础的完善与开放

心理社会治疗模式从精神分析理论入手，不断吸收其他学科理论和学说，纳入自己的理论框架内，基本上使该模式能够建立在一个完善的理论基础之上。同时，又保持了理论的开放性，能够随时吸收新理论内容，以适应社会进一步发展的需要。

（三）治疗方法和技术的细腻与丰富

心理社会治疗模式经过几十年的发展，已经逐步积累了一整套的技术和方法。其丰富与细腻体现在：

（1）对于初学者而言，这些技术提供了良好的学习基础，特别是在关系建立方面，支持、保证等技术能够让矫正社会工作者根据个案矫正对象的不同情况作出相应的调整。

（2）治疗方法与技术几乎涉及个案社会工作的各个层次，从横向层次看，无论对矫正社会工作者、个案矫正对象，还是对其关系人都有相应的专门方法指导；从纵向层次看，技术和方法贯穿了

治疗模式的全过程。

(3) 模式注重对个案矫正对象的关心和尊重，并在技术和方法上充分体现。

(四) 应用范围的广泛性

心理社会治疗模式可以运用到各种不同问题的个案矫正对象身上，如酗酒者、吸毒者、问题家庭等。

心理社会治疗模式也有一些缺陷，主要集中在：

(1) 和其他模式相比，需要花费较长的时间和较多的精力。

(2) 对个案矫正对象的要求比较高，需要个案矫正对象有良好的沟通能力，因此，无法运用于特殊个案矫正对象身上。例如，弱智人士、严重精神病患者或者处于危机事件中的人。

从总体上看，该模式是成功的。虽然这一模式不是无懈可击的学说，但从霍利斯以巧妙的方法将心理分析论、自我心理学、系统理论、沟通理论等各项不同类型的学说精华融为一体，灵活搭配的本领来看，心理社会治疗的贡献应该是值得推许的。①

第二节 个案矫正危机调适（干预）模式

危机调适（干预）模式的研究和应用，最早始于1943年，林德曼对美国波士顿火灾难民及死者家属的适应研究。在研究过程中，林德曼发现，每个人的生命历程中，一定会遇到他觉得危险的情况而产生情绪危机，并且每个人都需要一段时间去接受和适应这个情况。1946年，林德曼和卡普兰在有关社区精神健康的问题研究中首先提出了“危机调适”这个概念。他们认为，压力、紧张、情绪的调节与危机有很大的关系。此后，卡普兰继续从事精神疾病的预防性研究，并特别强调社区支持网络对精神疾病预防的重要

① 高刘宝慈等著：《个案工作：理论及案例》，香港集贤社1992年版，第38页。

性，卡普兰把林德曼的研究向前推进了一步。卡普兰也被称为"现代危机之父"。[①] 卡普兰将危机视为由危险事件导致的个人情感上和谐状态的暂时低落，他强调危机对个人来说是一个独特的契机，可以获得更好的情感上的平衡，也可能会导致更糟的情感上的平衡。他倡导以社区为本，提供预防性的危机干预服务。

1974 年，美国联邦灾害救济法将危机调适（干预）模式列为应该提供的社会服务与心理治疗项目，危机调适（干预）模式成为重要的辅导或解决问题的方法，并逐步在社会工作领域推广开来，成为个案社会工作的主要模式之一。社区矫正工作将其引用过来成为个案矫正的主要模式之一。

一、个案矫正危机调适（干预）涉及的几个主要概念

危机调适（干预）模式基本上是受系统论、适应论和人际论及自我心理学等的影响，同时还吸收了其他一些社会科学知识。和心理社会治疗模式、行为治疗模式不同的是，该模式没有专门的基础理论作为支持，而是建立在不同的理论与实践基础之上，但仍有一些基本理论假设与概念。因此，危机调适（干预）模式只是一种工作方法，属于一种简略的治疗模式。[②]

（一）危机的含义

1. 认识危机

"危机"一词使用的范围很广。这里的"危机"，是指一个人在正常生活中突然出现了意想不到的危险事件，带来个人无法克服

① 翟进、张曙编著：《个案社会工作》，社会科学文献出版社 2001 年版，第 193 页。

② 翟进、张曙编著：《个案社会工作》，社会科学文献出版社 2001 年版，第 194 页。

的困难，可能导致个人身心混乱的一种状态。①

心理学认为，危机是一种认识，它指的是个体认为某一事件或境遇是个人资源和应对机制所无法解决的困难。除非得到及时的缓解，否则危机就会导致情感、认知和行为方面的功能失调。②

危机是一种主观状态，其一，个体在认为某一事件威胁到自己需要的满足和有意义的存在，产生紧张反应时，才会进入危机状态；其二，个体面临危机无法应对时，出现心理危机，即心理失衡状态，乃至心理障碍；其三，危机得不到缓解，表现于外，便是行为功能的失调，即危机行为，导致危害性后果。

危机是一个过程，从个体感觉到危险事件的存在，引起紧张反应，无法应对而导致功能失调，时间或长或短，但都有一个发生、发展的过程。

危机并不必然导致心理和行为功能的失调，如果个体能够依靠自己的力量或在他人的帮助下战胜危机，就有可能预防或解除危机，避免危机的产生，或在危机出现时及时制止。③

2. 危机的分类

根据诱因的不同，可以把危机分为三类：一是成长性危机。伴随着人生历程的一些急剧变化或转变，如迁徙、升学、升职、孩子出生、中年转折、退休等引起的危机。根据埃里克森的生命周期理论，人生的各个成长阶段都有其特定的危机，这种危机每个人都可能会遇到，有危机是常态。比如，在婴幼儿期可能会遇到缺乏适当照顾的危机，在儿童期会遇到学业适应方面的危机，在青少年期会遇到自我认同方面的危机，在成年期会遇到恋爱、婚姻、子女教育、工作等方面的危机，在老年期会遇到丧亲、疾病等方面的危

① 翟进、张曙编著：《个案社会工作》，社会科学文献出版社 2001 年版，第 194 页。

② ［美］B. E. GilliLand，R. K. James 著，肖水源等译：《危机干预策略》，中国轻工业出版社 2000 年版，第 4 页。

③ 宋行主编：《服刑人员个案矫正技术》，法律出版社 2006 年版，第 300 页。

机。二是情境危机。情境危机，是指案主的外在情境发生变化所引起的危机，常见的情境危机有：由自然环境突变引起的危机，如地震、火山喷发、水灾、火灾、雪灾等；由社会环境中的突发事件引发的危机，如车祸、亲人的意外死亡、遭遇恐怖袭击、被劫持为人质、被强奸、被虐待（家庭暴力）等；个人危机，如突患重大疾病、自杀、创伤后应激障碍、被判刑等。三是存在性危机。伴随着重要的人生问题，如关于人生目的、责任、独立性、自由和承诺等出现的内部冲突和焦虑。存在性危机有可能是源自当前的现实状况，也可能是源自对过往事物的追悔，或者是有一种排山倒海般的、挥之不去的感觉。

个案矫正对象的危机种类既有成长危机，也有情境危机，还有个人危机。常见的危机状态表现主要有：（1）自害，包括自杀、自伤、自残等；（2）焦虑，包括紧张不安、痛苦等；（3）哀痛，包括亲人丧失、疾病、离婚、拒绝交往等；（4）愤怒，包括伤害、殴打、纵火、劫持人质、破坏等。

3. 危机的特点

一般来说，危机主要有以下几个特点：（1）有一个起关键作用的压力事件或长期的压力情境；（2）个体有悲伤经历；（3）存在损失、危险和羞辱；（4）有一种无法控制的感觉；（5）事情的发生是意料之外的；（6）日常工作遭到破坏；（7）未来具有不确定性；（8）紧张持续时间过长。[①]

4. 危机反应与应对

每个人对严重事件都会有所反应，但不同的人对同一事件的反应强度及持续时间是有差异的。一般的情感反应过程可以分为三个阶段：

第一阶段，即时反应期。表现出麻木、否认或不相信。

第二阶段，完全反应期。感到激动、焦虑、痛苦和愤怒，也可

---

① 隋玉杰主编：《个案工作》，中国人民大学出版社2007年版，第184页。

能会有罪恶感、退缩或抑郁。

第三阶段，消除期。接受事实并开始着眼未来。情感上的危机状态不会持续太久，如亲人突然死亡的居丧反应一般在6个月内消失，否则将视为病态。

危机发生后，矫正对象会运用其他方法及可运用的资源去解决问题或困难，以消除危机的影响。

在危机应对上，一般会经历四个阶段：

第一阶段，内心的基本平衡被打破，矫正对象开始体验到紧张。为达到新的平衡，试图用以前应对压力的策略作出反应。

第二阶段，以前的策略未能奏效，焦虑程度增加，又试图用错误的方式解决问题。

第三阶段，如经过错误的尝试未解决问题，矫正对象内心的紧张程度持续增加，会采取一些异乎寻常的无效行动宣泄紧张情绪，如酗酒、饮食起居混乱、无目的的游荡等。这时矫正对象求助动机最强，常常不分时间场合地发出求助信号，甚至尝试过去自己认为荒唐的方式来解决问题。

第四阶段，如经过前三个阶段仍未解决问题，矫正对象会产生习得性无助感，对自己失去信心和希望，甚至对整个生命的意义产生怀疑和动摇，很多人正是在这个阶段企图自杀。有的矫正对象会产生情绪崩溃和人格解体，如精神失常。[①] 这是一种消极退缩的危机解决方式。另外一种危机解决方式是积极应对。矫正对象能够积极面对危机，重新对危机形成新的、客观的看法，采取措施消除紧张和压力，并形成新的应对策略，包括行为上的改变，适当的运用资源，采取其他有效办法等。

---

① 陆小娅：《青春热线10.0版志愿者培训资料（之五）》，载《热线危机干预技巧（内部资料）》2004年。

（二）个案矫正危机调适的含义

1. 认识危机调适

危机调适，是指对危机状态下的个人提供一种帮助，使其从危机中解脱出来，缓解心理冲突、恢复心理平衡，避免危机行为产生、发展或恶化的一种过程与方法，这是一种短期治疗或调适的过程。

危机调适（干预）模式则是以危机调适（干预）作为主要工作方法的社会工作模式，它是一种短期的简略的治疗模式。戈兰将危机调适模式的主要观点概括为：（1）每一个人、群体或组织在其发展过程中都会有危机出现。（2）危机主要是由一些事变所导致的问题或一系列困难所引发的。（3）这些事变有的是可以预料的，如结婚、青春期成长、搬迁等，有的是无法预料的，如车祸、火灾、地震等，它们给案主带来压力和紧张。（4）个人无法解决事变所导致的问题或困难时，危机就会出现。（5）问题或困难持续得不到解决，会导致个人、群体或组织的负面反应和结果。①

个案矫正危机调适（干预）是对处于危机状态的矫正对象实施调适（干预），使其从危机中解脱出来的一种有效的服务方法。其作用主要表现在两个方面：第一，危机解除，即缓解矫正对象的心理危机，制止危机行为的产生、发展或恶化；第二，危机转化，即在矫正对象从危机状态中稳定下来后对其实施后续干预，使矫正对象心理由消极转向积极，获得良性发展。

危机调适（干预）是对处于危机状态中的矫正对象“提供帮助”，以恢复或维持矫正对象的“安全”，并由此保障社区的安全。

从整个过程来看，个案矫正危机调适（干预）是通过改变矫正对象的认知，调节矫正对象的情绪和调整矫正对象的行为来实现

---

① 翟进、张曙编著：《个案社会工作》，社会科学文献出版社 2001 年版，第 194—195 页。

的。因此，实际上矫正对象的个案危机调适（干预）也就是在特定的情境中，针对矫正对象的心理及行为状态特征实施矫正的特殊措施。危机调适（干预）的作用还将延续在以后的矫正活动中。

2. 个案矫正危机调适（干预）的目标

危机可能会给矫正对象带来不同的结果。有的矫正对象不仅能顺利度过危机，而且能学会处理困境的新方法，整体心理健康水平得到提高，生命获得了成长。有的矫正对象虽然度过了危机，但却在心中留下了一块“疤痕”，有了偏见，“一朝遭蛇咬，十年怕井绳”，限制了自己今后的社会适应，更有矫正对象经不住情绪的压力，对未来绝望，丧失了生活下去的勇气，以死寻求解脱。还有些矫正对象未能度过危机，陷入神经症或精神病状态，心理适应水平明显降低。因此，危机调适（干预）的主要目的是防止过激行为的发生，如自伤、自杀或攻击行为等，同时还要避免由于经历危机而带来的心理上的创伤和损害。

（1）危机调适（干预）目标。危机调适（干预）的目标可以分为两个层次，即初级目标和终极目标。

①初级目标，又称为基本目标。危机调适（干预）的基本目标是避免发生危难，具体可分为四个方面的内容，包括：a. 减轻个案矫正对象生理和心理上的不适感，如紧张、恐慌、焦虑、忧郁等。b. 帮助个案矫正对象恢复到危机前的状态，甚至比危机前更好。c. 协助个案矫正对象了解危机的原因。d. 协助个案矫正对象家庭及社区支持个案矫正对象。

②终极目标，是指危机调适（干预）所达到的理想目标。包括：a. 协助个案矫正对象进一步了解现在的危机状态和曾经经历过的危机、冲突之间的联系。b. 让个案矫正对象能够建立一种全新的思考和处理危机的方式。

（2）个案矫正危机调适（干预）的目标。个案矫正危机调适（干预）的目标，同样分为初级目标和终极目标。

①初级目标，是避免个案矫正对象发生危机状态，包括危机行

为和危机心理，具体可分为四个方面的内容，包括：a. 减轻个案矫正对象生理和心理上的不适感，如紧张、恐慌、焦虑、忧郁等。b. 帮助个案矫正对象恢复到危机前的状态，甚至比危机前更好。c. 协助个案矫正对象了解危机的原因。d. 协助个案矫正对象的家庭及社区支持个案矫正对象。

②终极目标，是指危机调适（干预）所达到的理想目标。包括：a. 协助个案矫正对象进一步了解现在的危机状态和曾经经历过的危机、冲突之间的联系。b. 让个案矫正对象能够建立一种全新的思考和处理危机的方式。

3. 个案矫正危机调适（干预）的基本原则

（1）及时接案与处理。危机是一种由危机、转机和有限时间构成的混合体，处理不及时会给个案矫正对象带来严重的伤害。为避免个案矫正对象受到这种危险的伤害，为避免错过建设性转机，必须对其予以及时处理。前提是该危机有解决的可能性和可行性。

（2）灌注希望。处于危机状态下的个案矫正对象往往感到没有希望。因此，矫正社会工作者要在整个调适（干预）过程中不断地为其输入希望。

（3）制订有限的目标。危机调适（干预）的最基本目标是避免危难发生。因此，最重要的是与个案矫正对象共同来解决其目前最关心的问题，不可节外生枝，否则有失危机调适的本意。

（4）提供支持。帮助个案矫正对象发掘和寻找支持系统。必须利用个案矫正对象的人际交往资源，如父母、子女、朋友、同学、同事等为其提供支持，促使其能在自助、人助的情况下，发挥潜能以渡过难关。不过，支持要适度，否则会削弱个案矫正对象的自我独立与自我尊重。

（5）恢复自我形象。个案矫正对象在求助时，往往会有焦虑不安的情绪及自我尊重感缺乏等现象。矫正社会工作者要鼓励个案矫正对象表达自己的感受，诉说症状和忧虑。要善于了解个案矫正对象的自我形象，尽快帮助其恢复自信，这样才能着手解决危机。

矫正社会工作者应做到：沟通彼此的关系；缓和个案矫正对象的防卫心理；挖掘个案矫正对象的能力与资源；一切以恢复个案矫正对象的自信与自尊为前提。

(6) 培养个案矫正对象的自立。从开始到结束的整个危机调适过程，矫正社会工作者都必须时刻注意培养个案矫正对象的自我独立生活能力，尽量减少其对矫正社会工作者的依赖心理。矫正社会工作者要明白自己并不是全能的，不能为其解决所有问题。所以，最重要的是培养个案矫正对象解决问题的能力，而不是包办代替。

二、个案矫正危机调适（干预）的步骤与方法

和其他个案工作的模式相比，危机调适（干预）模式对矫正社会工作者提出了更高的要求。矫正社会工作者要在很短的时间内取得个案矫正对象的信任，了解个案矫正对象的主要问题，迅速制订目标并采取有效的行动（即矫正社会工作者要做到时间短、速度快、工作有成效）。按步骤有计划地开展调适（干预）工作。危机调适的基本步骤和方法主要有：确定问题；迅速作出危险性判断，保证个案矫正对象的安全；给予支持，稳定个案矫正对象的情绪，并获得个案矫正对象的信任；协助个案矫正对象解决当前的问题。

（一）确定问题

确定问题是危机调适（干预）模式所必须开展的一个步骤。矫正社会工作者宜采用开放式的问题，了解个案矫正对象的现状和所处的环境，并了解个案矫正对象近期的生活状况，以便了解其危机产生的原因，寻找核心问题所在。

在危机面前，个案矫正对象一般表现出迷茫、压力、焦虑感等，开放式问题将有助于引导他叙述自己面临的问题和困难。

对个案矫正对象生活状况的了解主要包括：(1) 个案矫正对

象的人际关系：包括婚姻状况、对配偶的看法、与同伴或与异性的关系、与家人的关系、与朋友的关系等。（2）长辈方面：包括父母对个案矫正对象的态度、父母的关系及个案矫正对象对父母关系的看法、祖父母或者其他长辈或者老师对个案矫正对象的态度。（3）工作或学业：工作的经历、状况和成功感、学习成绩，与同事、领导或同学的关系等。（4）背景资料：成长过程中发生的意外、特殊事件、分离、疾病等，均会影响个案矫正对象对危机的态度。（5）认知功能：即个案矫正对象的思考能力，包括解决问题的方法、叙述问题时是否一致、对事件的评述是否合乎逻辑、对矫正社会工作者提问的理解能力等。（6）冲动控制力：了解个案矫正对象控制情绪的能力，对于评估一个极度愤怒或情绪低落的人是否会作出暴力行为帮助极大。另外，也可以从个案矫正对象的背景、历史和他对事情的看法中，熟悉他对冲动控制的能力。①

（二）迅速作出危险性判断，保证个案矫正对象的安全

危险性判断，是指危机的危险程度，即个案矫正对象对他人、对自我的生命及社会环境采取破坏行为的可能性，可能性越高，危险性程度越大。矫正社会工作者应根据初步了解的情况，迅速作出危险性判断，对于危险程度较高的个案矫正对象相应延长会谈时间，给予更多的情绪支持，必要时，要直接向个案矫正对象的家人或医院寻求帮助。

危险性判断，可以根据以下信息作出：（1）个案矫正对象的陈述，即个案矫正对象是否在陈述自己的问题时表露出采取破坏行为的念头，如“不如死了算了”“要死大家一起死”“我肯定不会放过他”等语句，说明个案矫正对象已经有了破坏行为的念头。（2）个案矫正对象表现出的非语言信息，即个案矫正对象从语气、

① 参见翟进、张曙编著：《个案社会工作》，社会科学文献出版社2001年版，第199页。

眼神、肢体动作中表露出来的意图。有时，个案矫正对象会把自己的一些想法深藏于心底，不透露给任何人。此时，矫正社会工作者就要善于观察，从其非语言信息中获取危险性判断的因素。（3）个案矫正对象以往的经验，即个案矫正对象如果以往曾经有过危险性行为，那么再次采取该行为的可能性就比较大。因此，矫正社会工作者必须了解个案矫正对象以往是否有危险性行为的经验。

在危机调适（干预）过程中，应迅速作出危险性判断，把保证个案矫正对象的安全作为首要目标。只有在保证安全的前提下，才能开展其他工作。

（三）给予支持，稳定个案矫正对象的情绪，获得个案矫正对象的信任

支持个案矫正对象，稳定其情绪非常重要，它直接关系到能否成功处理危机。稳定个案矫正对象情绪的主要目标是消除其无助感、焦虑感及易冲动的情绪状态，力求获取个案矫正对象的信任。为了取得较好的效果，矫正社会工作者应注意以下几点：（1）个案矫正对象可能多次尝试过解决问题，但屡受挫折，会因为失败而气馁，认为矫正社会工作者也帮不了他。（2）矫正社会工作者要敏锐察觉个案矫正对象的情绪、自我价值等，并运用同感、聆听等技术去处理个案矫正对象的情绪。（3）矫正社会工作者要明了个案矫正对象对自己的期望，尤其是对性别、年龄、外形、知识等方面的要求，曾经有一位女性个案矫正对象因为憎恨男性而无法对一位男性矫正社会工作者吐露问题，幸好矫正社会工作者及时察觉到了个案矫正对象的情况，并帮助她将情绪宣泄出来。（4）向个案矫正对象保证会尝试跟他一同解决问题，矫正社会工作者可以说：“在我了解你的情况后，我们会商量怎样面对你的困难并解决它。”（5）根据个案矫正对象的需要，运用好本专业的知识。个案矫正对象的思维可能受情绪影响，所以，矫正社会工作者的话要简短易懂，长篇大论的解释会让个案矫正对象感到更加混乱。

（四）协助个案矫正对象解决当前的问题

在个案矫正对象情绪稳定后，矫正社会工作者即开始着手协助其解决当前所面临的危机。具体过程如下：

1. 分析危机，确定危机发生的主要原因

矫正社会工作者和个案矫正对象一起对危机进行分析，目的是寻找危机发生的原因。有些危机是单一原因造成的，即某种突发性的事变或因素直接导致危机的发生。例如，自然灾害的发生、亲友的突然离去等；有些危机是多重原因造成的。从表面上看，个案矫正对象是受某一事变的影响而面临危机或困难。实际上，危机的发生是多种因素、长时间相互作用的结果，某一事件只是起导火索的作用。

例如，一位个案矫正对象自述："自从交通肇事被关进看守所直到被判刑成为社区矫正对象以来，几乎每天都在做噩梦，梦的内容大体一致，梦见自己被被害人追赶着，自己在梦中没有地方躲藏，有时好像一下子掉进深渊，总睡不好。内心感到焦躁不安，有时好像很紧张，难以控制自己的情绪。在工作过程中，很容易走神，不自觉地会想起自己发生交通肇事时的情况和未出事时的美好生活情况，每当此时内心就无法平静。"矫正社会工作者可与个案矫正对象共同分析，其目前存在的主要问题是什么，原因是什么？通过分析可知，该个案矫正对象目前存在的主要问题是焦虑，表现为紧张、焦躁不安、做噩梦、工作时注意力不集中、内心无法平静等。造成这些负面情绪的主要原因是突然发生交通肇事而被判刑成为一名社区矫正对象。这种生活中的突然变故使他一时之间难以接受，进而出现了焦虑症状，使个人处于一种危机状态。

个案矫正对象对危机的认识也因人而异。有的矫正对象清楚危机发生的原因所在，只是缺乏解决危机的方法和手段，故需要矫正社会工作者协助其解决；有的矫正对象对危机发生的原因有多种解释，但对究竟哪些是主要原因，缺乏分析和判断的能力；还有的矫正对象从未对危机发生的原因进行仔细探究，而是简单地把它归结为“命不好”“运气差”“倒霉”等原因。矫正社会工作者在跟个案矫正对象一起分析危机成因时，要根据个案矫正对象情况的不同，采取不同的分析方法。（1）启发式分析。通过矫正社会工作者的提问，使个案矫正对象换一种思考方式，由其本人找到危机发生的原因。矫正社会工作者主要是运用专业知识和判断力，指明可能的思考方向和角度，推动个案矫正对象进行自我思考和探索。常见的提问有：“你有没有想过……”“好像刚才你没有讲到……”此时，矫正社会工作者扮演推动者的角色。（2）协商式分析，即矫正社会工作者和个案矫正对象一起协商，寻找危机可能发生的原因。如果个案矫正对象情绪有所稳定，但仍缺乏自我思考的能力时，矫正社会工作者可以鼓励他和自己一起对危机发生的原因进行分析，此时，矫正社会工作者的主导性有所增加，基本上成为伙伴角色。（3）权威式分析。个案矫正对象如果自己无力寻找危机发生的原因，矫正社会工作者可以专业身份作出自己的判断，直接告诉个案矫正对象，但这种分析方式，除非矫正社会工作者有十足的把握，否则，不采取这种分析方式。

2. 寻找解决危机的办法

在确定危机发生原因后，矫正社会工作者和个案矫正对象一起寻找解决当前危机的方法。矫正社会工作者应该协助个案矫正对象，详细列出所有可能的解决方案，分析每一种方案的优缺点，并删除那些无法实施的解决方案；确定一种或几种方案及实施的先后顺序；简述将来的工作计划，增强个案矫正对象的希望和自信心。

3. 制订详细实施计划

根据前述工作，在个案矫正对象情绪基本稳订的情况下，就可以考虑制订详细实施计划以指导今后的工作。在制订计划时要坚持以下原则：一是个案矫正对象积极参与的原则。制订计划时要鼓励个案矫正对象积极参与，如果他不愿意参与，矫正社会工作者也不能强迫，在向个案矫正对象说明、解释计划的重要性后由其自己作出决定。矫正社会工作者不能自己制订计划后再告知个案矫正对象，这样可能会造成个案矫正对象的依赖感，也可能会增加个案矫正对象的无助感，无助于问题的解决。二是以解决当前紧迫问题为首要目标。计划的制订，首先要考虑消除个案矫正对象的危机状态，而不是产生的原因或者个案矫正对象的性格问题。三是计划要具体、要具有可操作性。计划要落实具体的步骤，计划的参与人员、每个人的明确分工，每一步骤开展的具体时间，负责人及联络方式都需要明确。一个明确的、具体的、可操作的计划，将会增加个案矫正对象的自信心，提高其参与的积极性。四是尽早寻求关系人的帮助。实践表明，个案矫正对象的关系人参与的计划越早，越有可能尽快了解问题真相，促进问题的解决。五是计划执行检查。矫正社会工作者要鼓励并帮助个案矫正对象去落实应对危机的计划，并注意检查，确保个案矫正对象按计划行动。另外，询问个案矫正对象在每次行动中的感受并加以帮助和引导，也会有助于计划的完成。

4. 总结

在实现初级目标后，矫正社会工作者应当协助个案矫正对象进行经验总结，包括个案矫正对象对危机的看法；得到的经验和教训；如何防止类似危机的进一步发生；个人还有哪些需要改善的地方；个案矫正对象对矫正社会工作者的看法和意见，等等。矫正社会工作者应当帮个案矫正对象通过危机获得成长。

第三节　个案矫正任务中心模式

任务中心模式起源于20世纪60年代后期，雷依德和沙乐（Reid & Shyne）二人所做的一项关于简要个案社会工作的研究。①

1972年，雷依德和爱泼斯坦（Reid and Epstein）在他们合著

① Reid William J. & Ann W. Shyne：Brief and extended casework. New York，Columbia University Pyess 1969.

的《任务中心个案工作》中，第一次提出了关于“任务中心”的概念，并倡导建立一个有时间限制的、针对生活问题的介入模式——任务中心模式，希望在有限的时间内，达成明确的、矫正对象自己选择的、有限的目标，从而提高个案社会工作的效率。任务中心模式所持的短期治疗的观念能够在时间短的压力下，对问题的解决采用较快见效的调适方法。①

在发展的初期阶段，任务中心模式深受波曼（Perlman）及史杜特（Studt）的影响。波曼认为个案社会工作是一个问题解决的过程，史杜特则主张案主的职责则是个案社会工作的重心。②

发展到20世纪70年代，由于雷依德和爱泼斯坦的大力提倡，任务中心模式日趋发展和完善。在不同的国家和地区经过研究，已经证实了它的有效性。③

任务中心模式强调兼收并蓄，在实际服务过程中，可以采用其他模式的具体调适方法，不受限于某一种理论。所以，与其他模式相比，这种模式有相当的特殊性，即它提供的是关于治疗过程中的一个框架，对具体的治疗方法的选择没有具体规定，而是采用博采众长的方法。

一、个案矫正任务中心模式的理论假设、问题选择的范围及任务

（一）理论假设

任务中心模式的理论假设是个案矫正对象有解决问题的能力与

---

① 翟进、张曙编著：《个案社会工作》，社会科学文献出版社2001版，第323—324页。

② 翟进、张曙编著：《个案社会工作》，社会科学文献出版社2001年版，第324页。

③ 翟进、张曙编著：《个案社会工作》，社会科学文献出版社2001年版，第324页。

潜能，他们通过专业服务的过程，可以增强个案矫正对象解决问题的能力，并且他也能够面对今后可能发生的类似问题或新问题，同时他也学习到解决问题的有效的新技巧。任务中心模式认为，人是属于健康、常态、有自主能力的个体，因此，任何问题的产生，往往是由于个人能力暂时的缺损引起的。

（二）问题选择的范围

任务中心模式解决的问题是心理与社会的问题，即问题的存在包括个人生活中内在的心理因素及外在的环境因素。因此，在解决问题的过程中，除了个案矫正对象本身的问题之外，还需要考虑个案矫正对象的社会生活层面。在确定究竟何种问题需要治疗时，任务中心模式有一个选择的范围，而不是个案矫正对象发生的所有问题都在该模式的治疗范围内。该模式只关心：（1）个案矫正对象明确承认的问题；（2）可以清楚地加以界定的问题；（3）矫正社会工作者可以采取行动予以解决的问题；（4）问题来源于个案矫正对象自身未满足的需要，而不是来源于其他人的界定；（5）个案矫正对象希望通过解决问题来获得人生某一方面的改变。

（三）任务

任务是界定个案矫正对象为解决问题而需要做的工作。从另一个角度看，任务与问题的关系就是手段与目的的关系。解决问题是开展工作的最终目的，而任务就是达到这个目的的手段。完成有关任务，问题就得以解决。因此，任务是个案工作的核心，而问题则是个案工作所针对的目标。

二、个案矫正任务中心模式的方法与技术

（一）问题类型

根据雷依德的观点，任务中心模式适合处理的矫正对象的问题主要有八个类别：

1. 人际冲突

人际冲突，是指个人与个人之间互动过程中产生的不协调与冲突。例如，家庭成员之间的冲突，包括夫妻之间、父母子女之间、兄弟姐妹之间的冲突。人际冲突通常是在两个人发生互动时引起的，事实上，人际冲突是与个人需求、人格特质、角色期待以及各互动参与者的行为相关联的。当其中一个人的行为与另一个人的行为不和谐或不协调时，尤其是在无法接受他人行为时，更容易产生人际冲突问题。在矫正实践中，经常有矫正对象与父母、妻子、孩子之间出现关系不和谐甚至发生冲突的问题。

例如，某矫正对象张某，和父母关系一直不好，虽然居住在同一个屋檐下，但和父母的关系非常冷淡，基本上不说话。进行社区矫正后，社区矫正机构需要其父母配合工作，并监督教育张某，使其顺利度过矫正期，回归社会。但鉴于双方的这种紧张关系，其父母很难完成矫正机构的要求。为缓和张某和其父母的关系，改变其家庭交往的模式，社区矫正机构派出矫正社会工作者对张某及其家庭开展了个案矫正工作。

2. 社会关系的不满意

社会关系的不满意常常是因为在个人与他人互动中，表现得过分积极主动或者过分消极畏缩所产生的。问题的核心在于个人，而不是两人之间。

例如，王某在进行社区矫正前和家人、邻居的关系都很好，家庭和睦、幸福，邻里关系和谐。但进行社区矫正后，觉得自己给家人丢脸了，对不起妻子和孩子，从而变得自卑、抑郁、痛苦，无论是在家庭中还是在与邻居的交往中都变得消极畏缩，整天也不出家门，就怕别人看不起他。这种消极畏缩的行为，时间长了就影响了他与家人和邻里的关系。

3. 与正式组织间的问题

与正式组织间的问题，是指个人与特定组织或机构进行互动时发生的冲突。比如，矫正对象与社区矫正机构之间发生的冲突。矫正对象不配合矫正工作、不报告、不请假、脱离监管等。与矫正对象发生冲突在表面上是某个社区矫正工作者，实际上是社区矫正制度或社区矫正机构与矫正对象的冲突。

4. 角色扮演的困难

角色扮演的困难，是指个案矫正对象在履行矫正对象这一角色时，其行为模式和结果不符合社会对该角色的期望与要求，或者与矫正对象个人认定的目标有差距。

个案矫正对象在角色扮演上的困难可能来自于“如何正确的履行角色”与“实际可能履行的角色”的冲突或不一致。例如，某矫正对象知道应该每半月来社区矫正机构报告其遵守社区矫正制度、参加学习教育、参加公益劳动以及自己的思想状况等情况，但实际上他却没有按制度要求来报告，而是有时来，有时不来，给矫正工作带来了很多的麻烦。

5. 社会变迁所带来的问题

社会变迁所带来的问题，是指个案矫正对象从一种社会地位（角色环境）转移到另一种社会地位（角色环境），因无法适应这种变化状况而带来的问题，如个案矫正对象从原来自由的公民变为一名自由受到限制的矫正对象，其法律地位发生了根本的改变，某些权利无法行使或某些行为受到了限制；或者成为社区矫正对象后失业了，很难找到工作，面临着生活上的困难。

6. 反应性情绪困扰

反应性情绪困扰，是指个案矫正对象遭遇到某些个人无法控制的突发事件产生的焦虑、沮丧、紧张以及挫折等现象。比如，亲人突然遭遇车祸去世、自己失业、家庭经济困难等，都容易产生此类问题，以致陷入情绪困扰中。

7. 资源不足

资源不足，是指个案矫正对象由于缺乏具体的或者特定的资源所产生的，而这种具体的或者特定的资源大多数是指金钱、住房以及工作等方面。

8. 其他问题

其他问题，是指不在上述分类中的其他心理和行为上的问题。

（二）确定核心问题

个案矫正对象面临的问题很多，任务中心模式要求将问题逐一进行归类以后，进一步确定其中的核心问题。主要步骤如下：

（1）列出个案矫正对象所关心的问题。主要方法是：由个案矫正对象进行自我陈述，矫正社会工作者对其陈述的问题进行总结和归纳。

（2）达成关于个案矫正对象如何看待自己的问题的初步意见。

（3）列出并探讨那些无法解决的问题。

（4）根据个案矫正对象的看法，将问题按照重要性的程度依次排列。这种排列有时是完全由个案矫正对象自己决定，有时是矫正社会工作者根据某些外显行为先作出自己的推论，之后再和个案矫正对象进行核对，以确定和个案矫正对象的看法是否一致。

（5）决定核心问题，通常是指在双方现存的可利用的资源范围内，界定个案矫正对象所迫切需要解决的问题。核心问题的界定需要矫正社会工作者和个案矫正对象的双方合作。

（6）确定核心问题的类型，并加以详细说明。这一步最为重要，矫正社会工作者应对问题的特有性质进行详细分析和评论，并在可能的情况下，将问题的范围加以浓缩以便于今后工作的开展。

（三）订立初步的合约

矫正社会工作者与个案矫正对象在核心问题确定以后，可以尝试订立初步的合约，对即将采取的行动达成初步意向。合约的内容应包括：（1）同意一起解决某一个或几个个案矫正对象所界定的问题。（2）确定问题解决的优先顺序。（3）对治疗结果的希望的界定。（4）初步达成任务。（5）和矫正社会工作者联系的次数及时间限制。例如，每周一次和矫正社会工作者见面，2—3 个月完成任务等。

雷依德倾向于用口头合约而不用书面合约，因为口头合约相比较而言，较少压迫性。[①]

（四）制订工作任务

1. 任务的本质与特性

任务是一种治疗的架构。参照廖荣利的观点，矫正社会工作者和个案矫正对象共同确定的任务可以看成是一种治疗的架构。因为个案矫正对象的问题与矫正社会工作者的干预都有一种理论上的联结，这也就是说，一个核心问题可以由个案矫正对象自己直接来处理，也可以间接地接受矫正社会工作者的协助以寻求处理的有效途径。个案矫正对象的行为是促使问题改变的方法。因此，个案矫正对象解决问题时，采取何种行为是很重要的，而矫正社会工作者的治疗策略是直接地协助个案矫正对象履行他的行为。个案矫正对象对于治疗目标、治疗的策略以及他自己的角色等三个方面要有清晰的认识。因此，经过个案矫正对象和矫正社会工作者协商制订的任务，可以使个案矫正对象知道他所要做的事情，而矫正社会工作者的干预，也可以协助个案矫正对象完成他要做的任务。

2. 分析与确定任务

分析与确定任务主要是由矫正社会工作者协助个案矫正对象一起制订任务的目标和方向，该任务应该是设计最好、最切实可行的任务。矫正社会工作者在确定任务时，要考虑以下几个方面的内容：

（1）了解个案矫正对象的动机。个案矫正对象的动机、行为方向及自我能量对任务完成的好坏程度有着非常大的影响。其中，个案矫正对象的动机起着决定性的作用。了解个案矫正对象的动机

① 翟进、张曙编著：《个案社会工作》，社会科学文献出版社 2001 年版，第 328 页。

要从两个方面加以考虑：第一，个案矫正对象希望采取何种行动；第二，个案矫正对象希望得到什么样的结果。以这两个方面的内容为基础，确定任务的目标和方向，能够比较容易地调动起个案矫正对象的积极性，最大限度地发挥个案矫正对象自身的能量。

（2）分析任务的可行性。任务的可行性分析，一是要分析任务得以完成所具备的条件是否可行。某些任务可能对个案矫正对象的问题很有效，但周围的环境和其自身的条件不允许他很好地完成任务。例如，个案矫正对象是否具备完成任务的能力、时间和精力；社区矫正机构是否能够提供有效的资源；其家人或所在社区能否提供积极支持和帮助等，这些都对任务的完成有影响。二是要分析任务的预期结果是否能适应未来的社会环境变化，即任务完成后，取得了预定结果，但个案矫正对象周围的社会环境发生了变化，导致无法实现预定的目标。例如，某个案矫正对象希望找到一份工作，矫正社会工作者经与其协商后，一起制订了一项任务，参加免费的 3 个月的烘焙培训，学成后就介绍他到某烘焙坊工作。经过认真的学习，该矫正对象学会了烘焙技术，已能熟练地制作糕点，但不巧的是，此时，因经营不善，原想介绍他去的那个烘焙坊已经倒闭了，该个案矫正对象因为没有实践经验，其他烘焙坊也都无意雇用，所以，他仍然找不到合适的工作。

（3）防止不良后果的出现。某些任务，虽然有助于目标的实现，但在履行任务的过程中或者完成后，可能对其他人或组织带来不良的后果。例如，一个有过家暴史又喜欢喝酒的个案矫正对象和妻子离婚后，要求自己抚养孩子。这时，矫正社会工作者在与其制订任务时就要考虑是否应该制订该任务。如果矫正社会工作者认为让该个案矫正对象自己抚养孩子可能会对孩子造成不良影响，则应提出自己的意见和看法，和个案矫正对象讨论并重新制订其他任务。

（4）分任务与多重任务的确定。分任务，是指完成某一任务而需要开展的一连串行动。多重任务，是指当个案矫正对象有一个以上的核心问题需要解决时，需要同时开展或连续开展不同的任务。当个案矫正对象的某一任务制订后，次任务的制订有利于个案矫正对象清楚地了解任务完成的整个过程及努力方向，提高工作的效率。多重任务要根据个案矫正对象的能力与问题的复杂情况进行综合考虑，应以制订个案矫正对象短期内能够完成的任务为首要考虑方向。

（5）开放式任务与封闭式任务的选择。开放式任务，是指没有终点的任务，它不会因为目标已经达到而不履行，如做好人好事。封闭式任务，是指有终点，可以清楚地完成的任务，如找到一个新工作，该任务有一个终点。无论是开放式任务还是封闭式任务，都必须规定一个终结的日期，以督促任务的尽快完成。

（6）任务的订立，是指任务的最终确定，该过程往往需要矫正社会工作者和个案矫正对象经过反复多次协商才能完成。任务订立必须经过双方的同意，不允许矫正社会工作者将自己的意见强加给个案矫正对象。

（五）任务实施

在任务实施的过程中，矫正社会工作者和个案矫正对象必须注重开展以下几方面的工作：

1. 进行任务完成状况的记录

特别是对于那些按先后步骤开展的活动及重点开展的行动要进行记录。主要目的是为以后活动的顺利实施及评估提供资料方面的参考依据。

2. 给予适当的鼓励和奖励

当个案矫正对象完成某一预定目标后，矫正社会工作者要给予适当的鼓励和奖励，以提高个案矫正对象的积极性。

3. 进行相应的技巧训练

技巧训练有两种方法：一是模仿。例如，个案矫正对象想要找工作，矫正社会工作者可模仿招聘者进行招聘面试，个案矫正对象则扮演应聘者。二是引导练习。例如，帮助一位在监狱服刑多年，被假释出来的个案矫正对象如何适应社会生活。

4. 分析遇到的障碍

在任务完成过程中，个案矫正对象会遇到一些没有预计到的障碍，矫正社会工作者和个案矫正对象应一起分析，寻找可能的解决办法。

（六）沟通技巧

所谓沟通技巧，是指利用文字、语言与肢体语言等手段与他人进行交流使用的技巧。在任务中心模式中，非常重视沟通问题。沟通必须是系统地按照任务制订的步骤一步一步地展开。矫正社会工作者的沟通行为必须有助于本阶段和下一阶段行动的开展，即沟通必须以阶段为依据。同时，沟通还必须是有反应的沟通，强调沟通的效果，要求矫正社会工作者通过与个案矫正对象的沟通，使个案矫正对象能积极回应矫正社会工作者，表达自己的观点，使其感受到被接纳、被鼓励。

沟通的形式有五种：探究、建构、认知增强、鼓励以及方向的引导。

1. 探究

探究是任务中心模式中的首要沟通课题，其主要工作是对个案矫正对象的问题进行分类，并验证任务完成的可能性。一旦任务确定，探究的内容便集中在与任务有关的疑问上，这些疑问包括：个案矫正对象对履行任务已经做了哪些努力？已经完成多少？在履行时遇到了哪些困难？他如何去克服这些困难？

2. 建构

建构，是指对矫正社会工作者与个案矫正对象的互动所进行的计划、组织，并确定互动的方向。个案矫正对象应清晰地了解任务的目的及性质、时间的安排、行动计划及如何与矫正社会工作者进行沟通。

3. 认知增强

认知增强，主要是由矫正社会工作者提供一些尽可能多的资料，帮助个案矫正对象认清自己的行为、问题及所处的情境。其目的在于增强个案矫正对象对他人及情境的认知，增加个案矫正对象对自己行为及与他人互动的深刻了解。所有的认知都必须和个案矫正对象的任务有关。认知的增强可以提高个案矫正对象解决问题的能力，以克服任务完成过程中的障碍。

4. 鼓励

对个案矫正对象积极的、建设性的行为，矫正社会工作者应予以适当的鼓励，以强化此类行为。

5. 方向的引导

方向的引导，是指矫正社会工作者引导个案矫正对象沿着既定的目标去完成任务。在适当的时候，应给予建议和忠告，确保其行为不偏离既定的方向。

（七）结束

在任务完成以后，进入了任务中心模式的结束阶段。在该阶段，矫正社会工作者和个案矫正对象的重点在于任务完成的评估。矫正社会工作者和个案矫正对象一起将原先遇到的困难和现在的情况进行比较，看看是否有所提高，提高的幅度有多大以及在哪些方面发生了改变，并根据改变的情况确定未来的计划。最后，根据情况，订立附加合约。个案矫正对象完成任务时有可能出现任务完成不理想或者在任务完成过程中，发现了一些新的问题需要解决，这时就需要订立附加合约予以说明，确定任务完成的程度及对问题或目标重新修订。

【课堂活动 5-1】

社区矫正对象张某，30 岁，高中文化程度，因犯偷税罪被判处有期徒刑 2 年，缓刑 2 年，转入社区矫正。张某对法院的判决不服，有抵触情绪。张某之前做点小生意，收入也不错，但现在失业在家，没事可做，没有经济收入，情绪比较低落，而且家里之前一直都是依靠张某的收入维持生活。同时，张某是一个爱脸面、讲朋友义气的人，觉得现在自己很没有面子，在朋友面前抬不起头来，感到压力很大，经常待在家里，和社会的交往越来越少，人也变得脾气暴躁，常常乱发脾气，弄得家里气氛非常紧张。

请问：

1. 如果你是一名矫正社会工作者，你会采取本章中的哪种治疗模式对案例中的张某进行个案矫正治疗？

2. 请写出你的治疗步骤和方法。

【课堂活动 5-2】

李某面对大学毕业后何去何从陷入深深的苦恼中。他非常热爱自己的社会工作专业，并曾在一个小城市的一家残疾人福利机构实习，这个福利机构是由境外的机构主办。该机构很看重他的才华，希望他毕业后能到那里工作，尽管待遇一般，他自己也比较看重这个机构的工作环境和不断发展的机会。但他在农村的父母希望在北京上大学的儿子可以继续留在北京，在父老乡亲和亲朋好友面前有一个颜面，所以对儿子要到小城市并且是残疾人机构工作十分不解，甚至父亲还威胁，如果他要去就到北京守着他。因为家境贫困，他用助学贷款完成了学业，所以还贷也是一个不小的压力，这是必须要考虑的因素，何况父母为了他也借了一定的债，父母年老体衰，也盼望着他能够挣钱贴补一些家庭开支。残疾人福利机构所在的城市远离父母和同学，到了那里人生地不熟的，看到同学们纷纷留在北京和其他大城市，他自己也有一种不甘心……

请用心理社会治疗模式中的“人在情境中”的理论，分析案例中的李某有哪些困扰，这些困扰主要来自哪些方面？

【思考题】

1. 心理社会治疗模式的理论来源有哪些？

2. 心理社会治疗模式应遵循哪些基本原则？

3. 心理社会治疗模式的实施程序有哪些?
4. 心理社会治疗模式的治疗方法与技术有哪些?
5. 什么是个案矫正的危机调适模式?
6. 危机调适模式的基本原则有哪些?
7. 危机调适模式的步骤与方法有哪些?
8. 适合任务中心模式处理的问题有哪些?
9. 你如何理解社会角色理论?

第六章　社区矫正对象个案矫正治疗模式（二）

【学习目标】

知识目标： 掌握个案矫正的行为治疗模式、人本治疗模式和理性情绪治疗模式的相关知识，了解其理论来源和基本方法。

能力目标： 培养学生具备个案矫正的行为治疗模式、人本治疗模式和理性情绪治疗模式的工作技能。

第一节　个案矫正行为治疗模式

行为治疗模式是个案社会工作中最具代表性的治疗模式之一，它和心理社会治疗模式、人本治疗模式成为三大主流治疗模式。行为治疗模式被广泛应用于处理形形色色的需要改变的问题中。

20 世纪 40 年代，南非的沃尔普（Joseph Wolpe）在实验中发现了互相抑制原则，即当一个人松弛的时候，他是无法同时感到紧张、焦虑或者恐惧的，反之亦然。以此为依据，他提出了行为治疗的系统减敏法。与沃尔普同时期的英国人艾森克提出，应采用客观和标准化的测试作为行为治疗的临床评估，他的研究将行为治疗又向前推进了一步。

20 世纪 50 年代，行为治疗模式同时出现在美国、英国和南非等地。这一阶段工作的重点是证明行为治疗技术的有效性，尽管它受到了传统的精神分析学派的抨击，但该治疗模式仍然得以生存和发展。到了20世纪60年代，阿尔伯特·班杜拉开始将学习理论应用于社会行为的研究。他认为，个人除了从奖惩中学习以外，还可以从模仿的过程中学习，他对暴力性电视节目与观众的社会性行为之间的关系进行了广泛的研究，发现存在模仿性暴力行为。班杜拉进一步认为，人不单是社会环境的产物，也是控制社会环境的主人。他相信人类行为是由行为、认知与环境三者不断相互作用而形成的。

20世纪70年代，行为主义治疗模式不断发展壮大并成为个案社会工作的主要模式之一。到了20世纪80年代，行为主义治疗模式开始寻找突破传统学习理论的新观念与新方法，探讨治疗工作对当事人和社会的影响，更加注意情感因素在治疗中所起的作用以及生物因素在心理异常中所起的作用。在这一阶段，行为治疗模式的主要发展方向是认知行为治疗及行为治疗技术的继续完善。

20世纪90年代，美国成立了行为治疗方法促进会，不断进行理论与实践方面的研究。尽管目前行为治疗方法流派众多，技巧纷纭复杂，但有一些共同特征，就是以治疗为导向、强调行为、重视学习作用以及强调严格的诊断和评估。

一、个案矫正行为治疗模式的理论来源

20世纪初期，有些心理学家不满意当时的心理现象的主观推测，他们试图使心理学与其他自然科学一样，把可观察、可测量的行为作为研究对象。于是，他们便集中研究行为。这一类学者形成一个学派，被称为“行为主义心理学派”。行为主义心理学派的主要代表人物有巴甫洛夫、桑代克、斯金纳、华生、班杜拉等。

行为治疗模式的理论主要来源于巴甫洛夫研究的条件反射理论（亦称为经典条件反射理论）、桑代克和斯金纳的操作性条件反射理论、华生的行为主义理论以及班杜拉的社会学习理论。这些理论

为行为治疗模式的形成奠定了十分重要的理论基石。

（一）经典条件反射理论

经典条件反射理论的创始人是苏联生理学家巴甫洛夫。从19世纪90年代开始，巴甫洛夫致力于动物和人的反射活动的实验研究，发现了许多神经系统高级部位机能活动的规律，创立了高级神经活动学说，这一学说也叫作条件反射学说。巴甫洛夫把意识和行为看作是反射，即有机体通过中枢神经系统，对作用于感受器的外界刺激发生的规律性反应。在研究过程中，巴甫洛夫主要是以狗为实验对象，其中一个实验是狗与铃声建立神经联系的实验，即每次在给狗食物的同时都摇铃。狗吃到食物会分泌唾液，这是自然的生理现象，不足为奇。但每次给狗食物的同时都摇铃的情况重复多次后发现，狗即使没有吃到食物，只要听到摇铃声，也会分泌唾液，这个现象引起了巴甫洛夫的极大兴趣并由此开始了他著名的条件反射研究。

食物引起狗的唾液分泌是刺激引起反应的自然现象，不需要经过学习，这是人和动物共有的一种本能反应，所以食物被称为无条件刺激物，由食物引起的唾液分泌反应被称为无条件反应。铃声与狗的唾液分泌原本是毫无关系的，但因每次都在给狗食物的时候摇铃，使狗将铃声与食物联系了起来，所以，铃声引起的狗的唾液分泌显然是习得的反应，铃声起到了代替食物的作用。所以铃声被称为条件刺激物，由此引起的唾液分泌反应被称为条件反应。巴甫洛夫研究的就是条件刺激如何取代无条件刺激的功用，引起个体有同样的反应。

巴甫洛夫把动物和人生而具有、不学而会的反射称为无条件反射，如吃食物流口水，光照使瞳孔收缩等。把动物和人通过后天的模仿、学习而形成的反射称为条件反射。

条件反射是有条件的，即只有在外界刺激是某种无条件反射刺激信号的时候，它才能引起条件反射。例如，铃声必须是和食物同时出现的，而且是作为食物出现的信号而出现的，此时，它才会引起狗的唾液分泌，即引起条件反射。假如铃声不再作为食物信号出现了，它也就不会再引起狗的条件反射了。而无条件反射是没有这种条件的，只要无条件刺激出现，就会引起无条件反射，如食物，狗无论何时吃到嘴里都会引起唾液的分泌，这就是无条件反射。

巴甫洛夫在条件反射方面的研究，不久即成为心理学上研究学习的典范，他的研究得出的理论被称为经典条件反射理论。

巴甫洛夫的经典条件反射理论在性质上属于最简单的联结式学习。这一学习是指把本来两个没有关系的事件连在一起，产生学习效应。在经典条件反射实验中，刺激有两种，包括上面提到的无条件刺激和条件刺激，反应也有两种，为无条件反应和条件反应。在这四者之间，联结式学习所做的联结有两种：一个是观察可见的条件刺激与条件反应之间的联结，简称刺激与反应之间的联结；另一个是不易见到的联结，那就是条件刺激与无条件刺激之间的联结。从前一联结中，个体学到反应；从后一联结中，个体产生学习。所以，反应与学习并非完全相等，前者只是外显行为，后者包括内在的心理历程。①

（二）操作条件反射理论

除巴甫洛夫进行了条件反射研究外，美国心理学家桑代克和斯金纳也进行了操作条件反射的实验研究。

桑代克是美国著名的实验心理与行为心理学家，他的迷箱实验是心理学史上的重要实验之一，即根据动物实验建构系统学习理论，桑代克对行为主义学派的影响主要来源于他对小鸡、小猫研究的结果。1895 年，他到哈佛大学受教于美国心理学家威廉·詹姆斯，做小鸡走迷津（即走迷宫）实验，后转到哥伦比亚大学学习，

① 张春兴著：《现代心理学——现代人研究自身问题的科学》，上海人民出版社 1994 年版，第 228 页。

继续利用猫和狗等做实验，如著名的饿猫迷笼实验。在这项实验中，桑代克将饿猫关入笼中，笼外放一条鱼，饿猫急于冲出笼门去吃笼外的鱼，但是要想打开笼门，饿猫必须一气完成三个分离的动作。首先要提起两个门闩，然后是按压一块带有铰链的台板，最后是把横于门口的板条拨至垂直的位置。经观察，猫第一次被放入迷箱时，拼命挣扎，或咬或抓，试图逃出迷箱。终于，它偶然碰到踏板，逃出箱外，吃到了食物。在这些努力和尝试中，它可能无意中一下子抓到门闩或踩到台板或触及横条，结果使门打开，多次实验后，饿猫的无效动作越来越少，最后一入迷笼就会立即以一种正确的方式去触及机关打开门。桑代克记下猫逃出迷箱所需时间后，即把猫再放回迷箱内，进行下一轮尝试。猫仍然会经过乱抓乱咬的过程，不过所需时间可能会少一些，经过多次连续尝试，猫逃出迷箱所需的时间越来越少，无效动作逐渐被排除，以致到了最后，猫一进迷箱内，即去按动踏板，跑出迷箱，获得食物。根据实验，可以画出猫的学习曲线。

图 6-1

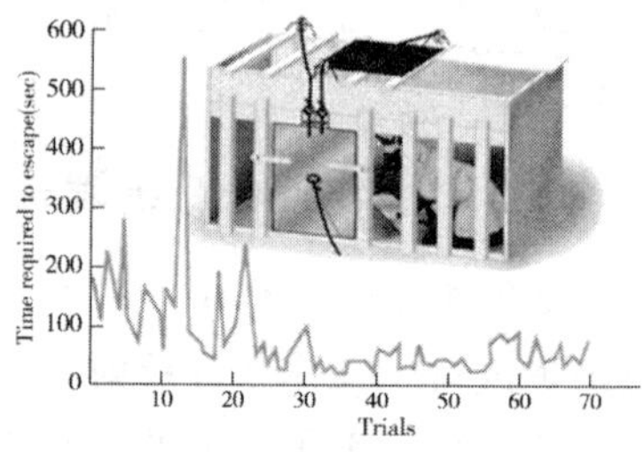

图 6-2

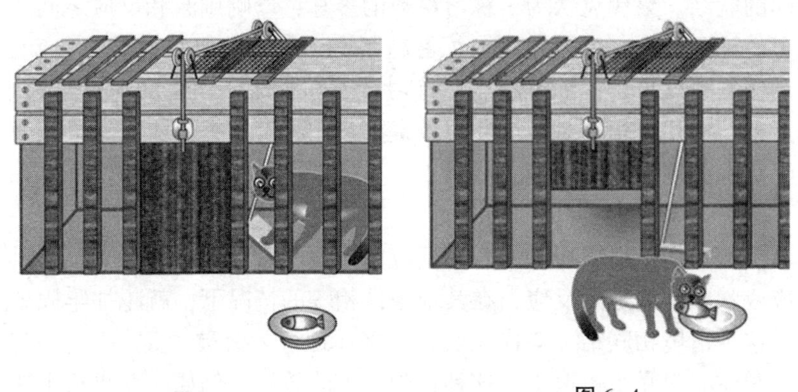

图 6-3　　　　图 6-4

桑代克把猫在迷笼中不断地尝试、不断地排除错误最终学会开门出来取食的过程称为尝试错误学习，并提出了学习的“尝试-错误”理论。他认为，动物在每次尝试的过程中，都建立起一种刺激-反应型联系，那些能够导致成功的反应被保留，而无效的反应则会逐渐被排除，所以，动物学习就是从各种刺激-反应中挑选那些导致成功的刺激反应型。桑代克又把这种刺激-反应型称作“联结”，认为学习的实质就在于形成刺激-反应联结，并根据动物心理实验研究的发现，提出了有关人类学习的三条主要规律：

1. 准备律

准备律，是指刺激与反应间的联结随个体本身的准备状态的不同而有所不同。如果学习者有准备，并按其准备活动做，学习者就会产生满足感，有过满足经验，以后遇到同样的情境时，个体就会继续同样的反应；如果有准备而没有按其准备活动做，就会产生烦恼感；如果没有准备而强制其活动，就会产生厌恶感。此定律强调了学习开始前预备定势的作用。

2. 练习律

练习律，是指刺激与反应的联结随练习次数的增加而加强。在奖励的情况下，不断地重复一个学会的反应就会增加刺激和反应之间的联结。桑代克认为，练习次数的多寡，影响刺激和反应之间练习的稳固程度。练习越多，练习越紧密，越清楚要采取什么行动，动作的速度越快；练习越少，练习就不够紧密，动作的速度越慢。后来，桑代克相信对一个反应单是重复比起对这个反应的结果给予奖赏来，在效果上要差一些。

3. 效果律

在对同一情境所做的若干反应中，那些对学习者伴有满足的反应或紧跟着满足的反应，在其他条件相等的情况下，就越加牢固地与这种情境相联结。桑代克认为，哪一种行为会被“记住”，并与刺激建立起联系，取决于这种行为产生的效果。例如，在小鸡走迷宫实验中，迷宫是一个刺激，小鸡在迷宫中会作出多种行为反应，但大多数反应不能帮助它们逃出迷宫，而另一些行为则使它们得以逃脱并得到食物。因此，小鸡就记住了这些有效的行为，将迷宫这个刺激和这些有效的行为联系起来了。以后，一进迷宫，它们就知道要作出什么反应。桑代克据此认为，学习的实质就是有机体形成“刺激”（S）与“反应”（R）之间的联结。

1931 年，桑代克提出，如果要分析人的整个心理就要在以下两者之间寻求强度不同的联结，即情境、情境的元素和情境的复合物以及反应、准备反应、易化、抑制和反应方向。如果将所有这些复合物加以归类编目，说出在每个想象得到的情境下，人会想些什么和做些什么，以及什么使他满意，什么使他烦恼，那么，就没有什么东西被漏掉了。

在桑代克看来，“学习即联结，心即是一个人的联结系统。”同时，他还认为学习的过程是一种渐进的尝试错误的过程。在这个过程中，无关错误的反应逐渐减少，而正确的反应最终形成。根据其这一理论，人们称其关于学习的论述为“试误说”。

由于桑代克的学习理论说明了一个刺激和一个反应新关系的建立，因此，他的学习理论称为联结主义。桑代克的联结主义思想改变了传统的联结主义。传统的联结主义所指的是观念间的联结，而桑代克的联结主义指所的是刺激与反应间的联结。

桑代克的理论盛行于20世纪，他的效果律对新行为主义者的思想影响很大。到了20世纪30年代以后，美国心理学家斯金纳改进了他的实验设计，以白鼠和鸽子等动物为研究对象，提出了著名的操作性条件反射学习理论。斯金纳把一只饥饿的白鼠放到箱子里，箱子里有个杠杆，按压杠杆就会出现一粒食物。开始，白鼠偶尔跳到杠杆上，压出了一粒食物，它吃了，但它还没有发现自己跳到杠杆上和出现食物之间的联系。当它多次按压杠杆都出现了食物之后，只要把白鼠放到箱子里，它就会去按压杠杆。此时白鼠已经把杠杆和食物联系起来了，形成了条件反射。这种条件反射被称为操作性条件反射或工具性条件反射。

巴甫洛夫研究的经典条件反射是人和动物的“应答性行为”，斯金纳研究的操作性条件反射是人和动物的“操作性行为”，它是在没有可以观察到的外部刺激的情况下发生的，当这种行为发生后，如果有个可成为强化物的事件发生，在以后类似的情境中，该行为发生的概率会变大或者减少甚至消失。例如，孩子每次帮助妈妈扫地都会得到爸爸的奖赏（给糖吃），那么孩子扫地的可能性就会增加。

斯金纳认为，应当研究刺激与反应之间的、一种可观察到的相互关系，对反射“进行操作分析”。在他的动物实验中，展示了动物主动地按压杠杆，从而取得食物，并因此得到强化而被巩固的整个过程。这一过程就是区别于巴甫洛夫“经典条件反射”的“操作条件反射”。

斯金纳的操作条件作用是以桑代克的效果律为基础的，对桑代克的“试误说”进一步研究作出了卓越的贡献。“效果律”后来被发展成为“强化”学说。

强化，是指通过某一事物增强某种行为的过程。（1）在经典条件反射中，使无条件刺激与条件刺激相结合，用前者强化后者。（2）在操作条件反射中，指正确反应后所给予的奖励（正强化）

或免除惩罚（负强化）。

强化理论，也叫行为修正理论，是斯金纳提出的以学习的强化原则为基础的关于理解和修正人的行为的一种学说。

强化理论是斯金纳理论最重要的部分和基础，在斯金纳的体系中，强化是主要的自变量。他认为，行为之所以发生变化就是因为强化作用，因此，对强化的控制就是对行为的控制。

强化和惩罚是操作条件反射的核心思想，既有正向的（加给有机体环境刺激），也有负向的（从有机体环境中取走刺激）。共产生四种基本结果。

①正强化。正强化又称“阳性强化”。个体作出某种行为或反应，随后或同时得到某种奖励，从而使行为或反应强度、概率或速度增加的过程。在强化的过程中，对个体反应产生正强化作用的事物称为正强化物。这一原理是通过动物的学习研究得来的。在心理学中，正强化的原理常常被用来激励人们努力地学习与工作，做对社会有意义的事情，也用来帮助病人消除不良的行为和症状。例如，社区矫正中对认罪悔罪、遵守法律法规、服从监督管理、接受教育表现突出的矫正对象所给予的表扬。

②负强化。当有机体自发作出某种反应之后，随即排除或避免了某种讨厌刺激或不愉快情境，从而使此类反应在以后的类似情境中发生的概率增加，这种操作即为负强化。例如，社区矫正机构对无正当理由，未经批准离开所居住的市、县的矫正对象使用电子定位装置进行监督管理。但如果矫正对象认错态度好，并保证以后认真遵守法律法规和社区矫正制度的规定，再也不会出现这种情况，在实际行为中也处处表现出悔过自新的态度，认真遵守法律法规和社区矫正制度，积极配合改造，定位管理实施一定期限后，社区矫正机构就可以解除对其的电子定位装置管理。

③正惩罚。正惩罚指施加一个坏刺激。这是当不适当的行为出现时，给予处罚的一种方法。例如，当社区矫正对象未按规定报告遵纪守法、教育学习等情况时，社区矫正机构可以视情节轻重给予

训诫或警告的处罚。

④负惩罚。负惩罚指去掉一个好刺激。这种惩罚比正惩罚更为常用。当不适当的行为出现时，不再给予原有的奖励。

根据不同标准，强化分为不同类别。

从强化程序来看，强化主要有两种类型：连续的和间断的。连续强化程序，是指每一次理想行为出现时，都给予强化。间断强化程序并不是对每一次理想行为都给予强化，但是为了保证行为能够重复，强化的次数也应是充分的。

斯金纳认为，人或动物为了达到某种目的，会采取一定的行为作用于环境，当这种行为的后果对他有利时，这种行为就会在以后重复出现；不利时，这种行为就减弱或消失。人们可以用这种正强化或负强化的办法来影响行为的后果，从而修正其行为。

（三）行为主义理论

华生是行为主义学派的创始人。他认为心理学研究的精神、人格、意志等都是个人主观的经验和感受，不是一种科学化的研究，应该尽量客观地、科学地研究人。

华生深受20世纪初期巴甫洛夫和桑代克等人的影响。在巴甫洛夫经典条件反射学说的影响下，继承了桑代克的方法论，建立了“刺激-反应”模式，即R＝f（S）模式，R代表反应，S代表刺激，即反应必须由刺激引起，反应的性质亦为刺激的性质所决定。该理论不考虑刺激与反应的中间过程，而认为即使中间有思维作为中介，也不过是由内部语言所引起的喉头肌肉运动，至于情绪，那不过是内脏和腺体的变化，他们都是可以客观记录的行为。华生认为，行为是可以通过学习和训练加以控制的，他不认为遗传因素起重要作用。他曾经说过：“给我一打健康的婴儿，并在我设置的特定环境中教育他们，那么，任意挑选其中的一个婴儿，不管他的才能、嗜好、性格和神经类型等种种因素如何，我都可以把他训练成我所选定的任何专家、医生、律师、艺术家、商人乃至乞丐和小偷。”

行为的学习是一个刺激与一个反应，在同时或很近的时间里出现，此种成对关系一旦建立，则以后某一刺激即能引起某一行为，从而学习效果也就产生。该学习效果可运用于建立强化与消除原有的行为，建立新行为。

（四）社会学习理论

另一个新行为主义学派的杰出代表是斯坦福大学的班杜拉。他以学习理论为基础，进一步提出了自身的能动作用，强调人与社会环境的相互作用，从而提出了新的“社会学习理论”，也称“模仿学习理论”。社会学习理论认为，人类行为既不是单纯地取决于内力驱动，也不是单纯地被环境所摆布。人有自己独特的认知过程，它们不但参与行为模式的形成，而且可以参与人格的形成和保持。他认为，人的因素、环境的因素、行为这三个方面是相互影响、相互决定的。

班杜拉进一步研究人的行为是如何获得的问题。他认为，人主要是通过观察别人的行为和行为结果而进行学习、习得行为。这种观点与强调必须从外部进行强化才能形成行为的典型行为主义观点有很大的区别。班杜拉认为，观察学习是一个认知过程，通过对榜样的模仿和认同而完成。他在阐述个体如何通过观察学习而习得行为、形成个性时指出，观察学习有四个过程：一是注意过程，没有对榜样的注意就没有后来的模仿；二是保持过程，没有这个过程，就不可能产生与榜样活动一致的模仿；三是运动再现过程，个体通过这个过程把保持在头脑中的榜样信息转化为适当行为；四是动机或诱因过程，指的是个体具有再现榜样行为的能力后，究竟是否把行为公开出来，取决于诱因。① 班杜拉总结的促成观察学习的条件

① 翟进、张曙编著：《个案社会工作》，社会科学文献出版社 2001 年版，第 208 页。

有：榜样所表现的行为具有明确的后果（行为受到了奖励或惩罚）；在学习者的心目中对榜样有正面的态度（榜样是学习者的偶像）；榜样与学习者之间在人格特质上有相似之处；学习者对榜样的观察模仿的结果能获得强化（外在强化或自我强化）；所想观察模仿的榜样的行为能够明确认定；所欲观察模仿的行为对学习者来说力所能及（看得懂并做得到的行为）。①

班杜拉在阐述观察学习的个性理论时，虽然沿用了行为主义者惯用的强化概念，但他把强化区分为直接强化、替代强化和自我强化，并着重强调替代强化和自我强化。

替代强化，是指当个体看到他人的行为获得成功或赞扬时，便会增强产生同类行为的倾向，反之亦然。

自我强化，是指个体一旦社会化了，就能自己设定标准并根据这种内在的标准来评定和奖惩自己的行为。

根据班杜拉的理论，人是能够通过观察学习获得替代强化进而控制自我强化，从而形成自我行为的。

行为治疗模式的基本假设和基本治疗方法与技巧就是以上述这些理论为基石而发展起来的。

二、个案矫正行为治疗模式的基本概念、假设与特征

（一）基本概念

1. 行为与行为反应模式

行为，是指有机体对面临情况的一种反应态度，而这种反应态度取决于个体本身内在与外在环境的条件。当有机体在接受外界刺激后，即会产生某种行为反应。这种反应的过程被描述成刺激—反应（S—R）。

① 张春兴著：《现代心理学——现代人研究自身问题的科学》，上海人民出版社1994年版，第249页。

2. 行为治疗

沃尔普根据“学习理论”将行为治疗定义为：行为治疗是使用实验确立的行为学习原则和方式，克服不良行为习惯的过程。[①]

3. 人性观

不同的行为治疗学派对人性的看法也不尽相同。激进的行为主义者如斯金纳，排除人自我决定及自由选择行为反应的可能性，认为人好像是未开启的盒子，是个空洞的有机体，环境改变，则行为也随之改变，行为具有很高的可变性。但现代的行为治疗学派并不认为人只是社会文化制约下的产物，而是认为人是具有主观能动性的，人也有能力改变环境。环境对人的影响和人对环境的影响兼而有之。特别是班杜拉的理论反对机械论和决定论对人类行为的看法，他认为这些看法只考虑环境的决定性方面，认为人类是受环境影响的被动者，而没有考虑人类也有能力影响环境。

另外，在哲学上行为取向和人本取向常被视为两个极端。但目前运用行为主义方法的人也在尝试在两者之间建立桥梁，他们运用行为主义的方法而得到人本主义的结论，认为两者之间存在相似性。

在个案矫正的实践中，行为治疗模式要求个案矫正对象要采取行动，而不只是被动地作出反应和长时间地反省自己的问题；要关心刺激如何通过认知过程和主观的认定等中介变量而产生影响；强调矫正对象要学习并运用自我改变技巧，为自己的行为负责。

（二）基本假设

按照“学习理论”的观点，行为治疗模式的基本假设是：如同适应性行为一样，不良行为也是习得的，也是个体通过学习获得的。个体可以通过学习消除那些习得的不良或不适应行为，也可通

① 中国就业培训技术指导中心、中国心理卫生协会组织编写：《心理咨询师（基础知识）》，民族出版社2015年版，第441页。

过学习获得适应性行为。[①]

人的大多数行为不是天生的，而是后天学习的结果。在正常情况下，人们通过良好的学习，会获得各种知识技能，并在正确的教育和引导之下，形成良好的品行，建立良好的行为模式。但是也有一些人在不利的条件下进行了不正当的学习，受到了各种不良因素的影响，形成了不良的行为方式，甚至出现了违法犯罪行为。行为治疗的作用就是帮助个体通过学习建立良好的行为模式，改变或消除不良的行为模式，进而成为一名合格的社会成员。

（三）基本特征

根据施皮格勒和格雷蒙特的观点，个案矫正中行为治疗模式的基本特征有六个：

（1）行为治疗模式根据科学方法的原理和步骤，将通过实验得到的学习原理用于协助个案矫正对象改变其适应不良的行为。所得出的结论均来自观察，而非根据个人的信念。行为治疗模式突出的特征是坚持系统地遵循明确的规范及测量方法。矫正社会工作者用具体、客观的文字来叙述治疗目标，使干预措施以后能照搬使用。在治疗过程中，他们会持续诊断问题行为以及造成这些行为的情况条件。他们也会使用研究方法来评估上述的诊断与治疗历程的有效性。因此，行为治疗模式的观念与处理方法不但会明确说明，同时也会进行验证，并不断加以修正。

（2）行为治疗模式强调个案矫正对象目前的问题与造成这些问题的因素，不强调历史性的决定因素。矫正社会工作者假定个案矫正对象的问题是受到目前情况条件的影响，因此，他们使用行为技巧来改变这些情况条件。对待个案矫正对象不良行为的态度，应该就事论事，即在行为治疗中，要治疗的东西就是不良行为本身。

① 中国就业培训技术指导中心、中国心理卫生协会组织编写：《心理咨询师（基础知识）》，民族出版社 2015 年版，第 441 页。

它不假设也不探讨在这些不良行为背后是否存在着什么更深层次的东西。但是，对行为的直接治疗，并不拒绝承认个案矫正对象内在的认识和情感活动。在行为治疗者看来，人的内在思想活动、信念、情感等已经由行为表现出来了，他们是内隐的活动，而行为是外显的活动。所以，作为消除或改变外显活动的行为治疗，已经将内隐的活动包括在内了，他们都是行为治疗的目标。

（3）在行为治疗模式中，个案矫正对象必须采取特定的行动，寻求改变，以解决自身的问题，而不是只谈自己的情况。个案矫正对象不论是在治疗中还是在治疗外，均需监视自己的行为，多学习并演练应变技能以及对新行为进行角色扮演。本疗法以行动为导向。

（4）行为治疗模式在内容上大部分具有教育色彩，强调教导个案矫正对象学会自我管理的技能，并期望他们能将学到的东西应用到每天的日常生活中。指派家庭作业是本疗法的一个重点。

（5）行为治疗模式具有弹性，能依照不同的个案矫正对象的不同问题而调整变化。

（6）行为治疗模式的实际工作以个案矫正对象与矫正社会工作者之间的协同合作关系为基础。这有两方面的含义。其一，矫正社会工作者所进行的每一项尝试都会预先告知个案矫正对象治疗方法的性质和历程。其二，矫正社会工作者通常会训练个案矫正对象自行提出、实施并评估自己的治疗。

三、个案矫正行为治疗模式的方法与技术

行为矫正治疗模式的方法与技术主要是依据条件反射理论和社会学习理论来处理行为问题，从而引起行为改变的一种客观有效的方法与技术。一般来说，行为的改变有两种情况：一种是从没有到有，即某些良好行为的建立或塑造；另一种是对不良行为的矫正，即将个体的不良行为改变为良好的行为，社区矫正便是此种情况。行为矫正技术不仅可以矫正特殊个体的不当行为，还可以用于正常

个体的教育，一方面，帮助矫正对象建立、巩固和发展良好行为；另一方面，帮助矫正对象矫正或消除一些不良行为。

（一）个案矫正行为治疗模式的程序（或步骤）

从“学习理论”的立场来看，行为矫正的过程其实就是一种特别形式的学习过程，设计者相信在如此的矫正过程中，被矫正者的行为会发生改变。为此，个案矫正行为治疗的过程一般由以下几个步骤组成：①

1. 准备与沟通阶段

在这一阶段，矫正社会工作者与个案矫正对象开始接触，了解其基本情况并就时间安排、矫正过程、具体要求等形成矫正契约。

通过与个案矫正对象的沟通，收集个案矫正对象当前面临问题的有关资料，为以后的治疗及对治疗效果的评估提供确实的依据。

2. 问题行为解析阶段

这一阶段是对问题行为作出诊断的阶段。具体工作包括：界定问题，查清个案矫正对象的个人发展情况，了解该行为是如何习得和被巩固的，确定矫正目标。

确定矫正目标是治疗前所必不可少的一个步骤。它有利于检验治疗的效果；指导治疗工作的开展；提高治疗的科学性、客观性。

3. 制订矫正计划阶段

主要包括：（1）根据矫正目标选择相应的矫正方法；（2）矫正时间的安排；（3）矫正过程中的记录与评定；（4）矫正效果的评价。

4. 实施矫正计划阶段

根据矫正计划，具体实施对问题行为的矫正。增加积极行为，减少消极行为。

---

① 参见范燕宁、谢谦宇、罗玲等编著：《社区矫正社会工作》，中国人民公安大学出版社 2015 年版，第 152—153 页。

5. 矫正结束阶段

一旦达到矫正目标，即可逐步结束矫正计划。

6. 检验阶段

如有靶行为（不良行为）复发，可给予辅助性处理。

7. 效果评估阶段

根据记录到的数据与资料对矫正效果进行评估，安排进一步巩固效果的措施。

（二）个案矫正行为治疗模式的方法与技术

行为治疗模式特别注重治疗方法与技术的运用。行为治疗模式的方法很多，在这些方法中有些是为了发展良好行为的，有些则是为了消除不良行为的。这些方法都有其完整的程序。面对个体存在的问题行为，行为矫正的一个主要目标就是对个体的一些不良行为进行干预，以减少这些行为的发生概率。在此种情况下，常见的个案矫正治疗方法与技术包括操作性技术、反应性技术及综合性技术。

1. 操作性技术

操作性技术主要包括正增强法、负增强法、差别增强法、消除法、反应塑形法、惩罚法、分解法等。

（1）正增强法。在良好行为发生之后给予奖励性刺激，以增强或维持该行为。其功能是促进该良好行为的增加。例如，社区矫正机构对表现好的矫正对象，根据法律法规的规定给予表扬、减刑等奖励，即属于此种技术。又如，在个案矫正中，矫正对象能正视自己的问题，并能认真接受矫正社会工作者的建议和辅导，矫正社会工作者则及时予以表扬和鼓励。

（2）负增强法。负增强法的目的和功能与正增强法相同，区别在于不是给予正面的奖励，而是在行为发生之后，马上给予矫正对象“负性奖励”，即给予其减少原有的痛苦或使其避免原有的嫌恶刺激，其结果使良好行为出现的次数增加。例如，某未成年矫正对象因父母管教甚严，爱唠叨而导致家庭关系紧张，需要矫正社会工作者介入，帮助其缓和与父母的关系。经过矫正社会工作者一段时间的帮助之后，该矫正对象已经能接受父母对其严格管教的态度，父母也原谅了他的不懂事，双方关系有了很大的好转。但情况好转之后，该矫正对象仍不肯与父母主动地交流沟通，需要父母帮忙时，坚持让矫正社会工作者代替他与其父母沟通，为改变他的行为，矫正社会工作者故意让其父母在其面前大发脾气并一直唠叨。该矫正对象为了避免再发生类似的嫌恶刺激，决定有事时自己主动跟父母沟通交流，再也不让矫正社会工作者代替了。

（3）差别增强法。在良好行为出现时，给予奖励刺激，在不良的行为出现时，扣除原先的奖励刺激，可以增强或维持良好的行为，同时减弱或消除不良的行为。例如，在个案矫正中，当矫正对象对当前的某些问题作具体分析时，矫正社会工作者对此行为予以注意和表扬，则矫正对象会自然增加此类行为。如果矫正对象态度不认真，所讲的话题与问题无关，则矫正社会工作者不表示任何注意及赞许，矫正对象以后就会减少这类行为的发生。

（4）消除法。当某不良行为出现后便扣除原有的奖励刺激，以减弱或消除不良行为。例如，某矫正对象因缺乏职业技能而找不到工作，家庭经济陷入了困境。社区矫正机构一方面想办法为其解决困难，另一方面协调相关部门让其参加免费的职业技能培训班，希望他能掌握一技之长。但在培训期间，该矫正对象并不珍惜这个难得的机会，而是三天打鱼、两天晒网，不好好参加培训。得知这一情况后，社区矫正机构立即取消了他参加免费培训的机会，并对其进行了严厉地批评教育。

（5）反应塑形法。在出现近似目标行为时给予奖励，以建立新的目标行为。

（6）惩罚法。在出现不良行为时给予惩罚，以减弱或消除不良行为的发生。如某社区矫正对象在矫正期间，无正当理由，未经批准擅自离开所居住的市、县，社区矫正机构即可根据《社区矫正法》第29条的规定，对其实施电子定位管理，以避免其再次出现这样的不良行为。

（7）分解法。以按部就班的方法，把所需要完成的目标行为分解成一连串的程序和步骤，使个案矫正对象能循序渐进地达到目标。矫正社会工作者必须先制订目标行为，再按矫正对象的能力进行工序分解，然后按次序达成目标。

2. 反应性技术

反应性技术主要来源于经典性条件反射原理。主要包括：

（1）消退。行为治疗模式专家认为，人类的不良行为都是不良的条件强化作用的结果，如果取消这些不良的强化，不良行为就会自然消退，如严禁矫正对象接触具有不良行为的人或环境。

（2）暂停。这种方法就是使矫正对象在一段时间内得不到对目标行为的任何强化，从而使目标行为的发生率下降。消退是把能引起不良行为的消极强化物除掉，而暂停则是对能引起不良行为的消极强化物暂时扣除，如对被判处管制、被宣告缓刑的社区矫正对象发出的禁止令，禁止其在一定期限内接触特定的人、进入特定的场所、实施特定的行为等。

（3）系统脱敏法。这种治疗方法是应用最广、实证研究最多的行为治疗的方法。系统脱敏法是使当事人对某种由平常刺激习得的异常（多指焦虑与恐惧）反应改变为正常反应的方法。① 在个案矫正中，系统脱敏法主要是用来处理个案矫正对象的焦虑及退缩行为，如焦虑症、恐惧症、神经性厌食症、强迫性行为、口吃、沮丧、噩梦等。系统脱敏法有三个基本步骤：确定焦虑层次、放松训练和进行系统脱敏。

第一步，确定焦虑层次。矫正社会工作者和个案矫正对象对于各种会引起焦虑的刺激，如遭到拒绝、批评、歧视、耻笑等进行分析，然后按照引起焦虑的程度或逃避倾向的强弱排列顺序，从焦虑

① 隋玉杰主编：《个案工作》，中国人民大学出版社2007年版，第172页。

最重的情境排列到最轻微的情境。确定矫正对象焦虑层次的目的是，矫正时可以从最低层开始，低层脱敏奏效后，再循序渐进去减缓高层的敏感反应。这也是这一治疗法被称为系统脱敏法的原因。例如，如果得知矫正对象担心被人看不起，则很可能最令他感到焦虑的情境是被亲人、朋友看不起，其次是被邻居看不起，然后是被同事看不起，最低的焦虑情境可能是被社会上的其他人看不起。

第二步，放松训练。放松训练就是让个案矫正对象把注意力集中在身体肌肉的活动和保持心境平静上，养成随时可以通过放松自己来抵御外在刺激干扰的习惯。目的是让个案矫正对象学会这一方法，在引起焦虑的情境中随时拿来使用，以身心松弛的反应来代替焦虑反应。在个案矫正中，实施的方法是：矫正社会工作者用非常轻柔、愉快的声调引导个案矫正对象逐渐放松肌肉，并想象自己正处于令人轻松的情境中，如静坐在湖畔，或在美丽的田野散步，或躺在美丽的沙滩上。此时，矫正对象能否进入安静平和的状态非常重要，因此，矫正社会工作者应教会矫正对象如何放松身体的各个部分，特别是脸部肌肉。首先松弛手臂肌肉，然后是头部，接着是颈部及肩膀、背部、腹部和胸部，最后是下肢。在治疗之外矫正对象每天必须练习松弛 30 分钟。

第三步，进行系统脱敏。确定焦虑层次并学习到身心放松技巧后，就可以先在想象中进行系统脱敏法的试验。在矫正对象完全放松自己的情况下，矫正社会工作者提供一个中性的情境让他去想象，如果他仍然能够保持放松的话，会接着要求他去想象焦虑层次表上最轻微的焦虑情境，然后逐步升高焦虑层次，直到他表示感到焦虑时即终止，并立即引导他放松。放松后再继续逐步提高焦虑层次，一直到能放松地想象以前最感到困扰和焦虑的情境为止。这表示系统脱敏法初步成功。这一过程是希望矫正对象通过放松身心去应付想象中的可怕情境，能从“想到就害怕”淡化到“想到不再害怕”。之后，再让矫正对象到现实中去验证。这样做的目的是希望矫正对象通过放松身心去面对现实中原来引起惧怕反应的情境，从“遇到就害怕”淡化到“遇到不害怕”。例如，矫正对象张某，因交通肇事罪被判处有期徒刑2年，缓刑3年，进入社区矫正。被判刑后，他觉得自己对不起被害人，对不起家人，更害怕被人歧视，整天不敢出门，不敢见人，天天关在家里，出现了强烈的自卑、焦虑、抑郁等情绪。社区矫正机构得知情况后，立即派出专业的矫正社会工作者对其进行了个别化矫正，针对他的焦虑症状采用了系统脱敏疗法进行治疗。经过一段时间的治疗后，该矫正对象消除了原有的不良心理和不良行为，不仅能正视现实、接受现实，也能很好地处理与家人、邻居和其他人的关系了。在矫正社会工作者的帮助下走出了家门，并走上了工作岗位，过上了正常的生活，而且积极配合矫正工作，还被评为矫正积极分子。

（4）厌恶疗法，即通过附加某种刺激的方法，使个案矫正对象在进行不适的行为时，同时产生令其厌恶的心理或生理反应。如此反复实施，结果使不适反应与厌恶反应建立起了条件联系，以后尽管取消了附加刺激，但只要该个案矫正对象进行这种不适行为，厌恶体验依旧产生，为了避免厌恶体验，他不得不终止或放弃原有的不适行为。

厌恶疗法的过程：一是确定靶症状，即确定要改变个案矫正对象的什么行为，这个行为应该是单一而具体的。二是选用厌恶刺激。刺激的形式可以是电刺激、药物刺激，也可以是想象刺激等。三是把握时机施加厌恶刺激。要把厌恶体验与不适行为紧密联系起来，通过多次的结合，产生条件反射，最终使行为得以改变。

厌恶疗法使用应注意的事项：一是不具备条件的机构或个人不可采用厌恶疗法。二是如果采用厌恶疗法，矫正社会工作者和个案矫正对象一定要签订知情同意书。三是靶症状要单一而具体。

在个案矫正工作中，厌恶疗法主要适用于成瘾行为的矫治。如酗酒、吸烟、药物成瘾等。具体方法是把打算消除的行为与痛苦刺激联系起来，直到行为得到抑制为止。

3. 综合性技术

在行为治疗模式中常用的综合性技术主要有：

（1）自我管理。自我管理，从20世纪70年代才开始应用，属于比较新的治疗方法，是指教导个案矫正对象学会面对困境时的处理技术与方法，提高自我管理的能力，并过上自我引导的生活，不再依赖矫正社会工作者处理个人问题。如果个案矫正对象能够认真执行自我管理与引导的策略，则治疗的成效会大大提高。自我管理的策略主要包括自我订约、自我监控、自我奖赏、自我惩罚等。

自我订约，即矫正对象自己制订管理计划，选择可行目标。

自我监控，即正确而详细地观察与记录自己的行为。行为日记是最简单有效的方法。个案矫正对象自己将与计划相关的行为记录下来，并对相关的因果关系加以评论。

自我奖赏，即个案矫正对象完成计划中的某一目标后，可以给自己进行自我奖赏，强化自我管理与引导方式以及改变过的行为。

自我惩罚，即个案矫正对象未完成管理计划中的目标，可以对自己进行自我惩罚，以促进计划更好地实施。

例如，在个案矫正中，某矫正对象在自我管理的计划中，决定要改变自己酗酒的不良行为（自我订约）。在实施过程中，可通过行为日记对自己行为的改变进行详细的观察与记录，进行自我监控。当其实现了管理计划中的某一目标后，就可以对自己进行一个奖赏；反之，则进行自我惩罚。通过自我奖赏与自我惩罚等促进更好地实施计划。

（2）果敢训练。果敢训练是行为治疗模式中一个常见的社交技能训练。社交技能在人生的各个发展阶段都很重要。比如，青少年需要学习如何与异性交往，成年人需要学习如何有效地与配偶、子女、同事、领导、管理者及陌生人进行交往等。缺乏社交技能的人往往在家庭、学校、工作和闲暇生活中遇到人际交往上的困难。果敢训练就是教给人成功地与他人相处的方法。在个案矫正工作中，常发现某些矫正对象存在人际交往的困难或障碍。例如，在人际交往过程中，一些矫正对象很难适当地表达或正确地表达果敢的行为，无法或不敢表现生气或愤怒，很难拒绝别人，不敢表达自己的想法；自己觉得没有权利表达自己的想法、信念及感受等。他们往往表现得过分谦卑，对别人的行为敢怒不敢言，事事小心，生怕得罪别人。

果敢训练的目标之一就是提高矫正对象在某一情境中采取果敢行为的能力，另一个目标是引导矫正对象能够敏锐地察觉到他人的感觉或权利，并作出适当地反应。

果敢训练并不是要去攻击别人，而是要使矫正对象能够畅快地表达感受和想法，提高自信心和自我形象。

在个案矫正中，大部分果敢训练的计划把重点放在矫正对象负面的自我陈述、自我挫败的信念以及错误的想法上。

（3）示范法。示范法是运用班杜拉的社会学习理论，以某人或某团体的行为作为一种刺激（示范），使矫正对象（观察者）发展出近似的想法、态度与行为。班杜拉认为，示范有三种效果：一是让观察者学会新的行为技巧并表现出来。二是让观察者学会抑制恐惧反应。示范者表现出抑制恐惧反应，会产生正面结果。三是促进观察者反应的发生，即示范者提供线索让观察者模仿，目的是让观察者表现出更多已学会而又不被禁止的行为。[①]

研究表明，示范者和观察者在年龄、性别、职业、社会地位及态度上越近似，则被模仿的可能性越大。有一定社会声望和社会地位的示范者比那些声望低的人更可能被模仿。

示范法主要有以下几种类型：

①现场示范。现场示范者，是指示范者在观察者面前直接演示最希望观察者应有的适当行为，以影响其态度和价值观，并教导各种社会技能。现场示范对观察者的影响最大，观察者模仿的可能性也最高。例如，在社区矫正中经常组织能认罪伏法，积极配合矫

① 隋玉杰主编：《个案工作》，中国人民大学出版社 2007 年版，第 174 页。

正，并顺利回归社会的原矫正对象，给正在接受矫正的矫正对象开展现身说法活动，从而起到示范的作用。

②象征性示范。象征性示范又称为符号示范，即通过影片、录像带、录音带等记录装置示范行为。这种示范对观察者的影响力没有现场示范的影响力大，如通过看英雄事迹的电影等对矫正对象开展道德教育。

③多重示范。多重示范，是指观察者在团体情境中，通过观察团体中的同伴，使其改变态度并学习新技能。

第二节　个案矫正人本治疗模式

人本治疗模式，又称当事人（案主）中心治疗模式，其创始人是美国心理学家卡尔·罗杰斯。人本治疗模式的发展可以分为四个阶段：

第一阶段（1940—1950 年）：罗杰斯在 1942 年出版的《辅导与治疗》一书中提出了有关人本治疗的基本概念，当时被称为"非指导治疗"，其主要观点是要与个人辅导中传统的指导性精神分析取向相对抗。他的理论强调工作者要创造自由的、不具有指导色彩的治疗气氛。他驳斥被一般人所接受的治疗方法的有效性，诸如劝告、建议、指导、说服、诊断等。罗杰斯认为，当事人有自然成长的能力，工作者不恰当的干预会妨碍当事人的自然成长；强调工作者在治疗中的配角地位；诊断的观念与程序是不恰当的，有偏差的，以及常常被误用，这些都应该排除。工作者只能采取支持和理解性的技术（如澄清当事人的意念），表达对当事人的同感、接纳、关心等。特别是在关系建立阶段，要将大部分的工作重点放在接纳当事人所表达出来的任何感受上。关键的一点是要澄清这些感受，并从这些感受中了解当事人。

第二阶段（1950—1960 年）：罗杰斯在 1951 年出版了《当事人中心治疗法》，使人本治疗上到一个新台阶。该书和 1957 年出版的《导致治疗性个性改变的必要足够条件》一书一起成为该阶段的主要标志。“当事人中心治疗法”强调治疗的中心在当事人身上，而不是在那些非指导性方法上。在这一阶段，罗杰斯强调当事人主观世界的重要性，他提出要了解当事人，最好的方法是从当事人的内心体验入手。他更明确地强调了人们自我实现的倾向，认为它是让当事人作出改变的基本动力。因此，工作者要能够敏锐地反映当事人的感受，了解当事人的主观世界及其体验，解决本我和理想我之间的矛盾。罗杰斯开始在这一阶段构筑其有关人本治疗的一些假说，提出导致改变的充分与必要条件，并认为这是提高治疗效果的关键所在。他认为，如果工作者能够提供一种蕴含着激励、促进的气氛，并且有宽容、接纳与同情心的支持，当事人也能感受到这种气氛与条件，治疗的效果自然而然地产生。

第三阶段（1960—1970 年）：1960 年，罗杰斯出版《一个人》一书，这可以称为人本治疗的第三个里程碑。研究的重点放在如何成为一个忠于自我的人。在 20 世纪 60 年代，罗杰斯和同事广泛研究心理治疗的过程与结果，不断对当事人中心取向的基本假设进行检验。研究如何在治疗中获得最佳的学习效果及治疗对改变人格的促进作用。在这本书中，他提出治疗的重点不再是纯粹反映当事人的感受，而是要提供一些可以协助当事人性格成长的核心条件，如表里一致、无条件的关怀和感同身受等。工作者要尽量投入到整个辅导过程中，利用他个人的本质来引导当事人探讨问题，工作者与当事人“此时此地”的关系和彼此的感受也非常重要。此阶段，罗杰斯在教育领域开展了学生中心教育法的试验工作。

第四阶段（1970 年至今）：20 世纪 70 年代以后，以当事人为中心进行治疗的方法迅速发展，罗杰斯的影响力也日益扩大。1974 年罗杰斯将当事人中心治疗模式改称为人本治疗模式，其应用范围从个别辅导治疗扩展到教育、家庭生活、领导与行政管理、组织发展、保健等多种领域。该阶段，人本治疗模式的重点由技术转向对工作者本身的特质、信念和态度的重视，赋予工作者更大的自由去建立与当事人的关系，尽量使当事人感到被接纳。工作者在治疗中可以更积极地参与和个人化地投入，可以使用影响性技术，如自我表露、回馈、面质等。① 在社区矫正的个案矫正治疗中，人本治疗模式是主要的治疗模式之一。

一、个案矫正人本治疗模式的基本概念与理论假设

罗杰斯在创建自己的模式初期，以"心理学的第三势力"的形象出现。当时，美国的心理治疗有两大主流：一是心理分析学派；二是行为主义学派。罗杰斯一生大力宣扬人的尊严及价值，并致力于发展以人的尊严和价值为中心的心理学。人本治疗模式的理论基础和罗杰斯的一整套基本概念、假设是紧密联系在一起的。②

（一）人性观

罗杰斯对人性持积极乐观的态度，认为人基本上是善良的、理智的、仁慈的、现实的、进取的、可信赖的和有目标的。他还认为人有责任感，能与他人合作并迈向成熟。在适当的情况下，人有能力指引和掌管自己的生命。③ 人有与他人和谐相处的愿望与能力，而且有自我成长、自我实现的内在动力。④ 罗杰斯不赞同人是不可信赖的假设，以及人需要指导、激励、教导、惩罚、奖赏、控制，应有处于较高地位的他人及专家来管理的看法。根据罗杰斯的一贯主张，个案矫正工作者如果能够做到表里如一的真诚、给予个案矫正对象无条件的正面关怀，能深入到个案矫正对象的主观世界，准

---

① 翟进、张曙编著：《个案社会工作》，社会科学文献出版社 2001 年版，第 227—229 页。

② 翟进、张曙编著：《个案社会工作》，社会科学文献出版社 2001 年版，第 229 页。

③ 转引自高刘宝慈、区泽光编：《个案工作：理论及案例》，香港中文大学出版社 2001 年版，第 38 页。

④ 翟进、张曙编著：《个案社会工作》，社会科学文献出版社 2001 年版，第 229 页。

确体会和了解他，就可以使个案矫正对象获得成长。按照罗杰斯的观点，如果助人者能具备这些态度，那么接受协助的人就会减少防卫，并能开放自己和自己的世界，而且他们会有融洽与建设性的表现方式。[①]

罗杰斯的人性观是积极和乐观的，他相信人是理性的，能够对自己负责，有着正面的人生目标，因而可以获得进步。同时人又是建设性的和社会性的，值得信任，也可以合作。

在个案矫正工作中，这种人性观指导着个案矫正工作者相信个案矫正对象是可以合作的，并有自我成长、自我实现的内在动力。

（二）自我实现

“自我实现”的概念来自于亚伯拉罕·马斯洛。根据马斯洛的需要层次理论，人在满足了低层次的基本生存需求后，有追求高层次需求的倾向，会寻求更高层次的情感需要和实现自身的潜能。所以，“自我实现”是指对天赋、能力、潜力等的充分开拓和利用，不断地完善自己，这样的人能够实现自己的愿望，对他们力所能及的事总是尽力去完成。大多数人不属于自我实现的人，他们尚未达到这个境地，但他们正走向成熟。实现的过程意味着发展或发现真实的自我，发展现有的或潜在的能力。

自我实现的人具有以下几方面的主要特征：[②]

（1）他有着一种谦虚的态度，他能倾听别人，并承认自己并不是万事皆知的。

（2）自我实现的人的认识较少受到欲望、焦虑、恐惧、希望、盲目乐观或悲观的歪曲。

（3）创造性是个普通的特征。

（4）有一种健康的自尊，认为他是有能力的，能胜任工作的。

---

① 隋玉杰主编：《个案工作》，中国人民大学出版社2007年版，第158页。

② 翟进、张曙编著：《个案社会工作》，社会科学文献出版社2001年版，第230页。

这种积极的人性观对实际的治疗工作具有深远的意义。因为深信人类天生具有从适应不良现象向健康心理发展的能力，个案矫正工作者便可以让个案矫正对象承担一些基本的责任。根据人本治疗模式的观点，矫正工作者不是无所不知的权威，而个案矫正对象也不是只能被动地听从矫正工作者的指令。因此，辅导建立于个案矫正对象有觉察力和做决定的能力上。从这些出发，矫正工作者会注重人性中最具建设性的一面，珍视个案矫正对象在辅导关系中带入的有价值的东西。此外，矫正工作者注重个案矫正对象如何在自己的世界中与他人相处，他们如何朝着积极的方向迈进，以及他们如何成功地面对成长中的内部与外部的障碍。辅导不是让个案矫正对象“适应规范”或是解决问题算了，而是改变个案矫正对象，协助他走向完满、真诚的生活，让他明白这需要不断的努力。罗杰斯认为，人永远不会达到已经自我实现的静止状态，而会处于不断自我实现的过程中。最了解个案矫正对象的是他自己，矫正工作者了解他的窍门在于感同身受地进入他的世界，以防把别人的看法强加到个案矫正对象身上。这是因为不同的人由于经历、性格和自我概念的不同，对同样的遭遇会有不同的体会。这些主观的体会对于个案矫正对象来说，不但是千真万确的，也会影响他的行为。

（三）自我概念

自我概念是人本治疗模式中非常重要的一个概念，这是因为罗杰斯认为人的行为、情绪与心理是由自我概念决定的。罗杰斯把自我和自我概念作了区分，认为自我是当事人真实、本身的自己，而自我概念是当事人在内心深处关于自己的形象，是人对自己的看法和评价，包括当事人对自己的知觉和评价、对自己与他人的关系的知觉和评价以及对环境的知觉和评价三个部分。人本治疗模式认为，是自我概念而不是真实的经验性的自我决定人的行为。例如，一个在同事眼中工作认真负责的人，他的自我概念即他对自己的看法却有可能是工作不认真。用罗杰斯自己的话说：“自我概念”是

"一套有组织、有连贯性的对自己的观感"①，如对自己身份的界定(我是谁)，对自己能力的认识（我可以做什么)。② 自我概念的内容包含九个方面，即身体、社交、性、感情、喜好、理智、职业、价值观和人生哲学。自我概念无时无刻不在影响着我们的行为。

自我概念是在成长过程中通过与周围重要人、物的接触而得到的自我经验，即对自己的体验形成的。例如，他人对待我们的态度和反应成为我们的自我经验，累积起来的自我经验便会让我们建立起一套对自己的看法，即自我概念。在这个过程中，个人的价值要得到他人的肯定往往都是有附加条件的。这也就是说，只有满足了他人的要求、期望、规定等，个人才会被接受、尊重、受到关怀和赞赏。这被罗杰斯称为"被认为有价值的条件"。这些条件往往使当事人忽略或牺牲自己内在的真正需要，久而久之，自我概念变得模糊、紊乱。当事人为了博取他人的好感，让他人认为自己有价值，便会不自觉的内化他人对自己的要求而渐渐地跟自己的真正需要脱节，让他也不能肯定自己的为人、理想和能力。严重的时候还会导致身份危机。③

罗杰斯认为，我们很难避免不内化这些"被认为有价值的条件"。很多时候我们以为这些条件就是我们真正的需要而极力去追求的。比如，我们常听人说"考上好大学才会有好出路"，于是我们就将其内化为我们自己的追求，并为此拼命地学习考取好大学。这种内化了的"被认为有价值的条件"往往会成为我们的第二个价值评判过程，指引我们的行动，并时常掩盖了我们的真正需要和自我实现的倾向，让我们有压迫感。

罗杰斯认为，人的自我概念决定了它接受和处理经验的方式和

① 转引自高刘宝慈、区光泽编：《个案工作：理论及案例》，香港中文大学出版社2001年版，第40页。

② 翟进、张曙编著：《个案社会工作》，社会科学文献出版社2001年版，第231页。

③ 隋玉杰主编：《个案工作》，中国人民大学出版社2007年版，第160页。

态度。在现实社会中，我们每个人都经历现实的经验，当现实经验发生时，自我概念和现实经验会有三种对应关系：

1. 自我概念和现实经验的一致

自我概念和现实经验的一致，即自我概念和现实经验相符。它让我们感到自身的价值，同时内心没有任何矛盾，这种情况是最完美、最理想的情况。例如，一个歌唱演员，他的自我概念是：我是最优秀的歌唱演员，能够在比赛中击败任何对手。如果他在比赛中确实做到了这一点，并获得了歌唱比赛的冠军，那么他的自我概念和现实经验就是一致的。

2. 自我概念和现实经验的矛盾与冲突

自我概念和现实经验的矛盾与冲突，即自我概念和现实经验不相符或有冲突，具体有两种情况：一是个人对自己能力、身份的认识低于现实的经验，即自我概念偏低。例如，某人的数学成绩一直不好，他也认为自己在数学学习方面的能力有限。但在一次考试中，他却取得了全班前三的好成绩。二是个人对自己能力、身份的认识高于现实经验，即自我概念偏高。例如，某人认为自己唱歌很好听，但在一次同学聚会唱歌时却被同学们评价说他唱歌跑调。当自我概念和现实经验出现矛盾与冲突时，人会因为害怕已有的自我概念被破坏而感到焦虑，于是便会采取自我防御机制，歪曲对事物的看法，来维护原有的自我概念，以谋求心理上的平衡。例如，上述事例中，唱歌走调的那个人会认为是同学对自己的诋毁或者嫉妒，从而获取心理上的平衡。如果一个人经常发生自我概念和现实经验的冲突，则会被迫采取更多的防御机制，经过长时间的积累，当事人的防御机制可能会崩溃，往往要接受一个不愿意接受的事实，处理不当，则可能导致当事人问题的发生。

对于矫正对象而言，这两种情况都可能出现。有的是自我概念偏低，出现无论干什么都自卑甚至自弃，从而影响其顺利矫正；有的是自我概念偏高，从而对矫正带有抵触对立情绪，不配合矫正。无论哪种情况，都不利于他们顺利回归社会。个案矫正工作者要根据个案矫正对象的具体情况进行具体分析，找出其问题的实质及产生的原因，从而对症治疗。

3. 自我概念和现实的脱节

自我概念和现实的脱节，即自我概念本应和现实经验的内容相对应，但个人并没有意识到。例如，一个长得很漂亮的女性，非常注重自己的穿着打扮，但她没有意识到一个人的言谈举止也应该包含在她的自我概念之中。

社区矫正中有的矫正对象就会出现这种自我概念和现实脱节的情况。例如，社区矫正对象原本是一名被判刑后正在社区接受矫正的罪犯，需要遵守法律法规和社区矫正相关制度的规定，并接受社区矫正机构的监督管理和教育矫正，但他自己并没有意识到这一点，反而认为只要不进监狱就没事了，因此，出现了该报到不报到，该汇报不汇报或工作人员进行定期走访的时候也不配合，不见面等违规违纪甚至违法的行为。

二、个案矫正人本治疗模式的治疗目标与方法技术

（一）个案矫正人本治疗模式的治疗目标

人本治疗模式的目标是帮助个案矫正对象更为独立和整合，能按自己的意愿办事。它注重个案矫正对象本身，而不是长久呈现的问题，这也就是说，治疗的重点是个案矫正对象本人而不是个案矫正对象所面临的问题。具体来讲，治疗的目标包括：

（1）提供一种治疗的气氛协助个案矫正对象重新认识自己。个案矫正对象要去除成长过程中所受的一些不正确引导，发现一个真实的自我，为走向自我实现扫除障碍。

（2）引导个案矫正对象自我努力，以具备自我实现所必需的一些特质。自我实现应该达到四方面的要求：一是对经验采取开放的态度；二是自我信任；三是有自己的评估标准；四是致力于继续成长。具体地说，就是使个案矫正对象能更直接地披露自己的意见

和情绪，能更准确地评估自己的经历及其周围的事物，能重整自我概念，并与现实经验更为调和。

（3）治疗的目的不仅在于解决问题，而是协助个案矫正对象成长，这样他就更能解决目前与将来所要面对的问题。

（二）个案矫正人本治疗模式的方法与技术

1. 树立正确的个案矫正工作者角色

人本治疗模式和其他社会工作治疗模式在很多方面有所区别和差异，要求个案矫正工作者把工作建立在自身为人处世的方式和态度上，而不是运用技巧让个案矫正对象做某些事。在矫正工作者承担的角色上，有以下要求：

（1）以个案矫正工作者的态度促进个案矫正对象改变人格，而不是依靠个案矫正工作者的专业知识、理论或技术。这就要求个案矫正工作者在和个案矫正对象进行接触时，要完全抛开工作角色对自身的限制，而把自己视为促使个案矫正对象改变的一种工具。

（2）个案矫正工作者的首要任务在于创造一个和谐的治疗气氛，以利于促进个案矫正对象的自我成长。

（3）表现真诚和关怀的态度。个案矫正工作者事先不应对个案矫正对象作任何价值判断，对个案矫正对象的问题应采取迂回的解决办法，通过个案矫正工作者本人真诚、关怀、尊重、接纳的态度来改变个案矫正对象原先的不适当的观念，从而促进个案矫正对象自发地改变其行为。

（4）形成治疗关系的中心。罗杰斯认为要形成治疗关系的中心，必须具备三种特质：一是一致性或真诚；二是无条件的正面关怀与接纳；三是正确的同感表达。

2. 形成良好的治疗关系

罗杰斯认为，“如果能够提供某种特定形式的关系，以及其他人发现自己有能力去运用这种关系来促进个人成长及改变，个人的发展就会发生。”[①] 可见，人本主义治疗模式非常重视建立个案矫正工作者和个案矫正对象之间良好的治疗关系。如何建立良好的治疗关系呢？根据罗杰斯的观点，在个案矫正工作中必须具备6个基本条件：

（1）个案矫正工作者和个案矫正对象要有心理上的接触，这是形成良好治疗关系的前提条件。心理上的接触要求个案矫正工作者不能仅限于一般地询问和了解，要能够打破个案矫正对象的心理防御机制，达到双方心理上的交流和融通。

（2）个案矫正对象出现自我概念和现实经验的矛盾与冲突，即个案矫正对象表现出表里不一，陷入焦虑或感到不安，不得不采取心理防御机制的方法来努力消除这种焦虑和不安。长期的积累会导致个案矫正对象精神紧张，处于易受攻击和伤害的状态。

（3）个案矫正工作者在治疗中表现出表里一致或真诚。真诚，是指个案矫正工作者在治疗中应向个案矫正对象开放的表达在双方的关系中所体验到的感觉和态度。这种感觉和态度既有积极的，如关心等，也有消极的，如烦恼等。坦诚和真实的表达应该是一种自然地流露，否则，则会适得其反。因此，个案矫正工作者必须保持感觉和行为的一致性。当个案矫正工作者因个人的偏好、环境、影响等原因无法保持感觉和行为的一致性时，应该立即停止治疗。假如，个案矫正工作者根本不喜欢也不赞同个案矫正对象的行为，却要假装或强迫自己接纳个案矫正对象，其治疗效果将会大打折扣。

（4）个案矫正工作者对个案矫正对象无条件的积极关怀。个案矫正工作者越是能够表达关怀、赞美与接纳，并以一种平等的方式来看待个案矫正对象，治疗成功的机会也就越大。要做到这一点，需注意以下几个方面：

第一，关怀不能附加任何条件。个案矫正工作者应该重视个案

---

① 转引自翟进、张曙编著：《个案社会工作》，社会科学文献出版社2001年版，第233页。

矫正对象并以温馨的态度接纳他而不带任何条件，它是一种“我会接纳你，因为是你”的态度，而不是“我会接纳你，只要你……”的态度。个案矫正对象可以自由的表达自己的感觉、情感，而不必担心失去个案矫正工作者的接纳，在这里，接纳，是指个案矫正工作者认可个案矫正对象抒发情感的权利。

第二，关怀是不带占有性的关怀。如果关怀是想获得个案矫正对象的欢欣和赞扬，个案矫正对象就无法发生建设性的改变。

第三，关怀并不意味着赞同个案矫正对象的所有行为。个案矫正工作者不需要赞同或接纳个案矫正对象的外显行为及表现。当个案矫正对象作出对自己或他人有损害的行为时，个案矫正工作者可以很明白地告诉他自己的态度，如“我不赞成你的这种行为”，并表示自己为他的行为而感到难过和羞愧等。

（5）个案矫正工作者能充分运用同感了解个案矫正对象的主观经验和心理状况，并能尽力将这些有效地反馈给个案矫正对象。个案矫正工作者要充分体验个案矫正对象的感觉，就如同自己的感觉一样，尽力体验个案矫正对象当时的心理情感状况，周围的情境与个案矫正对象的关系，个案矫正对象所受的压力和困扰以及他所做过的努力等方面的状况。对个案矫正对象当时感觉的充分体验，将有助于个案矫正对象更加愿意接近自己，深入地体验感觉，以解决内在的不一致问题。同时，要鼓励个案矫正对象深入地接触并反映当时的感觉。

同感是一种与个案矫正对象共同享有的个人认同感，因此，个案矫正工作者不能只反映和感觉个案矫正对象所表达的内容，也不能单纯地只对客观现实包括情感作出反映，更不能对外在现状及个案矫正对象有关问题作评估性的了解，而是应该通过调整与个案矫正对象类似的感觉，分享个案矫正对象有关的主观世界。当个案矫正工作者能够掌握个案矫正对象个人世界里的真实经验，就像个案矫正对象所看到及所感受到的一样，而又具有自我认同的独立感时，个案矫正对象就会发生建设性的改变。

（6）个案矫正对象感到个案矫正工作者能感同身受。这一点和同感是紧密相关的，同感本身就要求个案矫正对象的积极配合。如果个案矫正工作者真正能够表达出同感，个案矫正对象会感受到的。同感的表达也离不开个案矫正工作者无条件的尊重配合。

根据罗杰斯的观点，如果这6个基本条件都能具备，持续一段时间后个案矫正对象就会发生建设性的人格改变。个案矫正工作者不需要任何特殊的知识和正确的心理诊断，因为它们可能反而会干扰治疗效果。

3. 正确表达个案矫正工作者个人的态度

罗杰斯非常重视个案矫正工作者个人态度的表达，而不是工作的技术，据此，在一个理想的个案矫正工作关系中，个案矫正工作者应做到以下几点：

（1）有能力和个案矫正对象进行全面的沟通。

（2）个案矫正工作者能够切实领会个案矫正对象想要表达的意念并作出确切的回应。

（3）能够了解个案矫正对象的感受及想法。

（4）能够掌握个案矫正对象的思路。

（5）在语调上能反映出个案矫正工作者完全体会个案矫正对象的感受。

4. 了解治疗过程中个案矫正对象的经验变化

人本治疗模式以个案矫正对象为中心，力求能够真正体验并探索个案矫正对象的感觉，因此，个案矫正工作者必须对个案矫正对象在治疗过程中的经验变化有所了解和体会，才能更加深入地了解和运用人本治疗方法。

三、人本治疗模式对个案矫正的贡献

人本治疗模式的理论与方法在众多个案社会工作模式中可谓独树一帜。它在个案矫正领域的主要贡献如下：

（一）该模式易于让个案矫正对象接受

人本治疗模式倡导的是一种“成长模式”而非“疾病模式”，个案矫正工作者是帮助个案矫正对象成长，并获得持续成长的能力，而不只是解决病态问题。这有利于提高个案矫正对象的参与度和责任感，也减少了个案矫正对象的抗拒或羞愧。

（二）该模式的安全性高

人本治疗模式不需要给个案矫正对象下定论或提出建议，不需要解释个案矫正对象的行为，也不需要分析个案矫正对象的潜意识和梦境，或者他的性格有重大改变，而是需要个案矫正工作者给予全神贯注地聆听，尊重个案矫正对象并了解他看事物的角度。因此，矫正工作者错误地引导或损害个案矫正对象的机会大大减少。

（三）该模式易于学习和掌握，适用面广

和其他治疗模式相比，人本治疗模式所倡导的基本要素，对于没有参加过专业训练的人而言，容易学习和掌握。一些基本技巧，如全神贯注的聆听、关怀、澄清及情感反映等，有助于和个案矫正对象建立良好的关系，因而，得到了非常广泛的应用。

（四）该模式强调以个案矫正对象为中心

将工作重点放在个案矫正对象的现在情况，尤其是当前的情绪状态，注重发展个案矫正工作者和个案矫正对象之间良好的工作关系，让个案矫正对象自行决定与选择他们的价值观与目标，而不是由个案矫正工作者决定。

（五）该模式有助于处理危机情况

如果个案矫正对象处于危机状态，个案矫正工作者能给予他真挚的、无条件的关怀和感同身受的接纳，并能让他倾诉遇到的困难和宣泄情绪，那么即使不能立即解决问题，但对稳定情绪，防止发

生危险情况，以及鼓励个案矫正对象其后寻找解决办法，都非常有效。如果在协助个案矫正对象处理危机的同时同危机干预方法一起使用，应当可以发挥相辅相成的作用。

（六）该模式对帮助青少年矫正对象尤为适合

人本治疗模式对人持积极的看法，很多成长中的青少年矫正对象缺乏自信心，自我形象低落，自卑感强，常觉得自己得不到别人的理解，人际关系欠佳。通过治疗，矫正对象可以感受到被人关心和接受，感到人际关系中的真诚和心与心的相通之处，使他能与别人分享感受，从个案矫正工作者身上学习到与人相处的要素。

第三节　个案矫正理性情绪治疗模式

理性情绪疗法（REBT）又称合理情绪疗法，是由美国临床心理学家阿尔伯特·艾利斯（Albert Ellis）于20世纪50年代创立的。理性情绪疗法的治疗整体模型是“ABCDEF”，是在艾利斯的“ABC理论”基础上建立的。其中，A（activating events），是指发生的事件。B（beliefs），是指人们对事件所持的观念或信念。C（emotional and behavioral consequences），是指观念或信念所引起的情绪及行为后果。D（disputing irrational beliefs），是指劝导干预。E（effect），是指治疗或咨询效果。F（new feeling），是指治疗或咨询后的新感觉。

人们面对外界发生的负性事件时，为什么会产生消极的、不愉快的情绪体验？人们常常认为罪魁祸首是外界的负性事件（A）。但是艾利斯认为，事件（A）本身并非引起情绪反应或行为后果（C）之原因，而人们对事件的不合理信念（B）（想法、看法或解释）才是真正原因所在。因此，要改善人们的不良情绪及行为，就要劝导干预（D）非理性观念的发生与存在，而代之以理性的观念。等到劝导干预产生了效果（E），人们就会产生积极的情绪及行为，心理的困扰因此消除或减弱，人也就会有愉悦充实的新感觉（F）产生。

合理情绪疗法是艾利斯通过切身体验感悟和总结出来、用于帮助自己的同时也帮助他人进行心理自我调节的方法。这种疗法的主要目标是：帮助人们培养更实际的生活哲学，减少自己的情绪困扰与自我挫败行为，也就是减轻因生活中的错误而责备自己或别人的倾向（消极目标），并学会如何有效地处理未来的困难（积极目标）。

理性情绪疗法的最大特点是以观念、思想为突破口，通过改变人的非理性思想，达到改变沮丧情绪的目的，使人产生更积极与负责任的行为。

艾利斯认为，大多数人是完美主义者，所以，他们往往很苛求自己，容易自我责备，容易被他人对自己的看法所左右。在具体问题上表现为许多非理性的信念，使他们始终存在一些负面的情绪和感受。而一旦采用理性情绪疗法，许多当事人的问题就有了迅速地改善和转变。

由于艾利斯在治疗过程中揭示当事人的非理性信念并灌输一套新的人生态度和价值信念，这就使理性情绪疗法带上了主动、导向和教导式的特点。这一操作方式在该学派创立初期受到其他学派人士的强烈非议与攻击，如心理分析学派、存在主义学派和行为主义学派等。但艾利斯没有退却，不断向公众及数以百计精神健康专业人士宣扬及实践该理论。他通过不懈的努力，坚定地捍卫了理性情绪疗法，并使该疗法在实践中获得巨大成功，最后使其反对者不得不信服和接受。到了 20 世纪 60 年代后期，理性情绪疗法逐渐被美国的心理学界所接受，从此成为美国最流行的心理治疗学派之一。

一、个案矫正理性情绪疗法的理论基础

（一）哲学的价值取向

艾利斯信奉的哲学观点是现象主义哲学、实用主义哲学和人本主义哲学，他把这些哲学观点与行为主义相结合，构成了理性情绪疗法的依据。该依据认为人们是由于那些不合理的思想才导致心理障碍的。因此，如果使患者认识到这些不合理的思想，并使其转化为合理的思想，就能取得有效的治疗结果。

人是有理想的，人往往要求自己十全十美，而人的能力又是有限的。在理想和现实之间存在的差距和矛盾，常常导致人在现实中屡遭挫折，由此又带来自我形象的低落和沮丧。表现在行动上，则是由于惧怕失败，而不敢再有希望，不敢再去尝试，因而也就更不可能成功，从而导致一系列思想、感受和行动上的恶性循环。理性情绪疗法的出发点是思想而不是行动。因而，它要求人首先应有一个关于人自身的正确的价值观念，也就是要对人自身有一个正确的认识。[①] 因此，艾利斯在哲学层面提出了关于人及人生的几个原则性的认识：

（1）人就是人，而不是万能的神和超人，人应该了解及接受作为人的限制。

（2）人都是要死的，人活着，应尽量珍惜生命，尽可能利用这段生命创造出生命的真正价值和意义。

（3）生命的主要目标应是追求快乐的生活。由于各种原因许多人活的并不快乐，但这不应该是人的本意。

（4）人有自由意志，人可以自由选择自己的价值观，人能够

① 翟进、张曙编著：《个案社会工作》，社会科学文献出版社 2001 年版，第 261 页。

放弃不合理的价值观，而选择能够导致人生快乐的合理的价值观。①

（二）人性观

（1）人类天生同时有理性和非理性两种信念。理性思想使人有创造力，能从错误中学习，能自我实现及成长。而非理性思想则使人逃避、迷信，产生情绪困扰。

（2）人的思想、情绪和行为是同时存在并相互影响的。情绪通常是人对情境所作出的反映。人不可能只有情绪而没有思想，而人的思想往往又影响他的情绪和行为，人的行为也会影响人的思想与情绪。因此，上述三个方面的任何一方发生变化，都会导致其他两个方面的相应变化。艾利斯相信，人有选择改变自己思想、情绪及行为的能力。

（3）情绪问题起源于人的非理性的信念，所以是自己而不是周围的事件或过去的经历引起了情绪问题。人要对他自己的情绪负责。

（4）人常常以他人对自己的期望作为生活准则。然而当一个人过分介意别人对自己的评价，或不能赢得别人的接纳和认同时，人的情绪就会产生问题。而一个情绪健康的人则不会完全被别人对自己的评价所左右。

（5）人有谴责自己，他人及周围事物的强烈的倾向，尤其是他们自己不能取得心中所需要的东西时更是如此。

（6）人的非理性信念往往是在社会化过程中受家人以及与他有密切联系的人及文化的影响而形成的。

（7）人是有自由意志，有能力去改变自己的非理性信念及自我责备的倾向的。

---

① 高刘宝慈等著：《个案工作——理论及案例》，香港集贤社 1992 年版，第 234 页。

(8) 人的价值不是由他们的能力、表现、知识、技术所决定的，而是由他们自身的存在所决定的。所以，人不需要依赖别人对自己的评价来肯定自我价值，更无需因为缺憾、能力不足、际遇不佳或失败而产生心理困扰。因此，艾利斯相信理性情绪治疗法是最人性化的一种心理治疗。①

(三) ABC 理论

艾利斯认为，人的情绪和行为障碍不是由某一激发事件直接所引起，而是由经受这一事件的个体对它不正确的认知和评价所引起的信念，最后导致在特定情景下的情绪和行为后果，这被称为ABC 理论。A 代表诱发事件；B 代表信念，即对事件的看法、解释、态度、评价等；C 代表事件的结果或情绪反应。通常认为，情绪和行为后果的反应直接由激发事件所引起，即 A 引起 C，而ABC 理论则认为 A 只是引起 C 的间接原因，B 即个体对 A 的认知和评价而产生的信念才是产生 C 的直接原因。人们的情绪及行为反应与人们对事物的想法、看法有关，如某人因当众演讲而感到紧张。表面看来，似乎是因演讲这件事（A）使他紧张（C），但实际上是因为他担心演讲失败受到别人的耻笑、批评，或者是担心演讲搞砸了，太丢人等非理性信念（B），才使他变得紧张的（C）。

早在大约 1900 年前，古希腊哲学家埃皮克提图就指出，人不会受事物的干扰，干扰人的是他们对事物采取的观点。

合理的信念会引起人们对事物适当的、适度的情绪反应；而不合理的信念则相反，会导致不适当的情绪和行为反应。例如，两个同事一起上街，正好碰到了他们的领导，但领导并没有与他们打招呼，而是径直过去了。这两个同事中的一个人认为，“领导可能正在想别的事情，没有注意到他们。即使是看到他们而没理睬，也可

① 高刘宝慈等著：《个案工作——理论及案例》，香港集贤社 1992 年版，第 235 页。

能有什么特殊的原因。”而另一个人却有不同的想法：“是不是上次顶撞了领导一句，他就故意不理我了，下一步可能就要故意找我的岔子了。”两种不同的想法就会导致两种不同的情绪和行为反应。前者可能觉得无所谓；而后者则可能忧心忡忡，以致无法平静下来干好自己的工作。从这个简单的例子中可以看出，人的情绪及行为反应与人们对事物的想法、看法有直接的关系。在这些想法和看法背后，有着人们对一类事物的共同看法，这就是信念，前者在合理情绪疗法中称为合理的信念，而后者则被称为不合理的信念。

当人们坚持某些不合理的信念，长期处于不良的情绪状态之中时，最终将会导致情绪障碍的产生。因为情绪是由人的思维、人的信念所引起的，所以艾利斯认为每个人都要对自己的情绪负责。他认为，当人们陷入情绪障碍之中时，是他们自己使自己感到不快的，是他们自己选择了这样的情绪取向的。不过有一点要强调的是，合理情绪治疗并非一般性地反对人们具有负性的情绪。比如，一件事失败了，感到懊恼，有受挫感是适当的情绪反应；而抑郁不堪、一蹶不振则是所谓不适当的情绪反映了。

理性情绪疗法认为，人大多数追求事业有成，家庭美满，经济富裕，感情上被他人接纳和认同。如果生活中能拥有这一切固然是好的，但一旦不能拥有，而又坚持认为自己应该享有，就会产生痛苦和不如意的感觉。理性情绪疗法就是要求根据当事人的实际情况，协助其勇敢面对现实，梳理正确的人生观，要看到即使达不到自己理想的生活目标，也应笑对人生。任何对自己生活的痛苦感受其实都是自己营造出来的。理性情绪疗法倡导的是一种积极乐观的人生哲学。

二、个案矫正理性情绪疗法的一些基本概念

（一）理性情绪疗法的含义

理性情绪疗法由美国著名心理学家艾利斯首创的一种心理治疗

的理论和方法，该理论旨在通过纯理性分析和逻辑思辨的途径，改变当事人的非理性观念，以帮助其解决情绪和行为上的问题。

（二）理性情绪疗法中对非理性和理性信念的界定

1. 默兹比提出的合理与不合理信念的标准

主要有5项区分标准：

（1）合理的信念大都是基于一些已知的客观事实，而不合理的信念则包含更多的主观臆测成分。

（2）合理的信念能使人们保护自己，努力使自己愉快地生活，不合理的信念则会产生情绪困扰。

（3）合理的信念使人更快地达到自己的目标，不合理的信念则使人难以达到现实的目标而苦恼。

（4）合理的信念可使人不介入他人的麻烦，不合理的信念则难以做到这一点。

（5）合理的信念使人阻止或很快消除情绪冲突，不合理的信念则会使情绪困扰持续相当长的时间而造成不适当的反应。

2. 艾利斯提出的非理性信念及相应的分析

艾利斯根据临床经验，提出了人常有的11种非理性信念，并对这些信念之所以是非理性地作出了解释。

（1）每个人绝对需要获得周围其他人尤其是生活中每一位与自己有密切关系的重要人物的喜爱和赞许。艾利斯认为，如果将此视为一种绝对需要的话，则是非理性的。这个观念实际上是个假象，是不可能实现的事。因为在人的一生中，不可能得到所有人的认同，即便是父母、老师等对自己很重要的人，也不可能永远对自己持一种绝对喜爱和赞许的态度。因此，如果他坚持这种信念，就可能会丧失自我、否定自我、委曲求全以取悦他人，以获得每个人的欣赏，其结果必定会使他丧失自尊感和安全感，导致产生失望、沮丧和受挫感。所以，人不应该去追求被爱，一个有理性的人应通过自己积极的富有创造力的努力去表达爱，这样才能真正赢得别人的尊重。

（2）一个人是否有价值，完全在于他是不是一个全能的人，即能在人生中的每个环节和方面都能有所成就。这种信念之所以是非理性的，原因在于：这是一个永远无法达到的目标，因为世界上根本没有十全十美、永远成功的人。事实上，大部分都是平凡的。一个人可能在某方面较他人有优势，但在另外方面却可能不如别人。虽然他以前有过许多成功的境遇，但无法保证在每一件事上都能成功。如果一个人坚持这种信念，他就会为自己永远无法实现的目标而徒自伤悲，从而给自己带来许多无谓的困扰和压力，甚至造成身心疾病，最终成为失败者。实际上，成功与自我价值感是无关的。一个有理性的人，凡事会尽力而为，不计较成败得失，只享受其奋斗的过程。奋斗的目标也不是为取悦他人，超越他人，只求向自己交代，实现自己的潜能。

（3）世界上有些人很邪恶、很可憎，所以应该对他们的恶行给予严厉的谴责和惩罚。这种信念之所以是非理性的，原因在于：世上既然没有完人，也就没有绝对的区分对与错、好与坏的标准。每个人都可能会犯错误，要求他人和自己不犯错误是不切实际的。当别人犯错误时，认为他们应该受到处罚甚至应该被处死，这种想法是错误的。因为责备和惩罚并不能阻止别人不犯错误或导致他们行为上的改变，有时甚至适得其反。人偶然犯错误是不可避免的。因此，不应因一时的错误就将他们视为“坏人”，以致对他们产生极端排斥和歧视。一个有理性的人应该认识到，做了错事的人并不表示他没有价值。而且，人犯错误也是正常的，这些错误可能出于疏忽，也可能出于愚昧、无知或情绪问题。我们应该设身处地的理解和接纳他们，帮助他们避免继续犯错误。

（4）如果事情非己所愿，那将是一件可怕的、最糟糕的事情。这种信念之所以是非理性的，原因在于：世界上的很多事情是不以人的意志为转移的，心想事成仅仅是人的美好愿望。人不可能永远成功，一个人的努力和付出，有时也不一定能得到回报，生活和事业上遭遇挫折和打击是很自然的事情。如果一经遭受挫折便陷入情绪困扰而不能自拔，可能会使事情更加恶化。一个有理性的人应尽自己最大努力平静地面对困境，寻求改善现状的方法，并且尝试从困境中接受生活的挑战。如不可能，则应不断鼓励自己并接纳事实。

（5）不愉快的事情总是由于外在环境的因素所致，不是自己所能控制和支配的，因此，人对自身的痛苦和困扰也无法控制和改变。这种信念之所以是非理性的，原因在于：外在因素会对个人有一定影响，但实际上并不是像自己想象的那样可怕和严重。因为，外在事物和别人对我们的评价，并不会使我们受到伤害。而我们对这种刺激和批评的态度和看法，才会使自己受到伤害。如果能认识到情绪困扰之中包含了自己对外在事件的知觉、评价及内部言语的作用等因素，那么外在的力量便可能得以控制和改变。很多人认为，要改变和控制自己的情绪是很难的，这只不过是因为他们很少尝试这样做。一个有理性的人知道情绪是由自己控制的，受自己的思想和感受的影响。因此，要改变和控制自己的情绪并非不可能。

（6）要对危险和可怕的事情随时随地加以警惕，应该非常关心并不断注意其发生的可能性，即凡事多从坏处着想。这种信念之所以是非理性的，原因在于：凡事都有好坏两个方面。多考虑事物的危险性、灾难性、设想危险发生的补救计划，不失为明智之举。但如果过分的担心，不但于事无补，反而使我们在面临危险时，因夸大危险发生的可能性，而不能对之加以客观地评价和有效地应对。有时过分担心还会增加那件事情发生的可能性。例如，有些人害怕自己得癌症，动不动就去医院检查、吃药，过度忧虑和恐惧，反而有可能使自己患上忧郁症或其他生理疾病。这种杞人忧天式的观念只会使生活变得沉重和没有生气，导致整日忧心忡忡，焦虑不已。一个有理性的人一方面应该认识危险和灾难发生的可能性，采取有效措施去防备，但另一方面，一旦灾难发生，也要相信自己、相信科学，不必惊慌失措、无所适从，而应坦然面对。

（7）面对现实中的困难和自我所承担的责任是件不容易的事情，倒不如逃避它们。这种信念之所以是非理性的，原因在于：逃避问题虽然可以暂时缓和矛盾，但问题却始终存在而得不到解决，时间一长，问题便会恶化或连锁性地产生其他问题和困难，从而更加难以解决，最终会导致更为严重的情绪困扰。一个有理性的人只有通过实际行动，才可以增强自信心，使自己的生活过的更充实，并对将来的生活更具信心和希望。有挑战性、有责任感，并能及时解决问题的人生才是愉快的人生。

（8）人必须依赖别人，特别是某些与自己相比强而有力的人，只有这样，才能生活得好些。这种信念之所以是非理性的，原因在于：虽然人在生活中的某些方面要依赖于别人，但过分夸大这种依赖的必要性则可能使自我失去独立性，导致更大的依赖，从而失去学习能力，产生不安全感。一个人如果不能独立地应对社会生活中的问题，一味依赖他人的帮助，这对这个人的自我形象和成长都会产生不利影响，使自己更不会处理问题，更不懂得如何做决定，从而丧失自我。一个没有自我，习惯于依赖的人是不会得到别人尊重的，也不可能真正得到别人的帮助。一个有理性的人应该认识到人活在这个世界上都是单独的个体，应该独立并对自己所做的决定负责。在确实需要帮助时，才去寻求和接受帮助。当然如果因为需要证明自己是坚强的而拒绝任何帮助，也是非理性的。

（9）一个人以往的经历常常决定了他目前的行为，而且这种影响是不可改变的。这种信念之所以是非理性的，原因在于：虽然过去的经验的确会影响到我们目前的状态，但这不能成为一个人逃避行为改变的借口。已经发生的事实是个人的历史，这的确是无法改变的。但是不能说这些事就会决定一个人的现在和将来。因为事实虽不可改变，但对事件的看法却是可以改变的，从而人们仍可以控制、改变自己以后的生活，人本身是有能力改变的。一个有理性的人会接纳人在某种程度上受过去所影响的事实，但他不会认为过去就一定会决定现在和将来，他会客观分析过去对现在的影响，懂得现在是明天的过去，改变现在就会使明天更美好。

(10) 一个人应该关心他人的问题，并为他人的问题而悲伤、难过。这种信念之所以是非理性的，原因在于：关心他人，富于同情，这是有爱心的表现。但他人的困扰，通常与我们无关，我们没有理由变得不安。如果过分投入他人的事情，就可能忽视自己的问题，并因此使自己的情绪失去平衡，最终导致没有能力去帮助别人解决问题，却使自己的问题更糟。我们如能帮助他，则不妨协助他面对困扰，如无能为力，我们也不必为此感到过分不安和内疚。因为这种感觉无助于别人行为的改变。总之，我们不能替他负责。一个有理性的人会平心静气并客观地指出别人的错误，并用爱心包容、帮助他们克服困难。如果做不到，也不必心存不安。

(11) 对人生中的每个问题，都应有一个正确的完美的解决方法，如果找不到这个完美的解决方法，就会很痛苦。这种信念之所以是非理性的，原因在于：这个世界没有完美绝对的事。追求完美是很不切实际和非理性的，只会使我们生活于幻想之中，无法面对很多现实问题。人生是一个复杂的历程，对任何问题都要寻求完美的解决办法是不可能的事。如果人们坚持要寻求某种完美的答案，那就会使自己感到失望和沮丧。一个有理性的人，当遇到问题时，首先应尝试找出不同的解决办法，从中选择一个较实际可行的。只有脚踏实地，才能一步一个脚印地走向成功。

3. 非理性观念的特征

艾利斯将人们常见的非理性观念高度概括为三个特征：

(1) 绝对化的要求。绝对化的要求也即非此即彼，是指个体以自己的意愿为出发点，认为某一事物必定会发生或不会发生的信念。这种特征通常是与“必须”和“应该”这类词联系在一起，如“我必须获得成功”、“别人必须友好地对待我”等。这种绝对化的要求是不可能实现的，因为客观事物的发展有其自身规律，不可能依个人意志而转移。人不可能在每一件事上都获得成功，他周围的人和事物的表现与发展也不会依他的意愿来改变。因此，当某些事物的发生与其对事物的绝对化要求相悖时，他就会感到难以接受和适应，从而极易陷入情绪困扰之中，如“我对某女倾注了全部情感，她必须对我好”“别人必须友好的对待我”“女友应该原谅我的错误”“我喜欢某女孩，她也应该喜欢我”等。这些不合理的信念一旦没有满足其希望便难以接受，甚至会产生愤怒、敌对等强烈的负性情绪中，并作出不适当的行为，如一个情绪沮丧的人总是坚持他必须要有某事物，而不只是想要或喜欢它而已。因此，他便会把这种过度极端化的需求应用到生活的各个方面，尤其是关于成就和获得别人赞赏上，而当他不能满足这种需求时，就容易产生焦虑、自卑、沮丧等情绪；如果他将这种需求应用到他人身上，要求别人应该或必须怎样做时，一旦别人不能符合其意，他就会对别人产生敌意、愤怒等情绪。

艾利斯认为，要改变这种不合理的信念，应该把绝对化要求中的“应该”或“必须”换成“我希望”或“我想要”等。这样，当希望或想要的事情没有获得满足时，当事人也不至于太失望，更不会陷入绝望的情绪中。

（2）过分概括化。过分概括化是一种以偏概全的不合理的思维方式，就好像是以一本书的封面来判定它的好坏一样。它是个体对自己或别人不合理的评价，其典型特征是以某一件事或某几件事来评价自身或他人的整体价值。例如，一些人面对失败的结果常常认为自己“一无是处”或“毫无价值”、“觉得一切都完了”。例如，某些初犯或偶犯面对自己被判刑的事实，觉得一切都完了，真是一失足成千古恨。这种片面的自我否定往往会导致自责自罪、自卑自弃的心理以及焦虑和抑郁等情绪。而一旦将这种评价转向于他人，就会一味地责备别人，并产生愤怒和敌意的情绪。针对这类不合理的信念，合理情绪疗法强调世上没有一个人能达到十全十美的境地，每一个人都应接受人是有可能犯错误的。因此，应以评价一个人的具体行为和表现来代替对整个人的评价，这也就是说，评价一个人的行为而不是去评价一个人。

（3）糟糕至极。糟糕至极是一种对事物的可能后果非常可怕、非常糟糕，甚至是一种灾难性的预期的非理性观念。对任何一件事情来说都有比之更坏的情况发生，因此，没有一种事情可以被定义为百分之百的糟糕透顶。如果有人坚持这样的观念，那么，当他认为遇到了糟糕透顶的事情发生时，就会陷入极度的负性情绪体验中。针对这种信念，合理情绪疗法理论认为，虽然非常不好的事情确实可能发生，我们也有很多原因不希望它发生，但我们却没有理由说它不该发生。因此，面对这些不好的事情，我们应该努力接受现实，在可能的情况下去改变这种状态，而在不能改变时去学会如何在这种状态下生活下去。

三、个案矫正理性情绪疗法的特征及局限性

（一）理性情绪疗法的特征

从整体上看，理性情绪疗法主要有以下一些特点：

1. 人本主义倾向

理性情绪疗法信赖、重视个人的意志、理性选择的作用，强调人能够“自己救自己”，而不必依赖魔法、上帝或超人的力量。而且从理性情绪疗法的人性观中也可以看出它的人本主义倾向。

2. 教育倾向

理性情绪疗法有很浓厚的教育色彩，也可以说它是一种教育的治疗模式。首先，在治疗原则方面，理性情绪疗法试图用一套它认为合理的、健全的心理生活方式去教育当事人。其次，理性情绪疗法的治疗过程有很强的教导味道。最后，理性情绪疗法还专门发展了一套适用于未成年人和学校咨询的体系，称作“理性-情绪教育”，旨在帮助未成年人提高心理机能水平，解决学习中的各种问题。

3. 强调认知的作用

在治疗途径上广泛采纳情绪和行动方面的方法，但它更突出地

重视理性、认知的作用。这是理性情绪疗法也是所有认知疗法的一个最本质的特点。理性情绪疗法总是把认知矫正摆在最突出的位置，给予最优先的考虑。

（二）理性情绪疗法的局限性

同其他心理治疗方法一样，理性情绪疗法也有其自身的局限性。

首先，理性情绪疗法假定人有一种生物的倾向性，倾向于用不合理的思维方式进行思维，这是需要人用毕生的努力去减少或克服的。因此，对于那些有严重的情绪和行为障碍的当事人，理性情绪疗法认为，这些人虽有可能被治愈，减少他们自我困扰的倾向性，但绝不会达到不再有不合理信念的程度。

其次，理性情绪疗法是一种着重认知取向的方法，因此，它对那些年纪较轻、智力和文化水平较高的人更有效果。但这也同时意味着对那些在治疗中拒绝作出改变自己信念的人，或过分偏执者以及有领悟困难的人，则可能难以奏效。此外，理性情绪疗法对于患有自闭症、急性精神分裂症等病症的人所能提供的帮助也是有限的。

最后，理性情绪疗法治疗能否得到比较满意的效果，也与治疗者本身有关。因为他们也可能存有这样或那样的不合理信念，有时候会阻碍治疗。因此，治疗者也要不断与自己的不合理信念进行辩论，尽量减少自身的非理性成分。

四、个案矫正理性情绪疗法的治疗目标与过程

（一）个案矫正理性情绪疗法的治疗目标

根据艾利斯所论述的理性情绪疗法的工作理念，个案矫正对象所出现的问题或困扰，不是因为所谓的外在的客观事物的刺激，而是他对这种刺激作了非理性的解释。要使其问题得到解决就必须帮

助其改变思想，放弃非理性信念，建立一种理性的人生哲学。

理性情绪疗法将情绪分为两大类：适当的和不适当的。其工作目标就是帮助个案矫正对象能有适当的情绪反应，放弃其不适当的或自贬的情绪反应。适当地情绪反应有正面感受和负面感受两种情况，包括矫正对象的欲望、希望及当这些欲望不能满足时所产生的挫折感受。适当的正面感受包括爱、快乐、好奇心等，适当的负面感受包括悲伤、后悔、挫折、生气、不开心、易怒等。这些负面情绪之所以被视为适当，是因为它们是人性的正常流露，它们没有自贬的倾向。不适当的情绪则通常包括沮丧、自卑、紧张、敌意、恐惧等感受。它们最大的特点就是有强烈的自贬倾向，有损自我价值感，使人无法肯定自我。它们之所以被视为不适当，是因为它们不仅不能推动矫正对象去改变那些使其产生情绪困扰的情况，反而会使问题趋向严重。

理性情绪疗法认为，不适当的情绪产生于矫正对象不正确的人生哲学和思维方式，如“我的人生很失败”“我是一个没用的人”等。这种思维方式很容易产生不适当的情绪。理性情绪疗法从矫正对象非理性的观念与思维方式出发，来改变其不良情绪。其短期目标是帮助矫正对象建立一个更踏实，对人、对事有更大容忍度的人生哲学，最终目标是帮助矫正对象彻底改变使他受困扰的人生哲学，如某个案矫正对象表面的问题是害怕恋爱失败，那么治疗的目标不仅仅是帮助他消除对恋爱失败的恐惧，而且还要尝试帮助他克服一切害怕失败的心理。

（二）个案矫正理性情绪疗法的治疗过程

在个案矫正工作中，运用理性情绪疗法帮助矫正对象解决所遇到的困难或问题，主要有以下几个步骤：

第一阶段：收集资料与诊断阶段

通过尊重、共情、积极关注等方法，与矫正对象建立良好的专业关系；开展摄入性会谈，了解矫正对象的基本情况，收集相关的基础资料；确定矫正对象的主要问题，探寻其改变意愿；向矫正对象介绍合理情绪疗法的原理、ABC 理论，与矫正对象协商制订治疗目标与治疗方案。

（1）专业关系的建立。理性情绪疗法和其他治疗方法一样，都强调与矫正对象建立良好的专业关系。因为，矫正工作者对矫正对象的接纳能避免矫正对象自责的思想。但理性情绪疗法不赞成矫正工作者对矫正对象的同感。因为这样可能使矫正对象依赖矫正工作者对他的认同，以为矫正工作者赞成他的非理性的想法。

（2）开展摄入性会谈，了解矫正对象的基本情况，收集相关的基础资料。基础资料是开展治疗的基本依据。没有基础资料或者资料不完整，治疗就会陷入盲目或无从下手。所以，这一步是必不可少的。收集的内容主要包括：人口学资料；个人成长史；个人健康（含生理、心理、社会适应）史；家族健康（含生理、心理、社会适应）史；个人生活方式；个人受教育情况；对自己家庭及成员的看法；社会交往情况（与亲戚、朋友、同学、同事、邻里的关系）；目前的学习、生活、工作、矫正情况；对社区矫正的看法；自我心理评估情况（优缺点、习惯、爱好，对社会、家庭、婚姻以及对目前所从事工作的看法，对个人能力和生存价值的评估）；近期生活中的遭遇；矫正对象的言谈举止、情绪状态、理解能力等；有无精神症状、自知力如何；身心问题发生的时间、痛苦程度以及对工作、生活的影响；心理冲突的性质和强烈程度；与心理问题相应的测量、实验结果等。

（3）确定矫正对象的主要问题，探寻其改变意愿。运用 ABC 理论来确定当前矫正对象经历的事件。这些事件引起了哪些情绪困扰和行为后果，指出矫正对象的情绪中哪些是适当的，哪些是不适当的。

在这一阶段，矫正工作者的主要任务是根据 ABC 理论对矫正对象的问题进行初步分析和诊断，通过与矫正对象的交谈，找出他情绪困扰和行为不适的具体表现（C），以及与这些反应相对应的诱发性事件（A），并对两者之间的不合理信念（B）进行初步分析。

其中，矫正对象遇到的事件（A）、情绪及行为反应（C）是比较容易发现的，而矫正对象的不合理信念（B）则难以发现。矫正对象不合理信念的主要特征是绝对化的要求、过分概括化以及糟糕至极等。矫正工作者可以根据上述特征，寻找、发现、准确把握矫正对象的不合理信念。

这实际上就是一个寻找矫正对象问题的 ABC 的过程。在进行这一步工作时，矫正工作者应注意矫正对象次级症状的存在，即矫正对象的问题可能不是简单地表现为一个 ABC。有些矫正对象的问题可能很多，一个问题套着其他几个问题。因此，矫正工作者要分清主次，找出矫正对象最希望解决的问题。

（4）向矫正对象介绍合理情绪疗法的原理、ABC 理论，与矫正对象协商制订治疗目标与治疗方案。一旦专业关系建立起来，矫正工作者赢得矫正对象的信任，便应了解矫正对象对治疗的期望，并向其说明理性情绪疗法的基本原则以及关于情绪的 ABC 理论，使矫正对象能够接受这种理论及其对自己问题的解释。在这一阶段，矫正工作者应注意把工作重心放在矫正对象目前的问题上，如果过于关注矫正对象的过去经历，那就可能阻碍理性情绪疗法的进行。

在此基础上，还要和矫正对象共同协商制订咨询目标。这种目标一般包括情绪和行为两方面的内容，通常是要通过治疗使情绪困扰和行为障碍得以减轻或消除。

第二阶段：治疗实施阶段

此阶段主要是帮助矫正对象寻找和确认其不合理信念，理清自身问题与不合理信念的关系。

（1）领悟阶段。这一阶段主要任务是帮助矫正对象领悟理性情绪疗法的原理，使矫正对象真正理解并认识到：

第一，引起其情绪困扰的并不是外界发生的事件，而是他对事件的态度、看法、评价等认知内容，是信念引起了情绪及行为后果，而不是诱发事件本身。

第二，要改变情绪困扰不是致力于改变外界事件，而是应该改变认知，通过改变认知，进而改变情绪。只有改变了不合理信念，才能减轻或消除他们目前存在的各种症状。

第三，矫正对象可能认为情绪困扰的原因与自己无关，矫正工作者应该帮助矫正对象理解领悟，引起情绪困扰的认知恰恰是矫正对象自己的认知，因此，情绪困扰的原因与矫正对象自己有关，他们应对自己的情绪和行为反应负有责任。

矫正工作者的任务和前一阶段没有严格区别，只是在寻找和确认矫正对象不合理信念上更加深入，而且通过对理论的进一步解说和证明，使矫正对象在更深的层次上领悟到他的情绪问题不是由于早年生活经历的影响，而是由于他现在所持有的不合理信念造成的，因此他应该对自己的问题负责。这一阶段的工作可分为以下两个方面：

一是矫正工作者要进一步明确矫正对象的不合理信念。这并不是一项简单的工作，因为不合理信念并不是独立存在的，它们常常和合理的信念混在一起而不易被察觉。例如，被人嘲笑或指责是一件不愉快的事情，谁也不希望它发生，这是一种合理的想法，由此产生的不愉快情绪也是适当的。但同时另外一些信念（如“每个人都应该喜欢我，同意我所做的一切，否则我就受不了”）也可能混于其中，这是不合理的信念，它会导致不适当的负性情绪反应。因此，矫正工作者要对矫正对象合理与不合理的信念加以区分。

此外，在确认不合理信念时，矫正工作者应注意把它同矫正对象对问题的表面看法区分开来。例如，矫正对象王某，在社区矫正期间，不仅找到了工作，而且还与一女同事谈上了恋爱，王某对女友很满意，所以对女友非常好。但两个月后，女方知道了王某正在接受社区矫正的情况，便提出了分手。王某难以接受与女友分手的事实，心情烦躁，情绪低落，食欲不振，失眠多梦、易激惹；认为判刑是很丢人的事情，不愿意再主动参与社区矫正。有人可能认为，“女友分手”是导致他出现一系列负性情绪的原因，但实际上，这只是停留于表面的想法。真正不合理的信念可能是“我对女友那么好，女友就不该跟我分手”等一类绝对化要求和“我的人生真是太失败了”以及“这件事真是糟糕透了”等过分概括化和糟糕至极的不合理信念。因此，在寻找矫正对象的不合理信念时，一定要抓住典型特征，即绝对化的要求、过分概括和糟糕至极，并把它们与矫正对象负性的情绪和行为反应联系起来。

二是使矫正对象进一步对自己的问题以及所存在的问题与自身不合理信念关系的领悟。仅凭空洞的理论性解说难以使矫正对象实现真正的领悟，矫正工作者应结合具体情况，从具体到一般，从感性到理性，反复向矫正对象阐释，使其实现真正的领悟。

在进行这一步工作时，矫正工作者不能急于求成。有时矫正对象表面上接受了 ABC 理论，也好像达到了一种领悟，但这很可能是一种假象。因为这可能是矫正对象希望自己的问题得到及时解决，于是他们或多或少地存在讨好矫正工作者的心理，希望尽快得到一副“灵丹妙药”。这表明他们仍没有认识到自己应对问题负责任，仍希望依靠外部力量解决问题。要检验矫正对象是否真正达到领悟，矫正工作者可以引导矫正对象分析他自己的问题，让他举一些例子来说明自己问题的根源。

上面所说的矫正对象对自己的问题难以领悟的情况，实际上是在理性情绪疗法中经常会遇到的阻抗。这种阻抗还可能表现在其他方面，从而使矫正工作者感到治疗停滞不前，陷入僵化的局面。造成这一类阻抗的原因可能来自矫正工作者和矫正对象两个方面。一方面，对于矫正工作者来说，如果他对矫正对象的问题假定得太多，没有抓住核心问题，或者自己讲得太多，使矫正对象陷入被动，这都会造成工作中的阻抗；另一方面，矫正对象过分关注自己的情绪或诱发事件，没有意识到他现在能做些什么或觉得自己没有能力改变现状，这也是治疗受阻的主要原因。因此，矫正工作者应特别注意这些阻碍治疗进程的因素，对其自身的问题努力加以克服，对矫正对象加以引导，使其从情绪困扰和过去经历的体验中摆脱出来，正视造成这些问题的不合理信念。

（2）修通阶段。这一阶段是工作理性情绪疗法中最主要的部分。矫正工作者的主要任务是运用多种技术，使矫正对象修正或放弃原有的非理性观念，并代之以合理的信念，从而使症状得以减轻或消除。

所谓修通，这一术语与精神分析治疗中的名称相同，但却有不同的含义。在理性情绪疗法中，修通并不是通过情绪宣泄、对梦和躯体症状所做的工作等精神分析治疗的常用技术来实现的。理性情绪疗法不鼓励情绪宣泄，认为这会强化矫正对象的问题，使其陷入自己的情绪困扰中而不能正视自己的问题。而且理性情绪疗法也把和矫正对象过去经验的联系限制在一定范围，不去追究这些经验对他目前的影响。

如果说前两个阶段的工作是解说性和分析性的，那么这一阶段的工作就是技术性和方法性的。矫正工作者要应用各种方法与技术，以修正、改变矫正对象不合理信念为中心进行工作。这是整个理性情绪疗法的核心内容。

第三阶段：巩固、结束与评估阶段

（1）巩固阶段——再教育阶段。矫正工作者在这一阶段的主要任务是巩固前几个阶段治疗所取得的效果，帮助矫正对象进一步摆脱原有的不合理信念及思维方式，使新的观念得以强化，从而使矫正对象在治疗结束之后仍能用学到的东西应对生活中遇到的问题，以能更好地适应现实生活。

在这一阶段，矫正工作者可采用的方法和技术仍可包括上一阶段的内容，如继续使用与不合理信念辩论的技术，合理情绪想象的方法以及各种认知性、情绪性和行为方面的家庭作业。

除此之外，矫正工作者还可应用技能训练，使矫正对象学会更多的技能，提高他应对各种问题的能力，这也有助于改变他们那些不合理的信念，强化新的、合理的信念。这类训练具体包括自信训练、放松训练、问题解决训练和社交技能训练。前两种技术主要是为了提高矫正对象应付焦虑性情绪反应的能力；后两种技术则主要帮助矫正对象提高寻求问题解决的“最优”方法的能力以及社会交往的能力。

此阶段治疗的主要目的是重建，即帮助矫正对象在认知方式、思维过程以及情绪和行为表现等方面重新建立起新的反应模式，减少他在以后生活中出现情绪困扰和不良行为的倾向。

(2) 结束与评估阶段。①结束个案治疗的服务。引导个案矫正对象回顾治疗开展的。整个过程侧重于认知辩论、改变的部分。同时，肯定、鼓励矫正对象在认知、行为方面作出的改变，引导其将学到的知识运用到实际生活中，处理结束情绪、结束个案治疗的服务。②评估治疗效果。通过心理测量、矫正对象自评、社工评估等，发现矫正对象对自己的一些不合理信念能够分析到位，基本上可以使用合理信念看待自己的问题，各种负面情绪大幅缓解，心理状况明显改善，能积极主动地参与到社区矫正中，社会功能得到恢复并增强。

五、个案矫正理性情绪疗法的治疗技术和方法

理性情绪疗法的常用技术与方法主要有：

(一) 与不合理信念辩论

这是理性情绪疗法最常用、最具特色的方法，它来源于古希腊哲学家苏格拉底的辩证法，即“产婆术”的辩论技术。苏格拉底的方法是让你说出你的观点，然后依照你的观点进行进一步推理，最后引出谬误，从而使你认识到自己先前思想中不合理的地方，并主动加以矫正。这种辩论的方法是指从科学、理性的角度对矫正对象持有的关于他们自己、他人及周围世界的不合理信念和假设进行

挑战和质疑，以动摇他们的这些信念。

这种方法主要是通过矫正工作者积极主动的提问来进行的，矫正工作者的提问具有明显的挑战性和质疑性的特点，其内容紧紧围绕着矫正对象信念的非理性特征。

例如，针对矫正对象持有绝对化要求的一类不合理信念，矫正工作者可以直接提出以下问题："有什么证据表明你必须获得成功(或别人的赞赏)?""别人有什么理由必须友好地对待你?""事情为什么必须按照你的意志来发展?如果不是这样，那又会怎样?"等等。

对于矫正对象以偏概全的不合理信念，相应的提问可以是："你怎么才能证明你是个一无是处的人?""毫无价值的含义到底是什么?""如果你在这一件事情上失败了，就认为自己是个毫无价值的人，那么你以前许多成功的经历表明你是个什么人?""你能否保证每个人在每件事情上都不出差错?如果他们做不到这一点，那么又有什么理由表明他们就不可救药了?"等等。针对糟糕至极的不合理信念，相应的问题可以是："这件事到底糟糕到什么程度?你能否拿出一个客观数量来说明?""如果这件可怕的事发生了，世界会因此而灭亡吗?你会因此而死去吗?""如果你认为这件事是糟糕至极的话，我可以举出比这还要糟糕十倍的事，你若遇到这些事情，你又会怎样?""你怎么证明你真的受不了啦?"等。

矫正工作者可运用"黄金规则"来反驳矫正对象对别人和周围环境的绝对化要求。所谓"黄金规则"，是指"像你希望别人如何对待你那样去对待别人"这样一种理性观念。某些矫正对象常常错误地运用这一定律，他们的观念可能是"我对别人怎样，别人必须对我怎样"或"别人必须喜欢我，接受我"等一些不合理的、绝对化的要求，而他们自己却做不到"必须喜欢别人"。因为当这类绝对化的要求难以实现时，他常常会对别人产生愤怒和敌意等情绪，这实际上已经违背了"黄金规则"，构成了"反黄金规则"。因此，一旦矫正对象接受了"黄金规则"，他们很快就会发现自己对别人或环境的绝对化要求是不合理的。

一般来讲，矫正对象并不会简单地放弃自己的信念，他们会寻找各种理由为它们辩解。这就需要矫正工作者时刻保持清醒、客观、理智的头脑，根据矫正对象的回答一环扣一环，紧紧抓住矫正对象回答中的非理性内容，通过不断重复的辩论，使对方感到为自己信念的辩护变得理屈词穷。

但是，矫正工作者还不能满足于此。因为他的角色不仅是个辩论者，也是一个权威的信息提供者和合理生活的指导者。这就是说，通过辩论，不仅要使矫正对象认识到他的信念是不合理的，也要使他分清什么是合理信念，什么是不合理信念，并帮助他学会以合理的信念代替那些不合理的信念。当矫正对象对这些信念有了一定认识后，矫正工作者要及时给予肯定和鼓励，使他认识到即使某些不希望发生的事真的发生了，他们也能以合理的信念来面对这些现实。

应当注意的是，各种阻力也会在辩论中产生，使辩论显得难以进展或没有效果。出现阻力的原因也在于矫正工作者和矫正对象两个方面。首先，如果矫正工作者在辩论时没有结合对方的具体问题，或没有抓住问题的核心，甚至是为博取矫正对象的好感而不直接提出他的非理性之处，或提的问题过于婉转和含蓄，那么他就会使辩论停留于表面形式。因此，矫正工作者对辩论的问题一定要有明确的目标，并做到有的放矢；同时，他一定要保持绝对客观化的地位，对矫正对象的不合理信念应针锋相对，不留情面，而不要因害怕遭到对方拒绝而姑息迁就。

阻力产生的另一方面的原因在矫正对象本身。主要表现为他对矫正工作者的辩论和质疑会存有“如果我改变了那么多，那么我就不是我了”或“如果我改变了那些必须、应该的要求，我就会变得平庸，也就没有了前进的动力了”。

针对这种情况，矫正工作者应向矫正对象指出：改变他的不合理信念并不是消除他的动机。每个人都有获得成功的愿望，但如果要求自己必须或应该成功，这就是一个不容易实现的目标，而合理的想法则会使目标更易实现。

与不合理信念辩论是一种主动性和指导性很强的认知改变技术，它不仅要求矫正工作者对矫正对象所持有的不合理信念进行主动发问和质疑，也要求矫正工作者指导或引导矫正对象对这些观念进行积极主动的思考，促使他们对自己的问题深有感触，这样做会比矫正对象只是被动地接受矫正工作者的说教更有成效。

“产婆术式”的辩论是从矫正对象的信念出发进行推论的，在推论过程中会因不合理信念而出现谬论，矫正对象必然要进行修改，经过多次修改，矫正对象持有的将是合理的信念，而合理的信念不使人产生负性情绪，矫正对象将摆脱情绪困扰。

“产婆术式”的辩论有其基本形式，一般从“按你所说……”，推论“因此……”，再推论到“因此……”，即所谓的“三段式”推论，直至产生谬误，形成矛盾。矫正工作者利用矛盾进行面质，使矫正对象不得不承认其中的矛盾，迫使矫正对象改变不合理信念，最终建立合理信念。

（二）合理情绪想象技术

矫正对象的情绪困扰，有时就是他自己向自己头脑传播的烦恼，他经常给自己传播不合理信念，在头脑中夸张地想象各种失败的情境，从而产生不适当的情绪和行为反应。

合理情绪想象技术就是帮助矫正对象停止这种传播的方法，其具体步骤可以分为以下三步：

（1）使矫正对象在想象中进入产生过不适当的情绪反应或自感最受不了的情境之中，让他体验在这种情境下的强烈情绪反应。

（2）帮助矫正对象改变这种不适当的情绪体验，并使他能体验到适度的情绪反应。这常常是通过改变矫正对象对自己情绪体验的不正确认识来进行的。

（3）停止想象。让矫正对象讲述他是怎样想的，自己的情绪有哪些变化，是如何变化的，改变了哪些观念，学到了哪些观念。

对矫正对象情绪和观念的积极转变，矫正工作者应及时给予强化，以巩固他获得的新的情绪反应。

上面的过程是通过想象一个不希望发生的情境来进行的。除此之外，还有另一种更积极的方法，即让矫正对象想象一个情境，在这一情境之下，矫正对象可以按自己所希望的去感觉和行动。通过这种方法，可以帮助他有一个积极的情绪和目标。

（三）家庭作业技术

认知性的家庭作业也是合理情绪疗法常用的方法之一。它实际上是矫正工作者与矫正对象之间的辩论在一次治疗结束后的延伸，即让矫正对象自己与自己的不合理信念进行辩论，主要有以下两种形式：REBT 自助表和合理自我分析报告（RSA）。

1. REBT 自助表

REBT 自助表是先让矫正对象写出事件 A 和结果 C，然后从表中列出的十几种常见不合理信念中找出符合自己情况的 B，或写出表中未列出的其他不合理信念；要求矫正对象对 B 逐一进行分析，并找出可以代替那些 B 的合理信念，填在相应的栏目中；最后一项，矫正对象要填写出他所得到的新的情绪和行为。完成 REBT 自助表实际上就是一个矫正对象自己进行 ABCDEF 工作的过程。

2. 合理自我分析报告（RSA）

合理自我分析（RSA）和 REBT 自助表基本上类似，也是要求矫正对象以报告的形式写出 ABCDEF 各项，只不过它不像 REBT 自助表那样有严格规范的步骤，但报告的重点要以 D 即与不合理信念的辩论为主。

（四）其他方法

理性情绪疗法虽然是一种高度的认知取向的治疗方法，但也强调认知、情绪和行为三方面的整合。因此在理性情绪疗法中也会经常见到一些情绪与行为的治疗方法和技术。

前面提到的合理情绪想象技术就是一种情绪的方法。除此之外，在情绪方面经常使用的方法还包括对矫正对象完全的接受和容忍。这表现为不论矫正对象的情绪和行为表现是多么荒谬和不合理，矫正工作者也要理解和接受他们，承认并尊重他们作为一个人的存在，而不是厌恶和排斥他们。

此外，矫正工作者还要鼓励矫正对象自我接受，即在接受自己好的方面的同时，也要接受自己不好的方面，当然这种接受并不是指矫正工作者可以宽容或姑息矫正对象不合理的情绪和行为表现，它只表明对矫正对象作为可能犯错误的人类一员的尊重。

理性情绪疗法虽然同矫正对象中心疗法有很大区别，但在对矫正对象的无条件接受上两者的观点是一致的。

除情绪的方法外，理性情绪疗法也接受了许多社会学习的理论观点，并在治疗中应用一些行为技术，但这些技术并不是仅仅针对矫正对象表面症状的，其目的是进一步根除不合理信念，建立以合理的观念和情绪稳定性为主的行为。常用的方法有自我管理程序，这是根据操作条件反射的原理，要求矫正对象运用自我奖励和自我惩罚的方法来改变其不适当的行为方式。另一种方法被称为“停留于此”，即鼓励矫正对象待在某个不希望的情境中，以对抗逃避行为和糟糕至极的想法。

这些方法都可以以家庭作业的方式进行，目的是让矫正对象有机会冒险做新的尝试，并根据行为学习原理来改善不良的行为习惯，从而彻底改变矫正对象的不合理观念。除上面的方法，理性情绪疗法中的行为技术还包括放松训练、系统脱敏等。

【课堂活动 6-1】

罗杰斯谈到从工作者的角度出发，在面对当事人时，他的角色是：“为了支持你，我把自己——日常交流时的自我——放在一边，我竭尽全力进入你感觉到的世界。我会变成——在某种意义上——你的另外一个自我——你自己的态度和情感的一个密友——有一个安全的机会让你更加看清楚自己，更真实深刻地体验你自己，更明智地进行选择。”罗杰斯还谈道：“对我来说，作为工作者，聚精会神、全力以赴地理解当事人所知所觉，是对我所坚信的当事人的价值和重要性的显著的实际性的证明。显然我认为最有价值的是，正如我的态度和行为所体现的，当事人本身存在这样的事实。我信赖这种深度理解的效果，也许至关重要的实践证据是我对个体建设性改变和发展更充实、更满意的生活的潜在的信心。当一个严重困扰的当事人为全然不能做选择屈服，或者一个当事人在和自己自杀的念头做痛苦斗争时，我深深理解到那种绝望却不能越俎代庖那种情感，这时最有意义地表达对人类机体不断发展倾向的基本信任。”①

请问：你支持罗杰斯的观点吗？请说出你的理由。

【课堂活动 6–2】

许多人都出现过考试焦虑，请你找一个有考试焦虑的同学，运用“系统脱敏法”对其焦虑程度的层次进行划分，并使用“理性情绪疗法”为他（她）解决考试焦虑问题。

【课堂活动 6–3】

某矫正对象与女友相恋 3 年，对女友关怀备至，一直以来，自认为没有人比他对此女更好的了。可是，有一天女友却提出了分手，和别人好上了。一时之间，他难以接受，无论如何都想不明白，自己对女友那么好，女友怎么可以背叛他呢？我那么爱她，可是她却不爱我了，她作出这样的事，真是太不公平，太让我伤心了。于是，矫正对象消沉、抑郁，对女友怨恨、愤怒。

请找出该案例中矫正对象绝对化要求的非理性信念。

【课堂活动 6–4】

某矫正对象因交通肇事被判刑 1 年，缓刑 2 年。此人平时遵纪

---

① 参见［美］卡尔·R·罗杰斯等著，李孟潮、李迎潮译：《当事人中心治疗：实践、运用和理论》，中国人民大学出版社 2004 年版，第 28—29 页。

守法，邻里关系和睦，家庭幸福，但因交通肇事，不仅被判了刑，而且因赔偿对方，家里经济也陷入危机状态，他觉得自己一切都完了，再也抬不起头了。邻居会看不起自己，家人也会因此埋怨自己或不原谅自己，所以，情绪低落、抑郁，觉得一切都是自己造成的，自责自罪心理严重，对矫正工作也持不合作态度，自卑自弃，无心改造。

请找出该矫正对象过分概括化的不合理信念。

【课堂活动 6-5】

某女，结婚 2 年，婚后不久，发现丈夫对自己漠不关心，不做家务，而且还经常夜不归宿，虽然自己做了很大努力，但两人感情还是逐渐出现了裂痕，并经常吵架，丈夫多次提出了离婚。她也想离，但因自己爱面子，怕人议论，又考虑到住房等问题，一直没有作出最后决定。为此，她一直处于矛盾、冲突、抑郁、焦虑以及怨恨丈夫的情绪中，觉得自己的生活真是糟透了，没有人比她更倒霉的了。

请找出该案例中某女糟糕至极的不合理信念。

【思考题】

1. 行为治疗模式的理论来源有哪些？
2. 行为治疗模式的治疗步骤有哪些？
3. 行为治疗模式的治疗技术有哪些？
4. 自我实现和自我概念的含义是什么？
5. 人本治疗模式有哪些方法和技术？
6. 理性情绪疗法的理论基础是什么？
7. ABC 理论的具体内容是什么？
8. 理性情绪疗法的工作步骤有哪些？
9. 理性情绪疗法的方法和技术有哪些？
10. 如何理解“产婆术式”的辩论？
11. 请根据你身边朋友出现的问题，写出 REBT 自助表和合理自我分析报告（RSA）。

第七章　社区矫正对象个案矫正治疗模式（三）

【学习目标】

知识目标：掌握家庭治疗法的相关知识和方法，了解家庭治疗法的理论来源、理论基础。

能力目标：学会家庭治疗法的技术和技巧，具备使用家庭治疗法的能力。

第一节　个案矫正结构式家庭治疗模式

个案社会工作发展到20世纪60年代，人们开始意识到许多问题产生的原因与案主所处家庭及其环境有关。传统的个案社会工作一般是以个人为对象，通过工作者与案主的互动，促使案主思想观念的改变，行为模式的重建，个人能力的增加。由于有些案主的家庭环境不是很好，在与工作者专业关系结束之后，很快又会恢复到治疗以前的状态，因为人离不开家庭这个环境。如果不以家庭为工作对象，个人的问题同样不能从根本上得到解决。①

---

① 参见高刘宝慈、朱亮基编：《个人工作与家庭治疗：理论及案例》，香港中文大学出版社1997年版。

家庭是社会的“细胞”，家庭的和睦直接关系到社会的稳定，因此，开展家庭个案矫正是社区矫正中个案社会工作的重要组成部分。

一、结构式家庭治疗模式的起源

结构式家庭治疗模式发端于20世纪60年代，是由萨尔瓦多·米纽钦（Salvador Minuchin）创建的。治疗的原则是重建家庭结构，改变相应的规则，并将家庭系统僵化的、模糊的界限变得清晰且具有渗透性，设法改变维持家庭问题或症状的家庭互动模式。

在20世纪50年代前后，心理治疗界发生了一场革命性的变化，一些治疗师们把心理治疗的视角从个体自身扩大到个体周围的环境，特别是家庭环境，于是被称为心理治疗领域中的“第四势力”，家庭治疗学派在第二次世界大战后的美国拉开了序幕。在随后到来的家庭治疗百家争鸣的时代里，结构式家庭治疗（structural family therapy）像是一匹异军突起的黑马，驰骋在众多家庭治疗流派的洪流之中。

米纽钦创建的结构式家庭治疗，以简洁和实用两大特点，在20世纪70—80年代称雄于整个家庭治疗界，成为家庭治疗学派中影响最深、应用最广泛的一个流派，同时也带动了家庭治疗的发展。进入到20世纪90年代，新的家庭治疗方法不断地出现。米纽钦认为，方法和技巧是殊途同归的，关键在于了解家庭，关爱孩子的心灵。家庭治疗在进入21世纪后，虽然后现代和整合式的家庭治疗是主流，但结构式家庭治疗，无论是在理论上还是在技术方面，通过在临床实践中不断地发展和完善，依然是家庭治疗界最具特点的主流学派之一。①

米纽钦分别在1974年出版《家庭与家庭治疗》，1978年出版

① 重庆市渝中区社会工作者协会：《实务理论——结构式家庭治疗理论解析与运用》，载360个人图书馆网。

《心理生理疾病家庭》，1981 年出版《在家庭治疗技巧》三本书，详细介绍了结构式家庭治疗的理论、技巧和方法。米纽钦对家庭治疗的贡献是他很早就引入了家庭结构的概念，这对于我们了解家庭、了解孩子成长的历程至关重要。

二、结构式家庭治疗模式的理论基础

家庭治疗模式的理论大多建立在社会对家庭问题的分析理论基础上。社会学理论认为，人的早期社会化过程主要是在家庭中完成的。人的早期社会化对人的一生有至关重要的影响。家庭治疗法以此为依据，提出应以整个家庭为治疗单位，从而使个别成员的家庭问题真正得以解决。

结构式家庭治疗模式的特色之处在于不直接解决个人问题，而是致力于改变家人的交往方式，并提供一套理论去分析家庭交往的过程，使工作者能更好地明了家庭交往的过程，在此基础上制订出介入的方法和策略。

具体地说，结构式家庭治疗模式是以家庭作为治疗单位，以改变与家人的交往方式为目标，运用系统理论、学习理论、沟通理论去了解案主的家庭组织结构及成员互动方式，运用心理分析理论去了解案主的个人心理状态。在治疗过程中，注重此时此地的现实状况，而不注重对家庭历史的回顾与家庭问题成因的追溯。在治疗方法方面，不采用直接的、单对单的谈话方式，而是多元、多层次地介入到家庭成员的交往过程中，通过改变家庭的结构与组织，使家庭的功能得到正常发挥，从而解决困扰案主的问题。①

三、个案矫正结构式家庭治疗模式的基本概念

在个案矫正中，运用结构式家庭治疗模式，必须先弄清楚结构

① 翟进、张曙编著：《个案社会工作》，社会科学文献出版社 2001 年版，第 283 页。

式家庭治疗模式的一些概念，以便为个案矫正工作服务。

社区矫正离不开家庭对矫正对象的帮助教育与监督管理，家庭是矫正对象强大的社会支持系统中非常重要的一部分，家庭的作用不可小觑，没有家人的支持、配合，社区矫正工作将寸步难行，所以，家庭问题直接关系到矫正对象能否积极接受矫正并顺利回归社会。也正因如此，在个案矫正中，运用结构式家庭治疗模式开展以家庭为单位的治疗，是一种帮助矫正对象解决在矫正期间出现的与家庭有着密切关系的问题的非常重要的一种治疗模式。

结构式家庭治疗模式的基本概念包括情景、家庭系统、家庭结构、家庭结构病态和家庭生命周期等。对这些概念的了解与把握，有助于我们准确分析问题、采取恰当方法解决问题。

（一）情景

情景，是指事情发生的环境及其相互作用之间错综复杂的联系。结构取向认为个人的症状必须在家庭互动模式的情景中才能真正了解。家庭治疗往往以情景为焦点，强调环境与个人的互动和相互影响，而非个人的内在动力。

（二）家庭系统

系统理论认为，一个系统是由不同的子系统组成的，每一个系统都作为一个更大的系统的部分而存在，同时又包含更小的子系统。每个子系统都有本身的自主功能，同时在较大的系统运作中又有其特定功能和角色。

家庭社会学理论认为，家庭是一个系统，由家庭成员构成。在家庭系统中，每个家庭成员都有他特定的角色和功能，他们彼此依赖、互相影响，每个家庭成员的变化都会影响到家庭，而家庭的变化也会对每个家庭成员发生影响。结构式家庭治疗模式中家庭系统的基本思想包括：

（1）注重家庭成员之间的互动过程，从整体上把握家庭结构。

根据系统论思想，整体不等于部分之和，对家庭来说，家庭也不是单个家庭成员的简单相加。作为整体，家庭具有单个家庭成员不具有的性质和结构，这个结构反映的是家庭成员的交往和关系，而不是单个家庭成员的个体特征。结构式家庭治疗法认为单独了解家庭的每一个成员并不能真正了解家庭成员之间的关系和交往方式。只有通过观察家庭成员之间的具体交往过程，才能从整体上把握家庭的结构。

（2）家庭成员之间的互动不是单线的。在家庭系统内部成员之间的影响是相互的，系统内的任何一个成员的任何言行，都会影响系统整体并最终影响每一个成员。

（3）注重家庭成员目前的交往方式。家庭作为一个开放式或半开放式的系统，其内部也在不断调节和变化，结构式家庭治疗法认为，应注重家庭成员目前的交往方式，而不必去追溯以往的交往方式。

（三）家庭结构

家庭作为一个系统单位，它的整体功能运行如何，常常取决于其结构的正常或健康与否。因此，家庭结构是结构式家庭治疗理论体系中的核心概念，处于重中之重的地位，家庭结构是一套无形的或隐蔽的功能性需求或代码，以整合和组织家庭成员彼此互动的方式。家庭结构为理解那些一致的、重复出现的和长期存在的家庭模式提供一个框架。这种互动模式表明家庭为了维持自身的稳定性，以及一系列变化的环境条件下寻找适应性选择的组织方式。

家庭结构，是指在家庭中持续起作用、对系统进行调控、家庭成员之间的互动模式。这些模式约束和指导了家庭成员的行为方式。①

家庭结构是由家庭成员在日常生活过程中慢慢形成的，它通过

① 隋玉杰主编：《个案工作》，中国人民大学出版社 2007 年版，第 355 页。

家庭成员之间的一些行为角色和互动规则表现出来，并制约家庭成员的交往过程，家庭结构可以说是固定化了的互动关系。[①] 家庭结构中包括家庭子系统、家庭界限、角色和责任分工、联盟和权力架构。

1. 家庭子系统

家庭子系统也叫家庭次系统或亚系统。一个子系统包括两个或两个以上的家庭成员，是由家庭中的个人、两人或更多一些人组成的家庭中的小团体。一个家庭拥有多个分化的子系统，家庭依赖子系统来分化和执行功能，不同的子系统执行不同的功能。通常在家庭中，子系统可以按照代际（父母、孩子）、性别（男、女）、兴趣（智能性、社会性）、功能（照顾父母、做家务）来划分，其中最重要和最常见的子系统包括夫妻子系统（丈夫与妻子）、亲子子系统（父母分别与孩子）、手足子系统（孩子之间）。

2. 家庭界限

家庭界限，是指个体、子系统或系统同外部环境分开的无形的边界线，是一种情感的屏障和距离。界限规定了家庭成员之间，子系统之间，家庭与外界环境之间的空间距离，用来决定谁是内部成员，谁是外人，谁能加入以及怎样加入的规则。因此，界限在维持所有家庭子系统的相互依赖的同时，也有助于保证每个子系统的自主性，是维系家庭中个体或团体完整性的重要的条件。家庭界限决定了家庭内部的分工和角色责任等。如果家庭内没有形成一定的系统边界，在分工上就会出现混乱，家庭内部及其成员就会出现不正常的病态现象和行为。所以了解和掌握家庭界限是结构式家庭疗法的精髓所在。

3. 角色和责任分工

家庭成员在家庭系统内应该承担的角色和责任。每一个家庭成员在家庭中都会担任一定的角色，有时集数个角色于一身，如一个

---

① Minuchin：Families and Family Routledge. 1974.

男子可以同时是父亲、儿子、孙子、丈夫等。不同的角色有不同的责任、权利和义务。一个正常的家庭，其成员应该能正确领悟他在家庭中的角色期待，并拥有恰当扮演角色的能力，从而各司其职，互相配合。当家人不能承担其全部的责任和义务时，家庭的其他成员还必须弹性地帮助他完成责任。当家庭遭遇变故时，家庭中的成员还应相互适应，并在分工方面进行重新调整，以避免家庭应有的责任和权力无人承担，使家庭生活面临混乱和解体，如父亲突然病故，可能会使家庭中未成年的长子过早的承担起家庭的责任，扮演起父亲在家庭中的部分责任，而母亲也会更多地承担一些家庭的经济责任或体力劳动。

4. 联盟和权利架构

所谓联盟，是指一些家庭成员联合起来对抗第三方的结盟。这也就是说，它是一种对抗性的结盟。家庭成员之所以结盟是因为彼此间的情感或心理联结所致，就是界限在起作用。家庭成员彼此界限较为松散的则容易结盟，以反对与他们界限僵化的成员。结盟有的是临时性的，如母亲生病住院，15 岁的女儿帮助不太干家务的父亲，完成平时由母亲负责的家务活，女儿和父亲的结盟仅限于母亲住院期间。有的则长期存在，如父亲喜欢打麻将赌博，经常不回家。母亲管不了，就将注意力全部放在儿子身上，很少搭理父亲。儿子很听母亲的话，常常与父亲对抗。此母子联盟是长期存在的。

权力架构，也叫权利分配模式，与家庭中的角色和责任分工相匹配的就是家庭内部的权利分配模式。一个家庭系统中通常都存在一定的权力架构，也就是指家庭中的权利分配模式。家庭中的权力架构有助于家庭成员对家庭角色的领悟和扮演。家庭中如果缺乏一个清楚、有效的权力分配模式和架构，家庭内部一定会出现问题。

权利涉及每个家庭成员对家庭成员和家庭事务的影响力和控制力。但权力大小也不是绝对的，与事件的情景和背景以及家庭成员联盟的方式有关。

（四）家庭结构病态

正常的家庭与有问题的家庭的区别就在于，两类家庭在家庭结构上出现了不同的发展方向。在正常家庭中，家庭的次系统功能正常，与外界的界限是半开放式的，家庭成员之间的分工明确，权力分配合理，且有效。而在不正常的家庭中，最常见的问题就是纠缠、疏离、联合对抗、三角关系等，从而造成次系统混乱，分工和权力分配不清楚，家庭无法正常运作。

1. 纠缠与疏离

所谓的纠缠与疏离，是指各个次系统之间的边界模糊或混淆。该封闭的地方不封闭，该开放的地方不开放，从而导致家庭角色的混乱，造成家庭成员的问题。例如，一个母亲由于长期把关注点放在子女身上，只知道精心照顾子女而使丈夫很受冷落，因而影响到了夫妻的关系。在这里，母亲和孩子之间组成了一个强劲的纠缠的次系统，夫妻的次系统应封闭的边界开放了，让孩子闯进来取代了丈夫的位置，做了母亲的“宝贝”，丈夫对妻子的关系则出现了疏离。

2. 联合对抗

纠缠与疏离往往使家庭某些成员结成同盟，而与其他成员相对疏远乃至对立。如果他们长期与家庭某成员结成同盟而不分是非地去与另一成员发生冲突，家庭便会出现联合对抗的现象。在联合对抗时，对阵双方往往感情用事，不分是非，只求压倒对方。

3. 三角关系

有两种情况：一种是通过第三方来实现双方的互动，如夫妻之间不是直接沟通，而是通过子女来传话，或者通过打骂子女来发泄夫妻之间的不满。这样，就把第三人带入了两人的关系中。另一种是在家庭中由于父母的不和或性格软弱等，导致子女支配父母，或子女与家长互相争权的现象。这种家庭的权利结构对孩子的成长是极为不利的。

父母要学习如何行使权力，根据子女的成长及所处的生命周期决定权力下放的多少，当父母年老或子女已经长大，可将家庭权力下放给下一代。

在现实生活中，上述各种结构上的病态也会在正常运作的家庭中存在，因为所有的家庭都会面临生活中的压力和困扰。比如，丈夫在单位工作不顺，回家拿妻子撒气；丈夫收入低，被妻子埋怨；家庭中有病人需要照顾；子女长大离家，等等。正常的家庭面对压力能很快地作出调整，而功能失调的家庭则在压力下因结构僵化而不能采用不同的交往方式，只是重复使用已失调的交往方式，导致成员出现病态症状。

结构式家庭治疗模式认为，家庭成员出现的病态症状与家庭病态结构有很大的关系。

在社区矫正工作中，如果矫正对象的家庭结构病态，不仅影响矫正对象的日常生活和工作，更影响社区矫正机构对他的管理和矫正，进而影响其顺利回归社会。

在个案矫正中，矫正工作者要搞清楚个案矫正对象家庭结构所存在的问题，进而对症治疗。

（五）家庭生命周期

家庭是一个有生命的有机体。家庭结构不是静止的而是随着生命周期动态变化的。家庭就像人一样会经历一个建立、成长、成熟和衰退的阶段，从萌芽到结束经历差不多几十年的时间。对于家庭的生命周期，不同的学者有不同的划分方法。有的学者将家庭的生命周期划分为八个阶段，有的学者将家庭的生命周期划分为四个阶段，还有的学者将家庭的生命周期划分为六个阶段。在此，选取了六阶段划分法。

1. 家庭的建立期

家庭的建立期始于婚姻的开始。当一对恋人在婚礼之后变成了夫妻，开始生活在同一个屋檐下，婚姻生活就开始了。由于两个人来自不同的家庭，具有不同的生活经历，他们对婚姻的理解和感受也存在着差异，如何适应对方，学习并扮演好各自在新的家庭中的角色，成为这个时期夫妻双方的必修课。所以，有学者将这个阶段称为“婚姻的磨合期”。[①]

在家庭的建立期，最常见的问题主要包括夫妻在家庭生活中的角色定位、姻亲关系、夫妻之间的沟通模式、性生活模式、日常生活适应等。夫妻双方的成长环境不同、教育背景不同，会导致夫妻双方对夫妻角色的期望和表现差异较大，并成为双方冲突的危险因素。对于家庭建立期的夫妻双方而言，要想建立稳固美满的婚姻生活，就需要双方互相迁就、宽容、理解，并对双方在婚姻中扮演的角色有一致的看法，双方要明白，在家庭中各自的责任和义务是什么，如何扮演一个令人满意的丈夫或妻子的角色。

新建立的家庭与公婆（岳父母）的关系也成为影响婚姻磨合期的重要因素。很多国内外的研究表明，婚姻是否得到双方父母的同意和祝福，是影响婚姻稳定和幸福的决定性因素。[②] 因此，在家庭建立的初期，建立良好的姻亲关系是新婚夫妻面临的一个重要的话题。

性生活和谐是帮助家庭安全度过这个时期的一个重要因素。近年的研究表明，不和谐的性生活成为离婚的主要原因之一。因此，在家庭建立的初期，建立和谐的性生活模式也很重要。

夫妻之间的沟通模式也是影响家庭和谐的一个重要因素。夫妻之间不良的沟通可能会导致婚姻的破裂。刚刚进入家庭的青年人，需要特别关注夫妻之间的沟通，要学习如何表达自己的需要和感受，关注对方的需要和感受，发展并建立起良好的沟通模式是家庭稳定、婚姻幸福的一个法宝。

---

① 隋玉杰主编：《个案工作》，中国人民大学出版社 2007 年版，第 346 页。

② ［日］上子武次、增田光吉编，庞鸣、严立贤译：《理想家庭探索——日本和世界诸国家庭的比较研究》，国际文化出版公司 1987 年版，第 99 页。

2. 家庭的发展期

家庭进入发展期，就由二人世界进入到了三人世界。夫妻二人要应付新角色的挑战。随着孩子的降生，家庭关系发生了一系列的变化。首先，随着妻子的怀孕，夫妻之间的角色平衡发生了变化，妻子在生活上需要丈夫更多的关照和呵护，同时，夫妻开始为做父母做准备。其次，随着孩子的出生，夫妻关系的重心开始转移到了孩子身上，家庭关系发生了变化，在原来横向夫妻关系的基础上，增加了纵向的父子（女）、母子（女）关系，以及由此而延伸出的祖父母、外祖父母的关系。最后，随着关系的复杂化，家庭冲突的可能性也日益增加。夫妻之间就如何照顾、教养孩子会产生不同的意见，出现冲突。此外，这个阶段的年轻夫妻还会面临着“上有老，下有小”的局面，家庭经济负担较重；因为抚育孩子，家务也较重，夫妻两人单独相处的时间和空间都减少。因此，这个时期夫妻承受的压力最多也最大，导致婚姻满意度有所下降。

3. 家庭的扩展完成期

随着孩子逐渐长大，家庭行为互动模式相对固定。但这个时期，一方面教育子女责任很重，另一方面工作压力相对加大，夫妇在事业和家庭两者之间都需要付出很多精力，特别是随着子女进入青春期，对子女在学业、交友等方面的教育，代沟会表现得日益明显，冲突的机会也日益增加。这个阶段，一直到孩子离家时才告一段落。

4. 家庭的空巢期

当子女因读书、参军、结婚而离开家庭时，按照核心家庭的模式，家庭就只剩了夫妻，此时，就进入到了我们常说的空巢期。一方面，夫妻要接受子女离巢的事实以及因分离而带来的伤感，要重新调整夫妻间的感情生活；另一方面，也要面对人到中年，事业难以再有更大的发展，年老的父母需要照顾的压力，调整好自己的心态。

5. 家庭空巢期的完成

当子女离巢，夫妇面对空巢，要重新建立他们的二人世界，家庭关系由坐标式的立体关系又回到了横向的夫妻关系。在适应了这些变化之后，他们还要面对年老、健康恶化及退休的生活。因此，在空巢阶段，夫妻双方要适应自己社会角色的改变，调整好自己的心态，建立一个丰富多彩的退休生活。这是空巢期夫妻的主要责任。

随着子女结婚生育，夫妻的角色又会上升为祖父母角色，他们要学习做祖父母的权利和责任。在子女家中，学习做“附属”的角色，让已长大成人的子女拿主意。在三代同堂的家庭，家规和权力架构也因第三代的出现而转变。在不同的时间和环境，家庭内的权力要有清楚的分层和分界，以维持家人适度的自主。

6. 家庭的解体期（完结期）

当夫妻的年纪日渐老迈，他们可能要面对健康的逐渐恶化，经济能力逐渐下降，朋友越来越少，依赖人照顾的程度渐渐增加的情况。伴随着夫妻一方的去世，家庭的解体便开始了，等到双方都离开人世时，整个家庭的生命周期就彻底完结了。当然也有因离婚而提早解体的。家庭解体期的长短取决于夫妻的健康状况和夫妻的关系存续时间。

家庭生命周期这个概念告诉我们，家庭在不同的生命周期可能会遇到的挑战、危机和困难是不同的。工作者如能及时介入，就会使遇到困难的家庭转变它的结构和相处形式，从而适应过渡期的危机，维持家庭的正常运转。

家庭生命周期的概念运用在家庭治疗中时，它不只是指家庭中个人的成长，还意味着当家庭成员面临一个重大转变时，不仅个人需要重新适应，整个家庭都面临着调整和适应的问题。当一个人因判刑而成为社区矫正对象时，无论是对其本人还是对其家庭都是生活中发生的一个重大转变，所以，其本人和家庭都需要面临着重新调整和适应的问题。

在个案矫正工作中，结构式家庭治疗法要求运用家庭结构的分析理论，系统地分析家庭结构，不能仅靠一般性的背景资料，而要进入个案矫正对象的家庭进行实际的了解，观察个案矫正对象与家庭成员之间的相处方式，不能被家人提供的表面问题所牵制，通过分析家庭结构及功能失调的交往方式，采取相应的方式介入，促使家庭交往方式的改善，从而解决上述表现于外的行为问题。

四、个案矫正结构式家庭治疗模式的基本步骤

米纽钦在《家庭与家庭治疗》一书中，将结构式家庭治疗的治疗过程简单概括为：治疗师以领导者的身份进入家庭，勾画出家庭潜在的结构，然后采取干预措施改变这一结构。这个过程虽然看似很简单，有一个清晰的计划，但它又是极端复杂的，因为家庭的模式是变化无穷的。

一般来讲，在个案矫正中，结构式家庭治疗的治疗程序包括下述四个步骤：进入矫正对象的家庭、评估矫正对象的家庭结构、打破矫正对象家庭的旧的系统平衡、矫正对象家庭的重新建构。

（一）进入矫正对象的家庭

结构式家庭治疗模式强调矫正工作者对家庭结构的把握，但结构并不是直接可以看到的，必须从家庭成员在日常生活的交谈与相处中，才能有所认识。因此，单靠矫正工作者与矫正对象在家庭之外的环境中进行一对一的谈话，因缺乏相应的情境，很难体会其中的结构状况。所以，只有进入矫正对象家庭的现实环境，去观察他们的互动过程，才能切实把握家庭的结构。

在这一步骤中，核心是矫正工作者进入矫正对象的家庭。这既是家庭治疗的开始，更是家庭治疗的基础。但是，这种进入不是物理空间意义上的进入（即矫正工作者本人与家庭坐在一起），而是指矫正工作者的心灵或情感融入家庭，与家庭成员打成一片。这个过程是矫正工作者通过适应家庭文化、情绪、生活方式和语言，加

入家庭并与他们建立融洽的治疗关系而完成的。然而，家庭就像你和我一样，会不自觉地抵抗他们觉得不能理解和接纳他们的人，以及那些想要改变他们的各种努力。这也就是说，矫正工作者不能以专家或权威的身份高高在上地同矫正对象的家庭在一起。在实践中发现，能被矫正对象的家人接纳并信任是一件很不容易的事情。因此，矫正工作者一定要保持中立的态度，始终牢记自己的工作目标在于了解家庭结构并协助其改变。一方面，矫正工作者要接触和接纳不同的家庭成员；另一方面，他又不能在感情上过分地卷入，以致失去客观判断。

矫正工作者在进入矫正对象的家庭时可采取以下方法和技术：[①]

1. 入乡随俗

矫正工作者首先要观察了解矫正对象家庭的规则、习惯，再入乡随俗地去跟随这些规则和习惯，而不要急于去改变家庭的习惯。只有尊重家庭的接触方式，才能被矫正对象的家人接受。

2. 注重调查交往过程

结构式家庭治疗模式要求注意观察矫正对象家庭成员之间交往的过程，并从中了解其家庭的联盟、对阵、适应能力、界限、权力架构和家人间的影响力。以此作为评估和治疗的基础。

3. 模仿

矫正工作者模仿矫正对象家庭成员的行为方式、语言表达方式和家庭成员沟通方式，以便更容易被矫正对象的家人所接受。

（二）评估矫正对象的家庭结构

评估与进入家庭的过程常常是相互重叠的。在这个过程中，矫正工作者通过关注矫正对象家庭的组织结构和持续的互动模式来评

① 翟进、张曙编著：《个案社会工作》，社会科学文献出版社 2001 年版，第 292 页。

估其家庭，并特别关注功能失调行为得以展现的社会背景。评估的重点是家庭的等级、子系统的功能状态、可能存在的结盟和联盟、当前的界限品质状况，如界限的渗透性、弹性和僵化性。

评估是结构式家庭治疗模式的一个整合的和持续进行的部分。当矫正工作者进入矫正对象的家庭后，就不断形成关于家庭结构排列的假设，比较关心其家庭怎样灵活地适应发展变化以及危机情境，家庭成员如何联合起来解决冲突等方面的线索。

评估也是个动态性的过程，矫正工作者可通过角色扮演来观察个体或子系统之间的互动，有时会故意制造真实的互动。例如，米纽钦就经常利用与厌食症儿童的家庭一起共进午餐的机会实施治疗。在这一过程中可能会出现父母无法合作鼓励孩子吃饭的情况，或者出现父母与孩子存在不同的结盟方式的情况，并在现场将针对这些行为的成因进行家庭讨论。

米纽钦认为，家庭治疗是基于对家庭组织的理解。结构式家庭治疗一直遵循一个基本路径，就是从理解家庭，到制订策略去改变家庭。治疗性探索的目的在于发掘导致某种类型的经验和行为的家庭组织，准确的评估是干预的先决条件。因此，米纽钦一再强调，评估是结构式家庭治疗的核心，是整个治疗过程的重中之重。

评估的步骤主要有以下四步：

1. 拓展家庭对问题的建构

拓展家庭对问题的建构，主要是指探索症状和家庭结构的性质，以及症状是如何发生的，对症状重新定义，把症状放到关系中去考察，看到家庭中问题和症状以外的事实，同时审视家庭界限的弹性程度以及进一步改变的可能性。该步骤是将治疗转化为家庭治疗的一个步骤。

这一步骤常用的策略包括：（1）关注矫正对象的能力范围；（2）对家庭所认定的问题赋予新的意义（重构）；（3）探索症状本身的表现方式，并且重点关注细节；（4）从不同的角度审视问题，直到症状失去破坏作用为止；（5）探索症状出现的背景；（6）

探索家庭其他成员的困难与矫正对象的问题是类似还是不同；(7)鼓励矫正对象描述自己的症状和症状的意义，并介绍自己和家庭。其目的是让其他家庭成员作为听众，以尊重作为“病人”的矫正对象。

2. 探讨维持症状的家庭互动模式

在不激起矫正对象抵触情绪的情况下帮助其家庭看到，他们是如何维持着他们所带来的问题的。通常情况下是家庭僵化的结构支持了这些可预见的行为而不是用创造性方法来回应症状的产生。这一步是持系统思维的各种干预方法的基础。矫正工作者会将家庭存在的问题和存在症状的矫正对象去中心化，并鼓励家庭成员以一种支持症状性行为的方式去观察他们自身与矫正对象的交互作用，让他们看到自己到底做了什么。例如，矫正工作者会问矫正对象：“你已经 20 岁，但是你却什么也做不了，是谁把你变得这么小的？”再如，矫正工作者也会这样问他：“你妈妈告诉我你很关心她，你能告诉我们更多的事吗？”矫正对象回答：“当我父亲对妈妈叫喊时，我会为她感到难过。”矫正工作者再问：“你会做什么来帮助她吗？”矫正对象回答：“我会坐到她身边，搂着她的胳膊，直到她平静下来。”这样，家庭维持症状的互动模式会一步步清晰地呈现出来。

3. 探索重要家庭成员的过去对现在的影响

这一步主要是对家庭中的成年成员进行简短、有重点的探索，寻找在他们的经历中是什么教会他们选择了导致目前症状行为产生的僵化的行为方式。目的在于帮助家庭成员理解他们看待自己以及他人的狭隘的观点是如何形成的。

在治疗中，矫正工作者可能会这样问矫正对象：“你对你妻子有许多不满，可是你从来不说，从小你就这样不喜欢对别人说自己的感受吗？”或“对任何事情都不放心，事事都选择从消极一面去看，在你的孩提时代，是一些什么样的经验导致你有这样的行为选择？……我想知道你是怎么变成这样的？在你是个孩子的时候，你遇到了什么，使你看待世界的方式就像世界充满了危险一样？”

在实践中发现，一些矫正对象家庭中存在的不良互动模式，其实是从他们过去的成长经历中带来的。如果矫正对象不能认识到这一点，那么他们改变当前的家庭互动模式是比较困难的。这也是家庭治疗常常受阻的地方和原因。

如果个案矫正对象是未成年人，则这一步就应该是对其父母的过去进行简短、有重点的探索。因为家庭中存在的不良互动模式，其实是父母从他们过去的成长经历中带来的。如果父母不能认识到这一点，那么他们改变当前的家庭互动模式也是比较困难的。

4. 探索相关的改变方式

这一步的目的就是重新定义问题，并且寻找新的解决办法。此时，矫正对象和他们的家庭成员与矫正工作者一起，探索家庭改变的方向和可能性，协商如何使家庭产生新的行为，而不是一直围绕症状做一些重复性的行为。例如，矫正工作者对矫正对象说：“你在家庭中作为一个丈夫，尽到了你的责任吗？你们家的很多事情都是由你妻子承担的，你愿意继续成为一个没用的人，而让她包揽一切吗？如果不愿意，为了这个改变，你愿意做些什么吗？”

四个步骤为矫正工作者提供了一个评估家庭的组织构架，每当矫正工作者使用这四个步骤时，就像在大师的导引下，和大师一起完成与家庭的一次共同的治疗之旅，并在这个旅行中不断加以创新，加入每个矫正工作者自己独特的方式。四个步骤是一幅具有指引作用的“地图”，在运用这幅“地图”时，矫正工作者需要明白的是其中有两条主线：第一条是矫正工作者如何处理矫正对象目前的症状；第二条是矫正工作者如何利用第一条主线，促使新的行为方式的出现。

每个家庭都是独一无二的，生活本身也充满了不确定性和矛盾，四个步骤不是一成不变的摹本，它只是一个帮助矫正工作者探索家庭的工具，在迈出每一步时，矫正工作者都要带着不确定性，小心地探索，探索家庭成员行为的意义、家庭结构、家庭内部的能量等，再小心地迈出下一步。如果我们能成功地灵活运用四个步骤，米纽钦告诉我们："便可以创造出新的可能性，成功也就唾手可得。"

（三）打破旧的系统平衡

矫正工作者为了使矫正对象的家庭结构发生有益的改变，必须首先打破家庭系统中旧有的失调行为模式的平衡状态。这一过程具有高度的指导性。与大多数治疗模式中矫正工作者要保持价值中立的立场不同，结构式家庭治疗模式矫正工作者的表现是常常需要与不同的个体、子系统或同盟站在一边。经常是先支持处于劣势或边缘地位的家庭成员，然后再公平地分配自己的支持力给其他成员；也可以加入一个强势地位的成员并突破其他家庭成员所能容忍的范围，以引发其他成员的挑战；有时候，矫正工作者也会加入某个家庭联盟来对抗一些家庭成员。但是，不管矫正工作者是加入哪个家庭成员，还是进入哪个家庭联盟，最后，他一定要结合整个家庭形成一个治疗系统。

（四）家庭的重新建构

一旦矫正对象的家庭系统平衡被打破，家庭治疗就进入了最后的改变阶段，即家庭结构的重建。这一阶段，矫正工作者的主要任务就是帮助矫正对象的家庭重新建立支配家庭互动的系统，以取代家庭中功能失效的交往模式。重建包括改变家庭规则、明晰界限和重新结盟，改变支持某种不良行为的模式。矫正工作者的工作就是经常通过重新架构使每个成员意识到问题属于家庭，而不是属于个体，新的家庭功能互动形式必须取代旧的功能失调模式，并让家庭明白必要的结构改变是解决家庭问题的根本所在。

五、个案矫正结构式家庭治疗模式的常用技术

(一) 关系提问

关系提问所提到的问题应涉及家庭成员之间的关系，并能引发家庭成员的思考，引出他们之间的对话，从而活现家庭的关系、家庭结构。而关系的讨论又要与“问题”和“症状”相连接。这是治疗最基本的技能。

(二) 重新定义

重新定义是改变事件原有的意义，重新标定所发生的事情，以便提供具有建设性的观点，从而看待事件和情景的方式。正常化也是一种重新定义，就是将一件家庭成员认为很不正常的事情，将它看作是一件普遍、常见的事情，从而淡化家庭人为的“不正常”观念。可以分为两种：(1) 消极再定义：将家庭成员看作是积极的行为，重新赋予消极的含义。(2) 积极再定义：将家庭成员看作是消极或者是破坏性行为，重新赋予积极的含义。

(三) 设置界限

设置界限是一种通过改变家庭子系统之间的心理逻辑距离来重组家庭界限的技术。家庭里个体和子系统的界限过于模糊、松散或僵化，是导致家庭功能失调的主要原因之一。对此，结构式家庭治疗常常会使用重新设置界限的治疗技术来进行干预，以增加家庭子系统之间的距离或者亲密度。

(1) 在缠结型的家庭，子系统之间的界限必须得到加强。因此，矫正工作者要有意识地增加界限的清晰程度，以增强个体的独立性。矫正工作者可以鼓励家庭成员自己说自己想说的话，尽量避免其他成员的干扰，不要替其他成员回答问题；也可以特意帮助两个家庭成员不受其他家人的影响，完成一次独立的谈话。

结构式家庭治疗模式的首次会谈通常需要整个家庭参与，但根

据需要，后续的治疗也可以只有个别成员或某个子系统成员参与，以强化相互之间的界限。例如，被母亲过度保护的青少年，可以安排个别会谈，以支持其独立性的发展。而被孩子过于纠缠的夫妻，则需要安排没有孩子参与的会谈，让夫妻之间有单独交流的机会，以加强和发展被削弱的夫妻子系统在家庭的核心作用。

（2）对于疏离型的家庭，结构式家庭治疗的干预是挑战对冲突的回避，减少迂回式的沟通，并帮助疏离的家庭成员增加相互接触。在这一过程中，矫正工作者应鼓励成员之间直面相对，不回避矛盾和困难。因为，疏离本身就是一种逃避冲突的方式。一些已经关系很疏离的夫妻，常常是在经过一场较激烈的争斗后，才有可能重新在他们之间找回爱的感觉。

（四）隐喻

隐喻就是借用一些概念或言语，间接或含蓄地表达某些家庭成员没有意识到或不愿面对的问题的一种技巧。这个技巧在治疗过程中使用很广泛。使用隐喻的好处是，矫正工作者既挑战了家庭成员，又不会使他们过于防范，从而容易被家庭接受或产生顿悟。

（五）绘制家庭图

当矫正工作者加入矫正对象的家庭后，运用活现、倾听等技术手段，收集有关矫正对象家庭的信息和材料，以便对其家庭的结构和功能作出评估。这个过程也被米纽钦称为家庭诊断。在这一过程中，有一项重要的技术就是绘制家庭图。家庭图是矫正工作者用图表的方式来绘制家庭内部的关系模式。这也就是说，用图示法来呈现矫正工作者所有关于矫正对象的家庭哪些交往模式是有效的，哪些交往模式是失调的有关假设。

家庭地图是一个高效有用的简化评估工具，它为矫正工作者提供了一种清晰的组织图示来理解复杂的家庭互动模式，而这种理解对于家庭治疗过程极为重要。正如米纽钦和费施曼指出的那样：

“家庭地图显示了家庭成员彼此的相对位置。它揭示了结盟或隶属关系、明确的或暗含的冲突，以及解决冲突中家庭成员进行组团的方式。它确定引起冲突的家庭成员和起中介作用的家庭成员。这张地图还画出了养育者、医治者和替罪羊。绘制出的子系统之间的界限表明了存在的何种运动，以及揭示了可能的优势或功能失调的范围。”

结构式家庭治疗的家庭图与鲍文的系统式家庭治疗的家庭图不同。结构式的家庭图描述的是家庭当前的互动模式，关注的是通过线与空间的排列，传递关于家庭的组织结构、界限和行为序列的信息。而鲍文的系统式家庭治疗的家庭图是来绘制至少延伸三代的家庭关系图，寻找的是关于家庭代际之间的影响线索。

六、个案矫正结构式家庭治疗模式的治疗目标和治疗特点

（一）治疗目标

结构式家庭治疗模式认为，矫正对象的家庭问题或个体症状的根源在于家庭结构的功能不良，而家庭组织的功能失调是维持问题的主要因素。治疗的目标就是直接有针对性地改变家庭结构，以使家庭能够解决其问题。因此，结构式家庭治疗的目标是改变矫正对象的家庭结构，即重建矫正对象家庭的正常结构，而家庭问题的解决只是整体目标的“副产品”而已。

（二）治疗特点

结构式家庭治疗模式最大的特点就是：它是一种治疗的行动而非理解，它用行动去改变家庭，而不是藉由成员观念上的认识变化来造成改变。它提供一个机会引导矫正对象的家庭成员接受新的体验，并改变家庭组织结构。结构式家庭治疗模式以行动先于理解的原则为基础。这也就是说，由行动导致新的领悟、理解及结构的重

新排列。它要求矫正工作者进入矫正对象家庭时，对这个家庭一定不要带任何假设或猜想，就是去看这个家庭当下所发生的一切，根据所呈现出的特点，进行评估，再作出针对性的行动。

故结构式家庭治疗工作者进入矫正对象家庭系统，主动、直接地挑战家庭的互动模式，迫使成员从注意矫正对象的症状中，转变为在家庭结构的背景中观察矫正对象所有的行为。其目的是帮助家庭改变其刻板的交往模式，通过改变界限和重塑子系统，从而帮助改变每个家庭成员的行为和经验。要注意的是矫正工作者并不去直接解决家庭的问题，那是家庭的工作。矫正工作者的工作只是帮助调整家庭的功能，以使家庭成员能够自己解决他们的问题。这种治疗方式类似于动力心理治疗，即症状的消除本身并非治疗的终极目标，它只是结构改变的结果。不同的是，精神分析治疗的工作是调整矫正对象的心理结构；结构式家庭治疗的工作是调整矫正对象的家庭结构。

结构式家庭治疗的行为特点迫使矫正工作者必须是一位变化的从业者。但变化总是会遭遇到抵抗，而矫正工作者所拥有的选择并不多。只有当矫正工作者打破了维护家庭旧有的常规时，变化才可能发生。这些意味着，矫正工作者是一个受到限制的变化者，并非一位可以随意指挥演员表演的大导演，是矫正对象家庭成员决定着改变方式的可能性以及限制程度。因此，改变是一项需要矫正工作者和家庭成员相互协助的事业。矫正工作者需要调整自己适应矫正对象的家庭，进入他们的世界，在与其家庭成员的关系互动中作出改变。

当然，矫正工作者角色特点也深深印刻着其自身的个性特点与变化。米纽钦对其五十多年的职业生涯总结道，经过数十年的治疗实践，我已经从一个主动的挑战者——对抗、指导、控制转向更柔和的风格，其中，我可以运用幽默、接纳、支持、建议、引导，去达到以前需要运用犀利的风格才能达到的目的。我已经从指导者转变成为一个协助者，不过，我并没有放弃作为一个专家的角色。

第二节　个案矫正萨提亚家庭治疗模式

一、萨提亚家庭治疗模式简介

萨提亚家庭治疗模式，也称联合家庭治疗法、萨提亚沟通模式，是由美国首位家庭治疗专家维琴尼亚·萨提亚（Virginia Satir）女士所创建的理论体系。家庭治疗是一种心理治疗的新方法，是从家庭、社会等系统方面着手，更全面地处理个人身上所背负的问题。萨提亚建立的心理治疗方法，最大特点是着重提高个人的自尊、改善沟通及帮助人活得更“人性化”，而不是只求消除“症状”、清除问题。她帮助我们认识到，每一个生命都有着独特的成长脉络，无论旧有的成长模式带给我们什么样的经历和感受，都值得尊重，治疗的最终目标是个人达致“身心整合，内外一致”，实现个人潜能的最大发挥。

萨提亚模式在深邃广博的心理学与人们日常生活之间建立起一座桥梁，使每一个人都有机会得到萨提亚温暖而有力的心理支持，达致全新的生命境界。

萨提亚是美国最具影响力的首席治疗大师，被美国著名的《人类行为杂志》（Human Behavior）誉为“每个人的家庭治疗大师”。她一生致力于探索人与人之间，以及人类本质上的各种问题，她在家庭治疗方面的理念和方法，备受专业人士的尊崇与重视。在其 72 年的生命历程中，她一直怀着“人可以持续成长、改变，并开拓对生活崭新的信念”这一信仰，孜孜不倦地致力于对家庭治疗的教育和写作工作。她发展出许多生动创新的技巧探索家庭关系，被治疗师广为运用。

在萨提亚家庭治疗模式中，会运用到许多不同的技巧，如家庭雕塑、影响轮、团体测温，以及用一条白色绳索展现出家庭关系图等，显示个人与家庭之间的心理脐带关系。这些活动均灵活地融合了行为改变、心理剧、案主中心等各派心理治疗技巧。这也表示萨提亚并不抱持强烈的本位色彩，她尊重并实际运用不同取向的治疗方法，兼容并蓄。

萨提亚家庭治疗模式秉承“凡事皆以人为本位，以人为关怀”的信念。在注重“你和我”的同时，更关心“我们”，在这样一个被充分尊重和关心的过程中，让人对事业、家庭、婚姻、健康以及个人成长都有更深层次的感悟和学习，重获并掌握生命的意义，做一个身心一致的人。

萨提亚家庭治疗模式有一些自己的特点：（1）强调治疗的重点是在于促进家庭沟通方式的改变，使所有成员的自尊有所提高，以便从根本上解决家庭问题；强调帮助家庭成员认识自我，学习解决困难的方法，提升人应对困难的能力，并在不断解决困难的过程中使个人的自信心和自尊心不断提高。（2）强调注重对家庭互动模式的研究和分析。（3）强调注重新经验的获得。（4）强调工作者本身的人格力量而不是他的技巧。（5）强调个人改变的层次性。

基于上述特点，萨提亚家庭治疗模式的治疗效果深入持久而迅速，因此，在婚姻家庭治疗和感化工作（包含社区矫正工作）领域被经常使用。

二、萨提亚家庭治疗模式的起源

萨提亚是举世闻名的心理治疗师和家庭治疗师，也是美国家庭治疗（Family Therapy）发展史上最重要的人物之一，她是第一代的家庭治疗师，从20世纪50年代起已居于领导地位，向来被视为家庭治疗的先驱，甚至被誉为“家庭治疗的哥伦布”，意思是指家庭治疗是由她始创的，可见她在这方面的重大贡献，更因为她的建树良多，她的两所母校威斯康星大学和芝加哥大学，曾分别颁授荣誉博士学位及“对人类杰出的贡献”金质奖章给她。

萨提亚起初从事教育工作，20岁时已是一位小学校长，后来她在芝加哥大学修读社会工作，取得硕士学位。毕业后成为精神科社会工作员，她最初所受的训练深受当时流行的心理分析学派影响，但她在工作中逐渐发现这种方法的局限性甚大，如一些已康复的精神病人，在回到原来的家庭后短期内又旧病复发，于是她决心另寻新的治疗方法。1951 年，她开始私人执业，并且摒弃了传统个别治疗的方法，转而尝试家庭治疗，发现效果十分理想。

萨提亚第一次尝试运用后来被称之为“萨提亚模式”的方法为一个家庭做治疗。一开始，她是为一个被诊断为精神分裂症的少女进行治疗，在进行治疗 6 个月后，情况发展良好。可是之后她却接到女孩母亲的电话，说萨提亚离间她们母女的感情。

萨提亚以其敏锐的洞察力觉察到母亲不满的言语背后的恳求意味。她要求这位母亲与女儿一起与她见面。当母亲和女儿一起来见萨提亚时，萨提亚发现她之前与女孩建立的良好关系竟然消失了，女孩又回到 6 个月前的状态。

萨提亚继续为这对母女进行治疗。母亲、女孩、萨提亚之间慢慢建立起一个新的、良好的关系。这时萨提亚邀请家庭中的父亲一起参与。结果，当他成为面谈中的一员时，本来建立起来的治疗关系又掉回原来的状态。

萨提亚在这个时候认识到她可能已经接近了某个关键的问题。而正是这个问题，后来成为她创立全新治疗模式的契机。她询问这个家庭是否还有其他成员。当仅余的这位被称为“天之骄子”的儿子/兄弟来到治疗面谈中，并展现他在家庭里举足轻重的地位时，萨提亚更清晰地看到女孩在家里被“力量架空”的角色，以及她在家庭里力求生存的痛苦挣扎。

这些经历以及之后的经验，让萨提亚意识到，治疗并不仅限于“那认定的病人”，也需要整个家庭系统的介入。这也就是说，她可以借改善家庭成员彼此间的关系，来带动整个家庭的改变。当然，也自然而然地改变了家庭中每一个个别的成员。

这也让她开始强而有力地使用“雕塑”的技巧，她让案主以不同的身体姿态来代表、呈现沟通的信息。这些身体姿势可以透露出、并使案主觉察到那些他没意识到的信息，并从而有所改变。例如，萨提亚就让那位“天之骄子”站在椅子上，他的父母朝他摆出崇拜的姿势，且不留一丝余地给女儿。借着让家庭成员演出这一场景，萨提亚使他们认识到他们经常加以否认的感受。这也促使他们去改变彼此之间的关系。萨提亚从这次经验出发，发展出以系统取向来帮助家庭的家庭治疗，对治疗界产生巨大的影响。

尽管萨提亚的家庭治疗模式在最初受到了很多的批评，但她始终坚持，终于在个案社会工作诸多流派中为家庭治疗法争得了一席之地。

4 年后，萨提亚加入伊利诺伊州精神病学院（Illinois State Psychiatric Institute），教授家庭动力学（Family Dynamics）课程。1959 年，萨提亚联合 Don Jackson、Jules Riskin 等人，在加州创立“心智研究学院”（Mental Research Institute，简称 MRI），推动有关家庭治疗的研究和训练，并且在 MRI 举办了历史上第一个家庭治疗训练课程，萨提亚后来加入了伊莎兰学院（Esalen Institute），研究人文心理学（Humanistic Psychology），这方面的研究使她进一步了解“个人内在自我”（inner self）与“家庭关系”（family relationship）之间的互动作用，并使她创立的治疗法更充实和完善，最终自成一家。她在 1964 年出版重要著作《联合家庭治疗法》（Conjoint Family Therapy），此时，她在家庭治疗方面的理念和方法开始受到许多专业人士重视，接着，欧洲各国也接受她的理论。萨提亚的身影自此便经年在世界各国出现，演讲、教学、举行研讨会。每到一处，便为该地留下无尽的热力、希望与爱。

《联合家庭治疗法》被誉为家庭治疗的“圣经”，至今仍是美国各大相关科系的教科书，且已有 22 种文字的翻译。

20 世纪 70 年代，美国精神医学会发表了一篇全美家族专题报告，列出 21 位最具影响力的治疗师，萨提亚是名单中唯一的女性，且高居首位。

萨提亚之所以受到同行的尊崇，实因她有一套异于传统疗法又相当完整的理论，更有她深具个人魅力的实务运作方法。从她担任美国人本心理学会会长一职，可以看出她是个极端的人本主义者，凡事皆以人为本位，以人为关怀。她认为，真正的人本主义着重的是“你和我”，而不是“你或我”，关心的是“我们”，而不是“我”，否则便沦为自私自利了。每个人都是独特的，绝不可以复制，原本就应以自己的方式去活。萨提亚所做的，只是提醒人们要尊重生命，相信生命是可以改变的，希望每个人都能以更好的方式生存于世上。

萨提亚的家庭治疗模式强调以系统取向来帮助家庭，进而促成家庭中每一个成员真正地成长。这种思想给当时的个案社会工作带来了方法论的重大突破。她认为，要使家庭成员有所改变，首先应促使整个家庭从一个功能不良的状态，改变为一个开放、富于弹性的状态。①

萨提亚建立的一整套家庭治疗模式，体现出高度的人本精神，从根本上帮助案主各个方面的功能得以正常发挥。为了实现这一目标，萨提亚提出了对人、对困难、对家庭的系统理论分析和具体治疗理念。②

三、个案矫正萨提亚家庭治疗模式的基本理念及治疗目标

萨提亚家庭治疗模式在诸多家庭治疗理论中，一直是难以归类的派别，有的教科书将之列为沟通学派，有的将之纳入人本学派，究其原因，在于萨提亚家庭治疗模式不强调病态，而将心理治疗扩大为成长取向的学习历程，只要是关心自我成长与潜能开发的人，

---

① 翟进、张曙编著：《个案社会工作》，社会科学文献出版社 2001 年版，第 303 页。

② 翟进、张曙编著：《个案社会工作》，社会科学文献出版社 2001 年版，第 303 页。

都可在这个模式的学习过程中有所收获。

（一）个案矫正萨提亚家庭治疗模式的基本理念

1. 对人的认识

萨提亚相信每个人本身就是一个奇迹，不断地在演变、成长，而且永远都有接受新事物的能力。矫正对象也是如此。

萨提亚的人性观基本上是乐观的。

（1）她相信人性是善良的。一个人如果能正常发展，人性的善便会发挥出来。每个人都有足够的能力和资源去解决问题和困难，使人过上快乐健康的生活。但有些人由于未能认识到自己拥有这些能力和资源，因而产生种种无能和无奈的感觉，如矫正对象当自己遇到困难和问题的时候，不知道自己身边有一个强大的社会支持系统可以使用，总是处于无奈、无助和无能的状态。

（2）人是由身体、心智、情绪、精神、感觉和人际互动等不同部分构成的。如果这些部分和谐，则人就能发挥完美的功能，否则，就会出现身心的困扰。例如，矫正对象如果存在认知错误或认知偏差，就会出现压抑、抵触、对立、敌对、不满、愤怒等不良的情绪表现，甚至会产生极端的行为表现，也可能因为情绪的压抑而出现身体上的疾病等。

（3）每个人都有生存、成长与亲近的渴求。要满足这些渴求，就必须了解自己的内心状态，并能与他人产生良好的互动关系，否则，病态的心理和行为就会产生。例如，一个不会处理人际关系的矫正对象，总是容易与他人甚至是家人产生矛盾、冲突，从而使自己时常陷入烦躁、郁闷的情绪状态中，并心灰意冷，什么都不想干，更不想与矫正工作人员见面、谈话，甚至有轻生的念头等。

（4）人是离不开家庭和社会的，每一个人的自我观念和行为模式都是在与家庭和社会的互动中逐渐建立起来的。萨提亚家庭治疗模式认为，人是活在环境、关系中的（或者说系统中）。所以，一个症状的出现，与他人、环境的互动有很大的关系。其中，一个人在原生家庭中体验到的各种关系，以及各种应付方式，对这个人的一生影响最为重大。人在各种关系中，既影响人，也被人影响。所以，症状的产生，并不是一个原因导致一个结果这么简单。而是人与周围的人事物相互影响的结果。而这些关系中的沟通不良，导致了各种压力、情绪、症状的产生。所以，可以看到，其一，人的压力、情绪、症状的产生过程中，没有谁是单纯的受害者或迫害者，人都必须对这段关系的产生，承担部分责任。其二，可以通过改善与他人的沟通方式，来改善心理状况，与他人重新建立和谐的平衡状态。

2. 对困难的认识

人生不如意事十之八九，人不可避免会遇到各种困难。萨提亚认为，困难本身不是问题，如何处理才是问题。有些人在困难面前，因处理方法得当，困难就能迎刃而解。因此，在治疗时，矫正工作者不应关注困难事件本身严重的程度如何，而应关注矫正对象以什么方式去处理他所面临的困难。

一个人如何处理他所面对的困难，取决于他对困难的看法、态度与解释。如果他过分执着于用以往的经验来解释当前的困难，就可能导致不良的处理方式。

萨提亚认为，不良的处理方式主要有以下特征：（1）不能正确地评估现实，对未来有不切实际的幻想；（2）不能觉察自己的身心状况和行为反应；（3）只动用部分资源；（4）处理方式是一成不变的。

而健康的处理方式则有以下特征：（1）对现实有正确的评估；（2）对自己的能力、需求和其他状况，有充分的了解和掌握；（3）能充分动用自己所拥有的全部资源；（4）能按事情的变化弹性修改处理方法。[①]

运用健康的处理方式可以把危机变成挑战，促进个人和家庭的

① 翟进、张曙编著：《个案社会工作》，社会科学文献出版社 2001 年版，第 305 页。

成长。但在不良的处理方式下，会产生种种心理和行为上的问题。萨提亚认为，矫正工作者应帮助矫正对象将“事件”和“处理”区别开来，客观事件虽然不以人的意志为转移，但在客观问题的处理方法上，则可以做不同的选择。

在个案矫正工作中，矫正工作者面对矫正对象的问题时，要做的就是帮助矫正对象学会用健康的处理方式去处理他所面对的困难或问题。

3. 对家庭的认识

无论国王还是农夫，只要他家庭和睦，便是世界上最幸福的人。萨提亚将家庭视为一个影响力强大而深远的重要系统，特别是原生家庭对一个人的影响更为深远。家庭成员之间的互动构成了家庭关系。家庭是一个人强大的后盾，为家庭成员提供最基本的生存需要，包括物质的和精神的需要，让家庭成员可以发展潜能，当家庭成员的需要存在差异时，家庭内部就会出现矛盾和紧张。如何处理这种矛盾和紧张呢？一般有两种方式：一种是开放的，一种是封闭的。

开放的处理方式主要有以下特征：（1）家庭成员的角色和责任是富有弹性的；（2）差异是被接纳的，每一个人都可以保持自己的独立自主性；（3）每一个人都尝试了解自己的需要并视环境是否许可来决定满足自己需要的行为，并能对自己的行为负责，不推诿责任。

而封闭的处理方式则表现为：（1）每个家庭成员的角色都是僵化的；（2）成员间的任何差异均被视为是破坏性的；（3）坚持某种行为是唯一正确的标准，而解决成员间的差异是靠努力维持这个标准，这样，有些成员的需要必定会被忽视，因而妨碍本身能力的发挥。①

① 翟进、张曙编著：《个案社会工作》，社会科学文献出版社2001年版，第305—306页。

无论是开放的处理方式还是封闭的处理方式，都是为了维持家庭的平衡状态，但其处理结果却大不一样。开放的处理方式有助于自我实现，而封闭的处理方式则会使人长期处在焦虑和压抑中。

当一个人长大成人后，在青年期之前经历、学到的思考、行为、感受的方式都会一直影响着人的生活、工作、人际关际。与父母的关系，被内化到心里，然后，会在与爱人、孩子、朋友、上司、下属等人的关系中，重演这种关系。所以，在个案矫正中，矫正工作者对矫正对象家庭历史和家庭关系的分析，有助于其发现矫正对象问题的根源，从而寻求适当的治疗方法。

4. 对矫正工作者角色的认识

在萨提亚家庭治疗模式中，矫正工作者的作用至关重要。萨提亚不太强调矫正工作者的技巧，而是注重矫正工作者个人的品质对治疗效果所产生的影响。据此，矫正工作者在治疗中应充当以下几种角色：（1）解释者。让矫正对象和他的家庭了解在他们中间存在的沟通问题。（2）示范者。通过表里一致的沟通形式向矫正对象和他的家庭示范开放、诚实、直接的沟通方式。（3）引导者。引导矫正对象和他的家庭成员学习改变、领悟新经验、达到彼此接纳和建立更好的关系。

（二）个案矫正萨提亚家庭治疗模式的治疗目标

（1）提高矫正对象的自我价值（自尊）：自我价值是一个人对自己的价值判断、信念或感受。

（2）使矫正对象学会做更好的选择：三种以上才是选择，而且更有力量。

（3）使矫正对象学会更负责任：为自己的内在体验和外在行为负责，我们驾驭它们，为它们作出选择，并透过它们体验喜悦。

（4）使矫正对象学会更和谐一致（表里如一）：与自己接触，兼顾自我、他人、情境，并能够驾驭自己。

四、个案矫正萨提亚家庭治疗模式适用对象及评估与诊断的内容

（一）个案矫正萨提亚家庭治疗模式的适用对象

1. 在关系上有困惑的矫正对象

在亲密关系、亲子关系、家庭关系中有自己难以逾越的障碍，但未找到合适的解决方法的矫正对象。

2. 在感情上有困惑的矫正对象

难以安全地进入一段感情，或在一段感情、婚姻结束后，无法放下过去，难以开始新的感情生活的矫正对象。

3. 在情绪上有困惑的矫正对象

经常感受到情绪的困扰，容易发脾气，事情过后会后悔自责，但在当时又难以控制的矫正对象。

4. 希望有更高生活品质的矫正对象

对生活有更美好的期待，希望获得心灵成长，提升自己生活品质的矫正对象。

（二）个案矫正萨提亚家庭治疗模式评估与诊断的内容

萨提亚认为，家庭治疗中特别需要了解家庭成员的自尊水平、沟通方式、家庭规则、对事物的反应过程等，以便确定矫正对象问题的来源以及应采取的治疗步骤和治疗方法、手段。

1. 个案矫正对象家庭成员的自尊水平

萨提亚家庭治疗模式认为，影响家庭成员关系的第一个因素就是每一个家庭成员的自尊，所以，评估和诊断的第一项内容就是家庭成员自尊水平的高低。

自尊，亦称“自尊心”“自尊感”“自我价值感”，是个人基于自我评价产生和形成的一种自重、自爱、自我尊重、自我价值，并要求受到他人、集体和社会尊重的情感体验。自尊是人格自我调

节结构心理成分。自尊有强弱之分，高低之别。自尊感过强则成虚荣心，过弱则变成自卑。自尊感高，自我评价就高，他会认为自己是有价值的，他会欣赏自己，接纳自己，相信自己有应付困难的力量；自尊感低，自我评价就低，自卑感就强，它会影响自我功能的发挥。一个人的自我价值感主要由四部分组成：（1）自己对自己的评价；（2）对别人的评价；（3）心目中认为别人对自己的评价；（4）根据别人对自己的评价所产生的对自己的评价。

一个人自尊感的形成与其家庭有着密切的关系，主要体现在父母自尊感的高低、父母的教养方式、父母的言传身教等方面。低自尊感的父母容易培养出低自尊感的子女。

如果一个人自尊不足甚至缺乏，或者说自尊水平较低，他就无法正确地对待自己和他人的评价，不能适时恰当地对社会环境的要求或事件作出合理反应，无法及时缓解生活中的基本焦虑。一言以蔽之，人就无法正常地进行社会生活。因此，自尊不足（即低自尊）的人呈现给社会的通常是不好的自我形象，具体表现出两类行为或态度：一类是自伤性行为或态度，主要指向自我。其表现有自暴自弃、自怨自艾、自哀自怜、自轻自贱等，甚至可能放弃生命，自绝于世。另一类是自恋式或自我中心的行为与态度，主要指向他人与环境。可能出现不负责任、冷漠、自我中心、敌视、攻击他人、报复社会等偏激行为，甚至走上违法犯罪的道路。既然一个人自尊感的高低与人的行为表现之间有密切的关系，矫正工作者就要对人的自尊感进行评估。

因此，在个案矫正中，矫正工作者在评估时应注重以下几个方面：（1）矫正对象如何形容自己的能力（如是否有不信任及否定自己能力的现象）？（2）矫正对象在面临困难和压力时有什么表现（如是否有讨好、寻求赞许等幼稚行为）？（3）矫正对象不论在过去还是现在是否从某方面经常接受有损自尊的负面信息（如有没有经常受到父母、老师、配偶、周围人的指责、嘲笑和侮辱）？（4）矫正对象是否在面对权威时有小孩子的感受（如不能用成年人对待成年人的态度对待父母)？总之，矫正工作者要保持高度的敏锐感，使自己觉察到矫正对象种种心理防卫的背后，其自尊受损的程度。

附：自尊量表（自测）

(1) 题目。指导语：这个量表是用来了解您是怎样看待自己的。请仔细阅读下面的句子，选择最符合您情况的选项。请注意，这里要回答的是您实际上认为您自己怎样，而不是回答您认为您应该怎样。答案无正确与错误或好与坏之分，请按照您的真实情况来描述自己。您的回答绝对不会向外泄漏，因此，您完全不必要有这方面的顾虑。请您注意要保证每个问题都作了回答，且只选一个答案。

谢谢您的合作！

选项：A. 非常符合；B. 符合；C. 不符合；D. 很不符合

表 7-1　自尊量表（SES）

	非常符合	符合	不符合	很不符合
一、我感到我是一个有价值的人，至少与其他人在同一水平上	4	3	2	1
二、我感到我有许多好的品质	4	3	2	1
三、归根结底，我倾向于觉得自己是一个失败者	1	2	3	4
四、我能像大多数人一样把事情做好	4	3	2	1
五、我感到自己值得自豪的地方不多	1	2	3	4
六、我对自己持肯定态度	4	3	2	1
七、总的来说，我对自己是满意的	4	3	2	1
八、我希望我能为自己赢得更多尊重	4	3	2	1
九、我确实时常感到自己毫无用处	1	2	3	4
十、我时常认为自己一无是处	1	2	3	4

(2) 简介和评分。自尊量表（SES）是设计用以评定个体关于自我价值和自我接纳的总体感受。

该量表由10个条目组成，设计中充分考虑了测定的方便。受试者直接报告这些描述是否符合他自己。分四级评分，1表示非常符合，2表示符合，3表示不符合，4表示很不符合。总分范围是10—40分，分值越高，自尊程度越高。

本量表已被广泛应用，它简明、易于评分，是对自己的积极或消极感受的直接评估。

2. 个案矫正对象家庭的沟通方式

沟通是人与人之间、人与群体之间思想与感情的传递和反馈的过程，以求思想达成一致和感情的通畅。沟通包括语言沟通和非语言沟通。

沟通是建立人际关系的桥梁，没有沟通就没有人际的互动关系。家庭之间的互动就是通过家庭成员之间的沟通来实现的。人们并非生来就会沟通，沟通是学来的，而且多半还是模仿他人的结果，我们主要是从父母身上学到如何沟通，然后变成我们习惯的模式。萨提亚十分重视分析家庭的沟通形式。她认为家庭的沟通形式实际上反映了个人自尊感的高低。不良的沟通并不是由于缺乏技巧，而是由于沟通对象和沟通内容引起案主强烈的感受，造成了口不对心的表现，自尊感越低的人越容易出现口不对心的沟通。例如，本来内心是想拒绝的，但嘴上却说好，这就是表里不一的表现。在萨提亚的沟通理论中，一个很重要的概念就是表里一致，主要是指一种同时顾及自我、他人和情境的沟通方式。(1)“我自己”：内在和谐、做自己的主人；(2)“我”与“另一个人”：关系和睦；(3)“我”所处的人际系统（家庭或组织）：社会和谐、家庭或组织成员之间和谐、协作、有凝聚力等。

良好的沟通通常是兼顾上述三个方面，表现出表里一致的沟通特点，这也就是说，要直接、清楚、完整。每个人都可以自由表达自己的观点和感受，回应他人的意见，不同意见会被尊重，而不会演变成争执，并能诚实地作出选择。采用这种方式沟通的家庭有良好的家庭关系，能够应付各种困难。一致性沟通模式的主要表现有：

行为：有活力的、有创造力的、有生命力的、自信的、能干的、负责任的、接纳的、有爱心的、平衡的。

言语：带有感受、思维、期待、愿望及不喜好地诚实，开放而分享的，聆听他人，尊重自己、他人与情境三者。

主要情感：平和的、平静的、有爱心的、接纳自己与他人、脚踏实地的。

自我概念：高自我价值、能干的、欣赏自己、庆幸自己的独特性、接纳价值的平等、与生命力联结。

资源：自我觉察、负责任的、开放的、关怀自己与他人、统整，常见的生理和心理症状都是健康的。

就像呼吸之于生命，沟通是维系个人健康、建立满意的人际关系的关键。但是只有一致性沟通才能引导出互相滋养和支持的关系，才是有意义有价值的。每个人都具备无数的内在资源，可以更有创意地使用这些资源，让沟通变得一致。而有问题的家庭，其沟通模式往往是不一致的，家庭成员之间的沟通是模糊的、间接的，有些成员根本没有表达意见的机会或者表达了意见也不被重视，甚至还会遭到批评、训斥、攻击、威胁，家庭成员之间互相猜疑，不直接去澄清，每个人内心都有不满，外表上却装作若无其事，经常出现不同的联盟，互相抵制或操纵，一遇到困难，很容易演变成危机或家庭纠纷。

萨提亚根据自我、他人、情境三个方面在沟通中被忽略的表里不一致的情形，将沟通分为四类：讨好型、指责型、超理智型、打岔型。

（1）讨好型。占人群的 50%。特点是：讨好别人，只有他人和环境，没有自己。试图远离对自己产生压力的人或减轻自己因某些人所带来的压力。主要表现有：

言语："都是我的错""我不值得""你喜欢怎么样?""没事没事"。

情感："我很渺小"，"我很无助"，恳求的表情与声音，软弱的身体姿势。

行为：过分的和善，道歉，请求宽恕、谅解，哀求与乞怜，让步。

内心感受："我一无是处""我觉得自己毫无价值"。

可能造成的身心反应如下：

心理反应：神经质、抑郁、自杀倾向。

躯体反应：消化道不适、胃疾、恶心呕吐、糖尿病、偏头痛、便秘等。

(2) 指责型。占人群的30%。攻击别人，只有自己和环境，没有他人。试图表明不是自己的过错，让自己远离压力的威胁。主要表现：

言语："都是你的错""你到底在搞什么?""你从来都没做对过""要是你……那就……""我完全没有错"。

情感："在这里我是权威。"

行为：独裁、批评、吹毛求疵。

身体姿势：很有权力的样子，僵直。

内心感受："我很孤单和失败。"

可能造成的身心反应如下：

心理反应：报复、捉弄、欺侮。

躯体反应：肌肉紧张、背部酸痛、循环系统障碍、高血压、关节炎、便秘、气喘等。

(3) 超理智型。人数较少，占人群的15%。压抑感觉，逃避感受。只有情境，没有自己和他人。逃避现实的任何感受，也回避因压力所产生的困扰和痛苦。主要表现有：

言语：总是客观的、引述规条和抽象的想法，使用冗长的解释、复杂的术语，避开个人的或情绪上的话题，很少涉及与人有关的感受，常说："人一定是要讲逻辑的""一切都应该是有科学依据的""人需要冷静"。

情感："不论代价，人一定要保持冷静、沉着、绝不慌乱。"

行为：顽固、不愿变更、举止合理化、操作固执刻板。

身体姿势：僵硬。表情很优越（若有表情的话）。

内心感受："我感到空虚与隔绝。""我不能露出任何感觉。"

可能造成的身心反应如下：

心理反应：强迫心理，社会性病态、社交退缩、故步自封。

躯体反应：内分泌疾病、癌症、血液病、心脏病、胸背痛。

（4）打岔型。人数更少，占人群的0.5%。避重就轻，习惯闪躲。自己、环境和他人都没有。经常改变话题来分散注意力，不能专注在一件事上，避开个人的或情绪上的话题、讲笑话、打断话题、词不达意、不愿意真正去面对。让别人在与自己的交往时分散注意力，也减轻自己对压力的关注，想让压力因素与自己保持距离。主要表现有：

言语：漫无主题，毫无道理，抓不到重点，随心所欲，随口表示，东拉西扯，"我自己也搞不清"。

情感：波动混乱，满不在乎，"我心不在焉"。

身体姿势：不停地动。

行为：不恰当的举动、多动、忙碌、插嘴、打扰。

内心感受："没有人当真在意""这里根本没有我说话的地方"。

可能造成的身心反应如下：

心理反应：不适当、不合情理、心态混乱。

躯体反应：神经系统症状、胃疾、眩晕、恶心、糖尿病、偏头痛、便秘。

上述四种表里不一致的沟通形式，实际上是低自尊的人在压力下的自我防卫的方式。人如果长期使用这些防卫方式，必然会对自己和他人造成心理乃至生理上的伤害以及人际关系的破坏。

在个案矫正中，矫正工作者的任务就是弄清楚矫正对象家庭的沟通形式及类型，消除破坏性的沟通，协助矫正对象的家庭成员学习表里一致的沟通方法，从而增进自我价值。

3. 个案矫正对象的家庭规则

每一个家庭都会有一些规则来规范家庭成员的行为和界定角色。这些规则如果过于僵化、绝对化，则会影响家庭成员的个性发展，妨碍家庭关系。萨提亚认为，下列四种家庭规则是有害的：①

（1）非人性化规则。例如，“禁止表达愤怒的情绪”“无论实情怎样在外人面前都要表现出我们是幸福的家庭”。这些规则会压抑人格的健康发展。

（2）绝对化规则。例如，“永远不要和长辈争论”“一定不要向别人求助”。这些规则引起不允许有例外，久而久之，家庭成员行为变得十分僵化和固执，适应能力、应变能力和灵活性都很差。

（3）矛盾规则。例如，父母要求子女对他们要诚实，却不能接受子女对他们的批评或指出他们的错误。这些矛盾的规则会使家庭成员不知所措而感到焦虑和混乱。

（4）过时的规则。例如，“无论何时都必须听父母的话。”这些规则要求一个成年子女，必然是不合理的约束。特别是如果子女已经成家了，这条规则更会成为子女婚姻关系的障碍。

这些僵化的规则会使人失去活力和创造性，使人陷入自我否定的矛盾中并脱离现实世界，难以适应社会生活。久而久之，必定会使个人心理和人际关系出现问题。

在个案矫正工作中，矫正工作者的任务就是找出矫正对象家庭中存在的有问题的家庭规则，分析这些规则是通过什么方式来维持的，产生了什么样的后果，其危害是什么，从而产生改变的动力。

① 翟进、张曙编著：《个案社会工作》，中国科学文献出版社 2001 年版，第 311 页。

五、个案矫正萨提亚家庭治疗模式的治疗过程和方法

（一）第一阶段——接触期

接触期是治疗的最初阶段。主要工作目标是：（1）建立与矫正对象家庭的信任关系；（2）观察矫正对象家庭的互动方式；（3）向矫正对象反馈他所了解的情况、所看到的问题。

根据上述工作目标，第一步是建立与矫正对象家庭的信任关系。

只有建立了良好的信任关系，才能进行下一步工作。工作方法和其他个案工作方法一样，通过倾听、同理、积极关注等方式，使其家庭成员感受到被接受、被肯定和被关怀，从而得到家庭成员的信任。同时采取表里一致的沟通方式和家庭成员进行互动、沟通，以便对矫正对象及其家人进行示范。

第二步是了解矫正对象家庭的结构、家庭规则及其互动方式。常用的方法是请每一位家庭成员轮流讲述他希望在家庭中看到的改变。这个方法的好处是一方面可以从家庭成员语言与非语言的表达中收集到一些家庭问题的信息，包括家庭成员的互动方式、家庭成员的期待以及家庭成员所拥有的资源、家庭的规则等家庭治疗所必需的相关资料。另一方面也可以营造出一种自由的氛围，让每一个成员都能有充分的机会表达自己，使每个人更能直接面对自己的需要和感受，这无疑有助于增加个人的独立和自尊。矫正工作者通过引导和示范，帮助家庭成员学习清楚、直接的沟通方式，使其从对问题的关注转变到对问题解决的关注上。

第三步是矫正工作者将自己的观察结果以及家庭成员对治疗的期望，反馈给家庭成员，并寻求每一个成员对治疗进行配合的保证，为进入下一阶段的工作做准备。

（二）第二阶段——蜕变期

蜕变期是治疗过程中最主要的阶段，矫正工作者的目标是运用

各种各样的技巧，帮助矫正对象家庭改变原来的互动方式，增加解决问题的能力。

转变的过程主要有觉醒、接受和获得新经验三个过程。

萨提亚家庭治疗模式认为，矫正对象在改变之前，必须对现状有所觉醒，认识到现状并非不可改变。关键在于“接受”，这也就是说，要接受现实，不再逃避现实，接受自己对现实的情感反应，正视自己的需要，接受自己对现实所应负的责任，不再诿过于人。这种接受，能使矫正对象从“现状不是我个人的力量所能改变的”这种无助心态中解脱出来，转而专注于“什么是我可改变的”“我应如何改变对现实的回应方式”。经过这个关键性的转变，矫正对象就可以去尝试不同于以往的学习经历，从中获得新的经验，这些经验会增加家庭成员，每个人改变的动力，使之产生更大的改变，学会新的互动方式，建立起更加和谐的家庭关系。

在这一过程中，主要的治疗方法有以下几种：

1. 追溯以往的生活经验，处理未完成的期待

萨提亚家庭治疗模式认为，矫正对象家庭成员现在的行为可以追溯到他们童年时期的家庭生活经验。也就是在其成长过程中，原生家庭对他们的影响。心理学研究已经证明，原生家庭是影响我们最早、持续时间最久的因素。当我们带着原生家庭的心理烙印开始自己的成长历程时，会遇到很多的问题。比如，很多看似夫妻的问题，实质不是夫妻问题，而是原生家庭带来的心理创伤，在与亲密的人互动时旧有的幻象再次浮现；以前没有从父母那里得到的满足，现在要在爱人身上加倍得到，亲密关系因此不胜负荷。所以，心灵成长的第一步就是回溯过去，处理未完成的期待。

因为矫正对象家庭成员对以往经验所作的解释可能是不恰当的，而这种经验又影响到现在的行为。所以，矫正工作者要帮助他们用全新的眼光，从全新的角度来看待旧问题，对旧经验赋予新的意义，使他们从旧经验和感受的束缚下释放出来。

常用的技巧有：完成往事、填补空隙、重订规则。即通过角色

扮演和模拟家庭会谈，重演一些过去的生活片段，让家庭成员有机会处理在过去的实际经验中未了结的事情，填补一些认识上的盲点，注意一些本来没有注意的事情，使过去在理解上的错误和偏见得以纠正。帮助他们对一些陈旧的、绝对化的、妨碍个人成长的家庭规则加以修订，使它们变得具有一定的弹性和可行性。

2. 运用新经验解释当前的行为

萨提亚家庭治疗模式认为，对旧经验的重新阐释和领悟，并不能直接导致行为的改变，因为理性的认识转变为真正的行动，是需要一个过程的，正所谓“知易行难”。为使矫正对象家庭成员将在处理旧经验中获得的新的领悟整合到他们现在的实际生活中，常用的技巧有：（1）分别古今，即帮助矫正对象家庭成员将过去的经验和现在的生活区别开来，不能完全依据过去的经验来理解现在的生活。（2）再做决定，即矫正工作者协助矫正对象家庭成员利用他们新领悟的经验去为现在的事情做决定。（3）借用仪式，即借助一些比较象征性和仪式化的方法让矫正对象家庭成员慢慢接纳他们的新发现和新力量。

（三）第三阶段——结束与巩固期

经过蜕变期取得的重要改变之后，治疗就进入到了第三阶段——结束与巩固期。此时期，矫正工作者的主要工作目标是：

（1）适时结束矫正对象家庭治疗。

（2）巩固矫正对象家庭在蜕变期已经取得的进展。

（3）帮助矫正对象家庭整合治疗的经验。

（4）提醒矫正对象家庭面对日后家庭生活可能遇到的新挑战。

为达到这个目标，矫正工作者应消除矫正对象家庭对他的过分依赖，提高他们对自己能力的觉察力和自信心。常用的技巧有：

（1）回顾治疗过程。让矫正对象家庭成员意识到自己的改变，体验这种改变带来的新感觉，并且知道将来再有需要时，该如何改变。

(2) 邀请家庭中的一位成员担任观察者和反馈者，帮助其他成员对家庭状态更加敏感，以防家庭的互动再回到以前不健康的状态中。

(3) 对家庭进行评估。根据最初评估和诊断的内容，家庭成员的自尊、家庭沟通方式、家庭规则，对矫正对象家庭进行评估。如果出现了以下情况，则可考虑结束治疗：①家庭成员能够表里一致的相互沟通。②家庭成员能够接纳，解决不同的意见。③家庭成员能够明白各人对自己和别人的看法。④家庭成员能够脱离过去经验造成的不良影响。⑤家庭成员能够彼此接纳、支持、爱护及滋润。⑥家庭规则变得富有弹性，家庭成员的自尊受到尊重。⑦家庭成员懂得运用选择的自由，并且感到行为上可以有选择。①

六、个案矫正萨提亚家庭治疗模式的技巧

(一) 家庭重塑

家庭重塑技术是由萨提亚发展出的一种干预方法，它能够帮助人们重新整合进入在原生家庭的历史和心理矩阵中属于自己的位置。作为萨提亚的主要改变手段之一，它同样提供了一种崭新的视角，让我们可以重新看待自己的父母和自己，并以一种新的观念来看待现在和未来。这种新的观念既包括给予自己更大的可能性、更多的自由，也包括让自己变得具有责任感。

过去发生的事情虽然无法改变，但矫正对象透过家庭重塑的过程，往往能对过往经验和期待所产生的思想及感受产生巨大转变，放下包袱，更有力量地走向明天。

家庭重塑技术是运用戏剧表演的形式把个案矫正对象的家庭生活史重演出来，使矫正对象可以认识到过去一直影响着他的某些家

---

① 翟进、张曙编著：《个案社会工作》，中国科学文献出版社 2001 年版，第 317 页。

庭经验是什么。通过观察角度的改变，去重新处理这些经验，并认清它们所带来的影响。当矫正对象家庭生活片段被重演时，一些过去在家庭中不能直接谈论的问题被暴露出来，使矫正对象得以了解父母或其他人的成长背景及经验，了解他们曾经有过的梦想、希望、喜乐以及伤痛，从而更好地理解家庭成员，改变他们在自己心目中的歪曲形象。家庭重塑的过程分为以下两个阶段：

第一个阶段：预备阶段。个案矫正对象准备家庭图，家庭生活年表以及影响轮。家庭图，包括个案矫正对象的核心家庭以及父母的核心家庭等三代人的资料，包括每个人惯常的沟通方式以及矫正对象对他们的感受和评价；家庭生活年表包括以下资料：每位家庭成员的生日，家庭重要事件发生的日期（如搬迁、结婚、离婚、死亡、重聚、悲剧等）和成就（如毕业、升迁等），重要历史事件的日期（如战争、瘟疫、自然灾害、经济大变动等）；影响轮，呈现出在矫正对象的童年及青少年时期，对其智力、情绪或生理上产生影响的每一个人。

第二阶段：实际进行阶段。此阶段要选定足够的人来扮演不同的角色，重演一些重要的生活片断，包括：（1）个案矫正对象父亲、母亲的家庭生活史；（2）个案矫正对象父母的相识、相恋及结婚的历史；（3）个案矫正对象的家庭演变；（4）个案矫正对象的出生以及当时的环境；（5）个案矫正对象家庭成员的离开或死亡。

通过家庭重塑，家庭成员之间的了解、体谅和爱取代了以前的痛苦、愤怒、憎恨等种种感受。参加者学会了怎样去过自己的生活及怎样去让别人过他们的生活，他们不再要求别人改变并懂得更好地照顾自己，也因此能够与别人共同相处而不会觉得受到强迫和威胁。[①]

---

① 参见翟进、张曙编著：《个案社会工作》，社会科学文献出版社 2001 年版，第 318—319 页。

（二）沟通游戏

矫正工作者通过运用一些夸张的游戏方式，暴露每个人习惯使用的沟通方式，特别是在压力状态时所采用的沟通型态（讨好型、指责型、超理智型、打岔型），给每一个家庭成员提供一个在不会受到批评的情况下，学习接触和表达自己感受的机会，以帮助他们明白每个家庭成员在家庭中的沟通模式。

（三）自我环

让不同的人扮演一个人的不同部分，然后通过演出不同部分之间的互动，把这个人的内心世界呈现出来，使他能够看清楚自我互动模式，以便帮助他认识和整合自我的不同部分。

萨提亚家庭治疗模式除上述三种技术外，还有雕塑、隐喻、模拟家庭会谈、冥想、面貌舞会等，这里就不一一介绍了。

【课堂活动 7-1】父母的家庭生命周期

请与自己的父母联系，询问一下他们在家庭生命周期的各个阶段都经历了什么重大事件，遇到的问题是什么。你从中有何收获和启示？

【课堂活动 7-2】原生家庭分析

反思一下自己成长的家庭，说明你的家庭系统、家庭结构和家庭沟通有什么特点。

【课堂活动 7-3】家庭图、家庭年表、影响轮

请根据所学知识，写出自己的家庭图、家庭年表和影响轮，并觉察一下你的感受以及这些因素对你个人的影响。

【思考题】

1. 什么是结构式家庭治疗模式？
2. 结构式家庭治疗模式的基本概念有哪些？
3. 结构式家庭治疗模式的基本步骤有哪些？

4. 结构式家庭治疗模式的常用技术有哪些？

5. 结构式家庭治疗模式的治疗目标和治疗特点有哪些？

6. 什么是萨提亚家庭治疗模式？

7. 萨提亚家庭治疗模式的基本理念有哪些？

8. 萨提亚家庭治疗模式的治疗目标是什么？

9. 萨提亚家庭治疗模式的适用对象有哪些？

10. 萨提亚家庭治疗模式评估与诊断的内容有哪些？

11. 萨提亚家庭治疗模式认为，在压力状态下人的沟通形式有哪几类？

12. 萨提亚家庭治疗模式的治疗过程和治疗方法有哪些？

13. 萨提亚家庭治疗模式常用的治疗技术有哪些？

第八章　社区矫正对象个案管理模式

【学习目标】

知识目标： 掌握个案管理模式的概念、特点、原则和工作流程；了解个案管理模式与个案工作的区别和联系。

能力目标： 具备运用个案管理模式为社区矫正对象开展个案矫正工作的能力。

第一节　个案管理模式概述

传统的个案社会工作主要是针对某一方面的问题，采取的多是单一化的助人方法，在实际助人过程中，因矫正对象问题的多重性往往起不到应有的作用，不能从根本上解决矫正对象的问题，达不到个案社会工作所希望达到的助人目标。因此，必须通过个案管理工作者对矫正对象的各种问题进行综合性分析，协调各种社会工作机构的资源，将多种助人方法加以整合，以强化矫正对象个人取得资源及运用资源网络的能力。在个案工作方法的发展过程中，对于一些涉及多重问题或情况的复杂个案，仅凭单一的个案工作手法与技巧往往难以应对，需要社会保障机构、医疗、社区、救助中心等多重机构和部门的同时介入、协助与支持，因此，个案管理模式应运而生。①

一、个案矫正管理模式概述

（一）个案管理模式的概念

个案管理模式是20世纪70—80年代在美国社会工作界推广开来的一种个案社会工作模式，它主要适用于矫正对象受多重问题的困扰，需要各类型的专业社会工作者帮助的情况。具体来讲，个案管理模式，是指通过专业个案管理者对矫正对象的问题、需求和其内外在可利用的资源进行评估，确定干预救助计划，并结合相关机构、人员资源进行协调、整合与监测，使矫正对象能获得及时、有效与合理的救助，以保障对矫正对象的服务质量，最终使服务对象的利益最大化。个案管理模式是一种整合式服务方式和社会工作方法。

在国内，个案管理也因为其自身整合社会资源并提供优质服务的优点，逐渐成为社会工作服务中的主要模式而被广泛应用。②

（二）个案矫正中个案管理模式的概念

在个案矫正中，个案管理模式就是通过评估矫正对象的问题与需求，通过整合、协调社会资源，与由不同职业和机构的专业人员所组成的团队合作，为个案矫正对象提供及时、有效与合理的救助，以保障矫正对象的服务质量，最终使其利益最大化，并实现矫正对象顺利回归社会的目的。

社区矫正对象由于犯罪而丧失了部分社会权利，因此，也陷入了多重困境，不仅要接受社区矫正机构的监管，还要面对家庭、婚姻、生活、工作等多方面的压力。因此，单纯依靠社区矫正对象自

---

① 郑宁主编：《个案工作实务》，高等教育出版社2014年版，第340页。

② 范燕宁、谢谦宇、罗玲等编著：《社区矫正社会工作》，中国人民公安大学出版社2015年版，第122页。

身是无法解决其所有问题的，更多的是需要依靠社会关系网络的修复与重建，获得支持和信任，才能取得较好的矫正效果，这也是社区矫正的一个重要特征——社会力量的广泛参与。《社区矫正法》第 3 条规定："社区矫正工作坚持监督管理与教育帮扶相结合，专门机关与社会力量相结合，采取分类管理、个别化矫正，有针对性地消除社区矫正对象可能重新犯罪的因素，帮助其成为守法公民。"第 12 条规定："居民委员会、村民委员会依法协助社区矫正机构做好社区矫正工作。社区矫正对象的监护人、家庭成员，所在单位或者就读学校应当协助社区矫正机构做好社区矫正工作。"第 13 条规定："国家鼓励、支持企业事业单位、社会组织、志愿者等社会力量依法参与社区矫正工作。"这些条款成为社会力量参与社区矫正工作的法律依据。

个案管理的基本服务模式就是以服务的社区矫正对象为中心，关注其自身的优势，协调社会资源，发掘其潜能，为实现其利益的最大化而服务。

（三）个案矫正中个案管理模式的特点①

1. 以复杂性问题或多重困难的矫正对象及家庭为服务对象

在个案矫正中，个案管理模式是专门为复杂个案或有多重问题及需求的矫正对象及家庭提供服务的。个案管理的服务对象如下：一是他们所面对的问题错综复杂，需要多个机构或不同专业人员的服务与帮助才有可能解决；二是他们在获得所需要的外在社会资源时，面临着问题与障碍，需要个案管理者的协助。

2. 专业整合式服务的工作方法

个案管理通常采用的是专业整合式服务的工作方法，即针对矫正对象的多重问题和多重需要，由不同专业背景及不同属性机构或

① 参见郑宁主编：《个案工作实务》，高等教育出版社 2014 年版，第 341—342 页。

人员，共同提供各项支持与帮助，以团队化工作方式为矫正对象提供完整的服务，来达到满足矫正对象需求及追求矫正对象最佳利益的目标。所谓专业整合，是指个案管理是一种结合不同专业领域的团队工作方法。团队中不仅有专业社会工作者，还可能包括医生、护士、职业治疗师、临床心理学家等其他专业人士，这种多专业整合是为了给矫正对象提供“整体式”服务。

3. 协调管理与过程导向的工作职能

（1）个案管理是一个协调的过程。个案管理者通过掌握有助于满足矫正对象需要的各方面资源，并加以整合运用，协助那些面临各种问题的个案矫正对象。在此过程中，个案管理者通过与各种不同社会福利及相关机构的工作人员相互沟通与协作，在个案矫正过程中发挥其协调、监督与评估的职能。

（2）个案管理也是一个过程导向。在对矫正对象需求评估和可利用资源确认的基础上，设计全面整体的服务计划与策略，来保证个案矫正对象能够独立自主、全面及长期地解决问题。同时，还需要协助个案矫正对象能公平地获得服务，以减少服务的零散和重叠问题，有效促进“优先次序”排定，并在社工为个案矫正对象提供服务期间双方有积极正向的互动。

4. 服务的系统性与科学性

最终目标是通过各种服务的联结，尽可能掌握有助于满足个案矫正对象需要的各方面资源，包括可能来自政府机构、商业机构、非营利组织或非正式部门甚至个案矫正对象自身的能力和资源，加以整合运用，使之系统化、合理化，提高资源运用的效率。

（四）个案管理模式的理论基础

在个案管理模式中，传统的个案社会工作价值观和理论基础知识依然是其重要的理论来源。例如，传统个案工作以个案矫正对象为主，尊重个案矫正对象的尊严与价值观、尊重个别差异与个案矫正对象的自决权，替个案矫正对象保密等原则仍然是个案管理模式必备的价值观。传统个案工作所需的重要知识，如心理学、社会学的系统理论，人与环境互动关系等相关学科和知识也是做好个案管理工作的重要理论基础。但是，个案管理模式要求个案社会工作者是一个社会工作的通才，从而能更有效地去面对各种错综复杂的问题，因此，个案管理模式要求个案管理工作者具备更全面的基础理论知识，这样才能将个案专业工作者应有的扎实的助人技巧和灵活的组织管理能力融合起来。[①]

二、个案管理与个案工作的联系和区别[②]

个案管理在个案工作中既是个案工作的延伸，同时也是个案工作的重要补充。

（一）个案管理与个案工作的联系

1. 功能上相互补充

个案管理是个案工作的扩展和必要补充，个案工作又是个案管理的具体形式和基本运作方式。在个案工作中常常会遇到涉及社会政策、社区环境及外在社会资源等复杂问题。仅靠社工单独运作往往难以应对，需要各机构之间的支持与帮助；同时，个案管理又需要以个案工作的形式逐一落实与实施。

2. 形式上相互转化

一些个案工作如果需要获得更多的资源上的帮助与支持时，往往会以个案管理的形式来救助；当个案管理中的服务对象情况相对稳定，需要自身的调试与发展时，又往往会转入个案工作的形式。

3. 内容上相互渗透，不可分割

在个案工作过程中，一些服务对象的具体问题与现实困难有时

① 参见翟进、张曙编著：《个案社会工作》，社会科学文献出版社2001年版，第334页。

② 参见郑宁主编：《个案工作实务》，高等教育出版社2014年版，第342—343页。

迫切需要一定外在社会资源的支持与协助；在个案管理过程中也往往通过个案工作的形式来推动和运作，在实施的内容上是一致的、统一的，两者在内容和形式上不可能截然分开。

4. 最终目标与基本工作方向相一致

无论是个案工作还是个案管理，其工作的最终目标都是最大限度保护和实现其服务对象的最大利益；在工作过程中，都需要服务对象的共同参与及充分尊重和维护服务对象的自决权。

（二）个案管理与个案工作的区别

1. 服务对象不同

个案工作中服务对象的问题相对简单，以一般的资源就可以解决；而个案管理服务对象的背景与问题均比较复杂，会涉及多重机构的配合与支持，仅靠单一的个案工作很难应对，需要多种渠道的资源甚至相互的统合才能真正解决。

2. 工作者的角色不同

个案工作中社会工作者主要是一对一的直接式个别帮助；而个案管理者除了直接面对服务对象开展评估及干预工作外，还要调动外在的社会资源，承担引导、管理与协调的功能，并以间接式服务为特色。

3. 干预的侧重点不同

个案工作的目标在于协助服务对象解决问题；而个案管理不仅在于协助服务对象解决问题，更主要的是帮助其发展和运用资源，个案管理者会整合与协调相关的服务资源，必要时甚至主动为服务对象改善和创造良好的发展环境。

4. 运作及实施的形式与方法不同

个案工作通常采用一对一、面对面的方法，工作方法比较单一；而个案管理需要评估、规划，以团队的形式，采用多方机构协调和联结的方法，工作方法比较复杂。

5. 工作时间、资源成本不同

个案工作时间较短，所动用的资源不很明显；而个案管理的工作时间相对较长，并且往往需要动用与耗费较多的社会资源及人力。

三、个案矫正中个案管理的原则

（一）个别化原则

个案管理需要针对每一位个案矫正对象及家庭所面临的问题与需要，制订相应的服务计划。

（二）服务整合的原则

整合不同的服务机构和专业人士，为个案矫正对象提供需要的服务，是个案管理模式的一个基本原则。根据个案矫正对象的需要，整合不同的机构和专业人士，减少服务的重叠和浪费，从机构的角度来帮助矫正对象满足同时获得不同机构、不同类型服务的需要。

（三）平等享受服务的原则

帮助个案矫正对象获得平等享受服务的机会和权利，是个案矫正中个案管理模式的又一个原则。很多时候，我们会发现，个案矫正对象因为经济、社会和政治等原因，没有能力争取应有的权利，在这种情况下，个案管理者肩负着倡导者的角色，为个案矫正对象争取应有的服务，享受需要的服务，如帮助个案矫正对象争取免费的职业技能培训。

（四）赋权原则

在个案管理中，个案矫正对象不仅是被服务的对象，而且直接参与服务计划的制订，并在个案管理的整个过程行使自己的自决权。这也是以矫正对象为中心的原则。

（五）评估原则

评估是贯穿个案管理整个过程的一个重要环节，其参与者是个案管理者和个案矫正对象。评估的内容包括：（1）服务过程的有效性；（2）服务的有效性；（3）个案矫正对象的改变、满意度；（4）服务的整合状况以及服务的质量等。

（六）最高效率与最低成本原则

一方面，要保证个案矫正对象获得高质量的服务，同时最大限度地利用有限的资源；另一方面，要在尽可能短的时间内，用最少的成本实现所需要的资源和服务。

四、个案矫正中个案管理者的任务与角色

一般来讲，个案管理者的任务主要有：（1）与个案矫正对象一起确认其需要哪些类型的协助；（2）确认阻碍有效使用该项协助的障碍；（3）提供直接服务以克服障碍；（4）尝试使个案矫正对象与可能的协助者接触，并且提供间接性的整合服务以维持这些接触，直到问题解决。

个案管理者主要扮演咨询者/治疗师、整合者、说服倡导者与协调者、组织与策划者、服务中的评估与监测者的角色，帮助个案矫正对象增强寻求帮助的能力，协调助人机构之间的各项服务。

第二节　个案矫正管理模式的工作流程与实施方法

个案管理模式的工作流程通常包括六个阶段：建立关系、初期评估、制订与执行计划、获取资源、协调、结束工作关系。

一、建立关系

建立关系，是指服务的个案矫正对象与个案管理工作者建立起一种有效工作关系的过程。建立良好的工作关系是提供优质服务的前提保障。建立关系的基础在于矫正对象和个案管理工作者之间是否相互了解、是否相互信任以及是否可以一起合作。

在建立关系的过程中，通常有两种妨碍关系建立的因素：一是个案管理工作者与服务的矫正对象都会带着许多负面的情绪进入他们之间的关系。个案管理工作者对自己的角色有一种正面的权威感觉。在中国文化中，施予被视为一种高尚的行为，是受到人们尊敬的，因而在助人过程中，容易形成居高临下的工作态度；而作为接受者的矫正对象则会有一些负面的感觉，如无助感、罪恶感、低价值感。因此，矫正对象在接受帮助的过程中并不会主动配合，有时甚至拒绝帮助。二是矫正对象因为对服务过程不清楚或不满意导致很早就结束服务。此外，矫正对象可能还会有一些不合理的期待也将使工作关系无法建立。① 但总体来说，对于一般人，关系的建立相对还是比较容易的。但是对于社区矫正对象来说，建立关系则是一个比较棘手的问题，特别是对于在监狱服刑多年、因假释或保外就医而进入社区矫正的矫正对象来说，关系的建立就更为困难。多年的监狱生活，使得他们不敢再轻易信任他人，并表现出对他人的怀疑和谨慎，对监狱外的生活感到陌生，对新鲜事物缺乏认同感，等等。

建立关系的方法，除了在个案社会工作中应具备的一般技术(如会谈、同感) 外，针对上述妨碍专业关系建立的因素，也应有相应的应对技巧。在处理负面情绪时，首先，要帮助个案矫正对象表达负向感觉，并将它们视为合理的。其次，要让个案矫正对象清

① 翟进、张曙编著：《个案社会工作》，社会科学文献出版社 2001 年版，第 336 页。

楚，你是了解他的感受的，并愿意与他一起去克服。

个案管理工作者在与个案矫正对象建立关系时，需要让他们明白社区矫正的初衷和目的，即帮助他们解决在现实生活中遇到的困难和问题，让他们重新回归社会，希望他们可以接受矫正工作者的服务和诚意。同时，矫正工作者需要注意给予他们更多的真诚和理解，不能对他们有“标签化”的认知，更不能排斥或是歧视他们。

个案管理工作者在工作中应注意以下问题：（1）注意觉察服务的个案矫正对象微妙的感觉表达，并帮助他们把这些感觉清楚地表达出来；（2）注意接纳这些负面的感觉，而不是以批判的态度来回应矫正对象的负面情绪。在进行角色澄清时，通常采取三个步骤：第一，详细述说各种期待。个案矫正对象说明对个案管理工作者以及对自己的期待，个案管理工作者说明对矫正对象的期待以及对自己的期待。第二，比较矫正对象与个案管理工作者的期待是否一致。第三，协商取得一致。

二、初期评估

初期评估主要是对三个问题进行评估：一是个案矫正对象需要解决的问题；二是为解决问题可能有用的资源；三是矫正对象在使用这些资源时所面临的障碍。

（一）个案矫正对象需要解决的问题

对符合个案管理原则的个案矫正对象，通过访谈、问卷调查和个案历史回顾等方法，从社会、经济、生理、心理、医疗和政治等角度，全面认识和了解个案矫正对象的情况，与个案矫正对象一起讨论和界定自其进入社区矫正以来所面临的问题，包括个案矫正对象提出来的显性问题，也包括个案矫正对象没有表达出来的隐性问题，并共同列出问题清单。

（二）为解决问题可能有用的资源

为解决问题可用资源的评估，主要指评估个案矫正对象的内在和外在的资源，使其充分认识自己的潜能，有效地使用现有资源。个案管理工作者的任务就是协助个案矫正对象发展知识与技巧，以获得资源。

个案矫正对象的内在资源，是指个人的人格特质、知识、能力以及家庭中某些有助于解决问题或满足需要的条件。具体包括：(1) 了解自我需要并能对人表达；(2) 有效倾听并在信息不清时要求澄清；(3) 了解自我处境；(4) 行动得体；(5) 决定目标；(6) 做具体计划；(7) 明确不同的选择；(8) 克服内在障碍；(9) 认识并运用自身力量；(10) 对别人的协助表达谢意；(11) 愿意为自己的利益采取行动；(12) 支持网络共处并接受其成员的协助；(13) 适应情境的变化；(14) 与助人者合作；(15) 为自己争取福利。①

家庭成员之间的忠诚度，提供情绪支持或清楚沟通的能力也是个案矫正对象十分重要的内在资源。

个案矫正对象的外在资源，是指可以为其提供物资或服务的人或机构，使个人或家庭维持合理的生活质量。它可以分为正式资源与非正式资源两种。正式资源，指社区矫正机构或专业人员、政府机构、部门、企事业单位、社会团体、社会组织、社会志愿者等，他们通过政策、法令提供服务。非正式资源，指亲戚、朋友、邻居、同事（同学）等。非正式资源没有明文的申请条件，服务范围很广，因而限制少，比正式资源更能自发地、有弹性地满足矫正对象的个别需要。非正式资源所满足的需要以情绪支持为主。

对个案矫正对象的内外资源进行评估，也就是强调人与环境的平衡。这可以从两方面探讨：一是个案矫正对象与外在资源的交换；二是社会要求与个案矫正对象能力的交换。当个案矫正对象的需要与社会要求过度，超过资源和能力，个案矫正对象的个人与环

① 翟进、张曙编著：《个案社会工作》，社会科学文献出版社 2001 年版，第 337 页。

境的平衡就会受到破坏。个案管理工作者的任务就是评估环境，找出资源所在，协助个案矫正对象与之联系，再为个案矫正对象调节，使个案矫正对象对环境中的要求不致过度。

评估资源的方法是将个案矫正对象的内外在资源中的所有因素加以考察，找出其潜在的支持性资源以及使用资源的阻力所在。通过这样的评估，协助个案矫正对象获得个人与环境的平衡。个案管理工作者在评估资源的基础上再做一个资源运用的计划，列出需要资源以及资源运用的目标，提出资源使用的优先顺序。

（三）个案矫正对象在使用资源时所面临的障碍

个案管理工作者在与个案矫正对象建立关系，并对其存在的问题与资源进行评估之后，接下来就要分析其为何不能有效使用资源，障碍是什么？我们可以从不同角度对障碍进行划分。

一种是将障碍划分为三个方面：一是个案矫正对象资源环境不足，无法提供所需资源；二是个案矫正对象的信念、态度、价值观导致他无法求助或接受协助；三是个案矫正对象的精神迟缓，滥用酒精或药物，或身体机能衰弱影响沟通，导致其沟通或参与出现困难。

另一种是将障碍划分为两个方面，即内在障碍和外在障碍。

1. 内在障碍

内在障碍，一般是指个案矫正对象个人价值观、性格、受教育程度、工作技能等方面的障碍，主要表现为个案矫正对象性格的变化和扭曲、对社会消极的认识、自暴自弃、缺乏社会认同感。还有一些个案矫正对象是由于自身受教育程度低，同时缺乏工作技能，导致他们很难再次获得工作的机会，而缺乏基本的生活收入，也很容易让他们再次走上邪路。

个案矫正对象的内在障碍通常可以分为四种类型：

一是悲观论。这种类型的个案矫正对象因为无法达到目标，而将所有的失败解释成自身的无用，因而产生无助及绝望的负面情绪，行为上表现为依赖、退缩的特征。

二是批判论者。这种类型的个案矫正对象在经历了许多失败后，同样缺乏自信，但他是通过批判、责备别人对他的不公来求得心理的平衡，其情绪反应是愤怒、失败，行为特征为指责、攻击、防卫、找茬。

三是宿命论者。这种类型的个案矫正对象童年生活极不稳定，常因父母反复无常的行为无故受罚或受宠，因而，其内心深处有一种恐惧感、焦虑感，表现出的行为特征是冲动、解组、危机重现。

四是嘲讽论者。这种类型的个案矫正对象在饱受引诱或抛弃之苦后，对生命充满失望，不再对人有期待，不再求助于他人，对家人、朋友感情上相当疏远，内心深处有寂寞感，行为特征是过度独立、否认一切、冷淡。个案管理工作者应让个案矫正对象了解其生存方式上的内在障碍给他带来的痛苦，征求个案矫正对象的同意来改变这种行为方式。

2. 外在障碍

外在障碍，主要是指个案矫正对象生活环境方面的障碍，表现为家庭的破碎、社区的排斥、社会的歧视等。这些障碍可能导致个案矫正对象难以再社会化。由于相关政府部门的工作人员及相关政策的歧视，导致个案矫正对象面临更加艰难的困境。

个案管理工作者的主要任务就是协助个案矫正对象联结资源。个案管理工作者自己并不一定要成为服务的提供者。只有教会个案矫正对象学会和众多助人者合作，才能使其克服得到所需资源的困难。当然，在情况紧急或需要建立与个案矫正对象的信任关系时，个案管理工作者也可以提供直接服务，要做到这一点，个案管理工作者需要评估个案矫正对象的心理状况才能协助他突破内心障碍。

通过评估找到个案矫正对象所面临的困境和障碍，有针对性地帮助协调资源和提供服务，有助于个案矫正对象更好地融入社会。

三、制订与执行计划

（一）制订计划

个案管理的服务计划是一种“包裹式”的一揽子服务计划，是一套能够为服务的个案矫正对象提供完整服务的可行性计划，包括治疗计划、康复计划及服务照顾计划。根据服务的个案矫正对象的不同，服务计划也会有相应的变化。

服务计划的制订是个案管理的重要一步，是将服务对象的需求转向实施的关键环节。为了把服务对象在评估过程中发现的抽象问题和资源转化为具体的可操作的行动，服务计划的制订应考虑以下三个重点：一是服务对象的参与，这是整个个案管理的核心内容，只有服务对象参与了，服务才能真正有效；二是资源的链接，个案管理工作者并不是全部问题的解决者，关键在于利用有效的资源，整合并协调资源来提供服务；三是信息的掌控，把握关于服务对象的有效信息有助于提供有效的服务。[①] 制订计划的基本步骤如下：

1. 根据需求评估，共同建立目标

目标是个案矫正对象所期待的结果或新的状态。个案管理工作者根据个案矫正对象的期待或其努力的方向，与其共同协商问题解决的目标。

2. 设定优先顺序

由于个案矫正对象面临多重问题，所以必定要考虑多重目标。通常情况下，个案矫正对象无法一次达到几个目标，必须建立优先顺序。建立优先顺序的原则是：（1）个案矫正对象最期待的是什么；（2）个案矫正对象是否顾及生命安全；（3）什么是最容易达到的；（4）资源的可行性；（5）资源的可使用性。

---

① 范燕宁、谢谦宇、罗玲等编著：《社区矫正社会工作》，中国人民公安大学出版社 2015 年版，第 126 页。

3. 发展策略

选择好目标之后，必须决定如何完成。个案管理工作者应创造一种开放的氛围，允许个案矫正对象自由地提出各种不同的方法，以设计出最切合实际的发展策略。

4. 选择策略

在设计出一些发展策略后，还要做发展方案的选择，选择的方法就是对所有提出来的建议进行利弊分析，让个案矫正对象看到即使有障碍，也是可以被重新解释的。

5. 执行

经过上述步骤，最后决定执行的具体计划包括“谁”、在“何时”、做“什么”等一切细节，以确保个案矫正对象严格执行计划，将期待变为现实。

（二）执行计划

服务计划的执行是一个服务输送的过程，也是一个协调、介入和干预的过程。服务计划的执行就是通过之前的方案为个案矫正对象提供具体的服务，然后，在服务的过程中协调相关资源并重建已经断裂的资源。[①]

四、获取资源

（一）获取外在资源

个案管理工作者的主要任务就是当矫正对象个人或家庭的生活环境失衡时，帮助他们维持与环境之间的平衡。获取外在资源通常有三种方法：连结、协商、倡导。

1. 连结

连结，即个案管理工作者扮演个案矫正对象与所需资源间的中

---

① 范燕宁、谢谦宇、罗玲等编著：《社区矫正社会工作》，中国人民公安大学出版社 2015 年版，第 126 页。

间人角色，目的是为矫正对象寻找合适的资源。连结的具体工作包括：(1) 与个案矫正对象的联系。一是将资源告知个案矫正对象；二是个案矫正对象反馈与资源接触的信息；三是协助个案矫正对象明确受助过程中所需的程序；四是联系资源提供者；五是教导个案矫正对象会谈的技巧；六是陪伴个案矫正对象前往。(2) 与资源方的联系。一是正确了解资源提供者的最新要求，了解处理个案的程序及达到目标的条件；二是和你认识的资源提供者保持密切稳定的联系；三是分析个案矫正对象的问题及优点；四是清楚了解资源的期待；五是和常用的资源建立关系；六是与常用资源订立契约。

2. 协商

在个案管理中，协商为的是增强需求及服务提供者之间的配合。通过调整个案矫正对象及资源的行为，以及减少冲突达到个案管理的目的。个案管理工作者的基本任务就是建立足够的信任，使得个案矫正对象和资源提供者可以愉悦地合作。当个案矫正对象不愿意使用所需资源协助时，当个案矫正对象被太多工作者包围而不知所措或者需要调整使用工作者的优先顺序时，协商技巧就可以派上用场了。协商的方法是：(1) 可以让个案矫正对象及个案管理工作者双方都尽可能完全了解对方的真正需求；(2) 从中找到双方的共同点；(3) 寻求新的解决问题的方案而不必互相妥协；(4) 将问题分解，先选择比较有希望成功的部分来工作，然后再做比较难的工作。这几种方法既可以独立使用，也可以合并使用，以协调个案矫正对象和助人者之间的需求差异。

3. 倡导

当前两种方法无法合理安排时，倡导的方法就能派上用场了。倡导，是指个案管理工作者替个案矫正对象向个人或组织争取其必需的权利、资源和服务的一种方法。它在正式系统中比在不正式系统中较为有用，因为在正式系统中有较多的利益或结构性的权利可以运用。倡导的具体方法包括：(1) 直接果断地要求；(2) 运用专门的知识，向服务机构表明，个案矫正对象的服务需求符合机构的服务标准；(3) 诉诸高层权威；(4) 运用申诉渠道；(5) 向外界权威呼吁；(6) 采取法律行动。

(二) 获取内在资源

个案管理工作者的任务之一就是发掘或者培养个案矫正对象的正向情绪，克服负向情绪。获取内在资源的具体方法有：(1) 使用记忆中的正向情绪体验；(2) 创造目前的正向情绪体验；(3) 发展一系列的任务；(4) 解释结果。

1. 使用记忆中的正向情绪体验

使用记忆中的经验帮助个案矫正对象从过去的经历中找回许多曾经有过的正向的情绪体验。一旦学会去拥有好的感觉，这种能力就有助于矫正对象不断增加其内在资源。

2. 创造目前的正向情绪体验

除了回忆过去的经验，发展和利用目前的正向情绪体验，以强化内在资源也是可能的。个案管理工作者应帮助个案矫正对象找出其生活中的有意义的经验方式，如个案矫正对象陷入沮丧或失望的情绪中时，个案管理工作者可以帮助他通过给朋友打电话、看电影、玩游戏等方式加以排遣。

3. 发展一系列的任务

澄清了动员内在资源所需的经验，挑选出一些对个案矫正对象有意义的问题后，下一步就是将所需要的经验分解成一系列的步骤及每个步骤所要完成的任务。每个任务必须降低到个案矫正对象可以达到的程度，通过每一个任务的成功完成来不断强化个案矫正对象的内在资源。

4. 解释结果

个案矫正对象原有的内在障碍使其常常忽略自己成功的经验，因此，动员内在资源的最后一步就是帮助其认可成就，意识到好的感觉，对自己的内在资源做一个合理的理解和解释，从而增加正向感受，消减负向感受，使其内在资源达到平衡。

五、协调

协调，就是个案管理工作者努力将助人网络中的各个成员联系起来，相互了解，彼此支持，减少冲突，共同向解决服务对象问题的目标迈进。同时，追踪服务对象及助人者的活动、进展，以预估成效并及时作出必要的调整。①

协调的基本任务是：（1）帮助个案矫正对象完成与助人者之间的协议；（2）确保助人者之间的分工合作；（3）追踪个案矫正对象的状况并及时通知助人者；（4）支持助人网络中的所有成员。

协调常用的方法有：（1）与个案矫正对象订立契约，明确任务；（2）确定任务执行的先后顺序；（3）监督，目的在于保持与个案矫正对象以及助人者的联系；（4）支持个案矫正对象，包括情绪支持、解释及直接干预；（5）促进其他助人者的工作；（6）个案研讨，为促进资源网络在共同目标及计划上达成共识而开展。

六、结束工作关系（结案）

结束工作关系意味着个案矫正对象已经可以有效地利用现有的社会资源独立生活，并暂时不存在生活和工作方面的困难了，这个时候，个案矫正管理工作者就可以考虑与个案矫正对象共同作出适时结案的决定。例如，经过个案管理工作者的帮助和自己的努力，个案矫正对象已经找到了一份满意的工作，并且可以维持自己的生活，而不会再走邪路，对社区矫正工作也能积极配合，按时汇报遵纪守法情况，按时参加社区矫正机构组织的各项活动，这样的状态即可结束工作关系。

一旦决定结束工作关系，可以参照以下方法进行：（1）逐渐减少与矫正对象的接触，以加强其自我解决问题的能力；（2）与

① 翟进、张曙编著：《个案社会工作》，社会科学文献出版社 2001 年版，第 342 页。

矫正对象一起回顾合作的过程，强调其已经发展出的能力和优点，与矫正对象一起协商结束关系的日期；（3）向矫正对象表明，一旦需要，仍可得到相应的支持和帮助。

总之，对社区矫正而言，个案管理模式是一种比较切实可行的社会工作模式，可以针对不同需要、不同类型的矫正对象，通过灵活的工作方法，有效地为其提供服务。

【课堂活动】

矫正对象张某，因有眼疾，目前视力很差，只能看见近距离的事物，而且相当模糊。他在一个工业区内当清洁工，工作场所内车辆很多，但张某却看不见往来的车辆，需要司机按喇叭才能听到声音，知道有车过来，存在很大的安全隐患。

张某本人性格比较乐观，有改变的动机。家庭成员有妻子和一儿一女。妻子在另外一个工业区打工，月工资1000多元，妻子有慢性疾病，需要常年吃中药。儿子在上高中，一年的学费、生活费将近9000元，女儿在幼儿园，每年学费、生活费3000元左右。家庭经济状况非常困难。张某一家与社区的关系一般，几乎享受不到社区的福利。

请问，如何用个案管理模式为矫正对象张某提供服务？

【思考题】

1. 什么是个案管理模式？
2. 个案管理模式的特点是什么？
3. 个案管理模式的任务是什么？
4. 个案管理模式的工作流程是怎样的？
5. 个案管理与个案工作的区别与联系是什么？
6. 个案管理模式应遵循的原则是什么？

第九章 社区矫正对象个案矫正在我国的实践与发展

【学习目标】

知识目标：了解国际上矫正社会工作的发展历程；了解我国个案矫正的发展原因以及实践模式；熟悉我国开展个案矫正的优势及不足。

能力目标：通过本章的学习，掌握我国个案矫正的优势及不足，便于在实际矫正工作中能够更加合理地制订矫正方案，提高矫正效率。

第一节 个案矫正工作的探索与实践

个案矫正是罪犯矫正工作的一项重要内容，是运用社会工作方法开展个别化矫正的具体体现。目前，我国的个案矫正工作仍是在法律强制管理下建立的一种非自愿参与的矫正服务项目，且处于初级阶段，仅在部分监狱和社区矫正机构中开展了此项工作，并没有大范围的推广。在传统刑罚制度的影响下，罪犯矫正工作往往更强调矫正的刑罚性质，而忽视服刑人员的权益、个性化发展的需求。但随着矫正社会工作的发展，特别是提出个别化矫正的理念以后，根据罪犯的不同情况而开展差异性的、个别化矫正更有利于对罪犯进行有针对性的矫正，更有利于提高罪犯矫正的质量和效果，更有利于罪犯回归社会。因此，在矫正工作中注重运用社会工作方法开展个案矫正具有重大意义。

服刑人员个案矫正主要工作涉及两个层面：监狱内服刑人员的个案矫正和社区矫正对象的个案矫正。

通常，我们认为服刑人员个案矫正属于社会工作范畴，运用个案社会工作方法开展的个案矫正是一种矫正的工作模式。

随着社会工作的开展和社会需求的增加，个案社会工作的服务领域在日益扩大，产生了新的社会工作的领域，如医务社会工作、企业社会工作、学校社会工作以及矫正社会工作等。以个案社会工作理论为基础，采用个案社会工作方法为社区矫正对象开展个案矫正的服务模式是矫正社会工作的一项重要内容。

社区矫正、社会工作和个案矫正都是从国外引进而来，都经历着中国本土化的进程。针对舶来品，历史上有两种标准：一种是不论糟粕，全盘接受；一种是敝帚自珍，拒绝接受。事实证明，上述皆不可取，我们必须正视国际的发展，应该取其精华、去其糟粕，结合我国的实际情况借鉴和吸收国外经验。

一、国际社会中矫正工作的发展历程对我国矫正社会工作的影响

（一）矫正社会工作的起源

矫正社会工作在发达国家和地区已经有较长的历史。它随着人类刑罚思想和刑罚执行方式的演变而不断发展变化。

人类社会处罚犯罪者的刑罚适用和刑罚执行方式经历了从野蛮到文明的三个发展阶段。这三个发展阶段通常被认为是19世纪中期以前的以肉刑（身体刑）、死刑为主，19世纪中期开始的以监禁刑为主和20世纪中期以后的以非监禁刑为主。可以说，人类应对犯罪和处罚罪犯方式的变化很大程度上反映了人类社会的发展和刑

罚观念的演变。从根本上说，矫正社会工作反映出整个刑罚制度由肉刑到监禁刑，再到非监禁刑的发展趋势。

1. 以肉刑、死刑为主的阶段

刑罚是阶级和国家的产物。人类社会在进入资本主义社会之前，整个社会处于一元结构体制，个人完全依附于国家，没有自己的独立地位和权利。与这种一元社会结构相适应的政权形式必然是专制统治，统治的原则是国家至上，统治的手段是恐怖、专横和暴力。这样的专制政体在刑事司法领域必然以报应主义思想为主导，在刑罚执行方式上表现为刑罚的残暴和恐怖，与之相对应的刑罚执行方式主要是生命刑、身体刑等。从狭义上讲，绝大多数奴隶制和封建制国家不存在羁押自由刑罪犯的现代意义上的监狱。古代的监狱只是收容和监禁未决犯、等待执行的已决犯以及俘虏和违法犯罪人的场所。监狱被称为拘置场、威吓场、囚禁场、人身保管场等。那时的监狱只是监禁犯人的临时场所，这些场所是以防止犯人逃跑并给犯人造成极大痛苦为目的的，没有对罪犯进行矫正的思想和措施。①

在19世纪中期之前，世界各国对罪犯的处罚多是以剥夺生命和残害身体为主，而且认为刑罚的执行越残酷越好。例如，《汉谟拉比法典》是世界上流传至今的第一部比较完备的成文法典，主要的刑罚措施是生命刑和身体刑；古印度奴隶制时期的古印度法，包含残酷的生命刑和身体刑；古罗马奴隶制国家制定的罗马法，是古代社会最发达、最完备的古代法律体系，对待死刑罪犯极其残忍。

2. 以监禁刑为主的阶段

该阶段大约开始于19世纪中期资本主义制度建立以后。受文艺复兴运动的影响，资本主义经济迅速崛起，欧洲的资产阶级革命推动了资产阶级自由、民主思想的传播，刑罚思想发生了重大变

① 姜祖桢主编：《社区矫正理论与实务》，法律出版社2010年版，第36页。

化，形成了古典刑事学派。古典刑事学派从维护资产阶级的根本利益出发，倡导天赋人权和人道主义，竭力主张抛弃封建社会残暴的刑罚制度，提出了罪刑法定、罪刑等价、刑罚人道等刑罚思想，主张实行资产阶级人道精神的刑罚制度。在这种新的刑罚思想的指导下，刑罚执行方式发生了重大的变化。以监禁为主的执行方式促进了近代刑事执行法治化的发展和监狱改革，形成了具有现代性质的监狱制度。

在早期资本主义国家，英国的刑罚执行制度最具代表性，出现了最早的矫正机构——矫正院，用来收容流浪汉、懒汉及生活放荡者，运用强制纪律和感化训练来培养他们的“劳动习惯”。1557年，伦敦感化院成立；1576 年英国议会通过了一项法律，号召各郡都建立自己的感化院。1595 年，荷兰阿姆斯特丹建立了第一座男犯监狱；1597 年，阿姆斯特丹又建立了第一座女犯监狱，形成了 19 世纪“现代监狱”的模式。在伦敦感化院和阿姆斯特丹监狱的影响和推动下，欧洲许多大城市初步建立了现代监狱。1865 年英国制定了《英国监狱法》，明确规定以惩罚为刑事执行的主要目标，以苦役和隔离监禁为惩罚促进矫正的两个主要手段。

1791 年法国制宪会议通过了旨在废除身体刑，减少死刑和处罚平等原则等内容的法律。1808 年 12 月 16 日通过的《法国刑事诉讼法》详细地规定了各种刑罚的执行，具体涉及判决前拘禁的执行、自由刑的执行、监狱通则、监狱管理部门、监狱纪律及安全、罪犯的行为、罪犯的财务及生活管理、生活保健、罪犯与外界的联系、对罪犯的帮助、罪犯的分类等方面内容。

美国在近代监狱改革与监狱法制建设领域具有极其重要的地位。美国独立之后，资本主义制度迅速发展。在监狱改良运动的推动下，美国对监狱进行了广泛的改良，创立了宾州制式和奥本制式的监狱。宾州制监狱制度指的是宾夕法尼亚州西部州监狱和东部州监狱制度。宾州制监狱制度的本意在于通过隔离、独居，避免犯人之间的恶习相互熏染，并使犯人在孤寂中自我反省，以达到消除犯罪的目的。由于没有取得实际效果，因而被后来的奥本制监狱制度所取代。①

3. 监禁刑向非监禁刑过渡阶段

该阶段产生于19世纪后期的刑事近代学派，该学派主张通过对犯罪能力的剥夺和对犯罪人的矫正以防卫社会。受刑事近代学派的影响，刑罚的适用由盲目的惩罚和报应逐渐过渡到能动的有目的的教育矫正。推动了非监禁刑的生成和普及。一系列的非监禁刑的措施，如缓刑、假释、社区矫正等由此得以出现和发展。刑罚执行方式由单纯的监禁向非监禁执行方式过渡。例如，1876年，美国的纽约州专门为16~30岁的犯人设计了艾尔米拉矫正所。该矫正所实行记分评定制假释制和不定期刑制，注重对罪犯的教育、职业训练和纪律培养，是美国第一所具有教育矫正性质的矫正机构，对19世纪末20世纪初的西方国家监狱制度产生了重大影响。20世纪以后，欧美各国大多以缓刑和社区监督等形式向非监禁刑转变。此时，社会工作开始介入罪犯的矫正工作中，出现了矫正社会工作的萌芽。

（二）社区矫正的产生和发展

随着人类社会的进步，欧洲出现了自然法学的复兴，在新自然法学的影响下，世界各国中刮起了新的刑事法律制定风潮，力求建立一种严格的法律制度，实现法治和人权的保障。

现代性质的社区矫正，其萌芽可以追溯到18世纪后期英国监狱改革家约翰·霍华德提出反对监狱非人道化刑罚的监狱改革理论。19世纪初，英国的爱德华·考克斯（Edward Cox）推行对犯罪少年以誓约方式代替徒刑的执行，并任命特别调查官负责监督。到19世纪末，监督责任改由一般民间团体负责，这种措施已具备了现代社区矫正的基本形态。1879年，英国制定了略式裁判法

① 姜祖桢主编：《社区矫正理论与实务》，法律出版社2010年版，第39—40页。

(The Summary Jurisdiction Act) 对轻犯适用社区矫正，这是英国最早的社区矫正法案。

1841 年，美国公民约翰·奥古斯都（John Augustus）主动向波士顿法院申请以指导、监督的方法援助一位酗酒犯罪者，法院对该酗酒者以 1 分钱的罚金撤销了本应执行的监禁。此后，由奥古斯都保释、扶助的犯罪人达 2000 多人，开创了民间志愿者参与社区矫正的典范。1876 年，马萨诸塞州正式制定了社区矫正法，凡有迁善可能的犯罪人，均可适用该项法案，交付社区进行矫正。至此，社区矫正制度在美国正式确立。此后，明尼苏达州、伊利诺伊州、密苏里州、内华达州、阿拉巴马州、俄勒冈州等先后进行了社区矫正立法，建立了社区矫正制度。20 世纪 60 年代末 70 年代初，以社区为基础的矫正制度获得了美国公众的支持，社区矫正成为刑罚适用的主导模式。①

在英美国家之后，世界上其他国家纷纷建立起社区矫正制度，并制定相应的法律，这些法律虽然表现形式不同，但是都为社区矫正制度的产生提供了法律支撑，促进了社区矫正制度的发展。目前，社区矫正在世界各国广泛开展，尤其在欧美国家，它已经成为刑事执行体系中发挥主导作用的刑罚方式。

国外社区矫正工作的主要内容包括三个方面：（1）调查。国外的社区矫正机构为了知道犯罪人能否适用社区矫正的刑罚方法，一般在决定适用社区矫正刑罚方法前，缓刑官员要对被告的犯罪原因、个人情况、家庭、工作社会环境及其主观性、悔罪心理以及被害人的意见等进行全面调查，通过调查形成调查报告，该调查报告是法官判决的重要参考依据。（2）监督管理。对实行社区矫正的罪犯进行不同程度的监督管理，是社区矫正工作的重要内容。国外通常在社区矫正的执行过程中，采取定期与罪犯进行会面和交谈的方式来监督管理其是否遵守法律以及有关社区矫正的规定，随时掌

① 姜祖桢主编：《社区矫正理论与实务》，法律出版社 2010 年版，第 43 页。

握其行为和动向。(3) 提供治疗和服务。社区矫正的目的在于以人性化的处遇方式来矫正罪犯，以促进其成功地再社会化。因此，除了监督管理以外，为社区矫正的罪犯提供治疗和服务，也是国外社区矫正执行人员的重要工作内容。治疗主要包括心理咨询和治疗，以改变罪犯的态度和对一些问题的看法；服务主要是帮助社区矫正对象解决各种实际问题，如帮助他们寻找工作，帮助解决居住、上学和其他家庭问题等。为社区矫正对象提供服务的过程也就是社会工作方法介入的过程。此时，矫正社会工作在罪犯矫正领域发挥了重要作用，并得到了进一步的发展。

1990 年 12 月 24 日，联合国大会通过了《联合国非拘禁措施最低限度标准规则》(即《东京规则》)。这一规则对非拘禁措施(社区矫正) 的范围、法律保障、刑事司法各阶段的非拘禁制裁措施、非拘禁措施的执行以及工作人员、志愿人员、其他社区资源和非拘禁制裁措施的研究规划、政策制定和评价等都作出了详尽的规定。《东京规则》提出了“开展国际合作，以求减少监狱人满为患和促进替代刑罚”的建议，它的出现很大程度上促进了社区矫正的国际化，为各国社区矫正的发展提供了指南。①

(三) 个案矫正在国外的发展

1. 个案矫正的注重与成长过程

个案矫正作为矫正罪犯的一种模式，是在 20 世纪发展形成的，只有几十年的历史，目前在美国、英国、加拿大、澳大利亚等发达国家应用较为成熟。

1898 年，法国学者萨雷伊出版了《刑罚个别化》一书，萨雷伊将刑罚个别化分为法律上的个别化、裁判上的个别化和行政上的个别化 (行政上的个别化就是行刑个别化)。进入 20 世纪以后，以美国为代表的西方国家，将行刑个别化的思想付诸实践，而实证

① 姜祖桢主编：《社区矫正理论与实务》，法律出版社 2010 年版，第 49—52 页。

主义学派使行刑个别化更加系统化和理论化。与之相适应，医疗模式引进矫正领域。20 世纪 60 年代，医疗模式达到高峰。此后，随着社会政策的变化，美国的矫正先后出现了社区模式（20 世纪 60 年代）和犯罪控制模式（20 世纪 70 年代末到现在），而在 20 世纪 90 年代以后逐步兴起了个案矫正模式。在美国，绝大多数监狱中提供教育计划、劳动计划、医疗计划、宗教计划、戒毒计划等。例如，在联邦监狱系统，就为犯罪人提供工作安排、教育和娱乐计划、宗教计划、医疗服务、心理健康服务、心理学服务、咨询服务、毒品、酒精和相关治疗等。在加拿大联邦监狱系统，犯人可以参加的矫正计划包括扫盲计划、认知技能培训、生活技能计划、性犯罪人治疗计划、预防家庭暴力计划等，同时，加拿大矫正局还专门为女犯和土著犯罪人提供了一些特别的矫正计划。日本在 2005 年修改了施行近百年的监狱法，制定了《日本刑事设施及服刑者处遇法》，并于 2006 年 7 月实行，该法对个别矫正也作了具体规定，如该法第 61 条规定："作为矫正处遇措施，即让服刑者从事第 71 条、第 72 条规定的劳动作业，并依照第 82 条、第 83 条的规定进行指导。矫正处遇需根据处遇要领（即针对每个服刑者制定的矫正处遇目标及基本内容、方法等实施纲要）的要求实施。根据法务省的规定，刑事设施应在服刑者的资质及生活环境等调查资料的基础上，制定处遇要领。处遇纲要应针对需要并斟酌服刑者的希望加以制定，需要作变更调整的时候也同样如此。矫正处遇应当根据需要，灵活运用医学、心理学、教育学、社会学及其他专业知识及技术制定。"俄罗斯联邦国家杜马议会于 1996 年 12 月 18 日通过了《俄罗斯联邦刑事执行法典》，2009 年 3 月 27 日进行了第 36 次修订，该法典强调刑罚执行差别对待与个别处理原则，以强制性措施、被处刑人员矫正方法与适法行为激励措施的合理性为前提。刑事执行体系的所有工作人员与教导员的任务就是针对具有不同人身特性的被处刑人员编制详细的"心理教导肖像"，并在此基础上制订实施具有针对性的教导矫正计划，发展被处刑人员人身个性中的积极因素，阻断消除其人身个性中的消极性质。因此，在该法典中，规定了很多的个案矫正内容。

关于个案矫正，联合国有关监狱工作的决议以及区域性监狱管理文件中都有一些规定。例如，1955 年第一届联合国预防犯罪和罪犯待遇大会通过的《囚犯待遇最低限度标准规则》中，就对个案矫正工作提出了要求，该规则第 66 条规定，“应该照顾到犯人社会背景和犯罪经过、身心能力和习性、个人脾气、刑期长短、出狱后展望，而按每一囚犯的个人需要，使用一切恰当办法，其中包括教育、职业指导和训练、社会个案调查、就业辅导、体能训练和道德性格的加强，在可能进行宗教照顾的国家并包括这种照顾。”第 69 条规定：“在囚犯入狱并对刑期相当长的每一囚犯的人格作出研究后，应尽快参照有关他个人需要、能力、性向的资料，为他拟定一项待遇方案。”《欧洲监狱规则》第 66 条规定，“应当根据犯人待遇的需要，使犯人能够得到和使用所有治疗性的、教育性的、道德性的、精神性的和其他适合的资源，因此，待遇制度应当包括：（1）精神支持与辅导，从事相关工作的机会，职业辅导与培训，教育，社会技能的发展，咨询，集体活动和娱乐活动……（2）建立和评价有关犯人个别待遇和培训计划的程序，这些程序应当是在充分咨询有关工作人员、充分与应当参与待遇计划和培训计划的犯人进行协商之后形成的。”第 68 条规定：“在收监并且研究了被判处一定刑期的每个犯人的人格之后，应当尽快根据所获得的关于个人需要、能力和性情，特别是与亲属的接触的资料，准备一份在适合的矫正机构中执行的待遇计划。”

2. 个案矫正的兴起

个案矫正模式的兴起主要源于四个方面：第一，对以往自治模式、医疗模式、更新模式、社区模式、监管模式等进行反省和总结后发现，每种矫正模式往往只是对于满足其条件的某些罪犯或某部分罪犯才有效，即只有个案或个体化的管理和处遇才能取得良好的矫正效果。第二，“以人为本”的人本主义思想和个性差异性理论是矫正系统采取个案矫正模式最重要的两大理论基础。“以人为本”对罪犯而言就是在法律允许的范围内尽最大可能去促进罪犯的发展和回归。同时，心理学上的个性差异性理论告诉我们，监狱里也绝没有两名完全一样的罪犯，这就要求在实践中针对每名罪犯的矫正都应当是基于该罪犯的特定情况并与之相适应。第三，现代管理学、犯罪学、心理学、教育学、计算机信息技术等学科的迅猛发展为矫正系统实施个案或个体化管理和矫正提供了具体而直接的理论指导与技术支持。第四，个人处方式教学在一些矫正机构中已经得到了成功的应用，对个案矫正模式具有积极的启发作用。

个案矫正模式主要包括专门机构和人员、评估工具、个人处遇方式、矫正方案、矫正项目与个案档案管理五个要素，这五个要素不仅是个案矫正模式的支撑点，也直接决定了个案矫正模式的运行质量和效果。在个案矫正模式下，罪犯首先要进行入监评估，然后根据评估结果制订该罪犯的个人处方式矫正方案，罪犯按照该个人处方式矫正方案参加相应的矫正项目，实施一个阶段或完毕后，监狱对罪犯参加矫正项目的成效或者矫正方案的实施效果进行评估，并根据是否达到预定目标的现状有必要对个人处方式矫正方案进行调整或修订并重新予以实施，如果达到预定的矫正目标，罪犯将进行出监或假释的评估流程，为将来的出监或假释做准备。①

二、我国个案矫正工作的探索与研究

（一）矫正社会工作的出现

中国的矫正社会工作是在罪犯改造制度的基础上确立和发展起来的。经过几十年的发展，我国建立了比较完整的犯罪改造体系。随着我国社会的日益进步，传统的罪犯改造方式越来越不能适应社

① 于爱荣主编：《罪犯个案矫正实务》，化学工业出版社2011年版，第5—7页。

会的需求，专业矫治社会工作的出现与壮大为我们提供了一种新的管理方式。

1. 早期个案矫正工作的探索与研究

（1）20 世纪 20 年代以前的矫正工作萌芽。我国早在封建社会时期就有了矫正实践的萌芽。唐朝时就有“留养承嗣”和“存留养亲”制度。留养承嗣，是指对于被判处死刑的罪犯，若父祖老疾，无人奉养，香嗣无人可继的，可以不执行死刑，留其奉养父祖。存留养亲，是指对于被判处流刑的罪犯，若父母老疾应侍，家无戚亲成丁的，得不必立即执行流刑。此外，还有“放免”制度，是指“遇应被流配之人老小及笃疾，为保护其生存计，可免于流配”。明朝时还规定：“妇人犯罪，除奸及死罪外，责付本夫收管，其无夫者，责付有服亲属或邻里保管。”以上这些规定，都有矫正的意思。缓刑和假释是清朝末年从西方国家引进的制度，最早见于 1911 年的《大清新刑律》，此后，在民国的几部刑法中都有所规定，但实际适用较少。

清政府被推翻后，孙中山领导国民党执政时期，仿效日本建立模范监狱，进行监狱改良，实施监外执行、缓刑、假释等制度，在刑事立法上不断吸收西方资本主义国家刑法中的罪刑法定、刑罚人道理念，相继颁布《中华民国监狱规则》（1913 年）、《假释管理规则》（1913 年 2 月中华民国司法部令第 47 号）、《出狱人保护事业奖励规则》（1913 年）、《重病犯保外就医治疗办法》（1914 年）等法律法规。在国民党统治时期，虽然当局大量借鉴和移植了日本的现代刑法制度，改良监所的给养、卫生、教育和劳作条件，但没有真正吸收西方国家刑罚制度中的社区矫治理念。①

（2）20 世纪 20 年代到改革开放之前的矫正工作出现。早在 20 世纪 30 年代，中华苏维埃政权就根据中华苏维埃共和国中央执行委员会于 1932 年 6 月 9 日颁布的《裁判部暂行组织及裁判条

① 姜祖桢主编：《社区矫正理论与实务》，法律出版社 2010 年版，第 56 页。

例》，在省、县两级裁判部设立了劳动感化院。与一切旧监狱制度本质不同的是，劳动感化院在对被判处长期监禁的犯人进行看守的同时，还坚持对其实行教育感化和改造，因而，它是中华人民共和国罪犯改造制度的原型。中华人民共和国建立以后，1954 年 8 月中央人民政府政务院公布了《中华人民共和国劳动改造条例》，首次以行政法规的形式确立了劳动改造罪犯的方针、政策和原则，从而奠定了中华人民共和国劳动改造罪犯制度的基础。随着劳动改造罪犯实践的不断丰富和发展，以改造人为宗旨的罪犯改造制度进一步得到完善和发展。①

另外，20 世纪 30 年代，我国香港从英国引入感化制度，对罪犯的判刑除了考虑其罪行的性质和程度外，还加进了对其背景的考量。1938 年，我国香港在监狱署下增设感化部；1948 年成立社会局，奠定了社会局承担感化工作的基础。1950 年，我国香港设立"首席感化主任"职务，矫正社会工作得以开展，逐渐为不同年龄的犯人提供辅导。自 20 世纪 80 年代中期起，"社区为本"的精神被引入司法矫正领域，我国香港进一步确立起一套用"社会服务令"等非监禁形式对罪犯进行矫正的制度体系。我国台湾地区 1962 年公布的"少年事件处理法"首创少年观护制度，开启了我国台湾地区矫正社会工作的先河。1981 年起我国台湾地区在"各地方法院检查处"配置观护人，执行对假释、缓刑后交付保护管束的成年人的辅导监督工作。②

（3）改革开放之后矫正工作的突飞猛进。1979 年，中华人民共和国颁布的第一部《刑法》，不但规定了管制刑，而且规定了缓刑、假释等刑罚制度。被判处管制、被宣告缓刑、被裁定假释，以及由于特殊原因暂予监外执行的和被判处剥夺政治权利但尚未执行的犯罪人均在公安机关管束和群众监督下进行改造。1994 年 12 月

① 周沛主编：《社会工作概论》，天津大学出版社 2009 年版，第 215 页。

② 张昱主编：《矫正社会工作》，高等教育出版社 2008 年版，第 15 页。

29 日，全国人大常委会正式通过《中华人民共和国监狱法》，以此为标志，具有中国特色的罪犯改造制度基本形成。

2. 社区矫正模式的兴起

2001 年 5 月，河北省石家庄市长安区人民检察院审查起诉部门向涉嫌盗窃的未成年犯罪嫌疑人黎明（化名）下达了一个特殊的法律文书——“社会服务令”，指令黎明到光达居委会（化名）进行无薪社会服务，服务期限为两个月。“社会服务令”下达后，黎明被安排在远离居住地的长安区光达居委会，以“社会志愿者”的身份进行无薪社会服务。2001 年 7 月 26 日“社会服务令”期满，长安区人民检察院鉴于黎明在“社会服务令”期间重新树立了做人的自尊和对社会的责任感，确有悔改表现，对其作出了不起诉的决定。这就是我国大陆地区的第一例“社会服务令”，它被认为开创了我国大陆地区社区矫正之先河。

中国社区矫正的试点和推进开始于 21 世纪初期。2002 年年初，司法部专门成立了社区矫正制度研究课题组，对国内外社区矫正制度进行了调查分析和比较研究，形成了《关于改革和完善我国社区矫正制度的报告》，为我国开展社区矫正制度的改革和试点工作提供了理论指导。2002 年 8 月，上海市徐汇区斜土街道、普陀区曹杨新村街道、闸北区宝山路街道在全国率先开始了社区矫正的试点。上海社区矫正的试点工作对社区矫正制度进行了有益的实践探索。自 2003 年 7 月 1 日起，北京市在东城、房山、密云三个区县开始社区矫正试点工作，并逐渐在全市范围铺开，成为全国首个在全市范围内开展社区矫正试点工作的省市。

2003 年 7 月 10 日，最高人民法院、最高人民检察院、公安部、司法部联合下发了《关于开展社区矫正试点工作的通知》，确定北京、天津、上海、江苏、浙江和山东 6 省（市）作为全国首批社区矫正试点省市。之后逐步扩展试点范围，2009 年 9 月最高人民法院、最高人民检察院、公安部、司法部联合发布《关于在全国试行社区矫正工作的意见》，标志着我国社区矫正工作开始在全国试行。[①] 2012 年 1 月 10 日，最高人民法院、最高人民检察院、公安部、司法部联合印发了《社区矫正实施办法》，并于当年 3 月 1 日起施行。此后，一些省、自治区、直辖市结合本地的实际情况制定出台了一系列有关社区矫正的地方性实施细则。这些政策法规的出台和地方社区矫正工作的实践，为专业个案矫正的开展奠定了理论和实践基础。

（二）个案矫正的实践探索

在我国，个案矫正只能说是刚刚起步，仍然处于探索阶段。我国目前没有完全推开个案矫正，个案矫正主要在监狱内进行试点研究，关于社区矫正机构也仅有部分经济较发达省市进行了初步的探索和实践。但个案矫正方法的出现对我国罪犯的改造具有很大的创新意义。

1. 监狱个案矫正的实践探索

2005 年，司法部确定在江苏省和湖南省开展罪犯矫正质量评估试点工作。根据司法部的要求，两个省积极开展试点，分别建立了两套不同评价标准的矫正质量评估体系，两套系统虽然评估标准不同，但是有一个共同的特点，就是高度重视罪犯个案矫正工作，把罪犯个案矫正作为矫正工作的一项重要内容。

（1）江苏省监狱系统的主要做法。江苏省监狱管理局在探索罪犯矫正质量方面做了许多研究性的工作。2003 年 10 月，江苏省监狱管理局成立了由 13 人组成的课题小组，对罪犯矫正质量评估进行系统、科学、具有可操作性的研究，他们分成三个调研小组展开调研，形成质量评估的初步思路，同时又根据矫正需要，分别设计多种量表，对罪犯进行分类检测、统计和分析，从数百万数据中寻找契合点，成功设计出较为科学的《人身危险性检测表》（简称 RW 检测表）、《心理认知行为量表》（简称 XRX 量表）、《重新犯

① 姜祖桢主编：《社区矫正理论与实务》，法律出版社 2010 年版，第 58 页。

罪预测简评表》（简称 CX 简评表）和《刑罚体验简评表》（简称 XT 简评表）等，2004 年 10 月，法律出版社将该调研成果编辑成书，出版了《罪犯改造质量评估》。该书出版后，在全国监狱系统内和监狱学界引起了高度关注和高度评价。2005 年 6 月，江苏作为全国监狱系统矫正质量评估两个试点省份之一，开始了科研成果转化工作，到 2007 年年底，江苏在全省监狱系统全面推开评估工作，并取得了非常显著的成效。2007 年 7 月，课题组在前期试点的基础上，对《罪犯改造质量评估》一书进行了修订，并更名为《矫正质量评估》，并于 2008 年 7 月由法律出版社出版了中英文对照版，向国内外发行。通过这次修订，使矫正质量评估体系更为成熟、工具更为完备、操作更加便捷，罪犯个案矫正就是矫正质量评估中的一个重要内容。

江苏省监狱系统在个案矫正工作中强调罪犯对其自身矫正的参与和责任，罪犯在矫正民警的指导下进行自我矫正，使罪犯在矫正中处于主导地位，坚持“自助与助人相结合”“信任与尊重并重”等原则，认为矫正罪犯最终要罪犯自己愿意改变自己、自己行动起来改变自己才有效，矫正民警只是为罪犯的矫正提供支持和帮助。因此，江苏省监狱系统把科学认识罪犯作为开展矫正工作的前提，以量表为基础，结合查阅档案资料，与罪犯面谈，对罪犯进行行为考核等方式，形成对罪犯的综合评估，对每名罪犯进行入监、服刑中期和出监三个阶段的矫正评估，还在制订个别化矫正方案时要求矫正民警与罪犯以契约形式对矫正的内容和目标共同签订以示认可。到 2010 年 8 月底，江苏各监所按照入监、中期、出监三个阶段的不同评估要求，对 86032 名罪犯进行了入监质量评估；在中期评估方面，共编制个别化矫正方案 86743 份，已执行方案 86402 份，其中修正 6524 份；在出监阶段，评估罪犯 46652 人，出具回归保护建议 36346 人。目前，江苏省监狱系统罪犯的个案矫正面已经达到 90%以上。

（2）湖南省监狱系统的主要做法。早在 2002 年湖南省监狱管理局就开始进行改造质量评估的重大课题调研，本着“整体设计、配套改革、动态管理、分步推进”的原则，专门组织精干力量，由局领导挂帅进行集体攻关，2003 年年底取得了初步研究成果，并于 2004 年在长沙监狱、湖南省女子监狱和省未成年犯管教所进行分类试点，积累了丰富的评估经验，2005 年由法律出版社正式出版了研究成果《罪犯改造质量评估指南》（上、下册），2006 年又对试点经验进行总结和校正，2007 年在全省监狱系统推广，湖南省监狱系统“应用了 ISO 质量认证中强调的整体与个体、过程与结果的辩证关系原理，整体侧重于过程，个体侧重于结果，检测个体质量是为了提高整体水平，糙测整体质量是为了优化环境和过程，为个体质量的发展创造更好的条件”。在评估过程中采用“三三构架”，即三个阶段（入监、矫治和出监）、三方评价（罪犯自评、罪犯互评和警察评估）、三个结合（评估与考核相结合、评估与分级处遇相结合、评估与减刑假释相结合），解决了监狱形象如何认证的难题、绩效考核如何引导监狱回归本位的难题、过程如何保障结果的难题，促进矫正资源优化整合，促进监督环节优化，促进刑事奖励条件优化，促进矫正效果优化；实现了评估标准、评估标准认定依据统计方法、评估原则和评估导向上的“五方突破”。

除了江苏省和湖南省监狱系统进行罪犯个案矫正的探索试点以外，全国还有部分监狱也结合实际，在个案矫正方面进行了积极的探索，如司法部燕城监狱开展的“个性化矫正”、安徽省监狱管理局开展的“矫治监区建设”、北京市监狱管理局实施的“罪犯微观分类矫治法”、浙江省乔司监狱探索的“教育集体分包制”、上海市青浦监狱探索的“菜单式教育个别化模式”，等等。从江苏和湖南两个省份的试点情况和其他监狱探索的情况来看，在个案矫正方面都取得了一定的效果，对维护监狱安全稳定，提高罪犯矫正质量，降低重新犯罪率发挥了积极的作用，罪犯个案矫正工作没有在全国推开，这既有行刑理念的原因，也与我国的法制建设、监狱管理体制以及矫正民警的素质密切相关。①

以上都是在监狱开展的个案矫正的研究和实践。我们在开展矫正工作的对象是独立的个体，其作为独立的个体本身具备一定的差异性，那么，我们在实际开展矫正工作时，首先就要关注个体的差异性，以此为基础，为其设置独特的矫正方案。通过个案矫正实现人性化管理、个别化矫正，从而提高罪犯教育矫正的质量。

2. 社区矫正机构个案矫正的实践探索

社区矫正在我国虽然起步较晚，但我们在矫正过程中也大量地借鉴了监狱矫正的做法，特别是社区矫正更强调对矫正对象人性化的分类管理、分级处遇、个别化矫正；强调帮助矫正对象更快地融入社会，并能顺利回归社会；强调对矫正对象的教育帮扶；强调充分运用社会力量和社会工作方法完成对矫正对象的教育帮扶工作等。目前，我国社区矫正工作由于受各种客观条件的限制，更多开展的是集体矫正、共性方面的矫正，但在某些经济发达、资源比较丰富、社会工作机构比较成熟的省、市也开展了个案矫正的探索和实践，并取得了较好的效果。

（1）上海市社区矫正机构的做法。上海市开展的社区矫正被称为“上海模式”，其主要特点如下：一是矫正组织网络化。借助上海雄厚的经济实力，运用政府出资购买社会组织服务的方式实现了社区矫正的“政府主导推动、社团自主运行、社会多方参与”的指导思想，这种购买社会组织服务的方式在一定程度上解决了上海市社区矫正专业人员缺乏的问题。上海市新航社区服务总站就是在上海市政府的大力支持和倡导下成立的，它获得了政府购买服务的费用，承担政府指定的服务项目，主要职能为人事招聘、培训与考核以及制定统一的工作要求等日常管理。二是创新专业服务理念。在传统行政力量开展工作的基础上，采用社会工作平等、接

① 于爱荣主编：《罪犯个案矫正实务》，化学工业出版社2011年版，第8页。

纳、尊重、诚信等理念以及发挥社会工作康复、预防功能的理念,[①] 从一开始就强调将社会工作专业伦理和工作方法融入到社区矫正工作的过程中。三是提高矫正工作队伍的素质。上海市的矫正工作者主要来自政法选聘和社会招聘，矫正工作者在正式上岗之前，要经过法律知识、社会工作理论和方法等方面的培训，同时，还要在督导的帮助下开展矫正实践。

(2) 北京市社区矫正机构的做法。北京市开展的社区矫正被称为“北京模式”。这种模式是在社区矫正试点工作过程中由北京市社区矫正领导小组创新出来的一种符合北京实际情况的社区矫正工作模式，主要特点如下：一是矫正组织结构化。采取“3 + N”(市、区县、街道或乡镇以及社会组织) 的管理方法，党政统一领导，各部门通力合作、密切配合。二是分类管理。在实际执行过程中重视社会安全，以社区为载体，充分调动社区资源，实行严格管理与控制，提高社区矫正的质量，并探索建立分类管理、分阶段教育的风险管理模式，这是一种有效且可操作性较强的方法。三是重视个人价值。“北京模式”还强调对人权的尊重，强调以人为本的工作理念，彰显社会对社区矫正对象的关怀。[②] 北京市司法局还出台了个案矫正的工作制度。

“北京模式”强调以人为本的工作理念，就是尊重个人价值；“上海模式”中引用的平等、接纳等价值理念也是个案社会工作价值的表现；分类管理、分级处遇都体现个案矫正的工作方式。

此外，浙江省、广东省、湖北省、天津市等其他省市也进行了社区矫正对象个案矫正的探索与实践，并且取得了较好的效果。

---

① 范燕宁、谢谦宇、罗玲等编著：《社区矫正社会工作》，中国人民公安大学出版社 2015 年版，第 19 页。

② 范燕宁、谢谦宇、罗玲等编著：《社区矫正社会工作》，中国人民公安大学出版社 2015 年版，第 21 页。

（三）我国社区矫正对象的个案矫正工作存在的不足

我国的个案矫正工作刚刚起步，在实践过程中还存在很多不容忽视的问题。从实践中看，影响个案矫正工作发展的因素主要有以下几方面：

1. 注重传统刑罚思想的消极影响

我国是一个受重刑化观念影响比较大的国家。重刑主义思想的源头至少可以追溯到春秋战国时期。从刑罚指导思想看，法家思想源远流长，长期盛行，导致在社会控制方面过度依赖重刑威慑。例如，商鞅不但主张重刑威吓是刑法的目的，而且希望通过重刑消灭犯罪而达到“以刑去刑”的境界。基于这些论调，甚至还出现了“轻罪重刑说”，认为重罪轻刑会出现纵容罪恶的现象，即使重罪重刑、轻罪轻刑仍是无济于事，不能止奸去恶。正如《商君书·说民》中所言，“行刑，重其轻者，轻者不生，则重者无从至矣，此谓‘治之于其治’也；行刑，重其重者，轻其轻者，轻者不止，则重者无从止矣，此谓‘治之于其乱’也。”法家这种过分强调目的的一般预防理论，对于我国数千年来的刑事政策产生了极为深远的影响。[①]

受传统观念的影响，注重刑罚的观念至今在我国仍然占据主导地位，我国目前仍是世界上保留死刑的国家之一，重刑优于轻刑的观念广为人们所接受。社区矫正对象个案矫正是在刑事执行的基础上开展的一种矫正帮扶服务，核心还是对矫正对象的改造。那么，这种注重刑罚的观念必然会从各个方面制约社区矫正对象个案矫正工作的开展，更严重的是，重刑主义会降低公众对个案矫正的认同和支持。

① 马辉、张文彪主编：《社区矫正实务》，中国政法大学出版社 2015 年版，第 22 页。

2. 专业工作队伍薄弱

个案矫正是一项专业性非常强的工作，应当有一支专业的、高素质的、经验丰富的工作队伍来完成，这样才能保证矫正工作的严肃性和高效性。而加快矫正社会工作队伍建设也是推进矫正工作发展的手段之一。现代矫正社会工作涉及犯罪学、社会学、人类学、心理学、精神医学、社会工作和法学等多种学科和专业，要求矫正社会工作者接受严格的专业训练，具备深厚的理论知识和熟练的实务操作技能，才能够真正承担起帮助犯罪人的责任。

现在我国的专业矫正工作者有两种，一种是在社区矫正机构专门从事社区矫正方面的工作人员；另一种是政府通过购买社会服务的方式，聘请的专业社会工作者。《社区矫正法》第 10 条规定，社区矫正机构应当配备具有法律等专业知识的专门国家工作人员，履行监督管理、教育帮扶等执法职责。第 11 条规定，社区矫正机构根据需要，组织具有法律、教育、心理、社会工作等专业知识或者实践经验的社会工作者开展社区矫正相关工作。第 40 条明确规定，社区矫正机构可以通过公开择优购买社区矫正社会工作服务或者其他社会服务。

但是以上两种矫正工作者在实践中出现了不专业、不稳定的现象，具体原因有以下几点：(1) 准入标准低。对矫正工作者学历、经验、年龄等方面的要求比较宽松，不仅可能占用专业社会工作者进入的名额，还直接导致专业服务水平较低。(2) 工资水平低。参与社区矫正工作的社会工作者工资水平低，注定无法吸引和留住专业的社会工作者。(3) 任务繁重。社区矫正机构特别是司法所的矫正工作者，除了社区矫正工作之外，还有其他的工作，很难将全部精力投入到矫正工作中。(4) 我国社区矫正工作的志愿者队伍严重不足，不能形成良好的社会扶助氛围，使我国的矫正社会工作缺乏社会基础，这是我国个案矫正社会工作发展中存在的严重障碍。

3. 保障力量不足

在开展个案矫正的保障力量方面，主要是经费、安全防范、资源联系方面的不足。

（1）社区矫正工作的经费保障办法不具体。《社区矫正法》第6条虽然规定了各级人民政府应当将社区矫正经费列入本级政府预算，但并没有具体详细的规定，缺乏可操作性。所以，在实践中各地区社区矫正经费保障的力度差别较大，大部分地区保障偏弱。部分地区的工作经费更出现下滑趋势，究其原因，是未建立经费动态增长机制，经费总额并未随矫正对象数量的剧增而改变。经费短缺问题依然是制约社区矫正工作顺利进行和健康发展的一个现实而迫切的问题。①

（2）社区矫正工作的安全防范体系较弱。社区矫正对象主要是管制、缓刑、假释、暂予监外执行四类罪犯。这四类罪犯虽然人身危险性相对较低，但依然有重新违法犯罪的可能。一方面，因社区矫正环境的开放性，监督管理的低等级性，使得某些矫正对象因禁不住外界的诱惑而引发重新违法犯罪行为的发生；另一方面，由于社会上某些人对他们冷眼相看，使他们倍感压力，特别是就业比较艰难，有些矫正对象可能“破罐子破摔”，从而引发重新犯罪，危害社会，甚至对矫正工作者的人身安全带来隐患。而社区矫正机构对矫正对象并没有采取强制措施的权利，一旦出现问题，只能请求公安机关对其采取强制措施。这种较弱的安全防范体系也给个案矫正工作带来了一定的难度。

（3）多方资源协调不畅。对社区矫正对象开展个案矫正不仅仅是矫正工作者的任务，也是社会多重关系的协调，包括服务对象的家庭、社区、学校、工作单位、各种社会组织、社会团体等，但在司法实践中这些社会关系对个案矫正的关注力度不足，个案矫正

① 马辉、张文彪主编：《社区矫正实务》，中国政法大学出版社2015年版，第24页。

的社会工作者沟通协调起来难度较大。

4. 矫正对象本身的问题

矫正对象相对于正常的守法公民，在生活、工作等方面有更多的困难。原因主要有以下几点：（1）某些社区矫正对象可能在监狱服刑多年，出狱后已经没有亲人，又缺乏谋生的能力，有的连住处都没有，还有的因为多年的监狱生活，造成其回归社区后，缺乏适应社会的能力，以至他们在很多方面都存在实际困难。（2）社区矫正对象属于社会群体中的特殊群体、“弱势群体”，由于受传统观念的影响，在社区矫正期间，周围的人群可能会对其冷眼相看，社会上的人也可能表现出歧视的态度，导致他们在就业、学习以及个人发展等方面形成较之守法公民的劣势，这种劣势给他们的生活、工作、矫正带来了很多不利因素和困难。这些因素可能会导致个案矫正的效率不高。

5. 个案矫正专业知识的专业化与本土化不足

个案矫正是我们从国外引进的工作方法，在实施过程中既要建立系统的理论知识和实务模式，又要避免和我国现存制度、人文环境发生冲突。

（1）个案矫正在我国专业化水平较低。目前，我国的罪犯矫正工作虽然有心理矫正、个案矫正等先进的矫正模式介入，且取得了一定的成效，但在实践中对罪犯矫正更多的还是以传统的改造经验为依据实施的。这主要是因为：第一，专业人才资源缺乏，专业力量不足。第二，对罪犯的人格、尊严、心理等方面的认识还存在许多误区，严重滞后于社会思想的发展。第三，当代最新的犯罪学理论和专业社会工作理论知识在我国并没有得到足够的重视和传播，学者们对这些理论的研究也很有限，不能给实务工作以有效的指导。因此，导致我国个案矫正的专业化水平较低，不能满足实际工作的需要。

（2）个案矫正工作本土化困难。目前我国个案矫正的理论和实务主要来自于西方国家，其实践工作与我国的道德传统、社会环境有很大的区别。社区矫正对象的个案矫正社会工作强调尽量保护社区矫正对象的隐私权，让社区矫正对象以“常人”的身份回归社会，并根据其个性特征、现实需求，帮助其恢复社会适应能力，顺利回归社会。这种要求让社区矫正在实施时遇到了一定的困难：一方面，社区矫正对象不愿向公司、单位透露自己的身份，社区矫正活动时间也需要尽量与社区矫正对象可以安排的时间一致；另一方面，如果要帮助社区矫正对象重建社会关系，就需要开展社区矫正对象的社会融合活动，一旦开展此类活动，社区矫正对象就有可能被贴上“标签”，存在两难问题。① 另外，我国目前的理论工作仍停留在引进阶段，不能很好地与社会实践相融合，难以发挥理论的指导作用。因此，我国矫正社会工作的开展，尤其是个案矫正工作，首先要加快理论知识的专业化和本土化进程，建立一套完整的，符合中国国情的，适用于中国矫正工作实践的理论体系、价值规范和实务模式，促进中国社区矫正对象个案矫正工作的开展。

6. 个案矫正的评价工作

所谓个案矫正的评价，就是指矫正机构、矫正工作者对整个个案矫正过程以及个案矫正效果进行的分析评估。一方面，要求矫正工作者本着科学的态度和严谨的作风，遵从矫正技术要求和活动规律开展评价工作；另一方面，要求对矫正结果有一个准确的量化评估。但是，在实际工作中，矫正对象的改变是很难通过量化的形式测评出结果的，同时在工作中矫正工作者长时间和矫正对象在一起行动，不可避免会有情感的交流，这会影响矫正工作者的价值中立，影响评估结果的准确性。这些因素多多少少都会影响个案矫正工作的开展及运用。

当然，还有其他的影响因素，如个案矫正理论研究不足等，这里不再赘述。

---

① 范燕宁、谢谦宇、罗玲等编著：《社区矫正社会工作》，中国人民公安大学出版社 2015 年版，第 227 页。

第二节 个案矫正工作的展望

世界上许多国家已经完成了从以监禁刑为主到以非监禁刑为主的刑事执行方式的变革，绝大多数国家取得了较好的效果，并且积累了成功的经验。社区矫正制度在世界上许多国家已经比较成熟了，但是在中国仍处于发展前期，还有很多工作需要探讨和研究，特别是在矫正模式方面更需要不断地创新，以提高社区矫正的质量。对社区矫正对象的个案矫正工作在我国也是刚刚起步，无论是理论研究方面还是实践操作方面都大有可为，其发展前景十分广阔，需要专家、学者和实务工作者们积极投身进来，加快我国社区矫正对象个案矫正工作前进的步伐。特别是随着《社区矫正法》的颁布和实施，为我国个案矫正工作的开展提供了法律保障，必将极大地推动我国个案矫正工作向法制化、科学化、规范化、专业化的方向发展。

一、我国社区矫正对象个案矫正的开展具备制度优势

我国是中国共产党领导的人民民主专政的社会主义国家，实行的是中国共产党领导的多党合作的新型政党制度，具备完善的省(自治区、直辖市)、市、区县、乡镇、街道（村）组织机构，这样的政治体制，在统一动员、集中力量、调动资源参与矫正工作时，同资本主义国家相比，更具制度优势。

我国以社会治安综合治理作为社会治安稳定的基本国策。这一基本国策要求在各级党委和政府的领导下，充分发挥公安司法机关的职能作用，广泛组织社会各方面的力量，依靠广大人民群众，运用政治的、经济的、行政的、教育的、文化的、法律的等各种手段，预防和惩罚违法犯罪行为，预防和处理治安事件，教育、改造违法犯罪人员，逐步限制和消除违法犯罪的土壤和条件。这充分体现了矫正工作发展战略的基本思路和具体内容，为实施社区矫正的

个案矫正发展战略提供了指引。①

另外，个案矫正采取治疗、预防和管理相结合的工作方式，我国雄厚的司法资源和相应的配套设施，强有力的社区基层组织、乡镇、街道办事处的司法所，以及其上级机关社区矫正机构、司法行政机关、社区矫正委员会等，为矫正工作的协调运转提供了基本保障。

二、社区矫正对象个案矫正工作更有利于充分运用社会力量完成

由于社区矫正是依托社区进行的，社会力量参与社区矫正工作是社区矫正一个非常重要的特征。在对社区矫正对象的个案矫正工作中，社区矫正社会工作者可以充分运用各种社会资源，发挥各种社会力量完成对矫正对象的个案矫正服务项目，使有限的社会资源发挥更大的社会效益。这是监禁矫正所无法实现的，是社区矫正独有的优势。

三、社区矫正对象个案矫正工作有利于维护社会的稳定

为帮助解决社区矫正对象个人或家庭的问题，也需要提高整个社区的环境、社区居民的素质和法律意识等。例如，增加在社区中的资金投入，可以建设社区基础设施，改善社区服务体系，改进社区邻里关系，发展社区预防犯罪体系，帮助罪犯家庭改善生活和促进罪犯就业等。这些都会从根本上促进社会稳定，可以有效地遏制犯罪不断增加的趋势。

四、个案矫正思想符合中国文化的内涵

开展社区矫正对象的个案矫正是人道主义的一种表现，是社会

① 连春亮主编：《社区矫正理论与实务》，中国检察出版社 2010 年版，第 42 页。

文明进步的标志，更能体现人道化的要求。孟子的“性善论”认为，“人的本性是善良的”。他认为，恻隐之心、羞恶之心、辞让之心、是非之心是人生来就有的，人的一生如果能扩充自己的善良本性，推而应用于他人，就能达到完善的道德境界，每个人都有可能成为纯善的圣人。孔子认为，“性相近也，习相远也”。人的行为的改变，受社会环境、家庭环境、教育环境等因素的影响，强调客观环境对人的作用。儒家思想中“理想人格的标准”实现，都与个案矫正工作的接纳、尊重、独特性理想相呼应，这为个案矫正工作在我国的发展奠定了坚实的思想基础。我们在吸收西方国家先进思想和技术时，需冷静审视我们自己的传统，从而理性选择对社会发展有价值的思想，寻求中西方文化融合、兼容的途径和方法。①

五、个案矫正是体现“以人为本”“和谐社会”理念的重要举措

以人为本，是科学发展观的核心，体现了中国共产党全心全意为人民服务的根本宗旨。矫正社会工作尊重社会中每个个体，一方面，通过消除矫正对象的不良行为、矫正其人格的压抑和扭曲、消极厌世和悲观出世的人生态度，使其形成积极、进取、乐观的人生观，以及强化与困难和挫折抗争的信心；另一方面，激发矫正对象内在的潜能，激励矫正对象在有限的人生中，找准自我位置，实现自我发展，实现人生价值。

大量的研究数据表明，监禁刑的适用和监狱的存在，一方面，能够起到维护社会稳定的作用；另一方面，也必然增加社会对立的程度，特别是受到惩罚的犯罪人会增加与社会的对立，甚至会引起与犯罪人有关的其他利害关系人（如犯罪人的家属）与社会的对立，从而进一步激化社会冲突与社会矛盾。与监禁刑不同，在社区

① 郑轶主编：《个案工作实务》，中国轻工业出版社 2014 年版，第 76 页。

矫正工作中，由于其惩罚性比较缓和，社区矫正机构也重视解决社区矫正对象的独特性问题和困难，而不是仅仅关注对社区矫正对象的惩罚和控制，因此，社区矫正对象与政府和社会的对立情绪远远小于监禁矫正，所以，发展社区矫正对象的个案矫正更有利于解决其个别化的问题，更有利于化解社会矛盾，减少社会对立，更有利于增进社会和谐，实现创建和谐社会的目标。

六、个案矫正是刑事司法工作改革的具体体现

个案矫正工作的实施有利于实现刑事司法工作改革的目标。刑事司法的根本目标是什么？就是惩治刑事犯罪，化解社会矛盾，维护社会稳定，这也是刑事司法机关的职能。只有全面兼顾这些目标，才能真正实现社会正义。推行个案矫正工作，就是实现这个根本目的的理想途径之一，要化解社会矛盾就要努力缓解、消除人们之间的矛盾和纠纷，帮助人们恢复心灵的宁静和情绪的平和，但是，如果一味地强调“打击”“镇压”，虽然也能在短时间内维护社会的秩序，保持社会的稳定，但是不可能带来彻底的心灵宁静和情绪平和，因为“打击”“镇压”等强制手段有可能激化一部分人的抗拒心理和仇恨情绪，也会引起社会公众对犯罪分子的同情心和怜悯情绪，从而使这类刑事司法活动失去社会公众的支持，产生不必要的社会离心倾向。相反，比较缓和的社区矫正，尤其是个案矫正工作模式具有缓和或消除矛盾、帮助恢复情绪平衡的作用，有可能带来真正的心平气和，也能够得到社会公众的理解和支持。因此，推进社区矫正对象的个案矫正工作，可以更好地体现社会人道、正义，从而更好地实现刑事司法工作的根本目的。[①]

① 吴宗宪主编：《社区矫正导论》，中国人民大学出版社 2011 年版，第 13—14 页。

七、个案矫正社会工作本土化

王思斌教授认为，中国的社会工作是行政性、半专业化的社会工作。所谓行政性，应包含以下含义：第一，这种社会工作是被纳入行政框架之中的，即它对社会成员的帮助是按照行政系统进行的。有困难的人依照行政系统向其所属的上级提出要求，而作为政府代理人的工作单位则有责任去解决他们的困难。单位制作为中国城市的主体制，在这方面发挥着重要作用，而未就业者则通过街道办事处和居民委员会解决生活中的困难。在中国内地，街居制是支持城市运行的辅助体制。第二，这种社会工作是由国家行政干部按照行政程序进行的。有困难的人一般要写出要求解决困难的申请交于主管人员（他们是某种类型的干部），主管人员则根据国家政策或组织内的规定，决定如何解决问题，或横向联络，或上报审批，主管人员同各行政部门联系以解决问题。第三，这种社会工作在其功能定位方面被纳入行政管理的范畴。

所谓半专业化，应包含以下含义：第一，在中国内地从事为民排忧解难工作主要是各级各类干部，他们没有受过国际上通行的社会工作知识、技巧的训练，但却受过本职工作的训练，这种本职工作的训练包括价值观念和工作方法的训练，与一般的社会工作有相通之处。第二，由于这些为民排忧解难的工作已成为干部的职业，因此，在长期的职业实践中，他们也摸索出一套行之有效的工作方法，特别是思想工作方法。

在中国的本土文化中，正如我国台湾地区学者杨中芳所说，“中国人个人观中，个人发展最主要的目标是向上地、不断地去改进自己，成为一个完全为社会的圣人。因此，中国的基本教育就是德育教育，培养个人成为‘利他’的人，一个为社会、为大多数人、为他人着想的不自私的人。这种自我发展与西方的认识自己、发挥自己的潜力、使自己能够发挥最大的能力等的发展观是不一样的。”另外，费梅苹教授则提出，“案主自决原则以及其工作取向，是建立在现代西方人的自我观和自律观之上的。这样的社工原则，当运用到深受中国传统文化影响的服务对象时，显然会出现一些文化上的冲突。”① 正因如此，我国的个案矫正社会工作急需尽快本土化，以符合我国的国情。

通过社会工作的本土化，强化个案矫正工作的适应性，形成符合中国国情的个案矫正理念和模式。

社区矫正对象的个案矫正同样具有上述特点，社区矫正社会工作者是在为社区矫正机构工作，在社区矫正机构专门国家工作人员的指导下为社区矫正对象开展个案矫正服务。其所运用的社会工作理论和社会工作方法大多是借鉴西方国家的理论和方法，但在面对社区矫正对象这种特殊的服务对象时，更需要结合工作实际将社会工作方法本土化，找到更适合社区矫正对象的个案矫正理念和模式。

随着我国社会的不断发展进步，社区矫正对象的个案矫正模式作用会越来越大，这就需要通过个案矫正的本土化发展出符合自己国情的个案矫正工作体系。

（一）价值观与实践

（1）社会工作者个人层面，承认、接纳矫正对象的独特性、尊严、平等以及自我实现的权利，认可矫正对象有向好发展的能力和倾向，通过矫正，使矫正对象能够实现和社会的良好互动。

（2）社会层面，社会对社区矫正对象负有责任，要满足矫正对象的需求，为矫正对象的发展提供资源、保驾护航。

（3）个别化，在个案社会工作实务的基础上，重视矫正对象的个体差异和个性需要，建立、制订、设计个别化的矫正工作流程以及矫正工作方案。

① 郑铁主编：《个案工作实务》，中国轻工业出版社 2014 年版，第 72—73 页。

（二）发展趋势与展望

经过几十年的发展，我国已经初步建立了一定规模的社会工作者队伍，但是，专业的个案矫正工作者还是比较少的，这是一个艰难的发展过程。可喜的是，我国社区矫正经过十几年的探索和实践，我们已经摸索出了很多行之有效的矫正模式和矫正方法，其中就包含对矫正对象的个案矫正。通过个案矫正，实现了对矫正对象的个别化矫正、分类管理，使矫正方案和矫正措施更具有针对性，提高了矫正质量，取得了较好的矫正效果。随着我国社区矫正的深入开展、全面推进，对社区矫正对象的个案矫正工作必将迎来发展的春天。不难想象，未来在我国社区矫正工作中，个案矫正的作用将越来越突出，它所扮演的角色、占据的地位将会越来越重要。

【课堂活动】

浅析为什么要进行个案矫正工作的本土化？如何促进个案矫正工作的本土化？

【思考题】

1. 个案矫正模式兴起的原因有哪些？
2. 哪些因素导致矫正社会工作出现？
3. 影响我国个案矫正工作发展的因素主要有哪几个？
4. 我国开展个案矫正工作的优势有哪些？

参考文献

一、著作类

1. 林孟平著：《辅导与心理治疗（第七版）》，商务印书馆1988年版。

2. 张雄编著：《个案社会工作》，华东理工大学出版社1999年版。

3. 陈向明著：《质的研究方法与社会科学研究》，教育科学出版社2000年版。

4. 翟进、张曙编著：《个案社会工作》，社会科学文献出版社2001年版。

5. 许莉娅主编：《个案工作》，高等教育出版社2004年版。

6. 许莉娅主编：《个案工作（第二版）》，高等教育出版社2013年版。

7. 张昱、费梅苹著：《社区矫正实务过程分析》，华东理工大学出版社2005年版。

8. 张昱主编：《矫正社会工作》，高等教育出版社2008年版。

9. 张昱主编：《社区矫正社会工作案例评析》，华东理工大学出版社2013年版。

10. 连春亮、张峰主编：《社区矫正概论》，法律出版社2006年版。

11. 连春亮主编：《社区矫正理论与实务》，中国检察出版社2010年版。

12. 宋行主编：《服刑人员个案矫正技术》，法律出版社 2006 年版。

13. 王思斌主编：《社会工作概论》，高等教育出版社 2006 年版。

14. 隋玉杰主编：《个案工作》，中国人民大学出版社 2007 年版。

15. 周沛主编：《社会工作概论》，天津大学出版社 2009 年版。

16. 姜祖桢主编：《社区矫正理论与实务》，法律出版社 2010 年版。

17. 张建明主编：《社区矫正实务》，中国政法大学出版社 2010 年版。

18. 吴宗宪主编：《社区矫正导论》，中国人民大学出版社 2011 年版。

19. 管荣赋、徐肖东、李凤奎编著：《罪犯个案矫正实务指导》，江苏教育出版社 2011 年版。

20. 于爱荣主编：《罪犯个案矫正实务》，化学工业出版社 2011 年版。

21. 郑轶主编：《个案工作实务》，中国轻工业出版社 2014 年版。

22. 郑宁主编：《个案工作实务》，高等教育出版社 2014 年版。

23. 范燕宁、谢谦宇、罗玲等编著：《社区矫正社会工作》，中国人民公安大学出版社 2015 年版。

24. 马辉、张文彪主编：《社区矫正实务》，中国政法大学出版社 2015 年版。

25. 中国就业培训技术指导中心、中国心理卫生协会组织编写：《心理咨询师（基础知识）》，民族出版社 2015 年版。

26. 风笑天著：《现代社会调查方法（第五版）》，华中科技大学出版社 2018 年版。

27. 高刘宝慈等著：《个案工作——理论与案例》，香港集贤社 1992 年版。

28. 廖荣利著：《社会个案工作》，台湾幼狮文化事业公司 1984 年版。

29. 王玠、李开敏等译：《社会工作个案管理》，台湾心理出版社有限公司 1998 年版。

30. ［美］维吉尼亚·萨提亚等著，林沈、明莹等译：《萨提亚家庭治疗模式》，台湾张老师文化事业股份有限公司 1998 年版。

二、期刊类

1. 田国秀：《社会工作个案方法在社区矫正中的意义与运用》，载《首都师范大学学报（社会科学版）》2004 年第 5 期。

2. 周勇：《论个案矫正模式》，载《犯罪与改造研究》2004 年第 12 期。

3. 刘武俊：《社区矫正法：宽严相济和刚柔相济》载《北京日报（理论周刊）》2020 年 1 月 6 日。

三、外文类

1. Rogers, C. 1957. "The Necessary and Sufficient Conditions of Therapeutic Personality Change", in Journal of Consulting Psychology.

2. Delaney, D. & S. Eisenberg, 1972. The Counseling Process. Chicago: Rand McNally.

附　　录

中华人民共和国社区矫正法

（2019年12月28日第十三届全国人民代表大会常务委员会第十五次会议通过　2019年12月28日中华人民共和国主席令第40号公布　自2020年7月1日起施行）

目　　录

第一章　总　　则

第一条　为了推进和规范社区矫正工作，保障刑事判决、刑事裁定和暂予监外执行决定的正确执行，提高教育矫正质量，促进社区矫正对象顺利融入社会，预防和减少犯罪，根据宪法，制定本法。

第二条　对被判处管制、宣告缓刑、假释和暂予监外执行的罪犯，依法实行社区矫正。

对社区矫正对象的监督管理、教育帮扶等活动，适用本法。

第三条　社区矫正工作坚持监督管理与教育帮扶相结合，专门机关与社会力量相结合，采取分类管理、个别化矫正，有针对性地消除社区矫正对象可能重新犯罪的因素，帮助其成为守法公民。

第四条　社区矫正对象应当依法接受社区矫正，服从监督管理。

社区矫正工作应当依法进行，尊重和保障人权。社区矫正对象依法享有的人身权利、财产权利和其他权利不受侵犯，在就业、就学和享受社会保障等方面不受歧视。

第五条　国家支持社区矫正机构提高信息化水平，运用现代信息技术开展监督管理和教育帮扶。社区矫正工作相关部门之间依法进行信息共享。

第六条　各级人民政府应当将社区矫正经费列入本级政府预算。

居民委员会、村民委员会和其他社会组织依法协助社区矫正机构开展工作所需的经费应当按照规定列入社区矫正机构本级政府预算。

第七条　对在社区矫正工作中做出突出贡献的组织、个人，按照国家有关规定给予表彰、奖励。

第二章　机构、人员和职责

第八条　国务院司法行政部门主管全国的社区矫正工作。县级以上地方人民政府司法行政部门主管本行政区域内的社区矫正工作。

人民法院、人民检察院、公安机关和其他有关部门依照各自职责，依法做好社区矫正工作。人民检察院依法对社区矫正工作实行法律监督。

地方人民政府根据需要设立社区矫正委员会，负责统筹协调和指导本行政区域内的社区矫正工作。

第九条 县级以上地方人民政府根据需要设置社区矫正机构，负责社区矫正工作的具体实施。社区矫正机构的设置和撤销，由县级以上地方人民政府司法行政部门提出意见，按照规定的权限和程序审批。

司法所根据社区矫正机构的委托，承担社区矫正相关工作。

第十条 社区矫正机构应当配备具有法律等专业知识的专门国家工作人员（以下称社区矫正机构工作人员），履行监督管理、教育帮扶等执法职责。

第十一条 社区矫正机构根据需要，组织具有法律、教育、心理、社会工作等专业知识或者实践经验的社会工作者开展社区矫正相关工作。

第十二条 居民委员会、村民委员会依法协助社区矫正机构做好社区矫正工作。

社区矫正对象的监护人、家庭成员，所在单位或者就读学校应当协助社区矫正机构做好社区矫正工作。

第十三条 国家鼓励、支持企业事业单位、社会组织、志愿者等社会力量依法参与社区矫正工作。

第十四条 社区矫正机构工作人员应当严格遵守宪法和法律，忠于职守，严守纪律，清正廉洁。

第十五条 社区矫正机构工作人员和其他参与社区矫正工作的人员依法开展社区矫正工作，受法律保护。

第十六条 国家推进高素质的社区矫正工作队伍建设。社区矫正机构应当加强对社区矫正工作人员的管理、监督、培训和职业保障，不断提高社区矫正工作的规范化、专业化水平。

第三章　决定和接收

第十七条 社区矫正决定机关判处管制、宣告缓刑、裁定假释、决定或者批准暂予监外执行时应当确定社区矫正执行地。

社区矫正执行地为社区矫正对象的居住地。社区矫正对象在多个地方居住的，可以确定经常居住地为执行地。

社区矫正对象的居住地、经常居住地无法确定或者不适宜执行社区矫正的，社区矫正决定机关应当根据有利于社区矫正对象接受矫正、更好地融入社会的原则，确定执行地。

本法所称社区矫正决定机关，是指依法判处管制、宣告缓刑、裁定假释、决定暂予监外执行的人民法院和依法批准暂予监外执行的监狱管理机关、公安机关。

第十八条　社区矫正决定机关根据需要，可以委托社区矫正机构或者有关社会组织对被告人或者罪犯的社会危险性和对所居住社区的影响，进行调查评估，提出意见，供决定社区矫正时参考。居民委员会、村民委员会等组织应当提供必要的协助。

第十九条　社区矫正决定机关判处管制、宣告缓刑、裁定假释、决定或者批准暂予监外执行，应当按照刑法、刑事诉讼法等法律规定的条件和程序进行。

社区矫正决定机关应当对社区矫正对象进行教育，告知其在社区矫正期间应当遵守的规定以及违反规定的法律后果，责令其按时报到。

第二十条　社区矫正决定机关应当自判决、裁定或者决定生效之日起五日内通知执行地社区矫正机构，并在十日内送达有关法律文书，同时抄送人民检察院和执行地公安机关。社区矫正决定地与执行地不在同一地方的，由执行地社区矫正机构将法律文书转送所在地的人民检察院、公安机关。

第二十一条　人民法院判处管制、宣告缓刑、裁定假释的社区矫正对象，应当自判决、裁定生效之日起十日内到执行地社区矫正机构报到。

人民法院决定暂予监外执行的社区矫正对象，由看守所或者执行取保候审、监视居住的公安机关自收到决定之日起十日内将社区矫正对象移送社区矫正机构。

监狱管理机关、公安机关批准暂予监外执行的社区矫正对象，由监狱或者看守所自收到批准决定之日起十日内将社区矫正对象移送社区矫正机构。

第二十二条 社区矫正机构应当依法接收社区矫正对象，核对法律文书、核实身份、办理接收登记、建立档案，并宣告社区矫正对象的犯罪事实、执行社区矫正的期限以及应当遵守的规定。

第四章 监督管理

第二十三条 社区矫正对象在社区矫正期间应当遵守法律、行政法规，履行判决、裁定、暂予监外执行决定等法律文书确定的义务，遵守国务院司法行政部门关于报告、会客、外出、迁居、保外就医等监督管理规定，服从社区矫正机构的管理。

第二十四条 社区矫正机构应当根据裁判内容和社区矫正对象的性别、年龄、心理特点、健康状况、犯罪原因、犯罪类型、犯罪情节、悔罪表现等情况，制定有针对性的矫正方案，实现分类管理、个别化矫正。矫正方案应当根据社区矫正对象的表现等情况相应调整。

第二十五条 社区矫正机构应当根据社区矫正对象的情况，为其确定矫正小组，负责落实相应的矫正方案。

根据需要，矫正小组可以由司法所、居民委员会、村民委员会的人员，社区矫正对象的监护人、家庭成员，所在单位或者就读学校的人员以及社会工作者、志愿者等组成。社区矫正对象为女性的，矫正小组中应有女性成员。

第二十六条 社区矫正机构应当了解掌握社区矫正对象的活动情况和行为表现。社区矫正机构可以通过通信联络、信息化核查、实地查访等方式核实有关情况，有关单位和个人应当予以配合。

社区矫正机构开展实地查访等工作时，应当保护社区矫正对象的身份信息和个人隐私。

第二十七条 社区矫正对象离开所居住的市、县或者迁居，应当报经社区矫正机构批准。社区矫正机构对于有正当理由的，应当批准；对于因正常工作和生活需要经常性跨市、县活动的，可以根据情况，简化批准程序和方式。

因社区矫正对象迁居等原因需要变更执行地的，社区矫正机构应当按照有关规定作出变更决定。社区矫正机构作出变更决定后，应当通知社区矫正决定机关和变更后的社区矫正机构，并将有关法律文书抄送变更后的社区矫正机构。变更后的社区矫正机构应当将法律文书转送所在地的人民检察院、公安机关。

第二十八条　社区矫正机构根据社区矫正对象的表现，依照有关规定对其实施考核奖惩。社区矫正对象认罪悔罪、遵守法律法规、服从监督管理、接受教育表现突出的，应当给予表扬。社区矫正对象违反法律法规或者监督管理规定的，应当视情节依法给予训诫、警告、提请公安机关予以治安管理处罚，或者依法提请撤销缓刑、撤销假释、对暂予监外执行的收监执行。

对社区矫正对象的考核结果，可以作为认定其是否确有悔改表现或者是否严重违反监督管理规定的依据。

第二十九条　社区矫正对象有下列情形之一的，经县级司法行政部门负责人批准，可以使用电子定位装置，加强监督管理：

（一）违反人民法院禁止令的；

（二）无正当理由，未经批准离开所居住的市、县的；

（三）拒不按照规定报告自己的活动情况，被给予警告的；

（四）违反监督管理规定，被给予治安管理处罚的；

（五）拟提请撤销缓刑、假释或者暂予监外执行收监执行的。

前款规定的使用电子定位装置的期限不得超过三个月。对于不需要继续使用的，应当及时解除；对于期限届满后，经评估仍有必要继续使用的，经过批准，期限可以延长，每次不得超过三个月。

社区矫正机构对通过电子定位装置获得的信息应当严格保密，有关信息只能用于社区矫正工作，不得用于其他用途。

第三十条　社区矫正对象失去联系的，社区矫正机构应当立即组织查找，公安机关等有关单位和人员应当予以配合协助。查找到社区矫正对象后，应当区别情形依法作出处理。

第三十一条 社区矫正机构发现社区矫正对象正在实施违反监督管理规定的行为或者违反人民法院禁止令等违法行为的，应当立即制止；制止无效的，应当立即通知公安机关到场处置。

第三十二条 社区矫正对象有被依法决定拘留、强制隔离戒毒、采取刑事强制措施等限制人身自由情形的，有关机关应当及时通知社区矫正机构。

第三十三条 社区矫正对象符合刑法规定的减刑条件的，社区矫正机构应当向社区矫正执行地的中级以上人民法院提出减刑建议，并将减刑建议书抄送同级人民检察院。

人民法院应当在收到社区矫正机构的减刑建议书后三十日内作出裁定，并将裁定书送达社区矫正机构，同时抄送人民检察院、公安机关。

第三十四条 开展社区矫正工作，应当保障社区矫正对象的合法权益。社区矫正的措施和方法应当避免对社区矫正对象的正常工作和生活造成不必要的影响；非依法律规定，不得限制或者变相限制社区矫正对象的人身自由。

社区矫正对象认为其合法权益受到侵害的，有权向人民检察院或者有关机关申诉、控告和检举。受理机关应当及时办理，并将办理结果告知申诉人、控告人和检举人。

第五章　教育帮扶

第三十五条 县级以上地方人民政府及其有关部门应当通过多种形式为教育帮扶社区矫正对象提供必要的场所和条件，组织动员社会力量参与教育帮扶工作。

有关人民团体应当依法协助社区矫正机构做好教育帮扶工作。

第三十六条 社区矫正机构根据需要，对社区矫正对象进行法治、道德等教育，增强其法治观念，提高其道德素质和悔罪意识。

对社区矫正对象的教育应当根据其个体特征、日常表现等实际情况，充分考虑其工作和生活情况，因人施教。

第三十七条　社区矫正机构可以协调有关部门和单位，依法对就业困难的社区矫正对象开展职业技能培训、就业指导，帮助社区矫正对象中的在校学生完成学业。

第三十八条　居民委员会、村民委员会可以引导志愿者和社区群众，利用社区资源，采取多种形式，对有特殊困难的社区矫正对象进行必要的教育帮扶。

第三十九条　社区矫正对象的监护人、家庭成员，所在单位或者就读学校应当协助社区矫正机构做好对社区矫正对象的教育。

第四十条　社区矫正机构可以通过公开择优购买社区矫正社会工作服务或者其他社会服务，为社区矫正对象在教育、心理辅导、职业技能培训、社会关系改善等方面提供必要的帮扶。

社区矫正机构也可以通过项目委托社会组织等方式开展上述帮扶活动。国家鼓励有经验和资源的社会组织跨地区开展帮扶交流和示范活动。

第四十一条　国家鼓励企业事业单位、社会组织为社区矫正对象提供就业岗位和职业技能培训。招用符合条件的社区矫正对象的企业，按照规定享受国家优惠政策。

第四十二条　社区矫正机构可以根据社区矫正对象的个人特长，组织其参加公益活动，修复社会关系，培养社会责任感。

第四十三条　社区矫正对象可以按照国家有关规定申请社会救助、参加社会保险、获得法律援助，社区矫正机构应当给予必要的协助。

第六章　解除和终止

第四十四条　社区矫正对象矫正期满或者被赦免的，社区矫正机构应当向社区矫正对象发放解除社区矫正证明书，并通知社区矫正决定机关、所在地的人民检察院、公安机关。

第四十五条　社区矫正对象被裁定撤销缓刑、假释，被决定收监执行，或者社区矫正对象死亡的，社区矫正终止。

第四十六条 社区矫正对象具有刑法规定的撤销缓刑、假释情形的，应当由人民法院撤销缓刑、假释。

对于在考验期限内犯新罪或者发现判决宣告以前还有其他罪没有判决的，应当由审理该案件的人民法院撤销缓刑、假释，并书面通知原审人民法院和执行地社区矫正机构。

对于有第二款规定以外的其他需要撤销缓刑、假释情形的，社区矫正机构应当向原审人民法院或者执行地人民法院提出撤销缓刑、假释建议，并将建议书抄送人民检察院。社区矫正机构提出撤销缓刑、假释建议时，应当说明理由，并提供有关证据材料。

第四十七条 被提请撤销缓刑、假释的社区矫正对象可能逃跑或者可能发生社会危险的，社区矫正机构可以在提出撤销缓刑、假释建议的同时，提请人民法院决定对其予以逮捕。

人民法院应当在四十八小时内作出是否逮捕的决定。决定逮捕的，由公安机关执行。逮捕后的羁押期限不得超过三十日。

第四十八条 人民法院应当在收到社区矫正机构撤销缓刑、假释建议书后三十日内作出裁定，将裁定书送达社区矫正机构和公安机关，并抄送人民检察院。

人民法院拟撤销缓刑、假释的，应当听取社区矫正对象的申辩及其委托的律师的意见。

人民法院裁定撤销缓刑、假释的，公安机关应当及时将社区矫正对象送交监狱或者看守所执行。执行以前被逮捕的，羁押一日折抵刑期一日。

人民法院裁定不予撤销缓刑、假释的，对被逮捕的社区矫正对象，公安机关应当立即予以释放。

第四十九条 暂予监外执行的社区矫正对象具有刑事诉讼法规定的应当予以收监情形的，社区矫正机构应当向执行地或者原社区矫正决定机关提出收监执行建议，并将建议书抄送人民检察院。

社区矫正决定机关应当在收到建议书后三十日内作出决定，将决定书送达社区矫正机构和公安机关，并抄送人民检察院。

人民法院、公安机关对暂予监外执行的社区矫正对象决定收监执行的，由公安机关立即将社区矫正对象送交监狱或者看守所收监执行。

监狱管理机关对暂予监外执行的社区矫正对象决定收监执行的，监狱应当立即将社区矫正对象收监执行。

第五十条　被裁定撤销缓刑、假释和被决定收监执行的社区矫正对象逃跑的，由公安机关追捕，社区矫正机构、有关单位和个人予以协助。

第五十一条　社区矫正对象在社区矫正期间死亡的，其监护人、家庭成员应当及时向社区矫正机构报告。社区矫正机构应当及时通知社区矫正决定机关、所在地的人民检察院、公安机关。

第七章　未成年人社区矫正特别规定

第五十二条　社区矫正机构应当根据未成年社区矫正对象的年龄、心理特点、发育需要、成长经历、犯罪原因、家庭监护教育条件等情况，采取针对性的矫正措施。

社区矫正机构为未成年社区矫正对象确定矫正小组，应当吸收熟悉未成年人身心特点的人员参加。

对未成年人的社区矫正，应当与成年人分别进行。

第五十三条　未成年社区矫正对象的监护人应当履行监护责任，承担抚养、管教等义务。

监护人怠于履行监护职责的，社区矫正机构应当督促、教育其履行监护责任。监护人拒不履行监护职责的，通知有关部门依法作出处理。

第五十四条　社区矫正机构工作人员和其他依法参与社区矫正工作的人员对履行职责过程中获得的未成年人身份信息应当予以保密。

除司法机关办案需要或者有关单位根据国家规定查询外，未成年社区矫正对象的档案信息不得提供给任何单位或者个人。依法进行查询的单位，应当对获得的信息予以保密。

第五十五条 对未完成义务教育的未成年社区矫正对象，社区矫正机构应当通知并配合教育部门为其完成义务教育提供条件。未成年社区矫正对象的监护人应当依法保证其按时入学接受并完成义务教育。

年满十六周岁的社区矫正对象有就业意愿的，社区矫正机构可以协调有关部门和单位为其提供职业技能培训，给予就业指导和帮助。

第五十六条 共产主义青年团、妇女联合会、未成年人保护组织应当依法协助社区矫正机构做好未成年人社区矫正工作。

国家鼓励其他未成年人相关社会组织参与未成年人社区矫正工作，依法给予政策支持。

第五十七条 未成年社区矫正对象在复学、升学、就业等方面依法享有与其他未成年人同等的权利，任何单位和个人不得歧视。有歧视行为的，应当由教育、人力资源和社会保障等部门依法作出处理。

第五十八条 未成年社区矫正对象在社区矫正期间年满十八周岁的，继续按照未成年人社区矫正有关规定执行。

第八章　法律责任

第五十九条 社区矫正对象在社区矫正期间有违反监督管理规定行为的，由公安机关依照《中华人民共和国治安管理处罚法》的规定给予处罚；具有撤销缓刑、假释或者暂予监外执行收监情形的，应当依法作出处理。

第六十条 社区矫正对象殴打、威胁、侮辱、骚扰、报复社区矫正机构工作人员和其他依法参与社区矫正工作的人员及其近亲属，构成犯罪的，依法追究刑事责任；尚不构成犯罪的，由公安机关依法给予治安管理处罚。

第六十一条 社区矫正机构工作人员和其他国家工作人员有下列行为之一的，应当给予处分；构成犯罪的，依法追究刑事责任：

（一）利用职务或者工作便利索取、收受贿赂的；

（二）不履行法定职责的；

（三）体罚、虐待社区矫正对象，或者违反法律规定限制或者变相限制社区矫正对象的人身自由的；

（四）泄露社区矫正工作秘密或者其他依法应当保密的信息的；

（五）对依法申诉、控告或者检举的社区矫正对象进行打击报复的；

（六）有其他违纪违法行为的。

第六十二条 人民检察院发现社区矫正工作违反法律规定的，应当依法提出纠正意见、检察建议。有关单位应当将采纳纠正意见、检察建议的情况书面回复人民检察院，没有采纳的应当说明理由。

第九章　附　　则

第六十三条 本法自 2020 年 7 月 1 日起施行。

中华人民共和国
社区矫正法实施办法

（2020 年 6 月 18 日最高人民法院、最高人民检察院、
公安部、司法部　司发通〔2020〕59 号印发）

第一条　为了推进和规范社区矫正工作，根据《中华人民共和国刑法》《中华人民共和国刑事诉讼法》《中华人民共和国社区矫正法》等有关法律规定，制定本办法。

第二条　社区矫正工作坚持党的绝对领导，实行党委政府统一领导、司法行政机关组织实施、相关部门密切配合、社会力量广泛参与、检察机关法律监督的领导体制和工作机制。

第三条　地方人民政府根据需要设立社区矫正委员会，负责统筹协调和指导本行政区域内的社区矫正工作。

司法行政机关向社区矫正委员会报告社区矫正工作开展情况，提请社区矫正委员会协调解决社区矫正工作中的问题。

第四条　司法行政机关依法履行以下职责：

（一）主管本行政区域内社区矫正工作；

（二）对本行政区域内设置和撤销社区矫正机构提出意见；

（三）拟定社区矫正工作发展规划和管理制度，监督检查社区矫正法律法规和政策的执行情况；

（四）推动社会力量参与社区矫正工作；

（五）指导支持社区矫正机构提高信息化水平；

（六）对在社区矫正工作中作出突出贡献的组织、个人，按照国家有关规定给予表彰、奖励；

（七）协调推进高素质社区矫正工作队伍建设；

（八）其他依法应当履行的职责。

第五条　人民法院依法履行以下职责：

（一）拟判处管制、宣告缓刑、决定暂予监外执行的，可以委托社区矫正机构或者有关社会组织对被告人或者罪犯的社会危险性和对所居住社区的影响，进行调查评估，提出意见，供决定社区矫正时参考；

（二）对执行机关报请假释的，审查执行机关移送的罪犯假释后对所居住社区影响的调查评估意见；

（三）核实并确定社区矫正执行地；

（四）对被告人或者罪犯依法判处管制、宣告缓刑、裁定假释、决定暂予监外执行；

（五）对社区矫正对象进行教育，及时通知并送达法律文书；

（六）对符合撤销缓刑、撤销假释或者暂予监外执行收监执行条件的社区矫正对象，作出判决、裁定和决定；

（七）对社区矫正机构提请逮捕的，及时作出是否逮捕的决定；

（八）根据社区矫正机构提出的减刑建议作出裁定；

（九）其他依法应当履行的职责。

第六条　人民检察院依法履行以下职责：

（一）对社区矫正决定机关、社区矫正机构或者有关社会组织的调查评估活动实行法律监督；

（二）对社区矫正决定机关判处管制、宣告缓刑、裁定假释、决定或者批准暂予监外执行活动实行法律监督；

（三）对社区矫正法律文书及社区矫正对象交付执行活动实行法律监督；

（四）对监督管理、教育帮扶社区矫正对象的活动实行法律监督；

（五）对变更刑事执行、解除矫正和终止矫正的活动实行法律监督；

（六）受理申诉、控告和举报，维护社区矫正对象的合法权益；

（七）按照刑事诉讼法的规定，在对社区矫正实行法律监督中发现司法工作人员相关职务犯罪，可以立案侦查直接受理的案件；

（八）其他依法应当履行的职责。

第七条 公安机关依法履行以下职责：

（一）对看守所留所服刑罪犯拟暂予监外执行的，可以委托开展调查评估；

（二）对看守所留所服刑罪犯拟暂予监外执行的，核实并确定社区矫正执行地；对符合暂予监外执行条件的，批准暂予监外执行；对符合收监执行条件的，作出收监执行的决定；

（三）对看守所留所服刑罪犯批准暂予监外执行的，进行教育，及时通知并送达法律文书；依法将社区矫正对象交付执行；

（四）对社区矫正对象予以治安管理处罚；到场处置经社区矫正机构制止无效，正在实施违反监督管理规定或者违反人民法院禁止令等违法行为的社区矫正对象；协助社区矫正机构处置突发事件；

（五）协助社区矫正机构查找失去联系的社区矫正对象；执行人民法院作出的逮捕决定；被裁定撤销缓刑、撤销假释和被决定收监执行的社区矫正对象逃跑的，予以追捕；

（六）对裁定撤销缓刑、撤销假释，或者对人民法院、公安机关决定暂予监外执行收监的社区矫正对象，送交看守所或者监狱执行；

（七）执行限制社区矫正对象出境的措施；

（八）其他依法应当履行的职责。

第八条 监狱管理机关以及监狱依法履行以下职责：

（一）对监狱关押罪犯拟提请假释的，应当委托进行调查评估；对监狱关押罪犯拟暂予监外执行的，可以委托进行调查评估；

（二）对监狱关押罪犯拟暂予监外执行的，依法核实并确定社区矫正执行地；对符合暂予监外执行条件的，监狱管理机关作出暂予监外执行决定；

（三）对监狱关押罪犯批准暂予监外执行的，进行教育，及时通知并送达法律文书；依法将社区矫正对象交付执行；

（四）监狱管理机关对暂予监外执行罪犯决定收监执行的，原服刑或者接收其档案的监狱应当立即将罪犯收监执行；

（五）其他依法应当履行的职责。

第九条　社区矫正机构是县级以上地方人民政府根据需要设置的，负责社区矫正工作具体实施的执行机关。社区矫正机构依法履行以下职责：

（一）接受委托进行调查评估，提出评估意见；

（二）接收社区矫正对象，核对法律文书、核实身份、办理接收登记，建立档案；

（三）组织入矫和解矫宣告，办理入矫和解矫手续；

（四）建立矫正小组、组织矫正小组开展工作，制定和落实矫正方案；

（五）对社区矫正对象进行监督管理，实施考核奖惩；审批会客、外出、变更执行地等事项；了解掌握社区矫正对象的活动情况和行为表现；组织查找失去联系的社区矫正对象，查找后依情形作出处理；

（六）提出治安管理处罚建议，提出减刑、撤销缓刑、撤销假释、收监执行等变更刑事执行建议，依法提请逮捕；

（七）对社区矫正对象进行教育帮扶，开展法治道德等教育，协调有关方面开展职业技能培训、就业指导，组织公益活动等事项；

（八）向有关机关通报社区矫正对象情况，送达法律文书；

（九）对社区矫正工作人员开展管理、监督、培训，落实职业保障；

（十）其他依法应当履行的职责。

设置和撤销社区矫正机构，由县级以上地方人民政府司法行政部门提出意见，按照规定的权限和程序审批。社区矫正日常工作由县级社区矫正机构具体承担；未设置县级社区矫正机构的，由上一级社区矫正机构具体承担。省、市两级社区矫正机构主要负责监督指导、跨区域执法的组织协调以及与同级社区矫正决定机关对接的案件办理工作。

第十条　司法所根据社区矫正机构的委托，承担社区矫正相关工作。

第十一条　社区矫正机构依法加强信息化建设，运用现代信息技术开展监督管理和教育帮扶。

社区矫正工作相关部门之间依法进行信息共享，人民法院、人民检察院、公安机关、司法行政机关依法建立完善社区矫正信息交换平台，实现业务协同、互联互通，运用现代信息技术及时准确传输交换有关法律文书，根据需要实时查询社区矫正对象交付接收、监督管理、教育帮扶、脱离监管、被治安管理处罚、被采取强制措施、变更刑事执行、办理再犯罪案件等情况，共享社区矫正工作动态信息，提高社区矫正信息化水平。

第十二条　对拟适用社区矫正的，社区矫正决定机关应当核实社区矫正对象的居住地。社区矫正对象在多个地方居住的，可以确定经常居住地为执行地。没有居住地，居住地、经常居住地无法确定或者不适宜执行社区矫正的，应当根据有利于社区矫正对象接受矫正、更好地融入社会的原则，确定社区矫正执行地。被确定为执行地的社区矫正机构应当及时接收。

社区矫正对象的居住地是指其实际居住的县（市、区）。社区矫正对象的经常居住地是指其经常居住的，有固定住所、固定生活来源的县（市、区）。

社区矫正对象应如实提供其居住、户籍等情况，并提供必要的证明材料。

第十三条　社区矫正决定机关对拟适用社区矫正的被告人、

罪犯，需要调查其社会危险性和对所居住社区影响的，可以委托拟确定为执行地的社区矫正机构或者有关社会组织进行调查评估。社区矫正机构或者有关社会组织收到委托文书后应当及时通知执行地县级人民检察院。

第十四条 社区矫正机构、有关社会组织接受委托后，应当对被告人或者罪犯的居所情况、家庭和社会关系、犯罪行为的后果和影响、居住地村（居）民委员会和被害人意见、拟禁止的事项、社会危险性、对所居住社区的影响等情况进行调查了解，形成调查评估意见，与相关材料一起提交委托机关。调查评估时，相关单位、部门、村（居）民委员会等组织、个人应当依法为调查评估提供必要的协助。

社区矫正机构、有关社会组织应当自收到调查评估委托函及所附材料之日起十个工作日内完成调查评估，提交评估意见。对于适用刑事案件速裁程序的，应当在五个工作日内完成调查评估，提交评估意见。评估意见同时抄送执行地县级人民检察院。需要延长调查评估时限的，社区矫正机构、有关社会组织应当与委托机关协商，并在协商确定的期限内完成调查评估。因被告人或者罪犯的姓名、居住地不真实、身份不明等原因，社区矫正机构、有关社会组织无法进行调查评估的，应当及时向委托机关说明情况。社区矫正决定机关对调查评估意见的采信情况，应当在相关法律文书中说明。

对调查评估意见以及调查中涉及的国家秘密、商业秘密、个人隐私等信息，应当保密，不得泄露。

第十五条 社区矫正决定机关应当对社区矫正对象进行教育，书面告知其到执行地县级社区矫正机构报到的时间期限以及逾期报到或者未报到的后果，责令其按时报到。

第十六条 社区矫正决定机关应当自判决、裁定或者决定生效之日起五日内通知执行地县级社区矫正机构，并在十日内将判决书、裁定书、决定书、执行通知书等法律文书送达执行地县级社区矫正机构，同时抄送人民检察院。收到法律文书后，社区矫正机构应当在五日内送达回执。

社区矫正对象前来报到时，执行地县级社区矫正机构未收到法律文书或者法律文书不齐全，应当先记录在案，为其办理登记接收手续，并通知社区矫正决定机关在五日内送达或者补齐法律文书。

第十七条 被判处管制、宣告缓刑、裁定假释的社区矫正对象到执行地县级社区矫正机构报到时，社区矫正机构应当核对法律文书、核实身份，办理登记接收手续。对社区矫正对象存在因行动不便、自行报到确有困难等特殊情况的，社区矫正机构可以派员到其居住地等场所办理登记接收手续。

暂予监外执行的社区矫正对象，由公安机关、监狱或者看守所依法移送至执行地县级社区矫正机构，办理交付接收手续。罪犯原服刑地与居住地不在同一省、自治区、直辖市，需要回居住地暂予监外执行的，原服刑地的省级以上监狱管理机关或者设区的市一级以上公安机关应当书面通知罪犯居住地的监狱管理机关、公安机关，由其指定一所监狱、看守所接收社区矫正对象档案，负责办理其收监、刑满释放等手续。对看守所留所服刑罪犯暂予监外执行，原服刑地与居住地在同一省、自治区、直辖市的，可以不移交档案。

第十八条 执行地县级社区矫正机构接收社区矫正对象后，应当建立社区矫正档案，包括以下内容：

（一）适用社区矫正的法律文书；

（二）接收、监管审批、奖惩、收监执行、解除矫正、终止矫正等有关社区矫正执行活动的法律文书；

（三）进行社区矫正的工作记录；

（四）社区矫正对象接受社区矫正的其他相关材料。

接受委托对社区矫正对象进行日常管理的司法所应当建立工作档案。

第十九条 执行地县级社区矫正机构、受委托的司法所应当为社区矫正对象确定矫正小组，与矫正小组签订矫正责任书，明确矫正小组成员的责任和义务，负责落实矫正方案。

矫正小组主要开展下列工作：

（一）按照矫正方案，开展个案矫正工作；

（二）督促社区矫正对象遵纪守法，遵守社区矫正规定；

（三）参与对社区矫正对象的考核评议和教育活动；

（四）对社区矫正对象走访谈话，了解其思想、工作和生活情况，及时向社区矫正机构或者司法所报告；

（五）协助对社区矫正对象进行监督管理和教育帮扶；

（六）协助社区矫正机构或者司法所开展其他工作。

第二十条　执行地县级社区矫正机构接收社区矫正对象后，应当组织或者委托司法所组织入矫宣告。

入矫宣告包括以下内容：

（一）判决书、裁定书、决定书、执行通知书等有关法律文书的主要内容；

（二）社区矫正期限；

（三）社区矫正对象应当遵守的规定、被剥夺或者限制行使的权利、被禁止的事项以及违反规定的法律后果；

（四）社区矫正对象依法享有的权利；

（五）矫正小组人员组成及职责；

（六）其他有关事项。

宣告由社区矫正机构或者司法所的工作人员主持，矫正小组成员及其他相关人员到场，按照规定程序进行。宣告后，社区矫正对象应当在书面材料上签字，确认已经了解所宣告的内容。

第二十一条　社区矫正机构应当根据社区矫正对象被判处管制、宣告缓刑、假释和暂予监外执行的不同裁判内容和犯罪类型、矫正阶段、再犯罪风险等情况，进行综合评估，划分不同类别，实施分类管理。

社区矫正机构应当把社区矫正对象的考核结果和奖惩情况作为

分类管理的依据。

社区矫正机构对不同类别的社区矫正对象，在矫正措施和方法上应当有所区别，有针对性地开展监督管理和教育帮扶工作。

第二十二条 执行地县级社区矫正机构、受委托的司法所要根据社区矫正对象的性别、年龄、心理特点、健康状况、犯罪原因、悔罪表现等具体情况，制定矫正方案，有针对性地消除社区矫正对象可能重新犯罪的因素，帮助其成为守法公民。

矫正方案应当包括社区矫正对象基本情况、对社区矫正对象的综合评估结果、对社区矫正对象的心理状态和其他特殊情况的分析、拟采取的监督管理、教育帮扶措施等内容。

矫正方案应当根据分类管理的要求、实施效果以及社区矫正对象的表现等情况，相应调整。

第二十三条 执行地县级社区矫正机构、受委托的司法所应当根据社区矫正对象的个人生活、工作及所处社区的实际情况，有针对性地采取通信联络、信息化核查、实地查访等措施，了解掌握社区矫正对象的活动情况和行为表现。

第二十四条 社区矫正对象应当按照有关规定和社区矫正机构的要求，定期报告遵纪守法、接受监督管理、参加教育学习、公益活动和社会活动等情况。发生居所变化、工作变动、家庭重大变故以及接触对其矫正可能产生不利影响人员等情况时，应当及时报告。被宣告禁止令的社区矫正对象应当定期报告遵守禁止令的情况。

暂予监外执行的社区矫正对象应当每个月报告本人身体情况。保外就医的，应当到省级人民政府指定的医院检查，每三个月向执行地县级社区矫正机构、受委托的司法所提交病情复查情况。执行地县级社区矫正机构根据社区矫正对象的病情及保证人等情况，可以调整报告身体情况和提交复查情况的期限。延长一个月至三个月以下的，报上一级社区矫正机构批准；延长三个月以上的，逐级上报省级社区矫正机构批准。批准延长的，执行地县级社区矫正机构应当及时通报同级人民检察院。

社区矫正机构根据工作需要，可以协调对暂予监外执行的社区矫正对象进行病情诊断、妊娠检查或者生活不能自理的鉴别。

第二十五条　未经执行地县级社区矫正机构批准，社区矫正对象不得接触其犯罪案件中的被害人、控告人、举报人，不得接触同案犯等可能诱发其再犯罪的人。

第二十六条　社区矫正对象未经批准不得离开所居住市、县。确有正当理由需要离开的，应当经执行地县级社区矫正机构或者受委托的司法所批准。

社区矫正对象外出的正当理由是指就医、就学、参与诉讼、处理家庭或者工作重要事务等。

前款规定的市是指直辖市的城市市区、设区的市的城市市区和县级市的辖区。在设区的同一市内跨区活动的，不属于离开所居住的市、县。

第二十七条　社区矫正对象确需离开所居住的市、县的，一般应当提前三日提交书面申请，并如实提供诊断证明、单位证明、入学证明、法律文书等材料。

申请外出时间在七日内的，经执行地县级社区矫正机构委托，可以由司法所批准，并报执行地县级社区矫正机构备案；超过七日的，由执行地县级社区矫正机构批准。执行地县级社区矫正机构每次批准外出的时间不超过三十日。

因特殊情况确需外出超过三十日的，或者两个月内外出时间累计超过三十日的，应报上一级社区矫正机构审批。上一级社区矫正机构批准社区矫正对象外出的，执行地县级社区矫正机构应当及时通报同级人民检察院。

第二十八条　在社区矫正对象外出期间，执行地县级社区矫正机构、受委托的司法所应当通过电话通讯、实时视频等方式实施监督管理。

执行地县级社区矫正机构根据需要，可以协商外出目的地社区矫正机构协助监督管理，并要求社区矫正对象在到达和离开时向当地社区矫正机构报告，接受监督管理。外出目的地社区矫正机构在社区矫正对象报告后，可以通过电话通讯、实地查访等方式协助监督管理。

社区矫正对象应在外出期限届满前返回居住地，并向执行地县级社区矫正机构或者司法所报告，办理手续。因特殊原因无法按期返回的，应及时向社区矫正机构或者司法所报告情况。发现社区矫正对象违反外出管理规定的，社区矫正机构应当责令其立即返回，并视情节依法予以处理。

第二十九条 社区矫正对象确因正常工作和生活需要经常性跨市、县活动的，应当由本人提出书面申请，写明理由、经常性去往市县名称、时间、频次等，同时提供相应证明，由执行地县级社区矫正机构批准，批准一次的有效期为六个月。在批准的期限内，社区矫正对象到批准市、县活动的，可以通过电话、微信等方式报告活动情况。到期后，社区矫正对象仍需要经常性跨市、县活动的，应当重新提出申请。

第三十条 社区矫正对象因工作、居所变化等原因需要变更执行地的，一般应当提前一个月提出书面申请，并提供相应证明材料，由受委托的司法所签署意见后报执行地县级社区矫正机构审批。

执行地县级社区矫正机构收到申请后，应当在五日内书面征求新执行地县级社区矫正机构的意见。新执行地县级社区矫正机构接到征求意见函后，应当在五日内核实有关情况，作出是否同意接收的意见并书面回复。执行地县级社区矫正机构根据回复意见，作出决定。执行地县级社区矫正机构对新执行地县级社区矫正机构的回复意见有异议的，可以报上一级社区矫正机构协调解决。

经审核，执行地县级社区矫正机构不同意变更执行地的，应在决定作出之日起五日内告知社区矫正对象。同意变更执行地的，应对社区矫正对象进行教育，书面告知其到新执行地县级社区矫正机构报到的时间期限以及逾期报到或者未报到的后果，责令其按时报到。

第三十一条　同意变更执行地的，原执行地县级社区矫正机构应当在作出决定之日起五日内，将有关法律文书和档案材料移交新执行地县级社区矫正机构，并将有关法律文书抄送社区矫正决定机关和原执行地县级人民检察院、公安机关。新执行地县级社区矫正机构收到法律文书和档案材料后，在五日内送达回执，并将有关法律文书抄送所在地县级人民检察院、公安机关。

同意变更执行地的，社区矫正对象应当自收到变更执行地决定之日起七日内，到新执行地县级社区矫正机构报到。新执行地县级社区矫正机构应当核实身份、办理登记接收手续。发现社区矫正对象未按规定时间报到的，新执行地县级社区矫正机构应当立即通知原执行地县级社区矫正机构，由原执行地县级社区矫正机构组织查找。未及时办理交付接收，造成社区矫正对象脱管漏管的，原执行地社区矫正机构会同新执行地社区矫正机构妥善处置。

对公安机关、监狱管理机关批准暂予监外执行的社区矫正对象变更执行地的，公安机关、监狱管理机关在收到社区矫正机构送达的法律文书后，应与新执行地同级公安机关、监狱管理机关办理交接。新执行地的公安机关、监狱管理机关应指定一所看守所、监狱接收社区矫正对象档案，负责办理其收监、刑满释放等手续。看守所、监狱在接收档案之日起五日内，应当将有关情况通报新执行地县级社区矫正机构。对公安机关批准暂予监外执行的社区矫正对象在同一省、自治区、直辖市变更执行地的，可以不移交档案。

第三十二条　社区矫正机构应当根据有关法律法规、部门规章和其他规范性文件，建立内容全面、程序合理、易于操作的社区矫正对象考核奖惩制度。

社区矫正机构、受委托的司法所应当根据社区矫正对象认罪悔罪、遵守有关规定、服从监督管理、接受教育等情况，定期对其考核。对于符合表扬条件、具备训诫、警告情形的社区矫正对象，经执行地县级社区矫正机构决定，可以给予其相应奖励或者处罚，作出书面决定。对于涉嫌违反治安管理行为的社区矫正对象，执行地县级社区矫正机构可以向同级公安机关提出建议。社区矫正机构奖励或者处罚的书面决定应当抄送人民检察院。

社区矫正对象的考核结果与奖惩应当书面通知其本人，定期公示，记入档案，做到准确及时、公开公平。社区矫正对象对考核奖惩提出异议的，执行地县级社区矫正机构应当及时处理，并将处理结果告知社区矫正对象。社区矫正对象对处理结果仍有异议的，可以向人民检察院提出。

第三十三条　社区矫正对象认罪悔罪、遵守法律法规、服从监督管理、接受教育表现突出的，应当给予表扬。

社区矫正对象接受社区矫正六个月以上并且同时符合下列条件的，执行地县级社区矫正机构可以给予表扬：

（一）服从人民法院判决，认罪悔罪；

（二）遵守法律法规；

（三）遵守关于报告、会客、外出、迁居等规定，服从社区矫正机构的管理；

（四）积极参加教育学习等活动，接受教育矫正的。

社区矫正对象接受社区矫正期间，有见义勇为、抢险救灾等突出表现，或者帮助他人、服务社会等突出事迹的，执行地县级社区矫正机构可以给予表扬。对于符合法定减刑条件的，由执行地县级社区矫正机构依照本办法第四十二条的规定，提出减刑建议。

第三十四条　社区矫正对象具有下列情形之一的，执行地县级社区矫正机构应当给予训诫：

（一）不按规定时间报到或者接受社区矫正期间脱离监管，未超过十日的；

（二）违反关于报告、会客、外出、迁居等规定，情节轻微的；

（三）不按规定参加教育学习等活动，经教育仍不改正的；

（四）其他违反监督管理规定，情节轻微的。

第三十五条　社区矫正对象具有下列情形之一的，执行地县级社区矫正机构应当给予警告：

（一）违反人民法院禁止令，情节轻微的；

（二）不按规定时间报到或者接受社区矫正期间脱离监管，超过十日的；

（三）违反关于报告、会客、外出、迁居等规定，情节较重的；

（四）保外就医的社区矫正对象无正当理由不按时提交病情复查情况，经教育仍不改正的；

（五）受到社区矫正机构两次训诫，仍不改正的；

（六）其他违反监督管理规定，情节较重的。

第三十六条　社区矫正对象违反监督管理规定或者人民法院禁止令，依法应予治安管理处罚的，执行地县级社区矫正机构应当及时提请同级公安机关依法给予处罚，并向执行地同级人民检察院抄送治安管理处罚建议书副本，及时通知处理结果。

第三十七条　电子定位装置是指运用卫星等定位技术，能对社区矫正对象进行定位等监管，并具有防拆、防爆、防水等性能的专门的电子设备，如电子定位腕带等，但不包括手机等设备。

对社区矫正对象采取电子定位装置进行监督管理的，应当告知社区矫正对象监管的期限、要求以及违反监管规定的后果。

第三十八条　发现社区矫正对象失去联系的，社区矫正机构应当立即组织查找，可以采取通信联络、信息化核查、实地查访等方式查找，查找时要做好记录，固定证据。查找不到的，社区矫正机构应当及时通知公安机关，公安机关应当协助查找。社区矫正机构应当及时将组织查找的情况通报人民检察院。

查找到社区矫正对象后，社区矫正机构应当根据其脱离监管的情形，给予相应处置。虽能查找到社区矫正对象下落但其拒绝接受监督管理的，社区矫正机构应当视情节依法提请公安机关予以治安管理处罚，或者依法提请撤销缓刑、撤销假释、对暂予监外执行的收监执行。

第三十九条 社区矫正机构根据执行禁止令的需要，可以协调有关的部门、单位、场所、个人协助配合执行禁止令。

对禁止令确定需经批准才能进入的特定区域或者场所，社区矫正对象确需进入的，应当经执行地县级社区矫正机构批准，并通知原审人民法院和执行地县级人民检察院。

第四十条 发现社区矫正对象有违反监督管理规定或者人民法院禁止令等违法情形的，执行地县级社区矫正机构应当调查核实情况，收集有关证据材料，提出处理意见。

社区矫正机构发现社区矫正对象有撤销缓刑、撤销假释或者暂予监外执行收监执行的法定情形的，应当组织开展调查取证工作，依法向社区矫正决定机关提出撤销缓刑、撤销假释或者暂予监外执行收监执行建议，并将建议书抄送同级人民检察院。

第四十一条 社区矫正对象被依法决定行政拘留、司法拘留、强制隔离戒毒等或者因涉嫌犯新罪、发现判决宣告前还有其他罪没有判决被采取强制措施的，决定机关应当自作出决定之日起三日内将有关情况通知执行地县级社区矫正机构和执行地县级人民检察院。

第四十二条 社区矫正对象符合法定减刑条件的，由执行地县级社区矫正机构提出减刑建议书并附相关证据材料，报经地（市）社区矫正机构审核同意后，由地（市）社区矫正机构提请执行地的中级人民法院裁定。

依法应由高级人民法院裁定的减刑案件，由执行地县级社区矫正机构提出减刑建议书并附相关证据材料，逐级上报省级社区矫正机构审核同意后，由省级社区矫正机构提请执行地的高级人民法院裁定。

人民法院应当自收到减刑建议书和相关证据材料之日起三十日内依法裁定。

社区矫正机构减刑建议书和人民法院减刑裁定书副本，应当同时抄送社区矫正执行地同级人民检察院、公安机关及罪犯原服刑或者接收其档案的监狱。

第四十三条　社区矫正机构、受委托的司法所应当充分利用地方人民政府及其有关部门提供的教育帮扶场所和有关条件，按照因人施教的原则，有针对性地对社区矫正对象开展教育矫正活动。

社区矫正机构、司法所应当根据社区矫正对象的矫正阶段、犯罪类型、现实表现等实际情况，对其实施分类教育；应当结合社区矫正对象的个体特征、日常表现等具体情况，进行个别教育。

社区矫正机构、司法所根据需要可以采用集中教育、网上培训、实地参观等多种形式开展集体教育；组织社区矫正对象参加法治、道德等方面的教育活动；根据社区矫正对象的心理健康状况，对其开展心理健康教育、实施心理辅导。

社区矫正机构、司法所可以通过公开择优购买服务或者委托社会组织执行项目等方式，对社区矫正对象开展教育活动。

第四十四条　执行地县级社区矫正机构、受委托的司法所按照符合社会公共利益的原则，可以根据社区矫正对象的劳动能力、健康状况等情况，组织社区矫正对象参加公益活动。

第四十五条　执行地县级社区矫正机构、受委托的司法所依法协调有关部门和单位，根据职责分工，对遇到暂时生活困难的社区矫正对象提供临时救助；对就业困难的社区矫正对象提供职业技能培训和就业指导；帮助符合条件的社区矫正对象落实社会保障措施；协助在就学、法律援助等方面遇到困难的社区矫正对象解决问题。

第四十六条　社区矫正对象在缓刑考验期内，有下列情形之一的，由执行地同级社区矫正机构提出撤销缓刑建议：

（一）违反禁止令，情节严重的；

（二）无正当理由不按规定时间报到或者接受社区矫正期间脱离监管，超过一个月的；

（三）因违反监督管理规定受到治安管理处罚，仍不改正的；

（四）受到社区矫正机构两次警告，仍不改正的；

（五）其他违反有关法律、行政法规和监督管理规定，情节严重的情形。

社区矫正机构一般向原审人民法院提出撤销缓刑建议。如果原审人民法院与执行地同级社区矫正机构不在同一省、自治区、直辖市的，可以向执行地人民法院提出建议，执行地人民法院作出裁定的，裁定书同时抄送原审人民法院。

社区矫正机构撤销缓刑建议书和人民法院的裁定书副本同时抄送社区矫正执行地同级人民检察院。

第四十七条　社区矫正对象在假释考验期内，有下列情形之一的，由执行地同级社区矫正机构提出撤销假释建议：

（一）无正当理由不按规定时间报到或者接受社区矫正期间脱离监管，超过一个月的；

（二）受到社区矫正机构两次警告，仍不改正的；

（三）其他违反有关法律、行政法规和监督管理规定，尚未构成新的犯罪的。

社区矫正机构一般向原审人民法院提出撤销假释建议。如果原审人民法院与执行地同级社区矫正机构不在同一省、自治区、直辖市的，可以向执行地人民法院提出建议，执行地人民法院作出裁定的，裁定书同时抄送原审人民法院。

社区矫正机构撤销假释的建议书和人民法院的裁定书副本同时抄送社区矫正执行地同级人民检察院、公安机关、罪犯原服刑或者接收其档案的监狱。

第四十八条　被提请撤销缓刑、撤销假释的社区矫正对象具备下列情形之一的，社区矫正机构在提出撤销缓刑、撤销假释建议书的同时，提请人民法院决定对其予以逮捕：

（一）可能逃跑的；

（二）具有危害国家安全、公共安全、社会秩序或者他人人身安全现实危险的；

（三）可能对被害人、举报人、控告人或者社区矫正机构工作人员等实施报复行为的；

（四）可能实施新的犯罪的。

社区矫正机构提请人民法院决定逮捕社区矫正对象时，应当提供相应证据，移送人民法院审查决定。

社区矫正机构提请逮捕、人民法院作出是否逮捕决定的法律文书，应当同时抄送执行地县级人民检察院。

第四十九条 暂予监外执行的社区矫正对象有下列情形之一的，由执行地县级社区矫正机构提出收监执行建议：

（一）不符合暂予监外执行条件的；

（二）未经社区矫正机构批准擅自离开居住的市、县，经警告拒不改正，或者拒不报告行踪，脱离监管的；

（三）因违反监督管理规定受到治安管理处罚，仍不改正的；

（四）受到社区矫正机构两次警告的；

（五）保外就医期间不按规定提交病情复查情况，经警告拒不改正的；

（六）暂予监外执行的情形消失后，刑期未满的；

（七）保证人丧失保证条件或者因不履行义务被取消保证人资格，不能在规定期限内提出新的保证人的；

（八）其他违反有关法律、行政法规和监督管理规定，情节严重的情形。

社区矫正机构一般向执行地社区矫正决定机关提出收监执行建议。如果原社区矫正决定机关与执行地县级社区矫正机构在同一省、自治区、直辖市的，可以向原社区矫正决定机关提出建议。

社区矫正机构的收监执行建议书和决定机关的决定书，应当同时抄送执行地县级人民检察院。

第五十条 人民法院裁定撤销缓刑、撤销假释或者决定暂予监外执行收监执行的，由执行地县级公安机关本着就近、便利、安全的原则，送交社区矫正对象执行地所属的省、自治区、直辖市管辖范围内的看守所或者监狱执行刑罚。

公安机关决定暂予监外执行收监执行的，由执行地县级公安机关送交存放或者接收罪犯档案的看守所收监执行。

监狱管理机关决定暂予监外执行收监执行的，由存放或者接收罪犯档案的监狱收监执行。

第五十一条 撤销缓刑、撤销假释的裁定和收监执行的决定生效后，社区矫正对象下落不明的，应当认定为在逃。

被裁定撤销缓刑、撤销假释和被决定收监执行的社区矫正对象在逃的，由执行地县级公安机关负责追捕。撤销缓刑、撤销假释裁定书和对暂予监外执行罪犯收监执行决定书，可以作为公安机关追逃依据。

第五十二条 社区矫正机构应当建立突发事件处置机制，发现社区矫正对象非正常死亡、涉嫌实施犯罪、参与群体性事件的，应当立即与公安机关等有关部门协调联动、妥善处置，并将有关情况及时报告上一级社区矫正机构，同时通报执行地人民检察院。

第五十三条 社区矫正对象矫正期限届满，且在社区矫正期间没有应当撤销缓刑、撤销假释或者暂予监外执行收监执行情形的，社区矫正机构依法办理解除矫正手续。

社区矫正对象一般应当在社区矫正期满三十日前，作出个人总结，执行地县级社区矫正机构应当根据其在接受社区矫正期间的表现等情况作出书面鉴定，与安置帮教工作部门做好衔接工作。

执行地县级社区矫正机构应当向社区矫正对象发放解除社区矫正证明书，并书面通知社区矫正决定机关，同时抄送执行地县级人民检察院和公安机关。

公安机关、监狱管理机关决定暂予监外执行的社区矫正对象刑期届满的，由看守所、监狱依法为其办理刑满释放手续。

社区矫正对象被赦免的，社区矫正机构应当向社区矫正对象发放解除社区矫正证明书，依法办理解除矫正手续。

第五十四条 社区矫正对象矫正期满，执行地县级社区矫正机构或者受委托的司法所可以组织解除矫正宣告。

解矫宣告包括以下内容：

（一）宣读对社区矫正对象的鉴定意见；

（二）宣布社区矫正期限届满，依法解除社区矫正；

（三）对判处管制的，宣布执行期满，解除管制；对宣告缓刑的，宣布缓刑考验期满，原判刑罚不再执行；对裁定假释的，宣布考验期满，原判刑罚执行完毕。

宣告由社区矫正机构或者司法所工作人员主持，矫正小组成员及其他相关人员到场，按照规定程序进行。

第五十五条　社区矫正机构、受委托的司法所应当根据未成年社区矫正对象的年龄、心理特点、发育需要、成长经历、犯罪原因、家庭监护教育条件等情况，制定适应未成年人特点的矫正方案，采取有益于其身心健康发展、融入正常社会生活的矫正措施。

社区矫正机构、司法所对未成年社区矫正对象的相关信息应当保密。对未成年社区矫正对象的考核奖惩和宣告不公开进行。对未成年社区矫正对象进行宣告或者处罚时，应通知其监护人到场。

社区矫正机构、司法所应当选任熟悉未成年人身心特点，具有法律、教育、心理等专业知识的人员负责未成年人社区矫正工作，并通过加强培训、管理，提高专业化水平。

第五十六条　社区矫正工作人员的人身安全和职业尊严受法律保护。

对任何干涉社区矫正工作人员执法的行为，社区矫正工作人员有权拒绝，并按照规定如实记录和报告。对于侵犯社区矫正工作人员权利的行为，社区矫正工作人员有权提出控告。

社区矫正工作人员因依法履行职责遭受不实举报、诬告陷害、侮辱诽谤，致使名誉受到损害的，有关部门或者个人应当及时澄清事实，消除不良影响，并依法追究相关单位或者个人的责任。

对社区矫正工作人员追究法律责任，应当根据其行为的危害程度、造成的后果，以及责任大小予以确定，实事求是，过罚相当。社区矫正工作人员依法履职的，不能仅因社区矫正对象再犯罪而追究其法律责任。

第五十七条 有关单位对人民检察院的书面纠正意见在规定的期限内没有回复纠正情况的，人民检察院应当督促回复。经督促被监督单位仍不回复或者没有正当理由不纠正的，人民检察院应当向上一级人民检察院报告。

有关单位对人民检察院的检察建议在规定的期限内经督促无正当理由不予整改或者整改不到位的，检察机关可以将相关情况报告上级人民检察院，通报被建议单位的上级机关、行政主管部门或者行业自律组织等，必要时可以报告同级党委、人大，通报同级政府、纪检监察机关。

第五十八条 本办法所称“以上”“内”，包括本数；“以下”“超过”不包括本数。

第五十九条 本办法自2020年7月1日起施行。最高人民法院、最高人民检察院、公安部、司法部2012年1月10日印发的《社区矫正实施办法》（司发通〔2012〕12号）同时废止。

中国社会工作者守则

一、总　　则

中国社会工作者继承中华民族悠久的历史、文化传统，吸收世界各国社会工作发展的文明成果，高举社会主义人道主义旗帜，以促进社会稳定和全国进步为己任。中国社会工作者通过本职工作，提倡社会互助，调节社会矛盾，解决社会问题，改善人际关系，为社会主义的物质文明和精神文明建设服务。

二、职业道德

1. 热爱社会工作，忠于职守，具有高度的社会责任感和敬业精神。

2. 全心全意为人民服务，为满足社会成员自我发展、自我实现的合理要求而努力工作，并不因其出身、种族、性别、年龄、信仰、社会经济地位或对社会贡献不同而有所区别。

3. 尊重人、关心人、帮助人。为保障包括人的生存权、发展权在内的人权而努力，注意维护工作对象的隐私权和其他应与保密的权利。

4. 同工作对象保持密切联系，主动了解他们的需要，切实为之排忧解难。

5. 树立正确的服务目标，以关怀的态度，为工作对象困难问题的预防和解决以及其福利要求提供有效的服务。

6. 清正廉洁，不以权谋私。

三、专业修养

1. 确立正确的社会工作价值观和为专业现身的精神。

2. 努力学习和钻研业务，不断提高专业技术水平和专业服务质量。

3. 通过参加培训和进修，努力实现专业化，提高工作效率和服务技能。

4. 运用专业的理论知识与方法技能，帮助社会成员改进和完善社会生活方式，不断提高生活质量，以利于民族素质的提高。

5. 从广大群众的集体力量和创造精神中吸取专业营养，促进专业的发展与创新。

四、工作规范

1. 重视调查研究，深入了解社会成员的困难和疾苦，并采取有效措施，切实帮助他们摆脱困境，通过不断的调查研究，提高社会工作的服务水平。

2. 对待工作对象应平易近人，热情谦和，注意沟通，建立互助依赖的关系，努力满足他们各种正当的要求，并帮助他们在心理和精神等方面获得平衡。

3. 对待同行，应互相尊重，平等竞争，取长补短，共同提高。在业务上，诚意合作，遇到问题，互相探讨，坦率交换意见，或善意地进行批评与自我批评，以促进专业水平、工作效率和服务效能的提高。

4. 向政府有关部门，社会有关方面反映社会成员需要社会工作解决的问题，以及对工作的意见和建议。

5. 向社会成员宣传贯彻国家有关社会工作的政策、方针和法规，鼓励和组织社会成员积极参与社会事务。

6. 对待组织和领导，应按照民主集中制的原则，主动献计献策，提供咨询意见，并且自觉服从决定，遵守纪律，维护集体荣誉，努力使领导和单位的计划实施取得最佳效果，圆满地完成社会工作的各项任务。

注：中国社会工作者协会制定的《中国社会工作者守则》，为全面考察社会工作者的职业道德提供了很好的依据。作为规范专职人员行为的基本原则，职业道德应当体现在从职人员的全部职业活动中，主要包括从职人员自身所应有的态度和行为，他对待工作对象（案主）的态度和行为，等等。

社会工作者自身应有的态度和行为

第一，社会工作者应当尊重人、关心人、爱护人、帮助人，坚持人道主义。社会工作者要以强烈的社会责任感去研究案主所面临的各种社会问题和实际困难，寻找解决问题或克服困难的办法；要以最大的同情心去减轻案主的痛苦，排除案主的生活障碍，协助其恢复和增强社会生活的能力；要以自己的创造性的工作去营造良好的社会生活环境，其中包括建立和谐的人与自然的关系以及人与人的关系，以便提高全体民众的生活质量。社会工作者要以自己的辛勤工作使人们切身体会到社会主义社会的温暖，体会到人道主义精神的伟大。

第二，社会工作者要有高度的专业责任感，要为维持和增进专业的价值、信誉和尊严而努力工作。社会工作者进行社会工作的时候应当尽心尽责、精益求精，以提高社会工作的质量。他在自己力所能及的范围内接受聘用，一旦受聘，就应对于自己工作范围中的服务品质和服务内容负起责任；他要正确传授社会工作专业的品质、教育的经验，以使大众的社会服务适合于一般的群众，同时应扩大服务对象和服务范围，支持与专业有关的社会政策建立、发展、改进和实施。与此同时，社会工作者有责任保持廉洁的专业形象。他不应参与、宽恕欺骗行为，或与任何欺骗有关的行为相联系；他不论以个人的身份还是以社会工作专业的机构、团体的代表的身份出现，都应对自己的言论和行为负责；他应采取适当的方式抵制专业实施过程中出现的不道德的行为和现象，而完全不应该利用职业之便搞不正之风或以权谋私；他在专业讨论和批评上持严谨的和负责的态度，并不应对自己的品质、服务能力和效果作不实事求是的评价。

第三，社会工作者要有高度的社会责任感，要通过自己的努力工作来增进社会福利，保持社会稳定，促进社会的繁荣与发展。社会工作者要通过自己的身体力行而使社会工作真正发挥“社会安全阀”的作用。他要预防和排除任何因种族、肤色、性别、年龄、出身、宗教、信仰、国籍、心理或生理的疾病、经济或政治地位的差异、以往的错误或罪恶等而引发的歧视，在确保全体公民都能得到他们所需要的社会服务的前提下，特别关注那些处于劣势地位的个人或团体，使他们得到公正的待遇。他十分关心那些影响全局的社会福利政策的制定和实施，积极地鼓励全体公民参与社会政策的制定，帮助社会工作机构改进社会服务。

第四，社会工作者要以科学的态度从事社会工作和社会工作研究。社会工作是一项直接与人打交道的工作，社会工作的实施可能极大地改变案主的生存状态，因此，社会工作者必须谨慎从事，切实以科学的态度和科学的方法来提供各种服务，勿因自己的一时疏忽而给案主带来痛苦。实际上，作为一种从久已存在的社会服务中演变而来的新的职业，社会服务的专业化本身就包含着科学的意义。另一方面，社会工作者在从事学术研究时应仔细考虑其对人类可能产生的影响。社会工作者必须确定所有研究参与者都是出于自愿的；应保障研究参与者免于心理和生理上的不适应、压力、伤害、危险和损失；应把所获得的参与者的材料视为秘密。

第五，社会工作者要正确处理与案主的关系。社会工作者要热诚为案主服务，维护案主的利益。其中包括社会工作者不能以任何方式歧视案主、损害案主的利益；他应当向案主说明与接受社会服务有关的风险、权利、机会和义务；当对案主的服务或与案主建立的专业关系不再被需要时，要及时地结束专业关系；最后，在结束对案主的服务时，应注意案主的新的需求，进行持续服务或帮助转案。社会工作者要保护案主的权利，尊重案主的自决权，谨慎地为案主保守私人秘密。在专业服务过程中，社会工作者应以高度诚恳的态度和方式获取有关案主的各种资料，应让案主知道有关案主自身情况的社会工作记录，并在与案主的互动中切实保护案主的稳定私权。社会工作者可以合理地收取和使用服务费。社会工作机构在收取服务费时，应保证收取的费用是合理的，与所提供的服务是相称的，也是在案主的支付能力范围之内的。社会工作者在社会服务过程中不得收取案主的额外财物。